高等学校应用技术型经济管理系列教材（会计系列）
高等学校应用型经济管理规划教材
总主编／李　雪　主审／徐国君

高级财务管理

Advanced Financial Management

武　娟◎主　编
蔡素兰　杨　阳◎副主编

立信会计出版社
LIXIN ACCOUNTING PUBLISHING HOUSE

图书在版编目(CIP)数据

高级财务管理 / 武娟主编. —上海：立信会计出版社，2018.8(2021.5 重印)

高等学校应用技术型经济管理系列教材. 会计系列

ISBN 978-7-5429-5903-4

Ⅰ.①高… Ⅱ.①武… Ⅲ.①财务管理—高等学校—教材 Ⅳ.①F275

中国版本图书馆 CIP 数据核字(2018)第 175547 号

策划编辑　方士华
责任编辑　方士华
封面设计　南房间

高级财务管理

Gaoji Caiwu Guanli

出版发行	立信会计出版社		
地　　址	上海市中山西路 2230 号	邮政编码	200235
电　　话	(021)64411389	传　　真	(021)64411325
网　　址	www.lixinaph.com	电子邮箱	lixinaph2019@126.com
网上书店	http://lixin.jd.com		http://lxkjcbs.tmall.com
经　　销	各地新华书店		

印　　刷	上海肖华印务有限公司		
开　　本	787 毫米×1092 毫米	1/16	
印　　张	21.5		
字　　数	519 千字		
版　　次	2018 年 8 月第 1 版		
印　　次	2021 年 5 月第 3 次		
印　　数	5 201—7 300		
书　　号	ISBN 978-7-5429-5903-4/F		
定　　价	46.00 元		

总 序

教材是高校实现人才培养目标的重要载体，教材及教材建设对高校发展具有举足轻重的作用。与培养模式相对应的教材是培养合格人才的基本保证，是实现培养目标的重要工具。由于历史的原因，在财经类教材的出版方面，相关出版社出版研究型本科或者高职高专、中等职业等层次的教材较多，也较成熟，而在应用技术型本科教材出版上比较欠缺，虽然近年来也出版了一些这方面的教材，但总体而言，还是缺乏权威性、普适性、实用性和创新性。造成这种状况的原因主要在于：出版社对财经类应用技术型大学本科教材的出版还不够重视，没有进行有效的组织；财经类应用技术型本科院校多为新建院校，教材建设相对滞后，主观上也较愿意使用研究型大学本科教材；在教材使用中存在比较严重的混用现象，教材的目标读者群不明确，如不少教材既适用于研究型本科又适用于应用技术型大学本科，或者既适用于大学本科又适用于高职高专。

由于目前应用技术型教材种类和数量匮乏或质量欠佳，应用技术型本科不得不沿用传统研究型教材，比如，东北财经大学会计系列教材（包括《基础会计》《中级财务会计》《管理会计》《高级财务会计》《审计》等），中国人民大学会计系列教材（如《成本会计》），教育部统编教材（如《财务管理》）等国家级规划教材。这些教材本身的质量很好、级别很高，但是并不适用于应用技术型本科的教学，教师和学生普遍反映不好用。即使从全国范围看，也还没有相对成套、成熟的适合应用技术型高校使用的教材，不适应教育教学要求。存在的主要问题包括：①教材的定位和要求较高；②教材的内容多、难度大；③教材着重于理论解释，相关案例、实训等内容较少，缺乏普适性、实用性。所以，需要编写适应学生水平、便于学生接受的应用技术型教材。

我们组织具有多年应用技术型人才培养经验的优秀教师和实务界专家编写了本套系列教材。本套系列教材由《会计基本技能》《基础会计》《中级财务会计》《成本会计》《管理会计》《财务管理》《会计信息系统》《审计学原理》《审计实务》《税法》《经济法》《金融学》等构成。为了保证教材的质量，我们聘请了著名高校的专家、教授对本套系列教材编写进行专门指导和审核。每本教材至少有一名本学科的知名专家或学科带头人提出审核指导意见，有一名高等院校教学一线的高级职称教师参与组织编写，有一名行业协会、实务界专家和教学研究机构人员提出编写建议。

本套系列教材的特色如下。

1. 应用性

应用技术型本科教材应坚持培养应用技术型本科人才的定位，充分吸收和借鉴传统的普通本科教材与高职高专类教材建设的优点和经验，以就业为导向，做到理论上优于高职高专类教材、动手能力的培养上优于传统的本科院校教材。

本套系列教材体现了应用技术型本科的定位，体现了素质教育和“以学生发展为本”的教育理念，遵循了高等教育教学基本规律，重视知识、能力和素质的协调发展，根据应用技术型人才培养模式对学生的创新精神、实践能力和适应能力的要求，在内容选材、教学方法、学习方法、实验和实训配套等方面突出了应用性特征。

2. 针对性

本套系列教材的编写符合会计学、财务管理和审计学专业的培养目标、培养需求、业务规格（知识结构和能力结构）和教学大纲的基本要求，与各专业的课程结构和课程设置相对应，与课程平台和课程模块相对应。本套系列教材在结构的布局、内容重点的选取、示例习题的设计等方面符合教改目标和教学大纲的要求，把教师的备课、试讲、授课、辅导答疑等教学环节有机地结合起来。

3. 先进性

本套系列教材反映了应用技术型会计人才教育教学改革的内容，能够反映学科领域的新发展。本套系列教材的整体规划、每一种教材构造等均体现了实用性和创新性。本套系列教材还强调了系列配套，包括了教材、学习指导书、教学课件等。

4. 基础性

本套系列教材打破传统教材自身知识框架的封闭性，尝试多方面知识的融会贯通，注重知识层次的递进，体现每一门科目的基本内容，同时，在具体内容上突出实际的运用知识的能力，使本套系列教材做到“教师易教，学生乐学，技能实用”。

5. 易于自学性

自学能力的培养是高等教育应该教授给学生的一项基本能力。只有具备了自主学习的能力，才能最终建立起终身学习的保障体系，这也是应用技术型本科人才培养的客观要求。应用技术型高校的生源素质与其他高校相比存在较大差距，除一部分高考发挥失误的学生外，有相当一部分学生在学习习惯、基础知识等方面存在一定的欠缺，这就要求本套系列教材要能调动这部分学生的学习积极性，在理论方面尽量通俗易懂，在实践方面尽量采用案例式教学。为了有利于学生课后自主学习，本套系列教材配套了学习指导书和教学课件。

因此，本套系列教材的定位把握准确，教材的特色明显，适用于应用技术型高等学校教学，容易得到学生和市场的认可，便于学生的自学和教师的教学。

高等学校应用技术型经济管理系列教材（会计系列）凝聚了众多领导、教授和专家多年来的经验和心血。当然，由于我们的经验和人力有限，教材中难免存在不足，我们期待着各位同行、专家和读者的批评指正。我们将随着经济发展和会计环境的变迁不断地修订教材，以便及时反映学科的最新发展和人才培养的最新变化。

李　雪

2018年8月

前　言

“高级财务管理”是财务管理课程体系中的高级阶段，也是财务管理专业的必修课程，但是在初级、中级、高级的内容划分上尚没有统一的定论，相应的教材体系也处于不断的探索中。本书是建立在已有学者的研究成果基础上，结合编者在实践教学中的需求和经验编写而成，主要介绍初、中级财务管理课程中没有涉及的内容，将他们以专题的形式呈现出来进行讲解。本书主要包括企业并购财务管理、企业集团财务管理、国际企业财务管理、企业破产清算财务管理、企业财务战略管理、财务预警及风险管理、企业财务制度设计七个专题。

本书作为高等学校应用技术型经济管理系列教材之一，紧密结合财务管理的发展动态以及相关政策的变化，全面、系统地阐述了高级财务管理的相关知识。在编写过程中，每章都加入了“引例”“引例解析”“内容提要”“重点难点”“学习目标”“知识框架”“知识拓展”“相关思考”“特别提示”“趣味阅读”“重要概念”等内容，力求体系完整，内容丰富。

本书编写特点如下：

(1) 内容以专题形式呈现，结构新颖。本书以突破财务管理假设以及初、中级财务管理中没有涉及的内容为主线安排框架，将内容以专题的形式呈现出来，讲解企业并购、企业集团、国际企业等特殊环境下的财务管理，结构新颖，逻辑清楚。内容上尽量做到深入浅出，因此适应面较广，既可以作为高等院校财务管理专业的必修课教材或会计等相关专业的选修课教材，也可以作为实务工作者的自学教材。

(2) 大量使用案例，紧密结合实务。本书每章都配有一节案例分析，与理论知识紧密结合。通过案例体会所学理论知识，更易于理解，也能够使读者所学的知识更加贴近实务工作。本书中的案例一部分是来自于高级财务管理学中的经典案例，另外一部分是编者结合近年来的企业经营实例，在查阅、整理大量文献及相关数据的基础上编写而成，具有一定的时效性。

(3) 内容生动有趣，图文并茂，通俗易懂。本书每章都设置开篇引例，并在章节内容中穿插趣味阅读、知识拓展、相关思考等要素，一改以往学习理论知识的枯燥乏味性，便于激发读者的学习兴趣。在内容表达上，大量借助图、表等工具进行讲解，力求做到通俗易懂。

此外，本书还在每章的最后配以相关习题和案例，便于读者自学，也便于教师组织教学。

本教材由武娟主编，多位优秀教师和实务界专家参编。具体分工如下：第一章高级财务管理概述（蔡素兰），第二章企业财务战略管理（隋雪、武娟），第三章企业并购概述（武娟），第四章企业并购财务管理的主要内容（武娟），第五章企业集团财务管理概述（杨阳），第六章企业集团财务管理的主要内容（杨阳），第七章国际企业财务管理概述（武娟），第八章国际企业财务管理的主要内容（赵珍珍），第九章企业破产、重组与清算财务管理（韩真真），第十章财务预警与风险管理（张玲），第十一章企业财务制度设计（刘艳）。

本书在编写过程中参考了大量相关教材和论著，在此向有关作者致以深深的谢意！

在本书的编写过程中，编者进行了多次讨论研究，力求内容编排合理、避免错误，但难免存在考虑不周，表达不妥当的地方，书中疏漏不足之处，敬请读者批评指正。

编者

2018 年 8 月

目 录

第 1 章　高级财务管理概述

内容提要

本章主要讲解了高级财务管理的界定、高级财务管理的基本特征、西方财务管理的发展历程、我国财务管理的发展历程，并介绍了财务管理理论结构的相关概念，财务管理理论结构的起点、前提、导向及构建，最后是本章的案例。

重点难点

本章重点为高级财务管理的概念、基本特征，财务管理理论结构的概念，财务管理理论结构的起点、前提及导向；难点为财务管理的基本假设及派生假设，财务管理目标的优缺点，财务管理理论结构的构建。

学习目标

通过本章学习，学生应掌握财务管理理论结构的概念，财务管理理论结构的起点、前提、导向及构建；掌握财务管理的基本假设及派生假设，财务管理目标的优缺点；理解高级财务管理的界定；了解西方财务管理的发展历程，我国财务管理的发展历程。

知识框架

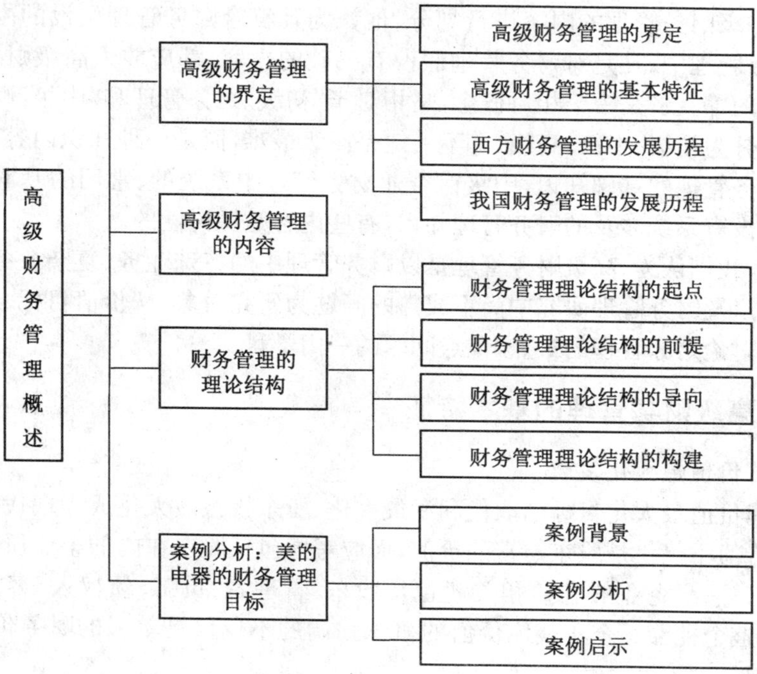

引入案例 《高级财务管理》主要讲授哪些内容?

新学期伊始,财务管理专业的大三学生杜明正在确认自己的课表,看到课表中有一门课程是“高级财务管理学”,杜明心生疑问:他上学期刚刚上完“财务管理学”这门课,这学期又要开设“高级财务管理学”,这两门课程区别是什么?高级财务管理学主要讲授哪些内容?为此,第一次上课时,杜明早早来到教室,与主讲老师吴教授就上述两个问题展开讨论。

吴教授告诉杜明,财务管理学主要讲授通用业务,如筹资、投资、分配等,高级财务管理学讲授特殊业务,如企业并购财务问题、企业集团财务问题等。高级财务管理应包括哪些内容,国内学术界的看法很不统一。我们的高级财务管理学是按专题进行讲授的。主要包括:企业并购财务管理;企业集团财务管理;国际企业财务管理;企业破产、重整和清算财务管理这些突破财务管理假设的内容;以及财务战略管理;财务预警与风险管理、企业财务制度设计等现代企业的财务管理方法。吴教授继续介绍说,目前,我国已初步形成以财务管理环境为出发点,财务管理假设为前提,财务管理目标为导向,以财务管理的基本理论、通用业务理论、特殊业务理论和其他领域理论为基本框架的理论结构。

那么,什么是财务管理基本理论、通用业务理论、特殊业务理论和其他领域理论呢?

1.1 高级财务管理的界定

1.1.1 高级财务管理的界定

对于何为高级财务管理以及高级财务管理应包括哪些内容,国内学术界的看法很不统一,截至目前,这仍然是一个仁者见仁、智者见智的问题。

对外经济贸易大学博士生导师汤谷良教授认为,高级财务管理和高级管理会计所体现的“高级”的思想是一致的,初级、中级和高级应该不是同一个平面上的差别,而是不同层面的差异。中国人民大学博士生导师王化成教授则依据财务管理假设,对高级财务管理与初级财务管理、中级财务管理的内容进行划分,他认为凡符合财务管理假设的内容,都应归入初级、中级财务管理中;凡是对财务管理假设有突破的内容,都应放入高级财务管理中。高级财务管理中的“高级”是一个相对概念,是相对于“初级”财务管理和“中级”财务管理而言。把财务管理划分为初级、中级、高级,并不一定是高级最难,而是一种知识内容上的递进与补充。初级讲财务管理的基础知识,中级讲企业财务管理中系统的、常用的基本知识,高级讲初级和中级中没有系统涉及的财务管理知识,有些内容是探讨性的。

综上所述,我们认为,高级财务管理是以财务管理中的特殊业务、复杂业务,财务管理领域中的新问题以及财务管理研究中尚不成熟的问题为研究对象,从价值目标、战略规划与组织管理等视角讨论财务管理的难点、重点问题的一门学科。

1.1.2 高级财务管理的基本特征

1. 向企业价值最大化发展

目前,企业价值最大化目标已取代利润最大化、股东权益最大化成为现代企业财务管理的目标,企业价值不仅仅是股东财富的价值,而应考虑包括股东在内的企业所有的利益相关者财富的价值。一个企业的利益相关者包括股东、管理者、员工、债权人、客户、供应商、社区、政府,甚至整个社会。企业整体价值的概念强调的不仅仅是单一的财务价值,而是在组织结构、财务、采购、生产、技术、市场营销、人力资源、产权运作等各方面整合的结果。

2. 向战略型财务管理发展

财务管理定位在企业和特定组织结构模式下的融资、投资、营运与收益分配问题，与战略层面的财务管理距离较远，高级财务管理侧重于企业的长期发展和规划，突出战略管理与财务管理的结合，从战略层面上获取竞争优势，以促进企业整体价值的不断提高。

3. 向财务整合型管理发展

传统的企业管理思维是把公司划分为不同的部门，如采购、生产等部门，突出职能分工和部门利益。然而，更为重要的是，运用系统的财务思想把不同职能部门的功能、职责有效地整合起来。高级财务管理提供了一种与现代企业制度下法人治理结构相匹配的管理制度，整合企业实物流程、资金周转和信息流的科学方法，建立确保战略实施、整合全方位、全过程、全员的管理体系。

4. 向过程控制型管理发展

由于财务管理环境的动荡和人们对未来预知能力的局限，企业可能的风险与损失是难免的。企业必须竭尽所能预测有可能导致企业财务失败的原因，并采取积极预防措施。在管理过程中，必须充分重视人的行为因素，重视全方位的控制，针对企业不断面临的危机或风险，及时反馈，加强沟通，制定对策，实施政策，引导行为，以规避风险或走出困境。

5. 向价值型管理发展

高级财务管理以企业价值最大化为目标，以收益和风险的平衡发展为基本理念，强调技术分析和量化模型财务管理方法；分析企业价值增长的驱动因素；将战略落实为具体的预算目标，并以预算管理、报告体系和预警机制为监控手段，通过资产组合和风险控制，保障企业的可持续增长；最后以评价和激励机制来激励管理者和全体员工不断追求价值的最大化。

6. 以资本运营为主要研究内容

随着世界经济的一体化进程的加快，世界范围的兼并、重组愈演愈烈，跨国战略、并购浪潮、抵御区域性风险，已经成为企业财务管理关注的热点，资本运营则是企业实现全球战略的捷径。在我国，资本运营已成为实施战略性结构调整，改革国有企业的重要手段。随着资本运营活动的扩展与深入，与之相关的一系列基础理论问题便成为了研究主题之一。

7. 财务主体多元化

随着市场经济的发展，企业组织形态日趋多样化，研究财务管理问题，不但要关注公司制企业的财务运作问题，也要研究非公司制企业的财务管理问题；既要研究大型企业的一般财务问题，又要关注中小企业的特殊财务情况；既要分析单一组织结构的财务管理问题，又要特别研究多层组织结构（集团制）的集权与分权问题。

1.1.3 西方财务管理的发展历程

财务管理是一种古老的活动，自人类生产劳动出现开始，便有了理财的活动。但是，最早的财务管理只是简单的会计意义上的管理。财务管理作为企业的一种独立经济活动，是伴随着公司制这一企业组织形式的产生和发展而逐渐形成的。15～16世纪的地中海沿岸城市，特别是意大利的威尼斯，商业比较发达，是欧洲与远东之间的贸易中心，出现了邀请公众入股的城市商业组织（原始的股份制形式），入股的股东包括商人、王公、大臣、市民等。但由于这时企业对资本的需要量并不是很大，且筹资渠道和筹资方式比较单一，因此企业的筹资活动仅仅附属于商业经营管理，并没有形成独立的财务管理职业，这种情况一直持续到19世纪末20世纪初。尽管当初尚未在企业中正式形成财务管理部门或机构，但上述财务管理活动的重要性确已在企业管理中得以凸显。因此，该时期可以视为西方财务管理的萌芽时期。

1897年，美国著名财务学者 Thomas L. Green 出版《公司理财》(Corporation Finance)一书，它标志着西方财务理论的独立。自此，西方财务理论成为经济学的一门分支，并在20世纪取得了丰富的研究成果。学者们对西方财务管理发展阶段进行划分的观点并不一致，本书在对众多学者文献进行总结的基础上，将其划分为以下5个发展阶段。

1. 筹资财务管理阶段(19世纪末20世纪初)

19世纪末20世纪初，工业革命的成功使制造业迅速崛起，新技术、新机器不断涌现，生产技术的重大改进和工商活动的进一步发展，促进了企业规模的不断扩大和股份公司的迅速发展，许多公司都面临着如何为扩大企业生产经营规模和加速企业发展筹措所需资金的问题，并在财务关系上要处理好公司与投资者、债权人之间的权、责、利关系，分配好盈利。于是，各股份公司纷纷成立专职财务管理部门，以适应加强财务管理的需要。财务管理职能与机构的独立化，标志着近代西方财务管理初步形成。

在这一阶段中，市场竞争不是十分激烈，各国经济得到了迅速发展，只要筹集到足够的资金，一般都能取得较好的效益。然而，当时的资金市场还不是很成熟，金融机构也不十分发达，因而，如何筹集资金便成为财务管理的最主要问题。财务管理的主要职能是预测公司资金的需要量和筹集公司所需要的资金，理论研究的侧重点在于金融市场、金融机构和金融工具的描述和讨论，因此，筹资理论和方法得到了迅速的发展，为现代财务管理理论的产生和完善奠定了良好的基础，这一时期西方资本市场发育日趋完善。

这个阶段具有代表性的理论贡献如下：①1879年，Thomas L. Green 出版《公司理财》(Corporation Finance)一书，其详细阐述了公司资本的筹集问题，并被学术界认为是筹资财务理论的最早代表作，它标志着西方财务理论的独立；②1910年，Meade 出版《公司财务》一书，其主要研究企业如何最有效地筹集资本，该书为现代财务理论奠定了基础；③1920年，Arthor Stone 出版《公司财务策略》(Financial Policy Corporation)一书。这个阶段的研究成果主要集中于如何有效地筹集资金。

2. 法规财务管理阶段(1931—1950年)

筹资阶段的财务管理往往只注重研究资本筹集，却忽视了企业日常的资金周转和企业内部控制。1929年的经济危机后，为保护投资者利益，各国政府加强了证券市场的监管，尤其加强了对公司偿债能力的监管。美国在1933年、1934年通过了《联邦证券法》和《证券交易法》，要求公司编制反映企业财务状况和其他情况的说明书，并按规定的要求向证券交易委员会定期报告。政府监管的加强客观上要求企业把财务管理的重心转向内部控制。第二次世界大战以后，随着科学技术的迅速发展和市场竞争的日益激烈，西方财务管理人员更加清醒地认识到，在残酷的市场竞争中，要维持企业的生存和发展，财务管理的主要功能不仅在于筹集资金，更在于有效的内部控制，管好、用好资金。西方财务学家将这一时期称为"守法财务管理时期"或"法规描述时期"(descriptive legalistic period)。

在这一阶段中，财务管理的理念和内容发生了较大的变化：财务管理的重点开始从扩张性的外部融资向防御性的内部资金控制转移，各种财务目标和预算的确定、债务重组、资产评估、保持偿债能力等问题，开始成为这一时期财务管理研究的重要内容，对资本的控制需要借助于各种定量方法，因此各种计量模型逐渐应用于存货、应收账款、固定资产管理上，财务计划、财务控制和财务分析的基本理论和方法逐渐形成，并在实践中得到了普遍应用；同时，如何根据政府的法律、法规来制定公司的财务政策成为公司财务管理的重要方面；此外，财务管理内容还涉及企业的破产、清偿和合并等问题。

这个阶段具有代表性的理论贡献如下：①W. H. Lough 出版《企业财务》一书，其首先提出了企业财务除筹措资本之外，还要对资本周转进行有效的管理；②英国学者 T. G. Rose 出版《企业内部财务论》一书，该书中特别强调企业内部财务管理的重要性，认为资本的有效运用是财务管理的重心。这个阶段的研究成果为企业财务状况的系统分析及对资产流动性分析打下了基础。

3. 资产管理理财阶段(1951—1964 年)

20 世纪 50 年代以后，面对激烈的市场竞争和买方市场趋势的出现，财务经理普遍认识到单纯靠扩大融资规模、增加产品产量已无法适应新的形势发展需要，财务经理的主要任务应是解决资金利用效率问题，在此期间，资金的时间价值引起了财务经理的普遍关注，以固定资产投资决策为研究对象的资本预算方法日益成熟，财务管理的重心由重视外部融资转向注重资金在公司内部的合理配置。在这一时期资产管理成为财务管理的重中之重。

20 世纪 50 年代后期，对公司整体价值的重视和研究，是财务管理理论的另一显著发展。实践中，投资者和债权人往往根据公司的盈利能力、资本结构、股利政策、经营风险等一系列因素来决定公司股票和债券的价值。因此，资本结构和股利政策的研究受到了高度的重视。

这一阶段主要财务研究成果有如下几方面：①1951 年，美国财务学家迪安(Joel Dean)出版了最早研究投资财务理论的著作《资本预算》，该书着重研究如何利用货币时间价值确定贴现现金流量，使投资项目的评价和选择建立在可比的基础之上，起了极其重要的先导和奠基作用，对财务管理由融资财务管理向资产财务管理的飞跃发展起到了决定性影响。②1952 年，哈里·马科维茨(H. M. Markowitz)发表论文“资产组合选择”，他认为在若干合理的假设条件下，投资收益率的方差是衡量投资风险的有效方法。从这一基本观点出发，1959 年，哈里·马科维茨出版了专著《组合选择》，从收益与风险的计量入手，研究各种资产之间的组合问题。哈里·马科维茨也被公认为资产组合理论流派的创始人。③1958 年，弗兰科·莫迪利安尼(Franco Modigliani)和米勒(Merto H. Miller)在《美国经济评论》上发表《资本成本、公司财务和投资理论》一文，提出了著名的 MM 理论。莫迪利安尼和米勒因为在研究资本结构理论上的突出成就，分别在 1985 年和 1990 年获得了诺贝尔经济学奖。④1964 年，夏普(William Sharpe)、林特纳(John Lintner)等在马科维茨理论的基础上，提出了著名的资本资产定价模型(CAPM)。其系统地阐述了资产组合中风险与收益的关系，区分了系统性风险和非系统性风险，并明确提出了非系统性风险可以通过分散投资而减少等观点。资本资产定价模型使资产组合理论发生了革命性变革，夏普因此与马科维茨一起共享第 22 届诺贝尔经济学奖的荣誉。

总之，在这一时期，以研究财务决策为主要内容的“新财务论”已经形成，其实质是注重财务管理的事先控制，强调将公司与其所处的经济环境密切联系，以资产管理决策为中心，将财务管理理论向前推进了一大步。

4. 投资财务管理阶段(20 世纪 60 年代中期至 20 世纪 70 年代)

第二次世界大战结束以来，科学技术迅速发展，产品更新换代速度加快，国际市场迅速扩大，跨国公司增多，市场环境更加复杂，因此企业必须更加注重投资效益，规避投资风险。20 世纪 60 年代中期以后，财务管理的重心重新从内部向外部转移，更加关注于投资问题，特别是 20 世纪 70 年代后，金融工具的推陈出新使公司与金融市场的联系日益加强。认股权证、金融期货等广泛应用于公司的筹资与对外投资活动中，推动财务管理理论日益发展和完善。另外，统计学和运筹学优化理论等数学方法也引入到财务理论研究中。因此，这一阶段被称为"投资财务管理阶段"，其核心研究问题是资本结构和投资组合的优化。

这个阶段的主要研究成果有以下几个方面：①资本结构理论进一步深化和发展，将证券定价建立在风险与报酬的相互作用的基础上，被广泛应用于公司的资本预算决策，使公司财务管理理论跨入了投资财务管理的新时期。在这一阶段，资本结构理论研究的深化，历经了从早期传统资本结构理论到现代资本结构理论的发展过程(1952—1977 年)，并以 MM 理论为开端，逐渐发展到破产成本理论、税差学派、市场均衡理论、权衡理论、信息不对称理论等。从 1977 年开始了新资本结构理论的发展阶段，其后出现了代理成本说、财务契约论、信号模型、产业组织理论以及企业治理结构学派。②资本市场的发展和投资风险的日益加大使人们开始寻求资产组合、避险和控制的工具，金融工具的推陈出新使企业与金融市场的关系更加密切，认股权证、金融期货等广泛应用于企业融资和对外投资活动中，特别是 20 世纪 70 年代中期，布莱克(F. Black)等人创立了期权定价模型(Option Pricing Model, OPM)；斯蒂芬・罗斯提出了套利定价理论(Arbitrage Pricing Theory)。这一时期的财务管理呈现出百花齐放、百家争鸣、一派繁荣的景象。③1972 年，法马(Fama)和米勒(Miller)出版了《财务管理》一书，这部集西方财务管理理论之大成的著作，标志着西方财务管理理论已发展成熟。

一般认为，该时期是西方财务管理理论走向成熟的时期，主要表现在以下几个方面：①建立了合理的投资决策程序；②形成了完善的投资决策指标体系；③建立了科学的风险投资决策方法。由于吸收了自然科学和社会科学的丰富成果，财务管理进一步发展成为集财务预测、财务决策、财务计划、财务控制和财务分析于一身，以筹资管理、投资管理、营运资金管理和利润分配管理为主要内容的管理活动，并在企业管理中居于核心地位。

5. 财务管理深化发展的新阶段(20 世纪 70 年代末以后)

20 世纪 70 年代末以后，企业财务管理进入深化发展的新阶段。这一阶段，财务管理的环境发生了以下变化：①通货膨胀及其对利率的影响；②政府对金融机构放松控制以及由专业金融机构向多元化金融服务公司转化；③电子通信技术在信息传输中和电子计算机在财务决策上大量应用；④资本市场上新的融资工具的出现，如衍生金融工具和垃圾债券；⑤企业集团化与国际化。

这使财务管理的理论和实践都发生了显著的变化，并且产生了更为细分的财务管理领域。例如，通货膨胀财务管理、企业集团财务管理、国际企业(跨国企业)财务管理与企业并购财务管理等。

另外，20 世纪 80 年代以后，财务学在吸收心理学、行为科学、决策科学等的相关成果的基础上，研究心理和行为因素对人类的财务行为的影响，解释和预测财务主体的财务决策行为的实际决策过程(而非最优决策模型)以及金融市场的实际运行状况，促成了一门新的科学——行为财务学的发展。

根据财务管理内容变化的特点可将20世纪70年代末以后的财务管理的发展阶段分为下面3个子阶段：

(1) 通货膨胀理财阶段(20世纪70年代末期至20世纪80年代初)。20世纪70年代末期至20世纪80年代早期，伴随石油价格的上涨，西方国家出现了严重的通货膨胀，给财务管理带来了一系列前所未有的问题，因此这一时期财务管理的任务主要是对付通货膨胀。大规模的通货膨胀使企业资金需求不断膨胀、货币资金不断贬值、资金成本不断提高、成本虚降、利润虚增、资金周转困难。为此，西方财务管理根据通货膨胀的状况对企业筹资决策、投资决策、资金日常调度决策、股利分配决策进行了相应调整。

(2) 国际经营理财阶段(20世纪80年代中后期)。20世纪80年代中后期，由于运输和通信技术的发展，市场竞争的加剧，企业跨国经营发展很快，国际企业管理越来越重要。由于国际企业涉及多个国家，要在不同制度、不同环境下作出决策，就会有一些特殊问题需要解决，如外汇风险问题、多国融资问题等都和一国财务管理不同。由此产生了一门新的财务学分支——国际财务管理。

20世纪80年代中后期，拉美、非洲和东南亚发展中国家陷入沉重的债务危机，苏联和东欧国家政局动荡、经济濒临崩溃，美国经历了贸易逆差和财政赤字，贸易保护主义一度盛行。这一系列事件导致国际金融市场动荡不安，使企业面临的投融资环境具有高度的不确定性。因此，财务风险问题与财务预测、决策数量化受到高度重视。

(3) 网络财务管理阶段(20世纪90年代以来)。20世纪90年代中期以来，随着计算机技术、电子通信技术和网络技术的迅猛发展，财务管理的一场伟大革命——网络财务管理，已经悄然到来。

从财务管理家的角度来看，其改变了企业资源配置结构，即从传统的以厂房、机器、资本为主要内容资源配置结构转变为以知识为基础并以智力资本为主的资源配置结构。面对知识经济趋势的深化，传统财务管理理论以“物”为本的理念受到巨大冲击，以人为本的理念必将贯穿于企业筹资、投资、资金运营和利润分配的各财务环节，而对于智力资本如何进行确认、计量和管理将成为财务管理的一个重要课题。

同时，知识经济拓宽了经济活动的空间，改变了经济活动的方式。许多传统的商业运作方式也将随之消失，代之以电子支付、电子采购和电子订单，商业活动将在全球互联网上进行，使企业购销活动更便捷、费用更低廉，对存货的量化监控更精确。同时，网上收付使国际资本的流动加快，而财务主体面临的货币风险却大大地增加，网络财务管理主体、客体、内容、方式都会发生很大的变化。相应地，现代的财务管理理论和实践将随着理财环境的变化而不断革新，并继续朝着国际化、精确化、电算化、网络化方向发展。

1.1.4 我国财务管理的发展历程

我国企业财务管理的发展与新中国经济建设实践是一脉相承的，大体经历了计划经济的准备阶段(1949—1957年)、计划经济阶段(1958—1978年)、建立有计划的商品经济体制阶段(1979—1991年)、建立社会主义市场经济体制阶段(1992—2000年)以及完善社会主义市场经济体制阶段(2001年至今)。在这60多年的发展中有一个关键时间点——1978年，其前后的财务管理活动出现了迥然不同的特点，因此本书围绕这个时间点对我国企业财务管理实践、理论等活动进行总结,并对其发展趋势进行探讨。

1. 计划经济时代的企业财务管理(1949—1978 年)

新中国成立后,国民经济开始恢复,逐步完成了由新民主主义经济向社会主义经济过渡的历史任务,故将 1949—1957 年这一阶段称之为计划经济的准备阶段。此时,我国初步建立起了一套为社会主义计划经济服务的财务管理体系。在这一时期,企业财务管理研究主要有以下几个方面:①社会主义经济核算制。其主要涉及经济核算的实质、客观依据、指标体系等。②资产核算与管理的问题。其主要涉及的是流动资产和固定资产的核定与分类,同时涉及若干考核指标,如流动资产周转率、固定资产产值率等。③企业成本费用与利润的核算。④关于财务本质问题的研究。⑤财务管理形式的改革。例如,月度财务收支计划和资金平衡、决算审查、费用控制和定额发料、班组经济核算等。

从 1958 年开始,我国经济正式步入了计划经济阶段。在计划经济时期,企业的财务管理工作是在高度集中的计划与财政体制条件下建立和发展的,表现为政府在企业财务管理体系的建立和发展中具有直接管理的特点。全国企业除了清一色的国营企业和小部分集体企业之外,几乎没有其他经济成分的企业。国营企业财务管理体制纳入国家计划之中,实行国家统收统支、统负盈亏的体制;资金由国家支配,企业无筹资和投资权;无成本开支权;收入按国家计划分配,企业无定价权与分配权;企业财务管理的重点是成本核算、成本计划控制与实行财务监督。在这种高度集中的计划和财政体制下,企业财务管理的体系框架涵盖的内容相对简单和单一。

在统收统支、统负盈亏的体制下,企业只关注资源,习惯于向政府"要"投资项目,"要"资金,"要"各种经营所需的资源,而并不关心资源运用效率。政府也注意到这种情况的存在,要求企业将财务管理的重心放在内部财务管理与控制上,尤其是流动资金(产)管理、费用与成本控制以及强化经济核算制度上。该体制对于保证国民经济有计划、按比例发展起到了重要的作用,但随着建设规模的扩大,社会化大生产和专业化的发展,部门、地区、企业之间的联系和协作关系越来越密切,经济体制中集中过多,与生产力发展不相适应的矛盾就突显出来了。

2. 改革开放后的企业财务管理(1979 年至今)

改革开放之后,随着市场经济体制的逐步建立,企业的投融资自主权逐步扩大,企业逐渐按市场经济规则通过金融市场筹措资金。

(1) 建立有计划的商品经济体制阶段(1979—1991 年)

中共十一届三中全会以后,我国进入以经济建设为中心的社会主义建设新时期。经济体制进一步过渡到"有计划的商品经济"体制。国家对企业实行"放权让利"的政策,使企业拥有了一定的自主权,企业财务管理的内容、工作环节、方式、方法也随着发生了一系列新的变化。

这一阶段,国民经济在新政策的指导下迅速恢复和发展,国营企业也逐渐建立了适应自身发展的管理方式,财务管理研究出现了新的发展热潮,国家放宽了诸多政策,企业财务管理的作用也逐渐大了起来。此时,企业财务管理体系的特点如下:以筹资管理、投资管理、资产管理、成本管理和利润管理为主要内容,以决策、计划、控制、分析为基本环节。企业自主支配权的实现使得企业财务管理出现筹资和投资的概念,扩展了企业财务管理体系的内容。

(2) 建立社会主义市场经济体制阶段(1992—2000 年)

1992 年 10 月,中共十四大确定将我国经济体制改革为社会主义市场经济体制。由于改革开放的深入，国内渐渐引入西方的财务管理理论，并在自身经济发展的基础上形成了具有中国特色的企业财务管理体系。

这一阶段企业财务管理体系仍是以筹资管理、投资管理、资产管理、成本管理和利润管理为主要内容，并以决策、计划、控制、分析为基本环节，但在财务管理内容、方式和方法上均有所改进和创新。在内容上，西方财务管理理论大量引入，如资本结构理论、投资组合理论、企业并购理论、企业股利分配政策等，同时，在中国经济发展的基础上进行探索和创新，如对财务管理目标、国家与国有企业的财务关系理论的探索。在方式方法上，由于计算机技术和信息技术的发展，财务管理信息化流程促进了财务的规范管理和精确管理。这些都有力地提升了企业财务管理水平，使企业具备了迎接外来挑战的实力和信心。

(3) 完善社会主义市场经济体制阶段(2001 年至今)。2001 年 12 月，我国加入世界贸易组织(WTO)，这是我国经济全球化过程中的重要里程碑。随着经济全球化和知识经济时代的来临，企业理财环境出现了重大变迁，我国财务管理的地位、作用、目标和使命都出现了重大变化。

在知识经济时代，全球化的扩张使我国企业受到西方财务管理强烈的影响，企业财务管理研究的内容更加丰富，如财务风险及财务预警、并购重组、智力资本、国有资本、内部控制、激励机制、公司治理等。展望未来，科学发展观、金融创新、金融危机要求企业在复杂多变的环境中寻求企业可持续发展的财务保障机制，这些都对财务管理者提出了新的要求。

1.2 高级财务管理的内容

本书将高级财务管理内容定位为在“初级”“中级”财务管理中未涉及的，但是对现在企业经营至关重要的财务管理内容与方法。

1. 企业并购财务管理

企业并购财务管理涉及理财主体假设和持续经营假设。企业并购后，理财主体可能会发生变更或消亡；企业法人主体资格可能会撤销，出现新的企业法人；也可能企业不再继续经营，因此企业并购行为可能会突破理财主体假设与持续经营假设。并购，现如今已成为我国经济中的热门话题。如何有效对企业并购财务问题进行风险管控，是决定企业通过并购实现结构调整、资源整合、优化产业成功与否的重点内容。

企业并购的财务管理的主要内容包括并购的基本概念与基础理论，并购中对目标公司的估价，并购支付方式及其筹资等。

2. 企业集团财务管理

企业集团财务管理主要涉及理财主体假设。伴随我国市场经济的整体推进，越来越多的企业正在逐渐成长为企业集团，伴随而来的企业集团财务管理问题也成为重中之重。在全资子公司和控股子公司中，理财主体的地位已经部分消失，因为许多财权掌握在母公司手中。集团的理财主体更加复杂，财务管理的内容也更加丰富，包括财务机构的设置、财务权利的划分等。

企业集团财务管理的主要内容包括企业集团的概念、特征、财务管理特点，企业集团的筹资、投资、资本运营和分配等。

3. 国际企业财务管理

国际企业财务管理主要涉及理财主体假设。跨国公司在不同的国家设有子公司和分公司,使同一理财主体的业务遍及世界各地,受多国理财环境的影响,财务管理更加复杂。例如,涉及外汇风险的管理、税收管理、政治风险的防范等。因此,国际企业财务管理要认真分析东道国的政治、经济、法律等环境因素,充分认识到国际投资环境动态性和差异性的特点,努力实现投资安全合理。

国际财务管理主要内容包括国际财务管理的概念、特点,外汇风险管理,国际企业筹资管理,国际企业投资管理,国际营运资金管理,国际纳税管理等。

4. 企业破产、重整与清算的财务管理

企业破产、重整与清算的财务管理突破理财主体假设与持续经营假设,出现理财主体的变更和消亡。

企业破产、重整和清算的财务管理的主要内容包括破产的基本概念与破产界限,企业重整的理论与方法,企业清算的程序和企业破产的预警,企业破产征兆的识别、债权的划分、债务人资产或破产财产的价值评估等。

5. 企业财务战略管理

财务战略管理是企业在分析理财环境的基础上,在服从和服务于企业战略的前提下,对企业资源筹集和配置活动进行的全局性和长远性的谋划,它是战略理论在财务管理领域的应用与延伸。运用财务战略管理的分析工具,对财务战略的决策与选择、实施与控制、计量与评价等活动进行全局性、长期性和创造性的谋划。

6. 企业财务预警与风险管理

这部分内容属于企业财务管理的具体方法,用于对企业风险进行识别和衡量,并对财务风险进行预警,制定相应的风险管理策略等。对于企业实际经营活动中出现的问题,运用特定的方法对风险程度作出判断,寻找造成企业财务状况恶化的原因,找出并纠正企业经营活动中出现的偏差或过失,将企业恢复到正常的经营轨道上。并且可以通过记录财务风险发生的原因、处理经过、解除危机的各项措施,及处理后的反馈意见,作为未来类似情况的前车之鉴,将经验和教训转化为企业管理活动的规范,加强企业对于财务风险的免疫功能,使经营者能掌握风险控制的主动权。

企业财务预警与风险管理的主要内容包括风险的基本概念、企业财务预警管理、企业财务风险管理等。

7. 企业财务制度设计

财务制度设计是财务管理的一项基本建设,其质量直接影响财务功能的发挥。设计科学有效的企业财务管理制度,才能真正发挥其在内部控制和财务控制中的作用。企业财务制度是企业财务行为的基本规范,是企业从事财务活动、处理财务关系的基本准则。没有企业财务制度,企业的财务活动、财务行为就会陷入无章可循、无法可依的混乱局面。因此,财务制度设计是企业财务管理的重要内容,而企业财务制度设计是全局性问题,故将其归属于高级财务管理的内容。

企业财务制度设计的主要内容包括企业财务制度设计的基本概念和发展历程,企业财务制度设计的目标、原则、内容及方法等。

1.3 财务管理的理论结构

财务管理理论是根据财务管理假设所进行科学推理或对财务管理实践的科学总结而建立的概念体系,其目的是解释、评价、指导、完善和开拓财务管理实践。

财务管理的理论结构是指财务管理理论的组成部分(或要素)以及这些部分之间的排列关系,是以财务管理环境为起点,财务管理假设为前提,财务管理目标为导向的由财务管理的基本理论、财务管理的应用理论构成的理论结构。

1.3.1 财务管理理论结构的起点

研究财务管理理论结构,一个十分重要的问题就是从何处入手,以什么作为逻辑推理的出发点。

1. 现有财务管理理论研究起点的主要观点

财务管理理论研究的起点,长期以来是一个有争议的问题,主要观点有以下几种:

(1) 财务本质起点论。长期以来,我国财务管理的理论研究以"财务的本质"为起点,从这一起点出发,逐渐阐述财务管理的概念、对象、原则、任务、方法等一系列理论问题。这种观点形成于20世纪80年代,当时对财务的存废问题存在很大争议,财务管理理论工作者在形成财务独立论的过程中,从财务的本质研究出发,奠定了财务理论的基石。从建立和完善财务管理学科体系来看,对财务的本质进行科学的定义是必要的,但以财务的本质作为理论研究的起点,只能解决什么是财务,不能解决为什么进行财务管理这一与财务管理实践密切相关的问题,也不可能有效地指导财务管理实践。

(2) 假设起点论。这种观点是近年来在借鉴会计理论研究方法的基础上形成的。持这种观点的人认为:"任何一门独立学科的形成和发展,都是以假设为逻辑起点的,然而,在财务学中,却忽略了这一点。"并指出:"假设对任何学科都是非常重要的,因为它为本学科的理论和实务提供了出发点或奠定了基础。"财务管理假设是财务管理理论结构中一个非常重要的问题,必须认真研究。但以财务管理假设作为财务管理理论研究的起点还存在一些问题,这是因为:①财务管理假设不是凭空捏造的,也不是天生就有的,而是根据财务管理环境和财务管理的内在规律概括出来的,显然,环境决定假设。②即使是过去一直以假设为理论起点的会计学,进入20世纪70年代,也逐渐放弃了这种观点,改用其他范畴作为会计理论研究的起点。可见,并不是任何学科、任何时候都以假设作为理论研究的起点。

(3) 本金起点论。持这种观点的学者认为:"本金是指为进行商品生产和流通活动而垫支的货币性资金,具有流动性与增值性等特点。"并进一步指出:"经济组织的本金,按其构成可以分为实收资本、内部积累和负债等几大组成部分。"同时强调,本金起点论符合逻辑起点的基本标准,弥补了其他起点理论的种种不足。本金作为财务资金的代名词已成为财务理论的核心概念,是财务理论概念体系中的组成部分。以本金作为基本细胞并从此开始研究,有利于从小到大、层层展开,从而构成完整的财务管理理论体系。但以本金作为财务管理理论研究的起点,必须解决本金与资金、资本之间的关系。

(4) 目标起点论。进入20世纪90年代以后,我国有些学者提出了以财务管理目标为财务管理理论研究起点的看法。这种观点认为,任何管理都是有目的的行为,财务管理也不例外。只有确立合理的目标，才能实现高效的管理。这种观点突出了财务管理目标在财务管理理论结构中的作用，有利于财务管理理论对财务管理实践的指导。但现在看来，这种观点也存在一些问题。这是因为：①从逻辑学的角度来看，任何理论的研究起点都应是其原本点（即原始出发点），显然财务管理目标并不具备这一特点，因为财务管理目标受财务管理环境的影响，不同的理财环境会产生不同的财务管理目标。②从财务管理理论体系本身来看，如果以财务管理目标为起点，则很难安排财务管理假设在财务管理理论结构中的地位，因为假设是根据环境概括出来的，而不是根据目标概括出来的。

2. 以财务管理环境为起点来构建财务管理的理论结构

财务管理环境是对财务管理有影响的一切因素的总和。它既包括宏观的理财环境，也包括微观的理财环境。其中宏观环境主要是指企业理财所面临的政治、经济、法律和社会文化环境；微观环境主要是指企业组织形式，企业的生产、销售和采购方式等。

从20世纪以来财务管理的发展过程可以看出，财务管理目标、财务管理内容、财务管理方法的变化都是理财环境综合作用的结果。实际上，财务管理总是依赖于其生存发展的环境。在任何时候，财务管理问题的研究，都应以客观环境为立足点和出发点，这才会有价值。脱离了环境来研究财务管理理论，就等于是无源之水、无本之木。所以，将财务管理环境确定为财务管理理论结构的起点是一种合理的选择。

1.3.2 财务管理理论结构的前提

财务管理假设是财务管理理论研究的前提。财务管理假设是人们利用自己的知识，根据财务活动的内在规律和理财环境的要求所提出的，具有一定事实依据的假定或设想。

1. 研究财务管理假设的意义

(1) 财务管理假设是建立财务管理理论结构的基本前提。一般来说，理论体系的建立，多数要通过假设、推理、实证等过程实现。因此，要形成理论，都需要先提出假设。

(2) 财务管理假设是企业财务管理实践活动的出发点。人类作出任何决策都需要一定的假设，财务管理也不例外。例如，当一个企业进行长期债券投资时，必然假定自己的企业和被投资的企业均是持续经营的企业；当我们说把钱存入银行不如投资股票的报酬高时，实际上是假设风险与报酬同增。

2. 财务管理假设的分类

根据作用不同，财务管理假设可以分为以下三种：

(1) 财务管理基本假设。财务管理基本假设是研究整个财务管理理论体系的假定或设想，它是财务管理实践活动和理论研究的基本前提，是深入研究财务管理许多问题的基础，在财务管理研究中处于“根”的地位，每一位财务管理人员都必须对此有明确的认识。

(2) 财务管理派生假设。财务管理派生假设是根据财务管理基本假设引申和发展出来的一些假定和设想，是对基本假设的进一步说明和阐述，在构建财务管理理论结构中起着重要作用。

(3) 财务管理具体假设。财务管理具体假设是指为研究某一具体问题而提出的假定和设想。它是以财务管理基本假设为基础，根据研究某一具体问题的目的而提出的，是构建某一理论或创建某一具体方法的前提。例如，财务管理中著名的MM理论、资本资产定价理论、本量利分析方法等都是在一系列具体假设的基础上构建的。

3. 财务管理假设的构成

(1) 理财主体假设。理财主体假设是指企业的财务管理工作不是漫无边际的,而应限制在每一个经济上和经营上具有独立性的组织之内。它明确了财务管理工作的空间范围。

理财主体应具备以下特点:①理财主体必须有独立的经济利益;②理财主体必须有独立的经营权和财权;③理财主体一定是法律实体,但法律实体不一定是理财主体。

一个组织只有具备这三个特点,才能真正成为理财主体,显然,与会计上的会计主体相比,理财主体的要求更严格。如果某个主体虽然有独立的经济利益,但不是法律实体,则该主体虽然是会计主体,但不是理财主体,如一个企业的分厂。如果某主体虽然是法律实体,但没有独立的经营权和财权,则其也不是理财主体。当然,实际工作中,为了满足管理上的要求,会人为地确定一些理财主体。例如,对一个分厂实行承包经营,赋予它比较大的财权,这个分厂就有了理财主体的性质。因此,可以认为,考虑到实际情况,理财主体可以分为完整意义上的理财主体(或称真正的理财主体、自然的理财主体)和相对意义上的理财主体(或称相对的理财主体、人为的理财主体)。一个真正的理财主体,必须具备上述三个条件。一个相对的理财主体,条件可适当放宽,可以根据实际工作的具体情况和一定单位权、责、利的大小,确定特定层次的理财主体。不过,在财务管理理论研究中所说的理财主体,一般是指真正意义上的理财主体。

由理财主体假设可以派生出自主理财假设。从上述理财主体的概念中可知,凡是成为理财主体的单位,都有财务管理上的自主权,即可以自主地从事筹资、投资和分配活动。当然,自主理财并不是说财权完全集中在财务人员手中,在现代企业制度下,财权是在所有者、经营者和财务管理人员之间进行分割的。这里的所有者主要是指原始出资者,在股份公司中是指股东;经营者是指企业的董事会和经理办公会的成员;财务管理人员是指含有财务部门经理在内的各级财务人员。两权分离的推行,使财权回归企业,经营者有权独立地进行财务活动,包括筹资、投资和分配等重要决策。现代企业制度的一个基本特征是企业的法人产权日益由经理层全权支配和处置,法人财产日渐脱离原始产权不断彻底独立化。所有权与经营权的分离,更加显示出理财主体假设的实际意义。因此,在现代的股份制企业中,企业是一个独立的理财主体。

理财主体假设为正确建立财务管理目标、科学划分权责关系奠定了理论基础。

(2) 持续经营假设。持续经营假设是指理财的主体是持续存在的并且能执行其预计的经济活动。也就是说,除非有相反的证明,否则,将认为每一个理财主体都会无限期地经营下去。它明确了财务管理工作的时间范围。

持续经营虽然是一种假设,但为财务管理人员广泛接受,成为一项公认的假设。因为在任何一个时点上,企业的前景只有两种可能,持续经营和停业清算。在正常情况下,当企业进行筹资、投资和分配时,假定企业持续经营是完全合理的,因为只有在持续经营的情况下,企业的投资在未来产生效益才有意义,企业才会根据其财务状况和对未来现金流量的预测、业务发展的要求安排其借款的期限,如果没有持续经营假设,这一切都无从谈起。

持续经营假设可以派生出理财分期假设。按理财分期假设,可以把企业持续不断的经营活动,人为地划分为一定期间,以便分阶段考核企业的财务状况和经营成果。

(3) 有效市场假设。有效市场假设是指财务管理所依据的资金市场是健全和有效的。只有在有效市场上,财务管理才能正常进行,财务管理理论体系才能建立。最初提出有效市场假设的是美国财务管理学者法玛(Fama)。法玛将有效市场划分为三类:①弱式有效市场，即当前的证券价格完全反映了已蕴涵在证券历史价格中的全部信息。此时，任何投资者仅仅根据历史的信息进行交易，均不会获得额外盈利。②半强式有效市场，即证券价格完全反映所有公开的可用信息。这样，根据一切公开的信息，如公司的年度报告、投资咨询报告、董事会公告等都不能获得额外的盈利。③强式有效市场，即证券价格完全地反映一切公开的和非公开的信息。此时，投资者即使掌握内幕信息也无法获得额外盈利。实证研究表明，美国等发达国家的证券市场均已达到半强式有效市场。我国有些学者认为，中国股票市场已达到弱式有效，但尚未实现半强式有效。事实上，即使是发达国家的股票市场，也不是在所有时间和所有情况下都有效，个别情况会出现例外，所以称为假设。

有效市场假设的派生假设是市场公平假设。这一假设是指理财主体在资金市场的筹资和投资等活动完全处于市场经济条件下的公平交易状态。市场不会抹杀某一理财主体的优点，也不会无视某一理财主体的缺点。理财主体的成功和失败，都会公平地在资金市场上得到反映。因此，每一个理财主体都会自觉地规范其理财行为，以便在资金市场上受到好评，以利于今后的财务管理工作。市场公平假设还暗含着另一个假设，即市场是由众多的理财主体在公平竞争中形成的，单一理财主体，无论实力多强，都无法控制市场。

有效市场假设是建立财务管理原则，决定筹资方式、投资方式，安排资金结构，确定筹资组合的理论基础。如果市场无效，很多理财方法和财务管理理论都无法建立。

(4) 资金增值假设。资金增值假设是指通过财务管理人员的合理营运，企业资金的价值可以不断增加。这一假设实际上指明了财务管理存在的现实意义。因为财务管理是对企业的资金进行规划和控制的一项管理活动，如果在资金运筹过程中不能实现资金的增值，财务管理也就没有存在的必要了。

资金增值假设的派生假设是风险与报酬同增假设。这一假设是指风险越高，获得的报酬也越高(取得的增值越大或付出的成本越低)。资金的运筹方式不同，获得的报酬就不一样，例如，国库券基本是无风险投资，而股票是风险很大的投资，为什么还有人将巨额资金投向股市呢？这是因为他们假设股票投资取得的报酬要远远高于国库券的报酬。同样，有人将资金投向食品行业，有人却投向房地产行业，还有人投向衍生金融工具，他们同样是根据风险与报酬同增这一假设来进行决策的。风险与报酬同增假设实际上暗含着另一项假设，即风险可计量假设。因为如果风险无法计量，财务管理人员就不知道哪项投资风险大，哪项投资风险小，风险与报酬同增假设也就无从谈起。

资金增值假设说明了财务管理存在的现实意义，风险与报酬同增假设又要求财务管理人员不能盲目追求资金的增值，因为过高的报酬会带来巨大的风险。这两项假设为科学地确立财务管理目标、合理安排资金结构、不断调整资金投向奠定了理论基础。风险报酬原理、利息率的预测原理、投资组合原理都是依据此项假设展开论述的。

(5) 理性理财假设。理性理财假设是指从事财务管理工作的人员都是理性的财务人员，因而他们的理财行为也是理性的。他们会在众多的方案中，选择最有利的方案。在实际工作中，财务管理人员分为两类：理性的和盲目的。但不管是理性的还是盲目的，他们都认为自己是理性的，都认为自己作出的决策是正确的，否则，他们就不会作出这样的决策。尽管存在一部分盲目的理财人员，但从财务管理理论研究来看，只能假设所有的理财行为都是理性的，因为盲目的理财行为是没有规律的，而没有规律的事情无法上升到理论的高度。

理性理财的第一个表现是理财是一种有目的的行为，即企业的理财活动都有一定的目标。第二个表现是理财人员会在众多方案中选择一个最佳方案。第三个表现是当理财人员发现正在执行的方案是错误的方案时，都会及时采取措施进行纠正，以便使损失降至最低。第四个表现是财务管理人员都能吸取以往工作的教训，总结以往工作的经验，不断学习新的理论，合理应用新的方法，使得理财行为由不理性变为理性，由理性变得更加理性。尽管上述四个方面为理性理财行为假设提供了理论依据，但在实际工作中，仍有个别理财行为不是理性行为。另外，即使所有的理财行为都是理性行为，也不一定完全导致理性的结果。因此，理性理财行为只是一种假设，而不是事实。

理性理财假设的派生假设是资金再投资假设。这一假设是指当企业有了闲置的资金或产生资金的增值，都会用于再投资。换句话说，企业的资金在任何时候都不会大量闲置。因为理财行为是理性的，所以企业必然会为闲置的资金寻找投资途径。因为市场是有效的，就能够找到有效的投资方式。财务管理中的资金时间价值原理、净现值和内部报酬率的计算等，都是建立在这一项假设基础之上的。

理性理财行为是确立财务管理目标，建立财务管理原则，优化财务管理方法的理论前提。财务管理的优化原则，财务管理的决策、计划和控制方法等都与这一项假设有直接联系。

1.3.3 财务管理理论结构的导向

财务管理理论和实务的导向是财务管理目标。它是在认真研究财务管理环境和已经确定的财务管理假设的基础上确定的，对财务管理内容、财务管理原则、财务管理方法等基本理论问题起导向作用。在财务管理理论结构中，财务管理目标具有承上启下的作用，它是根据财务管理环境确立的，同时又会对财务管理基本理论和应用理论产生影响。

1. 研究财务管理目标的意义

财务管理的目标是企业理财活动希望实现的结果，是评价企业理财活动是否合理的基本标准。在系统论中可以认为，正确的目标是系统良性循环的前提条件，企业财务管理的目标对财务管理系统的运行具有同样的意义。财务管理目标直接反映理财环境的变化，并根据环境的变化做适当调整，它是财务管理理论结构中的基本要素和行为导向，是财务管理实践中进行财务决策的出发点和归宿。因此，不研究财务管理的目标，就无法确定财务管理的理论结构。

财务管理目标制约着财务运行的基本特征和发展方向，是财务运行的一种驱动力。不同的财务管理目标，会产生不同的财务管理运行机制，科学地设置财务管理目标，对优化理财行为，实现财务管理的良性循环，具有重要意义。研究财务管理目标问题，既是建立科学的财务管理理论结构的需要，也是优化我国财务管理行为的需要，无论在理论上还是在实践上都有重要意义。

2. 财务管理目标的选择

财务管理目标与企业多个利益集团有关，在一定时期和一定环境下，某一利益集团可能会起主导作用，但从企业长远发展来看，不能只强调某一利益集团的利益，而置其他集团的利益于不顾，也就是说，不能将财务管理的目标仅仅归结为某一集团的目标，从这个意义上说，股东财富最大化不是财务管理的最优目标。从理论上讲，各个利益集团的目标都可以折中为企业长期稳定发展和企业总价值不断增长，各个利益集团都可以借此来实现它们的最终目的。为此，以企业价值最大化作为财务管理的目标，比以股东财富最大化作为财务管理目标更科学。

以企业价值最大化作为财务管理的目标，避免了利润最大化的主要缺陷同时也避免了股东财富最大化可能引致的利益不均衡弊端。企业价值最大化目标具有以下优点：①考虑了取得报酬的时间，并用时间价值的原理进行了计量；②科学地考虑了风险与报酬的联系；③克服企业在追求利润上的短期行为，因为不仅目前的利润会影响企业的价值，未来的利润对企业价值的影响更大。进行企业财务管理，就是要正确权衡报酬增加与风险增加的得与失，努力实现二者之间的最佳平衡，使企业价值达到最大。因此，企业价值最大化的观点，体现了对经济效益的深层次认识，是现代财务管理的最优目标。

【例 1-1】　　德萨离开中国

德萨是在2000年末进入中国的一家美国公司，主要生产暖风机、家用的加热器等。它们向中国的工厂提供产品样式和规格，中国工厂负责为其生产，产品用德萨的品牌销售到美国和其他市场。但在2008年的7月，德萨将生产线搬回了美国中东部的小城鲍灵格林(Bowling Green)。

在中国的8年间，德萨先后经历了两次出口退税调整。开始的几年，德萨可以从中国政府拿到大约15%的出口退税。但是2007年7月，中国政府宣布降低部分产品的退税率，公司的出口退税下降了10%。此外，2007年人民币对美元升值12%，2008年的运费更是上涨了近25%。这一系列因素的综合作用使德萨2008年上半年的成本增加了50%，并最终作出了回归的决定。德萨的回归将为鲍灵格林带来640万美元的投资和大约400个就业岗位，所以，2008年7月15日，当鲍灵格林市的市长宣布德萨将把生产线搬回这座小城时，他说："这是伟大的一天。"而德萨加热器零售部门主管克劳德·海斯(Claude Hayes)一再强调，德萨离开中国并非不喜欢中国，"这是一个纯经济的决策"。

德萨的决策正是在当时特定的财务管理环境下作出的，公司管理层在决策时遵循的原则实际上反映了财务管理假设的概念，公司在作出各种财务决策时希望达到企业价值最大化的最终目标。

1.3.4 财务管理理论结构的构建

根据以上的论述，并结合当前和未来一段时间我国财务管理环境的现状和发展，构建如图1-1所示的财务管理的理论结构。

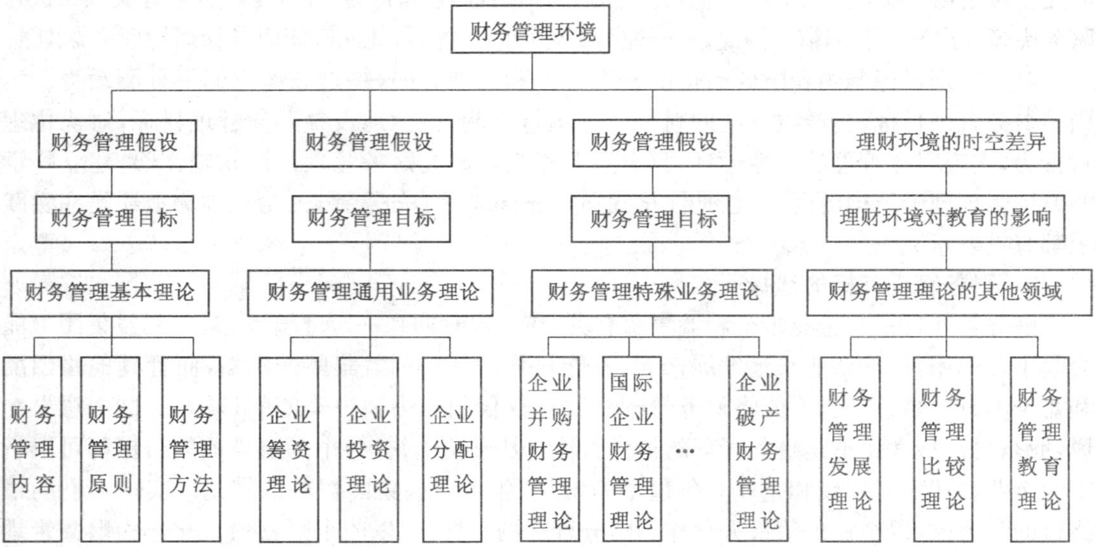

图 1-1　财务管理理论结构图

现对图 1-1 简要说明如下：

上述财务管理理论结构是以财务管理环境为起点，财务管理假设为前提，财务管理目标为导向，以财务管理的基本理论、财务管理通用业务理论、财务管理特殊业务理论和财务管理其他领域理论为基本框架的理论结构。

1. 财务管理基本理论

财务管理基本理论是指由财务管理内容、财务管理原则、财务管理方法构成的概念体系。

(1) 财务管理内容历来是一个有争议的问题，中外学术界的看法均存在一些分歧。财务管理的基本内容是企业财务活动，而财务活动又分为企业筹资引起的财务活动、企业投资引起的财务活动、企业日常经营引起的财务活动和企业分配引起的财务活动等。因此，财务管理的内容包括企业筹资管理、企业投资管理、营运资金管理和企业分配管理等四个方面。

(2) 财务管理原则是财务管理工作必须遵循的基本准则，是从财务管理实践中概括出来的体现财务活动规律性的行为规范。财务管理原则在财务管理理论结构中居于承上启下的地位，它是根据财务管理环境、财务管理目标、财务管理内容的要求建立起来的，但它又对财务管理方法体系的建立起指导作用。因此，财务管理原则在财务管理理论结构中具有重要作用。如果没有财务管理原则，财务管理目标、财务管理内容与财务管理方法之间就没有连接点，财务管理理论结构就显得残缺不全。

(3) 财务管理方法是财务管理人员为了实现财务管理目标、完成财务管理任务，在进行理财活动时所采取的各种技术和手段。财务管理方法是财务管理理论结构的落脚点，没有这一基点，财务管理理论结构就变得虚无缥缈，就无法有效地指导财务管理实践。

2. 财务管理通用业务理论

财务管理的通用业务是指各类企业都有的财务管理业务。从财务管理基本理论中我们知道，财务管理的基本内容包括企业筹资管理、企业投资管理、营运资金管理和企业分配管理等。但企业营运资金管理更多的是操作方法问题，理论方面的内容不多，所以在财务管理的通用业务理论中，可以只研究企业筹资管理理论、企业投资管理理论和企业分配理论。这三个方面的理论都受财务管理环境的影响，都以财务管理的基本假设为前提，都以财务管理的目标为导向。

3. 财务管理特殊业务理论

财务管理特殊业务是指只在特定企业或某一企业的特定时期才有的财务管理业务。这些业务有很多，如企业破产清算财务管理、企业并购财务管理、企业集团财务管理、小企业财务管理、通货膨胀财务管理、国际企业财务管理等都属于企业财务管理中的特殊业务。这些业务往往是在特定情况下或特定的企业中发生的，它们往往会对原有的财务管理假设产生冲击，财务人员在处理这些业务时，通常要提出新的假设，有时甚至提出新的财务管理目标。例如，企业破产财务管理、企业并购财务管理就对持续经营假设提出挑战，研究此类问题时，就不能遵循持续经营假设，而应当提出非持续经营假设。

4. 财务管理理论的其他领域

我们把财务管理发展理论(财务管理史问题)、财务管理比较理论(比较财务管理问题)和财务管理教育理论这些问题统一归入财务管理理论的其他领域进行研究。财务管理发展理论主要研究财务管理环境在时间上的差异以及这些差异对财务管理理论和实践的影响；

财务管理比较理论主要研究财务管理环境的空间差异以及这些差异对财务管理理论和实践的影响;财务管理教育理论主要研究财务管理环境变化对财务管理教育提出的要求以及所采取的对策。

引例解析

“高级财务管理”主要讲授哪些内容?

1. 财务管理的基本理论是指由财务管理内容、财务管理原则、财务管理方法构成的概念体系。

2. 财务管理的通用业务是指各类企业都有的财务管理业务。在财务管理的通用业务理论中,可以只研究企业筹资管理理论、企业投资管理理论和企业分配理论。

3. 财务管理的特殊业务是指只在特定企业或某一企业的特定时期才有的财务管理业务。这些业务有很多,如企业破产清算财务管理、企业并购财务管理、企业集团财务管理、小企业财务管理、通货膨胀财务管理、国际企业财务管理等都属于企业财务管理中的特殊业务。

4. 财务管理理论的其他领域主要有:财务管理发展理论(财务管理史问题)、财务管理比较理论(比较财务管理问题)和财务管理教育理论。

1.4 案例分析:美的电器的财务管理目标

1.4.1 案例背景

美的电器的前身是一家生产塑料瓶盖的小厂,20 世纪 80 年代美的进入家电业,1992 年实行股份制改造,1993 年在深交所上市(美的电器,000527),成为中国第一家由乡镇企业改制而成的上市公司。由于受当时上市法规的限制,股份公司的发起人和第一大股东由具有国有背景的北滘镇经济发展总公司担任,持股 52.5%,而何享健等创业者只持有 22.5%的内部职工股。从 1999 年开始,美的管理层逐步从北滘镇政府手中收购美的电器股权,开创了国内上市公司实施 MBO 的先河。

1. 股改之前

MBO 以后,美的电器以小家电为发展重点,并承担着集团融资平台的重要作用。2002 年 4 月 17 日,美的电器分别与顺德市现代实业及顺德市金科电器签订了《定牌生产合作(OEM)框架协议》,委托两公司生产加工“美的”品牌电饭煲、厨具和电风扇等家用电器产品。同时美的电器还与东泽电器签署协议,公司部分终端产品通过东泽电器经销,而上述三家公司的实际控制人皆为何享健之子何剑锋。经过上述关联交易,2002 年美的电器电饭煲产品的毛利率从 2001 年的 31.91%大幅跌至 8.94%,公司控股的广东美的电饭煲制造有限公司的净利润也迅速从 2 662 万元降至 150.5 万。

2003 年 9 月,美的电器斥资 6 500 万元,整合金科电器下属的风扇业务,并把美的风扇业务迁至中山;2004 年 6 月,美的电器又以 1 788.75 万元收购现代实业,整合其电饭煲业务;2004 年 10 月,美的电器再次出资 5 200 万元“收编”了金科电器,将之融入美的厨具公司。数据显示,当美的电器与上述三家公司关联交易额大幅减少之后,在产品降价、原材料全面涨价的情况下,美的电器电饭煲产品的毛利率又回升至 21.57%。在小家电业务逐渐成熟之后,2005 年 5 月 20 日,美的电器将主营小家电业务的下属子公司日电集团 85%的股权以 24 886.92 万元的价格转让给美的集团。

与此同时,美的集团实施多元化扩张战略,淡化上市公司地位。2004 年美的集团先后并购了荣事达和华凌集团(00382, HK);2004 年 5 月,美的集团通过收购股权成为国内最大的通风机制造商上风高科(000967)的第二大股东;2005 年 8 月,由何享健的女婿张建和、女儿何倩兴控股的新的集团收购了主营电真空器件、高低压成套配电装置的旭光股份(600353)。华凌集团主营空调、冰箱,与美的电器存在同业竞争,而荣事达主营的冰箱、洗衣机业务也同属白电行业,因此,美的集团的做法使美的电器在集团的地位日趋边缘化。

此外,美的集团还投资 1 亿多元在长沙、昆明发展客车产业,单在三湘客车上就计划投资 15 亿元;美的集团还成立了房地产事业部,进军房地产行业。不过,这些投资并没有收到满意的效果。2005 年后期,何享健又重新明确了要坚持家电主业,集团多元化将围绕制冷和日用电器等产业展开。

2. 股改之后

2005 年 4 月 30 日,中国证监会宣布启动股权分置改革试点工作,正式拉开了股权分置改革的序幕。首先,美的集团分别与顺德市有利投资服务有限公司、上海钱湖投资管理有限公司、广东核电实业开发有限公司、宁波银盛投资有限公司签署股权转让协议,计划受让这四家公司所持有的美的电器非流通股股份合计 2 174.64 万股。2006 年 2 月,美的电器宣布了其精心设计的股改方案:第一,每 10 股流通股送 1 股以及 5 元现金;第二,如果美的电器 2006 年度相对于 2004 年度的净利润增长率低于 30%,或者美的电器 2007 年度相对于 2006 年度的净利润增长率低于 10%,美的集团将放弃当年的分红,归除开联实业(何氏家族控股企业)以外的其他股东所有;第三,美的集团承诺在对价支付完成后的 6 个月内,增持不少于 2 亿元的美的电器股份。

2006 年 3 月 10 日至 2006 年 5 月 19 日,美的集团通过二级市场,以 10.8 亿元的资金,增持了美的电器 148 660 970 股,占总股本的 23.58%,何氏家族持股比例由 2005 年年末的合计 30.8%增加到 50.99%。

与此同时,2006 年 4 月 25 日,美的电器董事会、监事会审议通过了《关于修订〈公司章程〉的议案》,其中设置了包括“金色降落伞”在内的一系列反收购条款,加强对上市公司的控制。

从全流通后 H 股和 A 股对家电股票的估值比较来看,华菱集团等港股对美的集团的吸引力在下降,美的集团有动力将资产注入 A 股上市公司享受流通溢价。2006 年 11 月底,美的电器完成合肥荣事达洗衣机、合肥荣事达冰箱、合肥荣事达美的电器营销公司的资产注入,达到 50%的控股比例,确立了上市公司作为白电业务平台的地位。

财务报表资料显示,股改后美的电器的主要财务指标有了明显改善。根据股改承诺,美的电器自 2006 年起把每年盈利的 40%以现金分红,有助于形成稳定的估值预期。更重要的是,2007 年 3 月,美的电器董事会一改多年来派息多而送股和转增公积金少的分配风格,决议以资本公积金每 10 股转增 10 股,并派息 3.5 元。这样,连同计划中向高盛和管理层激励定向增发的股份,美的电器总股本扩至 14.12 亿股,股票流动性显著增强,有利于估值水平优化。

1.4.2 案例分析

从美的电器的发展历程来看,股改可以说是对其产生重要影响的分水岭,导致其财务管理目标发生重大转折。股改前，在整个美的集团的发展版图中，上市公司美的电器是重要的融资平台，在很大程度上起着“反哺”集团的作用，上市公司本身的发展则有被边缘化的趋势，主要是为满足控股股东利益最大化的目标；而在股改完成后，集团将合肥荣事达洗衣机、冰箱、营销公司等资产注入上市公司，凸显出做大做强上市公司的发展战略意愿，积极进行股票市值管理，财务管理目标更加符合股东财富最大化的定位。

1. 股改之前

受制度等方面的限制，美的电器上市之初的发起人和第一大股东仍具有国有背景，虽然在1999年启动了管理层收购，但由于制度、法律等方面的原因，美的MBO所面临的法律风险一直没有得到彻底解决。所以实际控制人何氏家族对美的电器的控股权在某种程度上存在一定的不稳定性。在这种不稳定的股权控制情况下，通过关联交易方式强化对上市公司的控制，并利用上市公司的资金优势扶持集团发展其他产业，也就成为一种必然选择。但这种做法降低了美的电器的利润率和市场价值。数据表明，美的电器的市盈率水平一直比格力电器、青岛海尔低20%左右。

2. 股改之后

股改对于何氏家族获得稳定合法的控制权来说是天赐良机。股改之初，美的集团对美的电器的实际控制比例只有30%，如果按照10股送3股的常规对价比例进行股改，全流通后何氏家族有可能丧失控股地位。为此，美的电器精心设计了股改方案以保证何氏家族的控股权。股改完成后，何氏家族所持股份在法律上获得明确认可，并获得流通权，更重要的是通过支付对价，其作为股东的利益、财富与上市公司的业绩、市值前所未有地一致，这种一致性成为何氏家族推进上市公司市值管理的最大推动力。在2007年2月5日美的电器组织的首次分析师见面会上，何享健针对资本运作的总体规划明确表态：美的电器将是美的集团最主要的产业平台和资本平台，白色大家电将全部整合到美的电器，美的电器市值增长是大股东利益最大化的取向。

为了增加上市公司的市值，何氏家族除了向其注入白电资产，还采取了管理层激励、优化资产结构、引入战略投资者、积极改善投资者关系等一系列措施。分析结果显示，美的电器市值管理战略取得了明显的效果。自2006年1月至2007年4月，按复权价格计算，美的电器的股价上涨了768%，而同为白电行业龙头公司的格力电器和青岛海尔的同期涨幅分别为393.74%和307.22%。2005年年末，美的电器的市盈率仅为10.17倍，比海尔的13.28倍和格力的13.23倍逊色不少；2006年年末，美的的市盈率已经达到19.57倍，超过了格力的18.76倍，到2007年第一季度末，美的的市盈率迅速攀升到46.49倍，远远超过格力的33.54倍，而与具有整体上市概念的青岛海尔的57.1倍接近。与此同时，具有公司控股权的何氏家族的财富更是暴涨至66.23亿元，较其在2006年《新财富》500富人榜中18亿元的财富值增加了368%。

1.4.3 案例启示

结合理论，美的案例至少带给我们两方面的启示。

1. 财务管理目标往往随着理财环境的变化而变化

从美的案例中可以得到一个总的启示，即企业的财务管理目标并非一成不变，而是随着理财环境的变化不断调整。作为一个实质上的家族控制企业，由于在股改之前何氏家族无法获得合法合理的控股权地位，上市公司美的电器的价值并未受到重视，而是成为“反哺”集团其他企业的有利平台，在这一时期，何氏家族的利益在企业的财务管理目标定位中起着主导作用。股改之后，何氏家族的控股权得以明确和稳定，其作为股东的利益与上市公司的利益完全一致，因而增加股东财富成为美的电器新的财务管理目标取向。

2. 财务管理目标决定和影响企业的理财行为

企业理财行为总是受到财务管理目标的约束和制约。在何氏家族利益与上市公司利益并未完全一致的股改之前，家族利益最大化致使上市公司主要承担集团融资平台的角色，何氏家族则通过一系列关联交易实现对上市公司的控制，许多关联交易实质上降低了上市公司的利润率，损害了上市公司的利益。股改之后，由于家族利益与上市公司利益高度一致，此时，增加上市公司价值成为新的财务管理目标，企业的理财行为发生重大转折：首先，上市公司在集团中原先的边缘化地位迅速演变为产业平台（白电业务）和资本平台并重的核心地位；其次，公司向非何氏家族的职业经理人授予5 000万份股票期权以实施股权激励；再次，引入高盛作为战略投资者，不仅优化了公司的资本结构，而且提升了机构投资者对美的电器投资价值的认可度；最后，积极宣扬美的的企业文化和发展战略，以此改善投资者关系。事实证明一系列理财行为产生了良好的效果，公司市值与何氏家族的财富都实现了快速增长。但也有分析师指出，美的的市值管理目标有短期化迹象，制定的短期净利润目标高于其他行业的龙头企业，这可能会对其长期发展产生不利影响。此外，市值管理也可能存在强调股东利益至上，忽视企业其他关系人利益的风险。这些都是企业在确定财务管理目标时必须慎重考虑的因素。

重要概念

财务管理理论　财务管理理论结构　财务管理环境　财务管理假设　财务管理目标　财务管理基本理论　财务管理通用业务理论　财务管理特殊业务理论

本章练习

一、单项选择题

1. 财务管理的理论结构是以（　　）为导向的由财务管理的基本理论、财务管理的应用理论构成的理论结构。

A. 财务管理环境　　B. 财务管理假设

C. 财务管理目标　　D. 财务管理主体

2. 下列不属于研究财务管理假设的意义的是（　　）。

A. 是财务管理理论研究的前提　　B. 是建立财务管理理论结构的基本前提

C. 是企业财务管理实践活动的出发点　　D. 是建立财务管理理论结构的起点

3. （　　）是现代财务管理的最优目标。

A. 利润最大化　　B. 股东财富最大化

C. 企业价值最大化　　D. 股票价值最大化

4. 理性理财假设的派生假设是（　　）。

A. 资金再投资假设　　B. 风险与报酬同增假设

C. 市场公平假设　　D. 自主理财假设

5.（　　）是指由财务管理内容、财务管理原则、财务管理方法构成的概念体系。

A. 财务管理的基本理论　　B. 财务管理的通用业务理论

C. 财务管理的特殊业务理论　　D. 财务管理理论的其他领域

二、多项选择题

1. 根据作用不同，财务管理假设可以分为（　　）。

A. 财务管理派生假设　　B. 财务管理基本假设

C. 财务管理具体假设　　D. 财务管理业务假设

2. 下列属于以企业价值最大化作为财务管理目标的优点的有（　　）。

A. 只适合上市公司，对非上市公司很难适用

B. 只强调股东的利益，而对企业其他关系人的利益重视不够

C. 考虑了风险与报酬的关系

D. 克服了短期行为

3. 下列属于财务管理假设的有（　　）。

A. 理财主体假设　　B. 持续经营假设

C. 理财分期假设　　D. 资金增值假设

4. 下列有关财务管理理论结构的论述，正确的有（　　）。

A. 财务管理的理论结构是指财务管理理论的组成部分（或要素）以及这些部分之间的排列关系

B. 将本金确定为财务管理理论结构的起点是一种最合理的选择。

C. 财务管理的理论结构是由财务管理的基本理论、财务管理的应用理论构成的理论结构。

D. 财务管理的理论结构是以财务管理假设为前提，财务管理目标为导向的。

5. 下列属于高级财务管理基本特征的有（　　）。

A. 以企业整体价值最大化为财务管理目标　　B. 以资本运营为主要研究内容

C. 向过程控制型财务管理发展　　D. 向财务整合型管理发展

三、判断题

1. 高级财务管理中的"高级"是一个相对概念，是相对于"初级"财务管理和"中级"财务管理而言。按难易程度把财务管理划分为初级、中级、高级，其中初级最简单、中级较难、高级最难。（　　）

2. 我国有些学者认为，中国股票市场已达到半强式有效，但尚未实现强式有效。（　　）

3. 有效市场假设是建立财务管理原则，决定筹资方式、投资方式，安排资金结构，确定筹资组合的理论基础。（　　）

4. 风险报酬原理、利息率的预测原理、投资组合原理都是依据有效市场假设展开论述的。（　　）

5. 企业价值最大化强调企业价值的增加，是以企业各种利益主体共同价值最大化为目标。从理论上讲，企业价值是企业未来报酬的贴现值。（　　）

四、简答题

1. 简述弱式有效市场、半强式有效市场、强式有效市场的含义？

2. 简述西方财务管理的发展历程？

五、案例分析题

海尔集团的发展历程

海尔集团创立于 1984 年，从创立以来持续稳定发展，已成为在海内外享有较高美誉的大型国际化企业

集团。产品从1984年的单一冰箱发展到拥有白色家电、黑色家电、米色家电在内的96大门类、15 100多个规格的产品群，并出口到世界160多个国家和地区，是世界第四大白色家电制造商、中国最具价值品牌。旗下拥有240多家法人单位，在全球30多个国家建立了本土化的设计中心、制造基地和贸易公司，全球员工总数超过50 000人，重点发展科技、工业、贸易、金融四大支柱产业，已发展成全球营业额超过100亿元的跨国企业集团。2003年，海尔全球营业额实现806亿元，蝉联中国最有价值品牌第一名。2004年1月3日，世界五大品牌价值评估机构之一的世界品牌实验室编制的《世界最具影响力的100个品牌》报告揭晓，中国海尔唯一入选，排在第95位。2005年8月30日，海尔被英国《金融时报》评为"中国十大世界级品牌"之首。2006年，在《亚洲华尔街日报》组织评选的"亚洲企业200强"中，海尔集团第四次荣登"中国内地企业综合领导力"排行榜榜首。目前，海尔已跻身世界级品牌行列，其影响力正随着全球市场的扩张而快速上升。

海尔采用了SAP公司提供的企业资源计划(ERP)系统，该信息系统共包括MM(物料管理)、PP(制造与计划)、SD(销售与订单管理)和FIJCO(财务管理与成本管理)四个模块。海尔实施ERP系统后，顾客订单不但可在1天内完成"客户—商流—工厂计划—仓库—采购—供应商"的过程，而且准确率极高。对于每笔收货，扫描系统能够自动检验采购订单，防止暗箱收货，而在收货的同时自动生成入库凭证，使财务人员从繁重的记账工作中解放出来，进行真正的财务管理与财务监督，效率与准确性比以前有了很大提高。ERP财务控制系统使海尔的采购成本大大降低，库存资金周转时间从30天降低到12天，呆滞物资率降低了73.8%，库存面积减少了50%，节约资金7亿元，同比减少67%。

多年来，海尔一直把企业文化建设看成是与企业高科技发展并存的软件工程和系统工程。海尔文化包括企业理念和管理两个部分。这两部分有机结合，渗透到集团各个分支机构和实业经营部门的经营管理中，贯穿于海尔的管理、质量、检测、销售、服务、资产重组、体制转换、跨国经营、科研、教育等领域之中。具体体现在企业经营策略和各种规范、规章制度的实践中，如发展战略、经营目标体系、组织结构、人力资源的开发和利用、激励和竞争的奖惩制度、职业纪律与规范、环境建设、员工行为仪表等等。海尔在不断地创新、运作、反馈、提高、再创新、再运作、再反馈、再提高中逐步增强自己的实力。于是海尔就有了这样的文化：把人当作主体和目的，一切以人为中心，在企业内部营造一种尊重人、信任人、关心人、理解人的文化氛围，使每个主体富有热情和审美特征，积极地、富有责任感地从事创造性实践，把客观的严格的管理体制和人内在的心灵需求和谐、完美地结合起来。

海尔在分析了企业兼并的国际运行机制后决定选择吃"休克鱼"，并对吃来的"休克鱼"实施文化兼并。何谓"休克鱼"？海尔的解释是：鱼的肌体没有腐烂，比喻企业硬件很好；而鱼处于休克状态，比喻企业的思想、观念有问题，导致企业停滞不前。即指一些硬件较好而管理较差的企业，由于经营不善落后市场，但是一旦注入新的管理思想，有一套行之有效的管理办法把握住市场，很快就能重新振作起来。从20世纪90代初开始的近10年间，海尔先后兼并了18家企业，其中有14家被兼并企业的亏损总额达到5.5亿元，但最终扭亏为盈，盘活的资产增至14.2亿元。1995年海尔兼并青岛红星电器厂事件就很好地展示了海尔文化的魅力。当时青岛红星电器股份有限公司总资产4亿多元，而负债高达5亿元，兼并后海尔没有注入1分钱，没有增加一台机器，只是派了三位管理人员将海尔文化、海尔的管理体系带到被兼并企业，使被兼并企业的员工从思想上、观念上实现了脱胎换骨的转变。3个月后该公司停止了亏损，5个月后摆脱财务困境且盈利151万元。

在这些兼并中，海尔兼并的对象都不是什么优质资产，但海尔看中的并不是兼并对象现有的资产，而是潜在的市场、潜在的活力、潜在的效益，如同在资本市场上购买期权而不是股票。通过文化兼并"休克鱼"，海尔成功地实现了低成本扩张的目标，使其自身由单纯的电冰箱厂家发展成为中国第一家家电特大型企业集团，并为以后的发展奠定了坚实的基础。

要求：从财务管理的角度分析海尔的成功经验。

第 2 章　企业财务战略管理

内容提要

现代理财环境下的企业管理不能单纯注重财务管理的具体方法与手段,应充分重视财务的长远问题和战略问题的设计与谋划,把战略管理作为财务管理的中心问题。本章在介绍企业战略、企业财务战略及企业财务战略管理等相关概念基础上,重点阐述了筹资战略、投资战略和股利分配战略的相关内容。

重点难点

本章重点为企业财务战略的含义及内容、筹资战略管理的战略生成、投资战略管理的战略生成;难点为筹资战略管理、投资战略管理和股利分配战略管理的战略环境分析和战略制定与生成。

学习目标

通过本章学习,学生应理解和掌握企业财务战略的含义及内容;筹资战略、投资战略、股利分配战略的制定;企业战略层次结构;筹资战略、投资战略、股利分配战略管理中战略目标的确定;了解企业财务战略管理的一般程序;筹资战略管理、投资战略管理和股利分配战略管理的战略环境分析。

知识框架

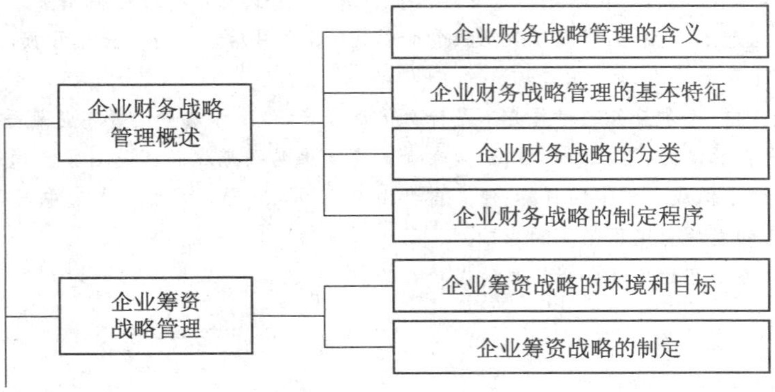

（续图）

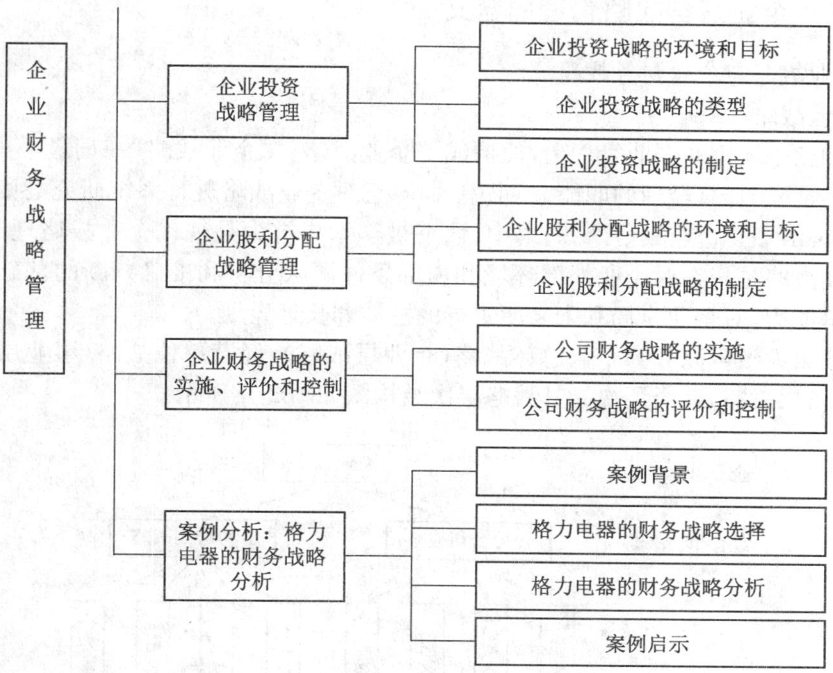

引入案例　松下电器的财务战略

松下电器在20世纪60年代已成为世界上最大的家用电器制造商，其成长速度之快和经营效率之高让世人惊叹！与此同时，松下企业更是开始投入大量资金，进军大型电子计算机领域。

然而，1964年松下通信工业突然宣布撤资，退出大型电子计算机市场的角逐。在此之前，松下通信工业的经营很顺利，没有财政上的困难，而且松下已花几年的时间去研究开发，投进了十几亿元的巨额研究费用，眼看就要进入最后阶段，却突然全盘放弃，令人十分费解。但松下幸之助认为当时企业用的大型电脑市场竞争已经相当激烈，万一不慎有差错，将对松下企业产生不利的影响，到时再撤退就为时已晚了，不如趁现在一切尚有回旋余地，抓住这个最好的时机。

事实证明这对当时的松下电器企业是起了正面效果的。自20世纪80年代初开始，松下电器逐渐在全球市场建立“综合电子工业”的形象，以技术研发为先导，多方面合作为主要方式由“家电王国”变化成为电子信息产业的大型跨国企业。

那么，松下电器使用的是什么样的财务战略？为何使用这种战略？

2.1　企业财务战略管理概述

随着社会经济的迅速发展和科学技术的飞跃进步，企业的运营环境在最近十几年里发生了深刻的变化。现代理财环境下的企业管理不能单纯注重财务管理的具体方法与手段，也不能局限于对各项具体财务行为进行规划，而应该要吸收、借鉴战略管理的原理和方法，充分重视财务的长远问题和战略问题的设计与谋划，把战略管理作为财务管理的中心问题。

2.1.1 企业财务战略管理的含义

1. 企业战略与企业财务战略

1）企业战略

将“战略”一词用在企业管理上，便构成了企业战略。“企业战略”一词最早出现在1963年巴纳德(Barnad)的《经理的职能》一书中，而真正对企业战略进行系统研究的则是1965年安索夫(Ansoff)的《企业战略论》一书中，该书被学术界誉为是现代企业战略理论研究的奠基石。企业战略是指在对企业外部环境和内部条件深入分析和准确判断的基础上，为提高企业的竞争能力，对企业全局和未来所进行的总体和长远谋划。

企业战略大致可以分为企业总体战略(企业层战略)、经营单位战略(事业层战略)和职能战略(经营层战略)三个层次。其战略层次结构图如图2-1所示。

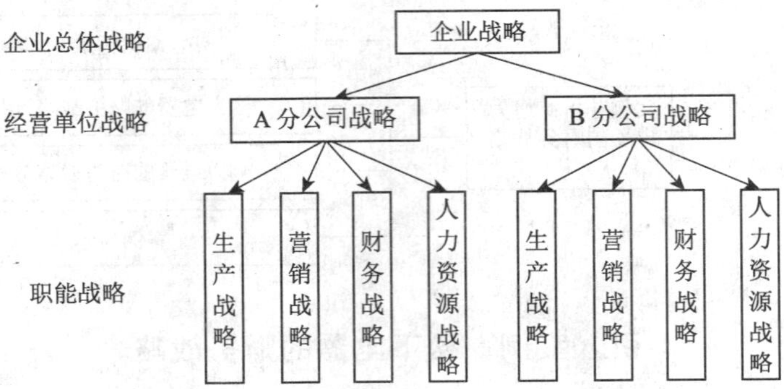

图2-1 企业战略层次结构图

其中，企业总体战略所要解决的问题是，明确企业应该在哪些经营领域中从事经营活动，决定发展或收缩哪些经营领域，进入或退出哪些经营领域，进而将资源合理配置。经营单位战略对于企业集团来说表现为各分公司战略，对于多产品线的生产企业来说，表现为各产品线相关部门战略，主要解决应开发哪些产品或服务，以及将这些产品或服务提供给哪些市场等问题。职能战略是上述两个层次战略在各职能方面的具体化，如生产战略、营销战略、财务战略、人力资源战略等。

2）企业财务战略

企业财务战略是战略理论在财务管理方面的应用与延伸，将战略思想运用到财务管理上来，就形成了企业的财务战略。企业财务战略是指企业在财务活动中所做的重大、长远谋划，具体而言，是指在深入分析和准确判断企业内外环境因素对企业财务活动影响的基础上，为了谋求企业资金均衡有效地流动和实现企业战略目标，增强企业财务竞争优势，对企业资金流动进行全局性、长期性和创造性的谋划，并确保其执行的过程。对上述定义，解释如下：

(1) 企业财务战略的内容不同于其他各种战略的质的规定性，具有相对的独立性，它关注的是企业资金的流动。

(2) 企业财务战略的目标是谋求企业资金的均衡、有效地流动和实现企业总体战略。这一目标的几个方面是相互联系的。

(3) 强调了企业环境因素的影响。战略管理区别于一般战术管理的根本特征之一就在于它对环境的重视,财务战略当然也不例外。但是,在企业财务战略中,对环境因素的分析,着重考察的是他们对资金流动有何影响。

(4) 财务战略除了具备企业战略的一般特征如全局性、长期性和创造性外,还具有独特的特性,如支持性、动态性,导向性等。财务战略的支持性表现在它是企业战略的执行和保障体系;动态性表现在财务战略必须随环境动态而调整;导向性是指财务战略对战略期间内的各种重大财务活动具有长期的方向性指引作用。

(5) 上述财务战略的定义既包括了财务战略的制定,也包括了财务战略的实施。

3) 企业财务战略的内容

(1) 资金筹措战略,主要解决战略期间内企业筹集资金的内外环境分析、目标、结构、渠道和方式等重大问题。

(2) 资金投放战略,主要解决战略期间内企业资金投放的目标、原则、方向、时机等重大问题。

(3) 收益分配战略,主要解决战略期间内企业纯收益,特别是股份制企业的股利如何分配的重大方针政策等问题。

除此之外,还可以从其他很多角度进行分析。如从企业扩展性财务活动即企业财务管理的扩展领域来看,企业财务战略包括筹资规模战略、投资方向战略、企业并购战略、分部财务战略、特殊条件(如通货膨胀)下的财务战略等;从企业状况特征来看,企业财务战略包括不同行业的企业财务战略、不同规模的企业财务战略、不同组织形式的企业财务战略等;从企业资金筹措和使用特征来看,可分为快速扩张型财务战略、稳健发展型财务战略和防御收缩型财务战略等;从企业战略涉及的时间长度来看,包括长期财务战略、中期财务战略和短期财务战略等。

【例2-1】　　通用电气

通用电气拥有职工近10万人,业务范围遍及100多个国家和地区。通用电气管理制度的演变大体经过了三个阶段:第一阶段为20世纪60年代分权时期;第二阶段为20世纪70年代战略制定时期;第三阶段为20世纪80年代后战略经营管理时期。由于实施了扩张型财务战略,通用电气发展极为迅速。但是在第一阶段后期,通用电气碰到了这样一个问题,即尽管企业的销售额大幅度增长,但每股红利并没有随之增长,与此同时,企业的投资报酬率也下降了。

通用电气出现这种情况的原因主要有:第一,由于事业部数目的猛增,事业部之间在竞相使用资源时发生了重复的努力;第二,在繁荣时期,没有对各下属企业的前途进行充分的比较就进行投资,有些企业并没有发展前途,因此应该尽力使其利润不断增长而非大量投资;有些企业因为很有发展前途,则应该大量投资。因此,销售额大幅增长,但每股红利并没有随之增长;相应地通用电气的投资报酬率也下降了。

鉴于上述情况,通用电气开始改革。从20世纪70年代初期开始,企业开始制定战略性计划,并建立了一套制定战略性计划的机构、程序和原则。

从组织机构上来说,通用电气在传统的事业部和大组的基础上,又建立了一种制定计划的结构——战略(计划)经营单位。这些经营单位的规模不一,大组、部门都可成为战略(计划)经营单位。在全企业共建立了43个战略(计划)经营单位。从定义上来说,一个战略(计划)经营单位,必须有一致的业务、相同的竞争对象,有市场重点以及所有的主要业务职能(制造、设计、财务和营销),所有这些都由战略(计划)经营单位的经理负责。在建立了战略(计划)经营单位之后,通用电气就形成了双重结构和双重任务,即新建的战略(计划)经营单位是计划机构,其职责是制定战略,原有的组织机构的任务是执行战略。

2. 企业战略管理与企业财务战略管理

1）企业战略管理

企业战略管理是以企业战略为对象的管理活动，是对战略筹划直至实施全过程的管理。战略管理要解决的问题是急剧变化的环境与战略的持久性之间的矛盾。一般来说，对企业战略管理的基本特征的认识包括以下几个方面：

（1）企业战略管理是一个连续循环的过程，目的在于保证企业的经营结构能够适应未来的环境变化。

（2）企业战略管理的程序包括战略环境分析、战略目标的确定、战略生成、战略实施和战略控制这五个环节。①战略环境分析是对企业外部环境和内部情况进行深入分析和正确判断，并在此基础上认识到企业面临的挑战和发展机遇，这是企业战略管理的基础环节。②战略目标的确定，即在对企业内外环境进行分析的基础上确定企业战略最终要达到的目的，这是整个战略管理的出发点和归宿。③战略生成，即根据战略目标对各种战略方案在技术上是否先进和在经济上是否合理进行综合性评价，从中选择一个与企业内外环境相协调的方案，这是企业战略管理的中心环节。④战略实施，是指将企业总体战略分解成各层次和各方面的具体战略，如组织战略、营销战略、科技开发战略等，然后通过发挥操作管理的各种职能，运行计划或预算等方法，分阶段、分步骤地实施战略，这是企业战略管理的关键。⑤战略控制，即对战略实施整个进程进行跟踪控制，及时揭示差异，查明原因，采取措施，消除不利差异和扩大有利差异。如果在战略实施过程中，发现企业内外环境有重大变化，则应对战略目标或方案作出必要的修正与调整，这是企业战略管理的保证。

2）企业财务战略管理

企业财务战略管理，也称为企业战略财务管理，或战略性财务管理，是以企业财务战略为对象的管理活动，是对企业财务战略制定直至实施全过程的管理。它是企业战略管理不可或缺的一个重要组成部分，既要体现企业战略管理的要求，又要遵循企业财务活动的基本规律。

企业财务战略管理的程序和企业战略管理的一般程序基本相同。首先，要正确分析企业内部条件和外部环境对企业财务活动的影响，并明确企业战略目标的要求；其次，确定企业财务战略的目标；再次，在此基础上制定相应的财务战略即财务战略的生成或制定；最后，组织实施财务战略，并对实施过程进行有效控制。该程序可以概括为图 2-2。

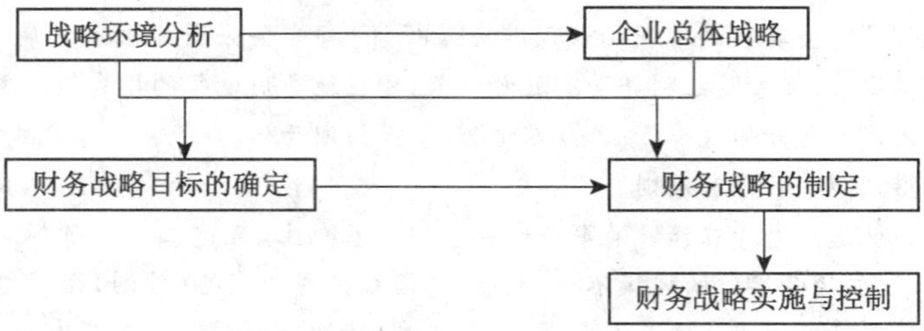

图 2-2　企业财务战略管理流程

在企业财务战略管理流程图中，战略环境分析是基础环节；战略目标的确定是出发点和归宿;战略方案的形成是中心环节;战略实施是关键;战略控制是保证。

3. 企业财务战略管理与传统财务管理的区别

财务战略管理与传统财务管理的区别集中体现在以下几方面:

(1) 财务战略管理运用理性战略思维,着眼于未来。财务战略管理以企业的筹资、投资及收益的分配为工作对象,规划了企业未来较长时期(至少3年,一般为5年以上)财务活动的发展方向、目标以及实现目标的基本途径和策略,是企业日常财务管理活动的行动纲领和指南。传统财务管理多属"事务型"管理,主要依靠经验来实施财务管理工作。

(2) 财务战略管理以外部情况为管理重点。传统财务管理以企业内部情况为管理重点,提供的信息一般限于一个财务主体内部。财务战略管理则以企业获得竞争优势为目的,把视野扩展到企业外部,密切关注整个市场和竞争对手的动向,提供金融、资本市场动态变化情况等信息,分析和预测市场变化的趋势,通过与竞争对手的比较分析来发现问题,找出差距,以调整和改变自己的竞争战略。

(3) 财务战略管理能够提供更多的非财务信息。传统财务管理提供的信息基本上都是财务信息,以货币为计量尺度。财务战略管理提供的信息不仅包括财务信息,如竞争对手的价格、成本等,更要提供有助于实现企业战略目标的非财务信息,如市场占有率、产品质量、销售和服务网络等,而且非财务信息占有更为重要的地位。

(4) 财务战略管理的职能范围比传统财务管理要宽泛得多。财务战略管理除了应履行传统财务管理所具有的筹资职能、投资职能、分配职能、监督职能外,还应全面参与企业战略的制定与实施过程,履行分析、检查、评估与修正职能等。

(5) 财务战略管理以战略目标为预算编制的起点。传统财务管理的预算编制着眼于初期的内部规划和运作,以目标成本、费用、利润作为编制预算的起点,所编制的销售、生产、采购、费用等预算与战略目标没有任何关系。财务战略管理则把人力资源管理、技术管理、物流服务等供应链、价值链活动都纳入预算管理体系之中。

2.1.2 企业财务战略管理的基本特征

1. 动态性

由于财务战略管理以理财环境和企业战略为逻辑起点,理财环境和企业战略的动态性特征也就决定了财务战略管理的动态性。财务战略管理的动态性主要体现在四个方面:一是财务战略管理过程具有连续性;二是财务战略管理具有循环性;三是财务战略管理具有适时性;四是财务战略管理对象具有权变性。正确把握企业财务战略管理的动态性特征非常关键,美国邓恩·布拉德斯特里特公司经过对美国企业长期观察后总结出六条导致企业破产的原因,其中之一就是:企业思想僵化,缺乏随环境变化而变化战略及战略管理的灵活性。

2. 全局性

财务战略管理面向复杂多变的理财环境,从企业战略管理的高度出发,其涉及的范围更加广泛。财务战略管理重视有形资产的管理,更重视无形资产的管理;既重视非人力资产的管理,也重视人力资产的管理。传统财务管理所提供的信息多是财务信息,而财务战略管理由于视野开阔,大量提供诸如质量、市场需求量、市场占有率等极为重要的非财务信息。

3. 外向性

现代企业经营的实质就是在复杂多变的内外环境条件下，解决企业外部环境、内部条件和经营目标三者之间的动态平衡问题。财务战略管理把企业与外部环境融为一体，观察分析外部环境的变化为企业财务管理活动可能带来的机会与威胁，增强了对外部环境的应变性，从而大大提高了企业的市场竞争能力。

4. 长期性

财务战略管理以战略管理为指导，要求财务决策者树立战略意识，以利益相关者财富最大化为理财目标，从战略角度来考虑企业的理财活动，制定财务管理发展的长远目标，充分发挥财务管理的资源配置和预警功能，以增强企业在复杂环境中的应变能力，不断提高企业的持续竞争力。

2.1.3 企业财务战略的分类

1. 按财务管理对象划分

不论公司规模大小，财务管理始终离不开对融资、投资与分配这三个环节的管理。为此，财务战略按这一标准可分为融资战略、投资战略和分配战略三种形式。

(1) 融资战略。融资战略是公司组建初期和发展期的战略重点，它包括融资总量的确定、资本结构的决策、融资方式的选择决策、对子公司的融资管理政策等一系列内容。

(2) 投资战略。投资战略是有关投资方向确定、投资组合、投资决策标准、投资所需资本筹集、资本预算、并购行动与管理等一系列的战略。它是公司步入发展期、成熟期乃至调整期的战略重点，也是公司财务战略永恒的主题。

(3) 分配战略。分配战略是从属性的，但有时也是主动性的。从属性是指分配战略在很大程度上是融资及投资管理的补充，如剩余股利政策，即强调股利分配多少与潜在投资机会有关，从而与融资及投资有关；另外，它又是主动性的，这是因为当公司分配政策有利于协调生产经营时，公司壮大的速度就快，反之则相反。

2. 从资金筹措与使用特征角度划分

公司财务战略在总体上可以划分为快速扩张型财务战略、稳健发展型财务战略和防御收缩型财务战略。

(1) 快速扩张型财务战略。这是指以实现公司资产规模的快速扩张为目的的一种财务战略。为了实施这种财务战略，公司往往需要在将绝大部分乃至全部利润留存的同时，大量地进行外部融资，更多地利用负债。快速扩张型财务战略一般会表现出“高负债、低收益、少分配”的特征。

(2) 稳健发展型财务战略。这是指以实现公司财务绩效稳定增长和资产规模平稳扩张为目的的一种财务战略。实施稳健发展型财务战略的公司，一般将尽可能优化现有资源的配置和提高现有资源的使用效率及效益作为首要任务，将利润积累作为实现企业资产规模扩张的基本资金来源。实施稳健发展型财务战略的企业的一般财务特征是“低负债、高收益、中分配”。

(3) 防御收缩型财务战略。这是指以预防出现财务危机和求得生存及新的发展为目的的一种财务战略。实施防御收缩型财务战略的公司，一般将尽可能减少现金流出和尽可能增加现金流入作为首要任务，通过采取削减分部和精简机构等措施，盘活存量资产，节约成本支出，集中一切可以集中的财力用于公司的主导业务，以增强公司主导业务的市场竞争力。“高负债、低收益、少分配”是实施这种财务战略公司的基本财务特征。这类企业往往在发展中遭遇了挫折，因而会形成负债包袱，经营困难，被迫采取防御收缩型财务战略。

【例2-2】 奔驰汽车

奔驰汽车是世界上资格最老的厂家，以生产高质量、高性能的豪华汽车闻名于世。奔驰企业总部设在德国斯图加特，雇员总数为18.5万人，年产汽车60万辆。奔驰企业财务经营风格始终如一，以实现财务绩效的稳定增长和资产规模平稳扩张为目的。在世界十大汽车企业中，奔驰企业产量最小，不足100万辆，但它的利润和销售额却名列前5名。奔驰的最低级别汽车售价也在1.5万美元以上，而豪华汽车则在10万美元以上，中间车型也在4万美元左右。20世纪80年代，奔驰企业和中国北方工业企业合作，向中国转让重型汽车生产技术。现在，北方工业企业已经投入批量生产。

通过分析奔驰企业的财务战略，我们可以得知，奔驰企业实施稳定型财务战略，通过尽可能优化现有资源（高中低档次轿车，载重汽车，专用汽车和大客车），提高现有资源的使用效率（比如载重汽车采用空气制动等技术）来实现企业资本规模扩张，带来良好发展前景。

3. 按企业生命周期划分

(1) 初创期财务战略。企业在初创期会面临很多风险，如财务风险、管理风险、信息风险、行业风险等，因此，初创期公司的抗风险能力很弱。优化公司的资源配置使公司生存下来是公司初创期所面临的基本问题。具体而言，在投资方面，公司应根据有限的资金，选择所能达到的投资规模，通过资源在一项业务中的高度集中，增加其主要业务的销售量，提高市场占有率，从而为公司发展进行原始资本积累。在融资方面，公司应根据未来偿债能力选择可以接受的融资方式。处于初创期的企业融资渠道比较少，往往通过留存收益来提供资金。在分配方面，初创期公司收益低且不稳定，实现的税后利润应尽可能多的留存，充实资本，为公司的进一步发展奠定物质基础。

(2) 成长期财务战略。成长期公司的主要任务则是扩大市场规模，在市场上处于领先地位，因此一般才会有积极的财务战略。成长期公司的外部融资变得相对容易，渠道也较多，例如上市、配股、增发、发行可转换债券、申请授信额度、贷款等方式，都可以作为公司认真研究和选择的筹资方式。

在成长时期，公司资产规模的快速扩展使公司的资产收益率相对较低，因此公司成长期的财务战略应以增加财务杠杆利益为出发点，提高债务比重，降低资金成本，减少融资风险，提高公司的权益资本收益率。同时，公司为了快速成长，会较多地使用交易化战略，兼并、收购手段也会被广泛使用。在分配方面，公司的股利分配政策应该在保证未来成长的资金支持的前提下，实现公司所有者利益的增长。

(3) 成熟期财务战略。进入成熟期，公司资源投入达到一定规模后相对稳定，资源结构趋于合理，公司的市场份额相对稳定，同时公司的技术、工艺已经成熟，产品质量稳定，利润达到较高水平，但利润率开始大幅下降。由于公司此时具有较为丰厚的盈余积累，在资金的使用上以内部资金为主，以防出现过重的利息负担。为优化资产负债结构，改善现金流状况，成熟期公司可以采用资产证券化的方式来进行融资，这不仅可以增强发起人的资产流动性，而且风险较小，收益适中，有利于公司获得较高的资信评级，改善公司的财务状况并提升公司的经营状况，使公司的运营进入良性循环状态；同时可以采用积极的销售政策，如赊销来提升经营业绩，从而使公司运营良性循环等。在利润分配方面，公司一般会采取稳定的股利分配政策。

(4) 衰退期财务战略。公司进入衰退期后,公司的产品市场出现萎缩,利润空间减少,公司往往没有能力更新设备、创新产品,致使公司工艺落后,产品过时,生产萎缩,效益低下,公司竞争力很弱,死亡率很高。衰退期公司往往会考虑紧缩目前的经营,因此公司可以采取保守的财务战略。这种战略的目的是防止公司出现财务危机并求得新的生存和发展。这种保守的财务战略并不是全面的退缩,而是积累内部力量来寻找新的机会。减少现金流出并增加现金的流入,通过盘活现有的存量资产,节约成本支出等手段,集中一切资源,用于公司的主导业务,来增强公司主导业务的市场竞争力。

4. 从应用模式角度划分

(1) 成本领先战略。这是使公司的经营活动保持同行业最低成本的财务战略。在战略实施时期,降低生产要素成本是公司经营活动及其管理的第一位工作,也是公司在该时期各项作业和发展规划的核心。成本领先战略是公司通用的财务战略。

(2) 利润领先战略。衡量利润增长有利润额和利润率两种标准。利润额可衡量同一公司不同时期利润增长的情况,但不同公司之间不具有可比性。利润率没有利润额那样直观,但利润率既可衡量同一公司也可评价不同公司之间不同时期利润增长情况。利润领先也有两种标准:一种是利润额最大化,另一种是利润适度增长。从战略角度看,长期保持利润最大化是很难实现的,利润领先是利润在长时期内保持适度增长。

(3) 资产整合增值战略。这是以资产的保值、增值和整合为核心,公司各项经营活动都为实现资产整体规模的扩大和增值服务。资产整合增值战略是从投资角度出发制定的财务战略。资产增值的基础是资产保值,资产增值是资产整合的基础。增值战略与利润领先战略相比,不仅涉及价值创造和价值实现,而且涉及利润分配问题,要求层次更高,涉及的领域更广,因此资产整合增值战略是一种中高级财务战略。

(4) 资本运营风险战略。这是利用风险机制和资本运营规则,冒大的风险去实现高额资本效益的财务战略。例如,高新技术公司的产品由实验室转入产业化生产有较大的风险,因此,高新技术企业的财务管理技术和理念起点较高,一般都采用资本运营风险战略。资本运营风险战略是公司走险棋的财务战略。

(5) 财务战略联盟。这是目前世界上最先进的财务战略。战略联盟产生、演进和发展的过程如图2-3所示。

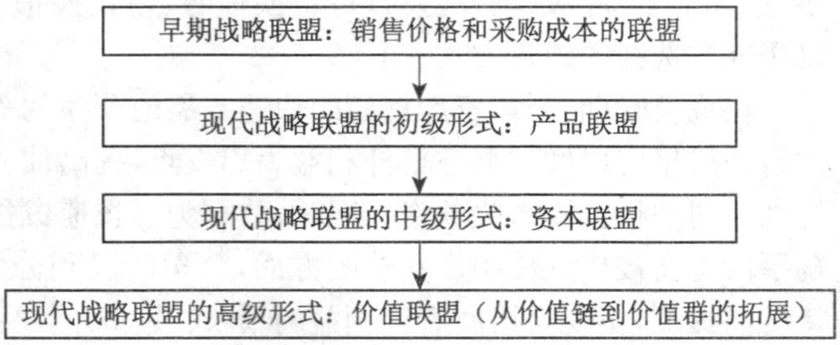

图 2-3 战略联盟产生、演进和发展的过程

资本联盟和价值联盟是财务战略的高级形式。其中,资本联盟是以资本为桥梁的两个或两个以上公司的战略联盟。联盟的目的在于解决资本稀缺问题,使财务部门参与价值创造,实现公司质和量的扩张。价值联盟是把财务战略定义为业务性质、重要性和复杂程度的结合,并将其最重要的资源——资本、知识和对外关系连接起来的不同公司的联合经营方式。公司财务的根本任务是开发和建立价值创造系统,并直接参与价值创造。

2.1.4 企业财务战略的制定程序

1. 财务战略环境分析

企业财务战略环境分析是指对企业外部环境和内部情况进行深入分析和正确判断并在此基础上认识到企业面临的挑战和发展机遇，这是企业战略管理的基础环节。

企业财务战略环境可分为外部环境和内部环境两部分。存在于企业外部的、影响企业资金流动的客观条件和因素的总和，称为企业财务战略外部环境。

1）企业财务战略外部环境的构成

企业财务战略外部环境又可分为一般外部环境和直接外部环境两部分。

企业财务战略的一般外部环境主要从宏观方面间接地对企业的资金流动产生影响，它主要包括以下方面：①政治法律环境因素。这是指那些制约和影响企业的政治要素和法律系统，以及其运行状态。主要包括政治主体的目标、纲领和政策、法律和法规体系、对外方针和政策以及各种社会利害关系集团之间的相互作用过程等。②经济环境因素。经济环境表明了经济资源的分配和使用方式，它的内容很广泛，包括经济增长率、产业结构、国民收入、物价变化、利率变动、通货膨胀、投资动向、国际贸易等。③社会文化环境因素。这种因素反映了企业所处的社会特点，包括社会阶层的形成和变动，人口的地区流动，年龄结构的变化，交通和信息系统的发展，社会中的权利结构，人们的生活方式、价值观、风俗习惯和道德传统观念等。④技术环境因素。科学技术是第一生产力，它既包括自然科学技术，也包括组织技术、管理技术和信息技术等内容。⑤自然物质环境的因素。相对于其他一般环境因素而言，自然物质环境是相对稳定的，但它对于吸引资金的流入是一项极其重要的影响因素。

企业财务战略的直接外部环境体现了一般环境因素在某一领域里的综合作用，对于企业当前和今后的资金流动产生了直接的影响。它主要包括以下几个构成要素：①产业环境因素。其具体内容包括：供给和需求的平衡状态，企业的集中程度，产品差异化的状况，进入壁垒的高低，各企业的产品战略、价格政策、研究与开发、流通渠道、销售促进等。企业所属产业的具体环境状况，对企业资金流动模式等具有重大影响。②竞争环境因素。它是指在某一特定市场中的竞争状态，表现在竞争企业数量的多少，各企业的市场占有率的大小，各企业的产品结构、质量和价格水平，研究与开发动向，主要竞争对手和进入威胁等方面。竞争状况以及本企业竞争优势的大小直接决定着企业资金流动能否达到均衡、有效。③金融环境因素。在市场经济条件下，企业筹集资金、投放资金、运用资金等必须借助于金融环境，所以金融环境的状况对于企业资金流动具有至关重要的影响。其具体内容包括金融机构的种类和数量、金融业务的范围和质量、金融市场的发展程度、金融传统、人们的金融意识、有价证券的种类等。

2）企业财务战略内部环境的构成

企业财务战略的内部环境是指决定或影响企业资金流动的内部条件。它是企业财务战略管理决策制定的内在依据和实施的基础。相对于外部环境来说，内部环境具有稳定性和可控制的特点。同时，企业的性质不同，内部环境也是不同的，具有各自的特点。对于财务战略管理来说，一般可分为组织、人事、生产、营销和其他因素等五个方面。①组织方面具体包括沟通体系、组织结构、企业目标层次、企业政策、管理程序、企业规划、管理人员的能力等；②人事方面具体包括劳资、雇佣政策、培训计划、绩效评估、奖惩制度等；③生产方面具体包括工厂布置、研究与开发、技术水平、原材料采购、存货控制等；④营销方面具体包括市场细分、产品战略、定价战略、促销战略、分销战略等；⑤其他方面具体包括企业历史、资本结构、收益状况、企业规模等。

研究分析企业财务战略管理的内部环境，就是要搞清这些因素对企业资金流动的影响，同时发现企业自身的长处与短处、优势与劣势，分析造成这种情况的原因，以充分挖掘潜力，发挥优势，结合外部环境机会制定企业的财务战略。

3）企业财务战略环境分析的程序

(1) 搜集企业财务战略环境的信息因素。外部环境信息一般可从各种宣传媒介、专业会议、行业组织、科研机构和管理者个人的经验中获得。有关内部环境信息可通过组织的内部资料、档案及管理人员和员工的经验等渠道获得。

(2) 分析环境因素对企业资金流动的影响。在掌握大量环境信息并对其趋势进行预测分析的基础上，要进一步分析各环境因素对企业资金流动可能造成的影响，估计影响的性质、大小和发生的时间，从而明确企业未来在资金流动方面受到的威胁和可以利用的机会。

(3) 归纳环境分析的结果。将各种资料和数据进行归纳整理，编写环境分析报告书。

企业财务环境检测表如表 2-1 所示。企业财务环境检测结果评议表如表 2-2 所示。

表 2-1　　**企业财务环境检测表**

财务环境			具体说明	企业状况
外部环境	法律环境	国家制定的企业必须遵守的各种法律、法规和制度	• 遵守经济组织法规 • 遵守经济管理法规 • 遵守经济合同法规	不符合(0 分) 部分符合(5 分) 全部符合(10 分)
	金融市场环境	为企业提供了筹资、投资的机会和条件，但金融市场复杂多变	• 及时、科学的筹资、投资决策 • 合理利用财务杠杆 • 降低资金成本，优化资本结构 • 减少投资风险，提高投资收益	不符合(0 分) 部分符合(5 分) 全部符合(10 分)
	经济发展状况	经济发展水平	经济发展处于落后状态时，财务管理可以充分发挥其职能对经济效益提高产生正面的影响	不符合(0 分) 部分符合(5 分) 全部符合(10 分)
		经济发展阶段	• 在繁荣时期，市场需求旺盛，销量上升，投资活跃财务人员迅速筹集资金以满足生产经营的需要 • 在衰退时期，市场萎缩，销售量下降，投资锐减，财务人员及时调整资金的配置，调整生产经营	不符合(0 分) 部分符合(5 分) 全部符合(10 分)
	通货膨胀	财务人员必须对通货膨胀有所预测，并采取相应措施，减少损失	• 未引起资金占用的增加 • 未引起利率的上升，没有增加筹资成本 • 未引起有价证券价格下跌，没有给筹资带来困难 • 未引起利润虚增，没有造成资金流失	不符合(0 分) 部分符合(5 分) 全部符合(10 分)
	社会文化环境	财务管理是一种社会活动，必然受到社会文化各因素包括教育、科学、广播电视、价值观念、道德水准等的复杂影响，有的是直接的、明显的，有的是间接的、微弱的		不符合(0 分) 部分符合(5 分) 全部符合(10 分)

（续表）

财务环境		具体说明	企业状况
内部环境	企业组织结构	根据不同的企业组织形式和筹资方式以及利润分配的要求，采取不同的财务管理方法	不符合(0分) 部分符合(5分) 全部符合(10分)
	企业组织结构	企业组织结构有直线制、职能制、事业部制等多种形式，企业组织结构对企业财务管理体制的建立有积极影响	不符合(0分) 部分符合(5分) 全部符合(10分)
	企业人员素质	企业人员素质，特别是财务管理人员的素质，对财务管理工作的质量和效率具有积极影响，能充分发挥财务管理作用的组织结构和人员分工，同时也能适应企业的组织结构和人员构成来组织财务管理	不符合(0分) 部分符合(5分) 全部符合(10分)

表2-2　**企业财务环境检测结果评议表**

得分情况	结果评议及改进建议
20分以下	表明你企业的财务环境非常差，亟待改善
20～40分	表明你企业的财务环境比较差，经常感觉被束缚
40～60分	表明你企业的财务环境一般，可着重改善那些得分较低的子项目
60～80分	表明你企业的财务环境还不错，偶尔会被其限制
80～90分	表明你企业所处的财务环境比较好，请继续保持

2. 企业财务战略目标的确定

制定财务战略管理目标应坚持以下原则：

(1) 目标的整体系统性原则。财务战略管理活动是企业运行的一个部分，其目标要与企业目标保持一致。同时，由于各部门、各成员不是单个的、孤立的或凌乱的，企业财务管理战略目标是企业中各部门、各基层单位以及个人的分目标、子目标共同形成的一个行为目标，它们必须在整体上形成一个系统。因此，注重目标的整体系统性和协调性是制定目标应该坚持的基本原则之一。

(2) 目标制定的动态性原则。在财务战略管理过程中，随着企业理财环境的变化和实施中信息的反馈，财务战略管理目标常常需要修订和调整，只有这样，才能使目标的制定更加适应企业的实践，更有利于其发挥作用。因此，在制定目标时要注意自觉考察所设目标的运行情况，必要时及时对目标进行修正和调整。

(3) 目标制定的时限性原则。财务战略管理目标在确定时，一般就有一个比较严格的时间限制，即在什么时间内达到一个什么样的目标。如果逾越这个时间界限达到目标，就不能算真正完成了财务战略管理的目标任务。由此可见，时限性是财务战略管理目标确定的重要内容。

(4) 目标制定的先进性和可行性原则。财务战略管理目标必须具有先进性、可行性，否则，目标管理就难以发挥其优势。所谓目标的先进性是指制定的目标应该能够充分激发、调动员工的心智、力量和体能，以保证取得最大的绩效；目标的可行性是指设置的目标的难度，必须建立在对实现目标的人力、物力、财力和主客观条件正确分析和准确把握的基础之上，设置的目标要切实可靠，因此，目标的设置应该既是先进的，又是经过人们努力奋斗可以实现的。

（5）目标制定的可分性原则。财务战略管理目标应具有可分性，可以按照一定的标准层层分解为各部门的分目标。这种原则保证了目标的具体落实，保证了目标能够调动全体员工的积极性。

（6）目标制定的具体性和可评价性原则。虽然一般目标也具有用来评价、检验实践活动的作用，但是财务战略管理目标应具有较强的可评价性，如果所设置的目标可评价性很差，就会给目标管理工作带来影响。而要增强目标管理的可评价性，就要使目标具有具体性的特点，就要在目标设置阶段，尽可能地使所设置的目标明确、具体、数量化。

3. 企业财务战略的制定程序

企业财务战略的制定是财务战略管理中的中心环节。为使企业制定和选择出一个确保企业可持续发展的财务战略，并使财务战略得以良好地贯彻和执行，就必须采用科学的方法和遵循必要的程序来制定企业的财务战略。遵照企业战略的生成程序，可以得到企业财务战略的制定程序，如图 2-4 所示。

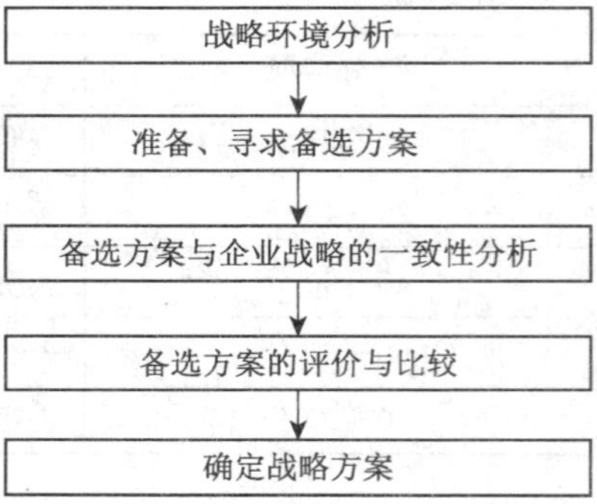

图 2-4 企业财务战略的制定程序

首先，在企业内外环境分析和确定战略目标的基础上，广泛地寻求企业各种可能的备选方案，备选方案越多，企业最终确定的战略方案的覆盖面越广。其次，由于财务战略只是企业战略的子战略，前者必须服从于后者，因此，必须检测各种备选方案与企业战略的一致性，不一致的备选方案应该被剔除。在符合一致性的备选方案之间，通过各种具体指标进行综合评价与比较，从中择优。最后，在通盘考虑的基础上，确定企业应该选择的战略方案。

2.2 企业筹资战略管理

筹资战略主要涉及的问题是筹资能力、筹资结构和筹资方式，它不是具体的资金筹措实施计划，而是为适应未来环境和企业战略的要求，对企业资金筹措的重要方面所持的一种长期的、系统的构想。

企业筹资战略管理就是要根据企业内外环境的特点，对企业的筹资目标、筹资渠道和筹资方式等进行长期的谋划，在企业资本结构得到不断优化的过程中为企业战略的实施提供资金保障。筹资战略管理从内容上讲包括了筹资战略管理的环境分析、目标确定、筹资战略的制定等几个问题。

2.2.1 企业筹资战略的环境和目标

1. 企业筹资战略环境的分析

企业在面临不同的环境因素时，应选择不同的筹资战略。影响企业筹资战略选择的因素主要有以下几个方面：

(1) 经济周期。从经济的不同发展阶段来看,当经济景气时,企业面临的经济环境与市场条件比较有利,产品销路好,举债可以增强企业的发展能力和盈利能力;反之,经济不景气时,产品销路下降,银根紧缩,举债容易增加风险与债务危机。

(2) 行业差别。由于各行业的具体情况不同,因此其负债能力也不尽相同,从而可以采取的资金结构具有较大的差别。造成这种差别的原因主要有以下三种因素:资产流动性、资金密集度、行业的成熟期。通常资产流动性较强,资金密集型企业,属于新兴且发展速度快的行业,资产负债率可以高一些。

(3) 资金市场。直接融资市场比较发达时,企业的资产负债率可能较低;间接融资市场比较发达时,企业的资产负债率可能较高。

(4) 所有制形式。不同的所有制形式会在一定程度上影响其所有者、债权人和经营者等有关方面能够接受和承担的资金风险水平,因而对企业可以采用的资金来源结构有重要决定作用。

(5) 企业经济效益水平、变现速度和平稳程度等因素。获利能力越大,财务状况越好,变现能力越强的企业,就越有能力负担财务上的风险。经营业务与销售状况是否稳定对资金结构也具有重要影响,如果企业的销售和盈余稳定,则可以较多地负担固定的债务费用,如果销售和盈余波动较大,则负担固定的债务将冒很大的风险。

(6) 投资项目的性质和生产技术配备能力与结构。投资项目建设周期短,现金净流量多,生产经营状况好,产品适销对路,资金周转快,资产负债比率可以适当高些并可提高短期资金来源的比例。此外,产品结构比较单一的企业,自有资本比例应大些,因为这类企业内部融通资金的选择余地较小。相反,产品结构多元化的企业,因内部融通资金的余地较大,可适当提高资产负债率。

(7) 金融与经济传统。金融界和企业界的不同传统对企业资金来源结构有重要影响。例如,像日本企业那样依靠大量贷款迅速扩大生产,虽然会获得很高的发展速度,但短期内利润必然要受影响,对此具有追求短期利益传统的美国企业界及股东显然很难接受。

(8) 其他因素。企业的规模、国家的宏观经济政策的变动等多对企业可行的资产负债率有不同程度的影响。

2. 企业筹资战略目标的确定

资金筹措战略目标体系一般应包含以下几个方面:

(1) 满足资金需要目标。即为企业筹集到足够数量的资金,保证企业及时实施战略计划与投资战略等方面对于资金的需求。具体包括以下三个方面:①维持企业正常生产经营活动的需要;②保证企业发展的资金需要;③应付临时资金短缺的需要。

(2) 扩大和保持现有融资渠道目标。其目的在于保持随时再筹集到足够数量资金的能力。企业筹资战略的一个重要特点就是不贪图一时的低成本或低风险的资金来源,也不局限于单纯满足企业当时的资金需要,而是从长计议,以战略观点来设计、保持和拓展筹资渠道。

(3) 低资金成本目标。由于资金成本高低会直接影响企业生产经营成本,进而波及企业的竞争地位,并对于企业战略与投资战略的顺利实现及其实施效果产生很大的影响。因此企业筹资不仅是单纯从数量上满足企业需求,而是应该能够以较低的资金成本筹集到足够数量的资金用于供应企业所需。

(4) 低筹资风险目标。各种不同来源的资金除了资金成本不同之外,其风险也有很大不同,对企业的风险地位也会有不同的影响。所以企业在制定筹资战略时,不仅要考虑低资金成本这一目标,而且还要考虑如何降低筹资风险,把筹资风险控制在可以接受的范围之内,这也是资金质量目标的一个重要方面。

(5) 提高筹资竞争力目标。从长远来看,提高筹资竞争力是企业不断获得稳定可靠、低成本、低风险资金的可靠保证。该目标进一步又可分为下述几个目标:①筹资市场地位目标,即相对于筹资竞争者在资金市场上的竞争位置。②筹资市场信誉目标,即资金提供者对企业的信任和满意程度。③筹资技术创新目标,即对于传统筹资方式、手段、技术等作出的改变。④高筹资效率目标,即筹资过程中的组织筹划的高效率。

2.2.2 企业筹资战略的制定

1. 筹资能力的分析与开发

1) 筹资能力分析

企业的资金来源可分为企业内部资金来源与外部资金来源两大类。企业内部资金来源是指企业通过自身生产经营成果的积累而形成的可用资金;而企业外部资金来源是企业通过不同筹资方式从企业外部获得的可用资金。它又有两种主要来源:一是筹集负债资金;二是筹集权益资金。企业从这三条渠道筹集资金的能力构成了企业资金筹措能力的主要内容:

(1) 企业内部资金筹措能力的一般估计。企业内部资金来源就是企业在其所获得的收入和利润中重新投入到企业生产经营过程中,参加资金再循环的那部分资金。所以企业内部资金筹措能力主要决定于企业的收入水平、盈利能力及有关财务政策等因素。企业内部资金筹措能力可大致估计如下:

$$税后净收益 = 预期未来几年内的收入水平 \times 税后目标销售利润率$$

$$留存盈余 = 税后净收益 - 现金股利$$

$$经营产生的内部资金 = 留存盈余 + 新、旧固定资产折旧$$

$$净内部资金来源 = 经营产生的内部资金 - 银行贷款和长期负债还款总计$$

(2) 负债资金筹措能力的一般估计。企业负债资金来源就是企业通过借债的方式所能获得的资金。企业的负债筹资能力主要取决于企业的盈利水平与资金来源结构。一定的盈利水平是企业偿还借款本息的重要保证,而资金来源的结构则反映了企业财务风险的大小。在一般情况下,只有这两个方面的情况良好,潜在的债权人才会有信心把资金贷给企业,企业才能以合理的利率和条件得到所需的借款。现在假设企业的盈利能力是有保证的,则企业的负债资金能力可大致估计如下:

$$\begin{matrix}总负债\\能力\end{matrix} = \begin{matrix}估计的未来股东\\权益总数\end{matrix}\left(\begin{matrix}目前的\\股东权益\end{matrix} + \begin{matrix}预期新的\\股东权益\end{matrix} + \begin{matrix}税后\\净收益\end{matrix} - 股利\right) \times \begin{matrix}行业平均\\负债\end{matrix} \div \begin{matrix}股东权益\\的比率\end{matrix}$$

$$新的负债能力 = 总负债能力 - 现有总负债(包括长、短期负债)$$

(3) 权益资金筹措能力的一般估计。权益资金来源即企业通过发行新股或以其他方式增资获得资金的能力。股东或潜在的股东们投资于某一企业,主要目的是期望得到较高的利益回报。因此,权益资金筹措能力主要决定于企业的盈利能力及给股东的回报。股东一般总是很关心其每股盈余的高低。当企业准备发行新股时，股东一般并不希望每股盈余被稀释，使其降低。如果预期新股发行会导致这样的结果，他们就会表示反对并向董事会施加压力以求改变。所以企业要想增加新的股权资金，在可能的情况下应选择经营情况和金融市场状况最好的年份发行新股，力求在这1年里使企业的利润和每股盈余有一个较大幅度的增长，为新股发行提供基础，使之不会被稀释而降低。根据以上论述，企业权益资金筹措能力大致估计如下：

额外净收益(△净收益) = 净收益(最好增长年份) − 净收益(正常增长年份)

潜在可发行新股股数 = 额外净收益(△净收益) ÷ EPS(正常预期水平)

新股能力 = 潜在可发行新股股数 × 预期股票发行价格

发行新股可得资金 = 新股能力 − 估计发行成本

综上所述，企业总的资金筹措能力是其内部资金筹措能力、负债资金筹措能力和权益资金筹措能力的总和，但不能视为上述三个估计值的简单相加。这是因为：首先，上述三种能力之间是互相联系、互相影响的。其次，资金筹措能力还受到企业多方面其他因素的影响，具体可分为内部因素和外部因素，上述估计只能看做是一种大致的预测。所以，企业要分析、预测自身的筹资能力，还必须在上述估计的基础上，结合其他重要影响因素进行综合分析，才能比较准确地把握企业资金的筹措能力，从而更有效地制定和实施资金筹措战略。这些因素可能包括如企业规模的大小(通常规模大的企业筹资能力较强)、企业创办时间的长短(通常创办时间越长的企业筹资能力越强)、企业领导和管理人员的知识能力和结构、企业资产的性质，以及政治经济环境等。

2) 筹资能力的开发

筹资能力是企业自己可以控制的，可以通过自身有意识、有成效的努力而在一定程度上予以加强，这就是所谓的筹资能力的开发。企业筹资能力的开发可以从以下几方面着手：

(1) 提高盈利能力，改善资金结构。企业的留存盈余等内部积累本身是企业资金来源的一条重要渠道，而盈利能力强、资金结构合理的企业，其留存盈余可望大大提高，从而增强企业的内部筹资能力。如果企业的盈利能力高，资金结构健康，则对潜在的投资者、债权人等的吸引力就会较大，从而使企业的外部筹资能力大大增强。此外，良好的盈利能力和资金结构还会改善企业的信誉状况，扩大企业的影响，从而使企业的外部筹资能力得到加强。

(2) 提高对金融机构的交涉能力。企业从外部筹资的很大比重来自于金融机构的贷款。因此提高对金融机构的交涉能力十分重要，它能在很大程度上影响和决定企业获取贷款的能力。提高企业与金融机构的交涉能力可从以下三个方面着手：充分理解金融机构的贷款政策与方针；选择贷款政策合理的金融机构；与金融机构保持良好的关系。

(3) 增强企业领导和资金筹措人员不断开发利用新的融资渠道和工具的能力。归根到底，资金筹措是企业领导和资金筹措人员决定和进行的。他们是否具备良好的素质和知识，是否具有开拓能力，是否具有与金融机构和投资者沟通的能力等，都对企业筹资能力有着重要影响。另外，随着金融创新的不断增加，现代企业可利用的筹资渠道和工具众多，因此，资金筹措人员必须有能力研究、开发和利用新的融资工具进行筹资，以分散筹资风险。

(4) 扩大企业影响，提高企业信誉。企业为了能以较为有利的条件稳定地获得所需资金，还应努力提高社会知名度，扩大企业影响，提高企业信誉。如通过分析投资者的要求，加强同投资者的联系，来加强投资者对企业的了解；积极参与社区公益活动；与政府机关保持良好协作关系等都是有效的办法。企业社会影响大，信誉高，资金供给者就比较放心，乐意以较为有利的条件为企业提供资金，这有利于企业开发利用多种融资渠道和工具，增强筹资能力，改善融资环境。

(5) 促进产融结合。工业资本与金融资本的相互融合是经济发展到一定阶段的必然产物，而且对增强企业筹资能力具有重大影响。产融结合有助于企业得到金融方面的支持，特别是企业面临困难时更是如此。

(6) 制定有效的企业战略。从长期来看，企业的筹资能力取决于企业在产品市场上的表现。只有未来能在产品市场竞争中取得成功的企业，其筹资能力才有可能稳步加强。有效的企业战略可以增强企业在产品市场上的竞争和发展能力，提高企业产品成功的可能性，从而增强企业在金融市场上获得资金的能力。

2. 筹资战略的制定过程

筹资战略制定的过程可以概括为以下几个步骤：

(1) 分析、预测企业的内部和外部环境，寻求可行的资金来源结构战略备选方案。企业资金来源结构受许多因素的制约和影响，并非是企业可以任意选择的。因此资金来源结构战略的有效生成必须首先保证它的现实可行性，即必须充分考虑企业环境因素对筹资结构的制约作用。企业外部环境中的许多因素，如金融市场状况、经济周期、竞争状况、行业状况、通货膨胀率的高低、税赋的松紧、法律规定、政府的政策等共同作用的结果，往往决定了企业实际可以利用的资金来源以及资金量、可以接受的风险水平等。企业内部环境中的许多因素，如企业组织形式、企业规模、利润稳定性、资产结构、企业信誉、创办时间、对企业控制权的保护态度等共同作用的结果，将会进一步决定该企业对不同资金来源的可利用程度，以及经营者愿意和企业能够承受的风险水平。因此，资金来源结构战略的生成，必须对企业内外环境中的有关因素进行综合分析与评价，并据以提出各种可行的备选方案。

(2) 评估提出的备选资金结构战略方案与企业战略之间的一致性，选出能够支持企业战略的资金来源结构战略方案。这是选择资金来源结构方案的关键环节。筹措资金的主要目的是满足企业战略的需要，支持企业战略的实施。实施一项没有确切的资金保证的战略将会显著地增加其失败的危险。企业战略在制定时就应考虑到资金来源的实际情况，以保证它具有可行性。它应该符合企业战略的要求，积极主动地支持和促进企业战略的实施。因此，是否与企业战略相协调，能否支持企业战略的顺利实施，应是选择企业资金来源结构的主要标准。

(3) 分析选出的符合企业战略要求的方案，对其资金成本与资金风险进一步运用资本结构理论进行分析评价，以低成本和低风险为标准，从可行的方案中选择最佳方案。应该注意的是，确定最佳资金来源结构不一定是某一最佳点，而更可能是一个最佳范围。这样做一是实务上更具可行性，二是设计筹资结构时更具有灵活性，以期应付动荡的筹资环境。

(4) 批准执行。即把已确定的方案投入实施。企业资金来源结构并不是一个固定结构，而是动态的结构。因为每一次筹资活动都会对企业资金来源结构产生影响。但从企业战略的角度来看，如果企业战略未发生重大变化，资金来源结构即应保持相对的稳定性，以便保持与企业战略之间的协调一致。所以实施资金来源结构战略方案要区分不同情况进行，在企业原有资金结构已经合理的情况下，应使之继续保持；而如果原有结构不尽合理，则应通过筹资活动进行调整，使之趋于合理。

3. 筹资渠道和方式的比较

企业在从战略角度选择筹资渠道和方式时，应该对各种筹资渠道和方式所筹集资金的特点进行详细的分析，在此基础上，结合企业战略目标分析，即可对筹资渠道与方式作出合理的战略选择。不同筹资渠道与方式所筹资金的特点如表2-3所示：

表2-3 **不同筹资渠道与方式所筹资金的特点**

	资金成本	使用期限	使用额度	对企业经营控制权的影响	筹资速度
内部留存	除了占用资金的机会成本外，几乎没有其他成本	无限制	基于利润，如果没有利润也无留存收益	不分散企业经营控制权	容易取得，速度快
股　　票	成本较高，需要负担发行费用和股利、分红	无限制	根据股价和股票发行数量确定	分散企业经营控制权	因相关手续较多，所以耗时长
贷　　款	成本通常低于公司债券，但是公司经营业绩不佳时，成本也较高	受限制	受限制，分短期和中长期贷款，需要到期还本，按期付息	不分散企业经营控制权，但有时会受到干预	手续简单
公司债券	成本通常高于贷款，取决于债券利率水平，业绩不佳时，成本也较高	受限制	受限制，中长期债券为主，需要到期还本，按期付息	不分散企业经营控制权	手续较多，耗时长，业绩不佳时难以筹措
赊购款	隐性成本，用资费用包含在价格或现金折扣中	受限制，期限较短	受限制，仅限于应付暂未支付的款项	无影响	容易取得，速度快
租　　赁	高于直接购买设备的成本	设备使用年限	受限制，仅限于设备的价格	无影响	容易取得，速度快

4. 资金筹措渠道与方式战略类型

在分析不同筹资方式特点的基础上，根据企业自身的能力及企业所处的环境，企业资金筹措渠道与方式的战略可分为以下几种类型：

（1）内部资金筹措战略。这类战略是指从企业内部开辟资金来源，筹措所需资金。这一战略主要的资金来源包括：从利润中提取而形成的一般盈余公积和公益金等；从销售收入中回收的折旧、摊销等无须用资金支付的费用；资金占用减少、周转速度加快所形成的资金节约等。

这种筹资战略主要适用于以下情况的企业：①企业外部资金来源渠道匮乏；②企业内部资金来源丰富、充裕，足以满足现阶段资金需要；③企业战略要求采用内部资金筹措战略等。

采用内部资金筹措战略，必须采取切实有效的实施措施，这些措施主要有：①适应市场环境的变化；②加强内部管理，节约各项费用；③降低利润分配率，提高留存盈余；④合理制定和利用折旧计划等，以增加积累，减少税收支出；⑤减少资金占用，加速资金周转；⑥加强企业内部资金的调度，避免资金闲置。

（2）金融型资金筹措战略。这是一种从企业外部以间接金融方式筹集资金的战略，它是指企业通过与金融机构建立起密切的协作关系，有效地利用这些金融机构的信贷资金，以保证随时获得长期稳定贷款。金融机构信贷资金主要有：政策性银行信贷资金；商业银行信贷资金;非银行金融机构的信贷资金等。

(3) 证券型资金筹措战略。该战略是指主要依靠社会资金来源,通过发行各种有价证券,特别是发行股票和债券等方式来筹集资金的战略。企业通过在证券市场上公开发行股票和债券可以直接吸纳个人、金融机构的资金,其他企业和某些公共团体出于种种考虑也会将一部分资金投入证券市场,因此发行有价证券筹资面对的是异常广阔和雄厚的资金来源。随着证券市场的发展和股份制经济的推广,这一筹资战略的作用会越来越大。

(4) 联合型资金筹措战略。它是指主要依靠企业间的联合,通过企业间信用、吸收、合并、收买、投资等方式,充分利用其他企业资金力量和金融力量进行筹资的战略。

这种战略的主要形式有:①通过企业间信用筹资,如应付账款、应付票据等;②通过企业间的联合,突破单一企业筹措资金的能力界限,从而取得金融机构的贷款或者是支付的资金援助;③通过吸收、合并、收买等方式利用外资来解决资金短缺问题;④通过开办合资企业、合营企业和补偿贸易等方式利用外资来解决资金短缺问题。

(5) 结构型资金筹措战略。它是指企业多种筹资渠道与方式并重,不存在单一的筹资渠道与方式。这种战略实际上是一种综合性的筹资战略,它是上述四种不同筹资渠道的某种组合。对于大多数企业而言,为了获取足够的资金或保持稳定的资金来源与优良的资金结构,常常需要采取前述四种筹资战略的某种合理组合进行筹资。

上述五种情况是企业资金筹措战略方案的基本类型。企业在具体开展资金筹措战略时,要根据企业自身的能力及企业所处的金融环境等选择合理的资金筹措渠道与方式战略。

2.3 企业投资战略管理

投资战略是指企业为了长期生存和发展,在充分估计影响企业长期发展的内外环境中的各种因素的基础上,对企业长期的投资行为所作出的整体筹划和部署,它是企业战略不可分割的一部分。

企业投资战略管理包括投资战略环境的分析、投资战略目标的确定、投资战略的制定、投资战略的实施及投资战略方案的评价与选择等。

2.3.1 企业投资战略的环境和目标

1. 投资战略外部环境的分析

一般而言,与投资战略有关的外部环境因素有:

(1) 政治因素:政府制定的产业经济政策、法律规定,国内外政治经济形势。尤其是与经济有关的政治形势。

(2) 社会文化因素:社会价值观念,风俗习惯,宗教信仰,地理条件,人口结构,人力资源素质等。

(3) 科学技术因素:与行业有关的科学技术的水平和发展趋势,主要是新技术、新设备、新工艺、新材料。

(4) 经济因素:包括宏观经济形势,世界经济形势,行业在国民经济发展中的地位以及企业的直接市场等内容。其中,企业的直接市场是与企业关系最密切、影响最大的环境因素,主要有商品市场和资本市场。商品市场上本企业所需的原辅材料、零部件、能源动力的供应情况，客户、竞争对手情况及其发展趋势、市场状况、消费趋向；资本市场上各类资金供应者的资本成本、供应条件等。

2. 投资战略内部环境的分析

内部环境因素主要包括：企业发展的最大能力与潜力；企业生产装备状况及资产的适用性；资金规模及其配置情况；经济效益；人员素质和组织结构状况。透过内外环境分析，企业从中发现环境制约的风险与机会、企业的优劣势、企业资金的筹措能力，企业规模扩大的可能性和必要性等，为制定合理的投资战略提供依据。

3. 企业投资战略目标的确定

企业投资目的是以较少的资金投放和较低的投资风险获得较大的投资收益和竞争优势。但是，由于企业投资战略的制定和实施必须充分考虑企业内外诸多环境因素和企业战略的要求，因此，为了保证企业战略目标的顺利实现，企业投资战略目标应切实可行，具有挑战性、多元性和弹性等特征。这些目标主要包括：

(1) 收益性目标，是指企业获利程度方面的目标，如利润额及利润率、投资报酬率、每股盈余和股票价格等指标，都可用来表达企业资金投放所追求的收益性。

(2) 成长性目标，是指通过投资战略带来的企业的发展空间和水平，表现为那些能表明企业成长、发展程度的目标，如企业规模扩大、企业产量增加、销售额上升、技术装备水平提高等，都可视为企业资金投放的成长性目标。

(3) 市场占有目标，是指以占领市场、提高企业市场占有率为企业资金投放的直接目标。投资战略的制定与实施，要有助于企业进入新市场，提高市场占有率等。

(4) 技术领先目标，是指企业投资战略的制定与实施，要有助于企业能在某项技术上占据领先地位，由此可以获得技术优势。

(5) 产业转移目标，是指通过投资战略，可使企业改变生产方向，从一个行业转向另一个行业。

(6) 一体化目标，是指企业投资的目的是进行前向、后向或水平一体化，以取得或建立有保证的销售渠道、关键技术、原材料供应基地和能源供给保证等，这是企业避开竞争威胁，增强竞争优势的重要途径。通过投资战略，可使企业取得或建立有保证的销售渠道、关键技术、原材料供应基地和能源供给，达到产前、产中、产后一体化的目标。

(7) 社会公益目标，是指投资战略的制定应考虑社会公共效益方面的目标，如环境保护、公共交通、节约能源等。此类投资是维护人们正常生产、生活环境所必不可少的，企业和社会对此应越来越重视。

上述目标相互联系，共同构成一个多元化的投资战略目标体系。

2.3.2 企业投资战略的类型

1. 按照投资战略的性质分

按投资战略的性质划分，企业的投资战略可分为稳定型投资战略、扩张型投资战略、紧缩型投资战略和混合型投资战略。

(1) 稳定型投资战略是一种维持现状的战略，即在外部环境短期内无重大变化的情况下，将现有战略继续进行下去，最有效地利用现有的资金和条件，继续保持现有市场，维持现有投资水平(可以是企业现有的投资规模，也可以指现有投资的增长水平，但一般来讲是指前者)，降低成本和改善企业现金流量，以尽可能多地获取现有产品的利润，积聚资金为将来发展做准备。这种战略实际上是产品转向的一个过渡阶段。其过渡时间的长短，取决于现有产品的生命周期和转入新产品的难易程度。

(2) 扩张型投资战略是一种不断扩大现有投资水平的战略。企业通过扩大投资规模或提高投资的增长速度，来不断扩大企业的生产经营规模，增加生产和经营产品的种类，提高市场占有率，其核心是发展与壮大。这种战略具体包括市场开发战略(企业现有的各种产品开拓新任务、新市场)、产品开发战略(战略目标是创造新产品以替代公司现有产品)、市场渗透战略(战略目标是以其目前的产品市场组合为发展焦点，力求增大目前产品的市场的占有率)和多角化经营战略(战略目标是同时为公司开发新产品和新任务、新市场)。

(3) 紧缩型投资战略是一种收缩现有投资规模的战略。企业从进取竞争中退下来，从现有经营领域抽出投资，缩小经营范围，休养生息。这种战略可分为完全紧缩型投资战略和部分紧缩型投资战略。前者是指企业受到全面威胁时，将全部资产清算以收回资金、偿还债务。后者是指将企业部分非关键产品或核心技术出卖，紧缩经营。企业在经营决策失误，经营优势丧失，或者在取得竞争胜利后，放慢竞争节奏时，宜采用紧缩型投资战略。

(4) 混合型投资战略是指企业在一个战略时期内同时采用稳定、扩张、紧缩等几种战略，多管齐下，全面出击。其战略核心是在不同阶段或不同领域，采用不同的投资战略。

引例解析

松下电器的财务战略

引例中，松下电器当时的这种撤资举动，从财务战略上来看，就属于紧缩型财务战略。当松下电器分析出产品或服务的需求会减少时，主动退出大型电子计算机市场的角逐，他们及时采用了紧缩型财务战略；当其把有限的资源投放到更有效的使用场合，建立"综合电子工业"形象时，也采用了紧缩型财务战略。在内外环境条件成熟的时候，能够大胆地使用紧缩型财务战略是松下电器能成功的重要原因。

2. 按投资经营对象的差异分

按照投资经营对象的差异可分为密集型投资战略、一体化投资战略和多样化投资战略。

(1) 密集型投资战略是指企业在以单一产品为投资对象的条件下，采取积极措施，开辟新的经营领域，增加新的品种，扩大市场面，从而全面扩大生产和销售。

(2) 一体化投资战略是指企业在供、产、销三个方面投资与经营实现一体化，使原料供应、加工制造和市场销售实行联合，从而扩大生产和销售的能力。

(3) 多样化投资战略是指企业的新产品和新市场相结合，从事相关多元化投资和经营的战略。

2.3.3 企业投资战略的制定

1. 企业投资战略的设计依据

(1) 财务整体战略。财务投资战略方案的设计是为了实现财务整体战略，因此在设计方案时需以财务整体战略为指导，在其规定的框架内进行，具体方案应与战略保持一致。

(2) 资金投放的盈利和增值水平。追求尽可能多的投放收益和实现尽可能大的投资增值是每一个投资项目都不可忽视的重要目标。设计投资项目时，对其盈利与增值水平的考虑是重要的设计思想之一。

(3) 资金投放风险。资金投放收益与风险共存,多数投资项目都有不能获得预期收益的可能性,因此设计投资方案时,分析投资风险,考虑如何利用或避免风险是不可或缺的一个重要内容。

(4) 资金投放成本。资金投放是降本求利的过程。因此设计资金投放项目,不仅要考虑其产出因素,还要考虑其投入因素,即投资成本。资金投放成本主要包括前期费用、实际投资额、资金成本、投资回收费用等。

(5) 投资管理与经营控制能力。没有良好的管理与控制,再好的投资项目亦不能达到预期目的。因此资金投放项目的设计还要考虑企业的投资管理和经营控制能力。

(6) 融资能力。任何资金投放项目都要求企业能及时、足额、低成本地筹集到投资所需资金。如果企业资金短缺,融资能力又较弱,势必会影响到资金投放方案的选择。

(7) 资金投放环境。设计资金投放方案时,必须熟知资金投放环境,预知资金投放环境的发展变化,根据投资环境的发展变化,设计相应的投资方案。

2. 企业投资战略的制定(SWOT分析法)

企业可以选择的制定投资战略的方法主要有SWOT分析法、波士顿矩阵法、通用电气经营矩阵分析法和生命周期矩阵分析法等。这主要介绍SWOT分析法。

1) SWOT分析法基本原理

SWOT分析法是一种在综合考虑企业内部条件和外部环境的各种因素,正确认识自身优势与劣势的基础上,进行系统评价,扬长避短,抓住机会,避开威胁从而选择最佳投资战略的方法。它是由美国哈佛商学院最先采用的一种经典分析方法。SWOT是由英文"优势"(strengths)、"劣势"(weaknesses)、"机会"(opportunities)和"威胁"(threats)四个单词的第一个字母组合而来的。企业的内部优势、劣势是相对于竞争对手而言的,一般表现在企业的资金、技术产品、市场等方面;企业外部的机会是指环境中对企业有利的因素,如政府支持、高新技术的应用等;企业外部的威胁是指环境中对企业不利的因素,如市场增长率减慢,技术老化等。

2) SWOT分析法的战略生成过程及应用

企业内、外部的优势与劣势、机会与威胁一旦确定,管理者即可着手制定投资战略。投资战略应充分利用外部机会,避免或克服外部威胁;充分利用内部优势,克服内部劣势。在此过程中,一定要注意两个方面的一致性:一是内部的一致性,即投资战略要与企业战略相一致;二是外部的一致性,即投资战略要与外部环境相一致。

对于内部优势、劣势和外部机会、威胁因素的不同组合来说,总有一些投资战略与之相对应,也就是说企业在特定的情况下,有些特定的投资战略可供选择。SWOT分析法的分析过程包括了以下八个步骤:第一步,列出企业的关键外部机会;第二步,列出企业的关键外部威胁;第三步,列出企业的关键内部优势;第四步,列出企业的关键内部劣势;第五步,将内部优势与外部机会相匹配,得出优势—机会战略(SO);第六步,将内部劣势与外部机会相匹配,得出劣势—机会战略(WO);第七步,将内部优势与外部威胁相匹配,得出优势—威胁战略(ST);第八步,将内部劣势与外部威胁相匹配,得出劣势—威胁战略(WT)。

如图2-5所示,它表明了某些投资战略与不同的SWOT因素组合之间的关系。图中横、纵两轴把平面分为四个区域,横轴表示内部优势与劣势,纵轴表示外部机会与威胁。

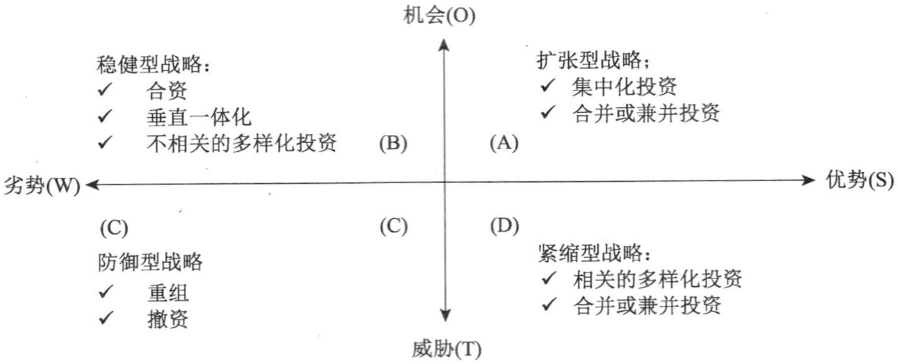

图 2-5 SWOT 分析图

其中,区域 A 是最理想状态,属于优势—机会(SO)战略。在该区域内企业内部条件具有优势,同时外部环境提供机会。处于这种状态下的企业应当发挥优势、利用机会,适用于扩张型战略。

区域 B 属于劣势—机会(WO)战略,环境机会很多,却受到内部劣势限制。处于这种状态下的企业应利用机会,克服弱点,适用于稳健增长型战略,可以采取合资、混合多元化投资等战略。

区域 C 是最不利的区域,属于劣势—威胁(WT)战略,在该区域内企业不仅内部条件处于劣势,而且还面临着巨大的外部威胁。处于这种状态下的企业应采取防御型战略,收缩或退出自然是唯一明智的选择。

区域 D,属于优势—威胁(ST)战略,企业内部条件具有优势,但外部环境构成威胁和挑战。处于这种状态下的企业应当尽可能地发挥自身优势、回避威胁。例如,可以在相关领域内进行多样化投资,利用自己的优势,在多样化经营上寻找长期发展的机会,如在相关领域内与其他企业合并或兼并其他企业都是恰当的投资战略。

3. 企业投资战略的实施步骤

(1) 分析战略变化。资金投放战略实施的第一步是对新老资金投放战略进行对比,从而明确地了解要使新的资金投放战略实施成功需要在哪些方面及多大程度上作出变化。

(2) 分析组织结构。组织结构代表着管理当局规定的各种资源之间的关系。因为资金投放战略实际上代表着企业资金这种关键资源在企业组织中的重新配置,故其必然会影响到组织内部的资源关系,即影响到组织结构,要求其在形式、规模、结构等方面作出相应调整。

(3) 分析组织文化。组织文化不仅影响资金投放战略的制定,而且影响资金投放战略的实施,它包括组织成员的共同信念、价值观等。

(4) 选择战略实施方式。资金投放战略的实施方式是指组织、管理投资项目实施活动的形式。一个投资项目经审慎决策和计划被批准之后,如何尽快完成实施任务,一个重要问题是如何选择合理的实施形式,如自营方式、承发包方式或综合方式等。

(5) 资金投放战略实施与控制。在这个阶段中,管理者的职责就是具体组织实施工作,首先,要对资金投放战略进行空间和时间上的分解,形成执行目标;其次,要有效地分配任务、时间和其他资源,建立内部经济责任制;最后,要利用多种管理技能激励员工,克服困难,保证任务的有效完成。在整个实施过程中,管理者还必须对其实行有效的控制才能保证资金投放战略的顺利完成。

4. 企业投资战略方案的评价与选择

选定企业的投资战略方案后，还应该对这些方案运用一定的方法进行评价、筛选，以最终确定与企业发展实际相吻合的投资结论。

对于投资战略方案的评价可以利用贴现现金流量法进行，如净现值法、内部报酬率法等。与常规投资项目评价不同之处在于，战略性投资方案的有关指标预测、分析的难度空前加大，导致相关模型所需数据的预测值的准确性难以保证。因此对利用贴现现金流量法所得结论不能过分依赖，还应配合适当的定性因素分析，才能作出最终的结论。影响投资战略方案评价与选择的因素如表 2-2 所示。

表 2-2 **影响投资战略方案评价与选择的因素**

	资金成本
市场因素	(1)该投资方案与哪个市场或其细分部分相关？(2)该投资方案对企业经营战略是否起着关键作用？(3)资产寿命是否超过了产品的经济周期？(4)进行了哪些市场研究以支持该投资方案的有关市场假设？(5)对于扩展方案，增加的产量是否能够销售出去？(6)对于新产品投资方案，该产品是否经过完善的技术与市场测试？
生产因素	(1)投资方案所确定的产品处于生命周期中的哪一阶段？它对有关数量、单位成本和销售价格的假设有何影响？(2)组织内部或外部对该种投资有无已知的经验？如果有，如何能够获得这种经验？如果没有，是否能用一定的方法预测该投资的前景？(3)生产设施能否充分地达到投资方案中所假定的关于质量、时间和成本等方面的要求？(4)该投资方案对短期、中期、长期的生产能力利用程度有何影响？
财务因素	(1)该方案所应用的折现率或肯定当量系数能否被证明是合理的？(2)该方案是否产生了特别的融资机会？(3)除了按实际假设进行了计算分析外，对于“最好”或“最坏”的情景是否进行了定量计算与分析？(4)是否进行了敏感性分析？关键假设变动多大百分比会使该方案变为不可接受的？(5)该项目的风险在多大程度上来自于微观经济因素或来自于宏观经济因素？
竞争因素	(1)该投资方案的主要竞争对手有哪些？(2)这些竞争对手的实力和潜力如何？(3)竞争对手的反应会对有关投资假设及结果产生何种影响？(4)在竞争对手面前，我们可以采取的措施有哪些？
宏观经济政治因素	(1)目前的宏观经济状况如何？哪些因素是对企业有利的？(2)该方案的成功对于汇率、商品价格、通货膨胀率、利率及政府经济政策等各项宏观经济因素的敏感程度有多大？(3)该方案的成功在多大程度上依赖于政府的支持？
人员因素	(1)企业内部是否存在专业员工操作该方案？该方案是否需要对人员进行另外的培训？(2)管理当局能否很好地处理这种项目？(3)现有管理结构与程序对新的投资是否适当？(4)新的投资对管理当局及现在的职工队伍有何影响？(5)是否以适当形式征求了职工和工会的意见？(6)企业中各种正式组织与非正式组织对战略方案的支持程度如何？

2.4 企业股利分配战略管理

在股份公司经营理财活动中，股利分配始终占据着重要地位。股利分配是股东权益的具体化，也是股份公司有关权益分配和资金运作方面的重要决策，它直接关系公司股票价格和企业的生存、发展。股利分配战略正是在这种背景下，由企业管理层依据企业战略的要求和内外环境状况，对股利分配所进行的全局性和长远性谋划。

与通常所说的股利决策或股利政策相比，股利分配战略具有以下特点：

(1) 股利分配战略不是从单纯的财务观点出发决定企业的股利分配，而是从企业的全局出发，从企业战略的整体要求出发决定股利分配。

(2) 股利分配战略在决定股利分配时，是从长期效果着眼的，它不过分计较股票价格的短期涨落，而是关注股利分配对企业长期发展的影响。

(3) 股利分配战略要处理的内容主要包括：确定股利支付率；企业股利的稳定性，即企业实施什么股利政策；通过股利分配所要传达给投资者的信息内容。确定股利支付率是股利战略的核心问题。

企业股利分配战略的内容包括股利分配战略环境的分析、股利分配战略目标的确定、股利分配战略的制定等。

2.4.1 企业股利分配战略的环境和目标

1. 企业股利战略环境分析

1) 企业股利战略外部环境分析

影响企业股利战略的外部因素主要有：

(1) 法律方面的限制。某些方面的法律规定将会直接或间接的影响企业的股利战略，如资本约束、利润分配程序方面的法律规定，某些国家还存在超额累计利润方面的限制。

(2) 债务合同条款限制。债权人为保护其合法权益，防止股东以发放股利为名减少企业资本，通常在债务合同中对债务人资金运用作出某种程度的限制。如限制企业在一定期间内股利支付的最高额度，有的条款还明确规定，企业不得分配以前年度的未分配利润等。这些是企业制定股利战略时必须予以考虑的。

(3) 股东对股利分配方案的意见。股东作为企业的所有者，可以通过投票影响企业的发展，因此，他们对股利分配的影响是巨大的。不同股东进行投资的目的不同，对股利战略的要求也不同。因此，制定股利战略必须考虑股东在股利收入、控制权、避税等方面的要求。

(4) 宏观经济状况。整个社会的经济发展水平、速度，通货膨胀等宏观经济因素也会对企业的股利战略产生影响。

2) 企业股利战略内部环境分析

(1) 现金流量因素。现金流量的多少是影响股利战略的重要因素之一，这一点对股利战略中现金股利的发放尤为重要。

(2) 筹资能力因素。不同筹资能力的企业选择的股利战略将会有所差异，如外部筹资能力强的企业对内部筹资的依赖性较弱，因而会采取较为宽松的股利战略；相反外部筹资能力较弱的企业往往会倾向于选择较紧的股利战略。

(3) 投资机会因素。投资机会就意味着对资金的需求，而资金的多少又直接关系着企业的股利支付能力和股利战略。企业在有良好投资机会和暂无较好投资机会的时期所采取的股利战略是不同的。

(4) 股利分配的惯性。股东之间存在一定的“观望效应”“攀比效应”，目前的股东会关注过去一段时期内股东的效益,从而使股利战略的制定存在“路径依赖”,要充分关注股利分配的惯性。

2. 企业股利战略目标的确定

股利分配战略目标是指通过制定、实施股利战略所要达到的目的。一般而言,股利分配战略的目标主要有以下几个:

(1) 稳定股票价格。股票价格受多种因素的影响,股利战略内容之一的股利的稳定性是其中一个重要影响因素。适合的股利战略,有助于企业股票价格的稳定。此目标是股利战略的最基本目标。

(2) 维护股东权益,平衡股东间的利益关系。股利是股东的财产所有权在经济上的实现形式,是股东获得报酬的主要形式,因此,多数股东对股利极为关注,对不同的股利战略也极为敏感。所以,企业应该注意保护股东的权益,通过制定股利战略,协调、平衡股东之间的各种利益关系,从而使企业各项活动顺利进行。

(3) 促进公司的长期发展,最终实现企业资金均衡、有效流动。作为企业财务战略的子战略,其目标要服从于财务战略的总目标,因此,制定的股利战略要有利于企业资金的充分利用,促进企业资金的流转即促使资金均衡、有效流动。股利战略的制定还应从股东的利益出发,将长远利益和当前利益有机结合。

2.4.2 企业股利分配战略的制定

1. 企业制定股利分配战略的程序

企业股利分配战略的制定过程一般遵循下述程序:

第一步,分析影响股利分配战略的内外环境。

第二步,在综合分析环境因素对股利分配影响的基础上,拟定可行的股利分配战略的备选方案。

第三步,按照企业战略的要求对各种备选方案进行分析与评价,从中选出与企业战略协调一致的股利分配方案,确定为企业在未来战略期间内的股利分配战略,并组织实施。

2. 企业股利分配战略的选择

股利战略的选择要从不同的方面来考虑。就股利支付率而言,应根据企业的内外环境考虑企业应采取全部发放股利的战略还是高股利或低股利抑或不支付股利的战略;从股利的稳定性而言,企业应采取固定股利政策还是固定股利支付率政策亦或低正常股利加额外股利政策;对股利的支付方式而言,企业在内外条件下,应该采取何种支付于方式。

不同的企业战略通常要求不同的股利战略予以支持:

(1) 对于发展型企业战略而言,企业需要扩大原有的经营领域,或开拓新的经营领域,因此具有以下特点:①企业需要大量的资金;②经营会面临较大的不确定性,致使企业收益在一定时期内较不稳定;③企业的投资者往往具有较强的风险承受能力。

在这种情况下的股利战略为:选择低现金股利加额外股利政策,并且尽量采用股票股利方式支付股利。

(2) 对于稳定型企业战略而言,企业不改变现有的经营范围和规模,这类企业通常具有以下特点:①企业不需要大量的资金;②企业所面临的外部环境较为稳定;③企业的投资者往往不具有较强的风险承受能力。

在这种情况下的股利战略为：选择稳定或持续增加的股利政策，以现金股利为主，必要时以股票股利相配合。

2.5 企业财务战略的实施、评价和控制

2.5.1 公司财务战略的实施

在完成了公司财务战略规划后，就进入了战略实施阶段，财务战略作为公司经营战略的一个重要组成部分，在配合公司竞争战略提升核心竞争力方面应当发挥重要的作用，因此更需要战略的实施能力，这种能力也是公司核心竞争力的一个重要方面。提高公司的财务战略实施能力，必须做好两个方面的基础工作。

1. 财务战略实施的制度基础——公司治理结构

公司治理是现代企业制度中最重要的组织架构，所要解决的问题是所有权和经营分离条件下的代理问题，即通过建立一套既分权又能相互制衡的制度来降低代理成本和代理风险，防止经营者对所有者的利益的背离，从而达到保护所有者的目的。

公司治理是一个多角度、多层次的概念。狭义的公司治理是指所有者，主要是股东对经营者的一种监督与制衡机制，即通过一种制度安排，来合理地配置所有者与经营者之间的权利与责任的关系。其主要特点是通过股东大会、董事会、监事会及管理层所构成的公司治理结构的内部治理。广义的公司治理则不局限于股东对经营者的制衡，而是涉及广泛的利害相关者，包括股东、债权人、供应商、雇员、政府和社区等与公司有利害关系的各方。公司治理是通过一套包括正式或非正式的、内部的或外部的制度或机制来协调公司与所有利害关系者之间的利益关系，以保证公司决策的科学化，从而最终维护公司各方面的利益。治理的目标不仅是股东利益的最大化，而且要保证公司决策的科学性，从而保证公司各方面的利益相关者的利益最大化。

作为公司战略决策的一个重要组成部分，财务战略决策也离不开一定的制度基础或条件。公司治理结构就是财务战略决策和管理的制度基础。每一家公司的财务战略都在其特定的治理结构条件下形成和发展的。研究公司财务战略，绝不应该脱离公司治理结构。建立良好的公司治理结构是财务战略实施的重要制度保证。

2. 财务战略实施的方法基础——有效的预算管理

财务战略与公司的整个资源相联系，它涉及公司有多少资源，这些资源如何获取，资源投向哪些领域，以及如何投放等问题。而公司预算是反映公司未来一定时期的生产经营及财务成果的一系列目标与规划。预算管理则是利用预算这一主线对公司内部各部门、各种财务及非财务资源进行的控制、反映与考评等一系列活动。它的主要内容是对公司资源的组织、使用作出合理安排，借此提高公司管理水平和管理效益。

预算管理的预测性制约着筹资战略的选择，由于公司所处环境的多变性和经济事件的不确定性，预测在企业的经营活动中是必不可少的。精确的预算不仅作用于公司的战略选择方面，还是公司选择不同融资战略的重要参考指标。

预算管理的规划性也制约着投资战略的选择，预算从其本质上看应属于计划的范畴，因为它是对公司未来行动所制定的计划。在这一计划中，公司如何对内部资源进行整合、利

用,如何与外部资源进行协调、对接,以及资源投向都有着具体的安排。而这种安排是公司战略有效落实的保证,尤其是资本预算,直接影响着公司的投资战略。

2.5.2 公司财务战略的评价和控制

公司财务战略评价和控制是指从公司发展战略的角度评价财务的实施状况、成果并实施有效控制。

公司财务战略的评价和控制阶段主要应做好以下三个方面的工作:一是根据内外环境的变化,经常检查企业经营战略的根据或基础;二是经常比较战略实施的预期和实际进度结果;三是及时采取纠正行动或应急措施以保证目标或计划的实现。

1. 评价公司财务战略的依据

在公司财务战略实施期间,公司内外环境并不是静止不变的。如果这些变化是关键性的,就会动摇公司财务战略成立的依据,公司就必须及时调整其战略。重新审查公司财务战略的依据是否集中于那些重要战略因素上,包括构成战略基础的外部机会与威胁以及内部优势与弱点,公司应不断地监视其发生的变化。公司财务战略评价关键问题如表2-3所示。

表2-3 **公司财务战略评价关键问题**

(1)	公司的内部优势是否仍是优势?
(2)	公司的内部优势是否有所加强?如果是,体现在何处?
(3)	公司的内部弱点是否仍为弱点?
(4)	现在是否又有了其他新的内部弱点?如果是,体现在何处?
(5)	公司的外部机会是否仍为机会?
(6)	现在是否又有了新的外部机会?如果是,体现在何处?
(7)	公司的外部威胁是否仍为威胁?
(8)	公司是否又有了其他新的外部威胁?如果是,体现在何处?

2. 评价公司财务战略实施的表现——度量公司绩效

公司财务战略评价标准的选择取决于特定公司的规模、行业、经营战略和管理宗旨。

1) 公司绩效评价的原则

不同的战略取向会存在不同的评价标准,但一般来说财务战略的评价和公司绩效的衡量应遵循以下基本原则:

(1) 绩效性原则。评价重点战略实施的实际结果。一项从文字形式上看再好的财务战略,若未被真正实施,那它要么形同虚设,要么则无法检验其有效性,总之它只会浪费公司在战略制定上所花费的时间、金钱和精力,不会对企业财务战略目标的实现带来任何实际性的好处。因此,绩效评价必须是对战略实施的结果予以验证,而不能只流于形式。

(2) 全面性原则。评价的内容要全面,必须要将反映公司经营业绩的各种因素纳入评价范围,并具体设计出相应的指标体系才能综合反映公司财务战略的绩效。

(3) 科学性原则。评价方法要科学,科学的评价方法要求评价目标、评价内容和指标体系之间具有较强的相关性,评价的组织体系和评价过程能够确保得出客观、真实的评价结果。

(4) 公正性原则。评价必须客观公正,公司财务战略评价是公司上层单位对其下属单位的评价或本单位的自我评价。作为企业上层单位对其下属单位的评价,如果不能做到客观公正,以致作出错误的决策,不但使下属单位不服,而且会挫伤下属单位的积极性,其负面影响大,不利于公司财务目标的实现。自我评价不能做到客观公正,其评价结果也就失去意义。要使评价客观公正,除坚持上述各项原则外,对同类单位的评价标准必须统一,不搞特殊化;评价操作程序要规范,防止“暗箱操作”。

(5) 可控性原则。评价指标要有可控性,根据责任会计的要求,公司内部各责任中心只能对其责权范围内可控制的成本、收入、利润和投资报酬负责,在责任预算和业绩报告中也只能包括他们能够控制的项目,对于他们不能控制的项目则应一律排除在外,或只作为参考资料列示,以保证责、权、利关系的紧密结合。应注意的是,可控与不可控是相对的,要视具体情况而定;不同的责任层次其可控的范围也不一样。通常责任层次越高,可控范围也就越大。

(6) 责、权、利相结合的原则。要使公司战略被真正实行,各责任中心就必须严格按照经济责任制的要求,贯彻责、权、利相结合的原则,使每个人的努力、报酬与风险相适应。这一原则要求确定每个责任单位、每笔收支项目和每项消耗定额由谁负责,同时赋予责任者与其所承担的职责范围的大小相适应的权力,并规定出相应的业绩考核标准。

2) 公司财务战略绩效评价的指标体系

公司财务战略绩效评价有定量和定性两种标准。

(1) 定量指标体系。公司财务战略绩效评价的定量指标体系是建立在传统的财务管理绩效评价定量指标体系基础上的,它是对传统的财务管理绩效指标的总括反应,但它考核的不是公司内部某一责任中心的经营业绩,而是公司最高管理当局总的绩效情况,是对公司战略决策和战略实施情况的综合衡量。各种财务比率被广泛地用作财务战略评价的定量标准。

然而,采用数量标准进行公司财务战略评价有一些潜在的问题:第一,绝大多数数量标准都是为年度目标而不是为长期目标制定的;第二,对很多数量指标,用不同的会计方法计算会得出不同的结果;第三,在制定数量指标时总要利用直觉性判断。鉴于此,定量财务战略评价需要定性指标来弥补其缺陷。

(2) 定性指标体系。公司财务战略评价中的指标体系只是着重从价值管理的方面对公司战略管理的结果作出评价,但要作全面分析还必须将这些指标同公司战略决策的其他方面结合起来。具体而言,这种定性指标常是以提出若干定性问题来评价的,还有一些需要作出定性的和直觉性判断的附加问题。具体如表 2-4 所示。

表 2-4 **定性指标体系问题及附加问题**

	定性指标体系问题	附加问题
(1)	财务战略是否与公司内部情况相一致?	公司是否在高风险投资和低风险投资间保持适当的平衡?
(2)	财务战略是否与公司外部环境相一致?	公司是否在长期投资和短期投资间保持适当的平衡?
(3)	从可利用资源的角度看,财务战略是否适当?	公司是否在对慢速增长市场的投资和对快速增长市场的投资间保持适当的平衡?
(4)	财务战略所涉及的风险程度是否可以接受?	公司如何平衡对各分部的投资?

（续表）

	定性指标体系问题	附加问题
（5）	财务战略实施的时间表是否恰当？	公司是否保持资本结构和负债结构的稳定以及经营杠杆和财务杠杆的平衡？
（6）	财务战略是否可行？	公司关键内部因素与关键外部因素间的关系如何？
（7）		短期目标是否与长期目标保持平衡？

2.6 案例分析：格力电器的财务战略分析

2.6.1 案例背景

格力电器于1991年宣布成立，于1996年11月18日在上海证券交易所上市。格力电器最初的注册资本为601 573万元，2015年，格力电器的总资产已达1 800多亿。格力电器是集研发、生产、销售、服务于一体的国有控股家电企业，其产品包括家用空调、中央空调、空气能热水器等很多种家用电器，是国内最大的专业化电器企业。格力电器是国家技术创新示范企业，比较重视科技创新、自主研发的能力，科研队伍庞大且完整。据了解，截至2015年12月，格力电器累计申请的专利高达20 738项，其中包括申请发明专利6 811项。因此，格力电器在行业内拥有相当高的地位，优势比较明显，竞争实力越发增强。

格力电器始终坚持科学发展观，秉承“实践创新、追求卓越”的宗旨，一直以为客户提供高质量空调和服务为目标，保持企业创造价值的能力，为相关利益者创造应有的价值，提高自身的社会价值。在激烈的市场竞争中，格力空调先后多次中标奥运会等国际知名空调招标项目，其知名度和影响力在国际上得到了提高和肯定，真正做到引领“中国制造”走向“中国创造”。

2.6.2 格力电器的财务战略选择

近几年，由于我国国内市场经济不景气，面对外部大环境的影响，电器制造行业面临着不小的挑战，特别是空调业务发展遇到了瓶颈。格力电器通过重新审视自身发展的局限性，走多元化的道路，来增加企业自身的竞争力和优势。在此过程中，需要对格力电器的财务战略进行分析，指出其财务战略的变化以及存在的问题，然后对其进行优化调整，使企业稳定可持续地经营与发展，持续创造价值。

根据格力电器财务报表中的财务数据，针对其财务战略实施情况的分析，指出财务战略存在的问题，需要从三个方面来分析，具体包括筹资战略、投资战略和股利分配战略。

1. 筹资战略

筹资战略一般是企业在经营过程中，为了满足对资金的需要而采取各种方式来筹集资金，其筹资方式一般包括债权筹资、股权筹资和混合筹资。对于企业来说，一般是先靠自身的资金积累来满足其资金需求，在不能满足其需要的情况下才会利用其他方式来筹集资金。通过分析格力电器的相关筹资活动，来指出其筹资战略的不合理，降低其筹资成本等。

除2012年外，近几年格力电器的筹资活动现金流量净额一直为负数。2012年格力电器通过非公开发行人民币普通股18 997万股，向原股东配售，共募集资金319 787万元。除此之外，2013—2015年一直没有吸收过投资，有一定的投资资金不足的压力。格力电器2012—2015年财务资源情况分析表如表2-5所示。

表2-5　**格力电器2012—2015年财务资源情况分析表**　单位：万元

项目	2012年	2013年	2014年	2015年
短期借款	352 064	331 697	357 877	627 666
长期借款	98 446	137 535	225 897	—
负债总额	7 998 670	9 823 543	11 109 950	11 313 141
资产负债率	74.36%	73.47%	71.11%	69.96%

2. 投资战略

企业投资战略是指根据企业总体经营战略要求，为维持和扩大生产经营规模，对有关投资活动所作的全局性谋划。根据企业战略目标，企业通过分析、比较、评价，来选择最优的投资方案或项目，以获取最理想的收益。格力电器2012—2015年营业收入构成情况如表2-6所示。

表2-6　**格力电器2012—2015年营业收入构成情况**　单位：万元

项目	2012年	2013年	2014年	2015年
空调	8 888.61	10 548.79	11 871.91	8 371.79
生活电器	145.30	161.79	178.61	152.27
其他	90.92	94.7	223.98	269.04
合计	9 124.83	10 805.28	12 274.50	8 793.10

2012—2014年格力电器营业收入逐年增加，其中，空调和生活电器营业收入平稳增加，增加幅度不大，而其他产品，包括压缩机、电机、电容、漆包线、模具、自动化设备等，收入大幅度增加。2015年，电器行业的不景气，使得空调和生活电器的收入有所下降，而其他类的产品的收入却大幅度增加，说明格力电器在实施多元化战略。产品的多元化在2015年的效益尤为明显，调整了产业结构，大大提高了公司的业绩。所以，格力电器需要继续加大产品多元化的投资，进而增加企业的竞争力。格力电器2012—2015年投资规模及构成情况如表2-7所示。

表2-7　**格力电器2012—2015年投资规模及构成情况**　单位：万元

项目	2012年	2013年	2014年	2015年
直接投资	1 503 287	1 599 339	1 628 584	1 757 211
其中：固定资产投资	1 270 039	1 403 414	1 493 928	1 543 181
在建工程投资	230 432	186 168	125 435	204 484
长期投资	2 816	9 757	9 221	9 546
其中：长期股权投资	2 816	9 757	9 221	9 546
间接投资	—	—	—	—
合计	1 503 287	1 599 339	1 628 584	1 757 211

格力电器的投资包括直接投资和长期股权投资，没有间接投资。直接投资包括固定资产投资和在建工程投资两部分，其中固定资产投资所占总直接投资的比例比较大，并且固定资产的投资4年来一直在增加，而在建工程投资从2012—2014年一直下降，到了2015年，在建工程投资涨幅很大，是2014年投资额的2倍。固定资产投资不断增加，是由于格力电器规模在扩张，并向其他领域进行扩张，产品多元化正在进行中，2015年格力电器的在建工程的投资金额突然增加了90 000万元。2015年市场经济不景气，空调产业面临瓶颈的挑战，格力电器选择进行产品多元化转型。只有这样，格力电器才能提升企业的核心竞争力，也符合企业的整体发展战略。

格力电器的长期投资最近几年增加的不少，但不稳定，增长变化不稳定，2013年增长了6 000万元，说明格力电器在2013年对长期股权的投资方面投入很多，直到现在，其数值一直都在9 000万元左右，占有资金比较高，存在的风险比较大。

3. 股利分配战略

所谓股利分配战略，是指依据企业战略的要求和内、外环境状况，对股利分配所进行的全局性和长期性谋划。一般而言，如果向股东分配的股利减少，则企业的内部留存收益就增加，这样企业能够利用自身积累来满足企业资金的需求。反之，企业会加大对外部资金需求，使企业的偿债压力增大。因此，企业所要采取的股利分配战略要以企业的整体发展战略为基础进行优化选择。格力电器2012—2015年股利分配方案、股利分配情况如表2-8、表2-9所示。

表2-8 **格力电器2012—2015年股利分配方案**

会计年度	股利分配方案
2012年	每10股派发现金10元(含税)
2013年	每10股派发现金15元(含税)
2014年	每10股派发现金30元(含税)，全体股东每10股转增10股
2015年	每10股派发现金15元(含税)

表2-9 **格力电器2012—2015年股利分配情况**

会计年度	净利润(万元)	现金分红总额(万元)	期末未分配利润(万元)	股利支付率(%)	留存收益率(%)
2012年	737 967.00	300 786.54	1 757 227.70	40.76	59.24
2013年	1 087 067.00	451 179.82	2 539 556.39	41.50	58.50
2014年	1 415 517.00	902 359.63	3 484 132.40	63.75	36.25
2015年	1 253 244.00	902 359.63	3 773 718.75	72.00	28.00

格力电器2012—2015年，每年都向股东发放股利，其分配方式是以现金分红为主，其中送股和转股相对较少。格力电器的现金股利发放金额2012—2015年逐渐在增加。值得注意的是，2014年度格力电器每10股派发现金30元(含税)，全体股东每10股转增10股，成为A股家电产业“最慷慨”的分红政策。

2.6.3 格力电器的财务战略分析

1. 财务战略分析

格力电器的外部筹集资金的方式主要是短期借款和长期借款，其中短期借款在负债总额中占的比重较大，而且其数值2012—2015年一直在上涨，特别是在2015年，短期借款比2014年多了将近一半，高达627 666万元。长期借款虽然也一直在增加，但2015年却没有长期借款，说明格力电器主要依靠的是短期借款，这无疑给企业的经营带来很大风险。总体来看，格力电器的资本结构不太合理，短期借款和长期借款比例不协调、不合理，不利于企业的长远发展，需要对此进行调整，合理增加长期借款，来降低企业风险。

对于格力电器这样的大型上市公司，短期借款金额上亿，当归还利息和本金时，给企业的现金流量带来相当大的压力，本来现金流对企业来说就相当于企业的血液一样重要，如果导致企业资金流断裂，企业就会面临破产的风险。格力电器应该多采取长期筹集资金的方式，作为上市公司，有比较便利的融资渠道，所以格力电器可以发行债券等方式筹集资金，这样可以大大降低企业的偿债压力和企业破产的风险。

格力电器的资产负债率2012—2015年逐渐下降，但其比率一直都在比较高的水平。这说明，虽然格力电器的偿债能力有所增加，但由于偿债负担比较重，企业的财务风险比较高。虽然满足了公司对大量资金的需求，但却加大了格力电器的筹资风险，同时还增加了公司的经营风险。

格力电器在国内外经济局势不好的情况下，需要严格对其资本结构进行调整，使其比较合理化，要用发展的眼光去制定企业应有的资本结构，控制好企业的现金流，保障企业的资金周转安全有效，保障企业的可持续性。

2. 投资战略分析

2012—2015年，格力电器没有间接投资，主要是直接投资，包括固定资产投资和在建工程投资，其中固定资产投资占的比重较大。此外，面对经济环境的不景气，格力电器向产品多元化发展，大力对基础设施进行投资，提高企业的竞争力，获得可观的收益。然而把资金过于集中企业的基础设备的投入，相对其他技术方面的投入会相对来说变少，不利于企业的长远发展。另外，由于未来经济的不可预测性，向多元化转型不一定会取得理想效益，先投入大量资金进行基础设备的引进和建设，也会使企业经营存在风险。

格力电器的长期投资主要是长期股权投资，而且规模逐年上涨，然而，长期股权投资收益和风险是并存的。市场环境不乐观，存在的不可控因素不断增加，相应的企业风险也在不断增大，企业应该减少长期股权投资。

总体来看，格力电器的投资战略是比较有活力的，直接投资和长期股权投资都在不断增加，说明格力电器采取的财务战略是属于扩张型的，这与企业正在从单一、集中的业务类型向产品多元化转型有关。对于格力电器的投资战略，企业需要密切关注其投资，特别是长期股权投资。通常，风险和收益是成正比的，不能只片面追求收益，而忽视其潜在的高风险。

3. 股利分配战略分析

2012—2015年格力电器的现金股利支付率分别为40.76%、41.5%、63.75%、72.00%，呈现出逐年递增趋势。特别是在2015年，其股利支付率甚至高于72%。与同行业股利支付率一直保持30%左右的青岛海尔来说，不难看出，格力电器采取的是较为激进的现金股利政策。

格力电器实现盈利后没有选择优先偿还企业的债务，来降低企业财务风险，而选择给股东派发比较高的现金股利。从长远发展来看，不利于企业的发展，也会向企业的投资者和债权人传递不好的信号，影响他们对企业的决策。这种股利分配政策，一方面可以给股东信心，可以传递出企业的经营状况良好的信号，以吸引其他投资者。但另一方面，格力电器正处于成熟期至衰退期的过渡时期，面临着很大的行业压力。为了实现更好的发展，格力电器正逐渐转型，走多元化的发展战略，渐渐向手机、新能源、工业机器人等方向发展。但格力电器将大部分的利润分配给股东，留下较少的盈利用于企业的多元化发展，这样将会对公司的长远发展很不利。因此，格力电器的现金股利政策不太合理。

2.6.4 案例启示

通过格力电器财务战略研究分析，进一步了解了财务战略对企业的重要作用，更清楚了财务战略与企业战略的联系。财务战略是在企业整个发展过程中不可缺少的一部分，也是企业战略的核心内容。而且，分析企业的财务战略，要以企业当时所处的市场环境和自身内部因素为基础，来分析其财务战略的选择，从而才能制定出比较合适的财务战略。只有这样才能说明财务战略对企业是成功的、科学的、有价值的。分析完企业的财务战略在内外因素下的现状，指出所存在的不足和需要继续改进之处，要及时进行优化完善，包括对企业的资本结构的调整和资源的高效配置等，以实现企业的可持续发展，保持企业的竞争优势，增强企业的价值创造能力，这也是本案例所要达到的目的和实现的意义。

重 要 概 念

企业战略　财务战略　财务战略管理　SWOT 分析

本 章 练 习

一、单项选择题

1. 战略管理区别于一般战术管理的根本特征之一在于它对(　　)的重视。

A. 内部环境　B. 外部环境　C. 环境　D. 目标

2. 在企业财务战略管理的程序中，基础环节是(　　)。

A. 战略环境分析　B. 战略目标的确定　C. 战略方案的形成　D. 战略实施

3. 企业筹资战略管理主要涉及的是企业筹资能力战略、筹资结构战略和(　　)。

A. 战略环境分析　B. 战略目标的确定　C. 筹资方式战略　D. 筹资结构的选择

4. 主要依靠社会资金来源，通过发行各种有价证券，特别是发行股票和债券等方式来筹集资金的战略叫(　　)。

A. 金融型资金筹措战略　B. 证券型资金筹措战略

C. 联合型资金筹措战略　D. 结构型资金筹措战略

5. 下列不属于股利战略目标的是(　　)。

A. 稳定股票价格

B. 保护股东权益，平衡股东间的利益关系

C. 促进公司的长期发展，最终实现企业资金均衡、有效流动

D. 扩大和保持现有融资渠道

二、多项选择题

1. 筹资战略管理从内容上讲包括了(　　)等几个问题。

A. 筹资战略管理的环境分析　　B. 筹资战略管理的目标确定

C. 筹资战略的制定或生成　　D. 具体的资金筹措实施计划

2. 从企业基本财务活动的角度观察企业财务战略的内容，主要包括(　　)。

A. 资金筹措战略　　B. 资金投放战略　　C. 收益分配战略　　D. 资金运营战略

3. 企业财务战略管理的程序包括(　　)。

A. 战略环境分析　　B. 战略目标的确定　　C. 战略方案的形成　　D. 战略实施和控制

4. 制定企业投资战略的方法包括(　　)。

A. SWOT 分析法　　B. 波士顿矩阵法

C. 通用电气经营矩阵分析法　　D. 生命周期矩阵分析法

5. 从企业资金筹措和使用特征来看，企业财务战略可分为(　　)。

A. 快速扩张型财务战略　　B. 稳健发展型财务战略

C. 防御收缩型财务战略　　D. 企业并购战略

三、判断题

1. 筹资战略主要涉及的问题是为适应未来环境和企业战略的要求，对企业筹资能力、筹资结构和筹资方式等重要方面所持的一种长期的、系统的构想，而不是具体的资金筹措实施计划。　(　　)

2. 企业通过与金融机构建立起密切的协作关系，有效地利用这些金融机构的信贷资金，以保证随时获得长期稳定贷款的筹资状况，这是一种证券型资金筹措战略。　(　　)

3. 按照投资战略的性质不同可将投资战略分为密集型投资战略、一体化投资战略和多样化投资战略。　(　　)

4. 在 SWOT 分析法中，属于优势—机会(SO)战略区域的，企业应该采取防御型战略。　(　　)

5. 在 SWOT 分析法中，属于劣势—威胁(WT)战略的，企业应采取增长型战略。　(　　)

四、简答题

1. 企业筹资战略的目标是什么?

2. 企业筹资渠道与方式的战略类型有哪几种?

3. 企业投资战略的目标是什么?

五、案例分析题

资本扩张及结构调整——杉杉集团的财务策略

1989 年，杉杉集团的前身——宁波甬港服装总厂生产经营产生严重困难，资不抵债，总资产不足 500 万元，职工 300 余人，濒临破产境地。1999 年，杉杉集团奇迹般地发展成为总资产 16 亿元，净资产 9 亿元，年销售额 22 亿元，拥有 40 余家分、子公司，5 000 余名员工，列入国务院公布的 520 家国家重点企业之一的综合性集团公司。多年来杉杉集团顺应了时代发展潮流，牢牢抓住了企业资本扩张的每一个历史机遇，并在资本经营上大胆探索，适度负债，合理安排和调整资本结构，保持了良好的财务状况。

1989 年，宁波甬港服装总厂为摆脱困境，实施了以建立现代企业制度为核心的重大改革，明确了企业财务主体的地位，在资本经营的道路上走了三大步：

第一步是以品牌经营为突破口，实现资本原始积累。综观“全球 500 强”，无一例外均是首先在产品经

营上成功的企业。1989年,面对一片萧条的国内西服市场,杉杉集团进行了广泛深入的市场调查,深刻细致的分析研究,认识到国外经久不衰的轻、软、挺、薄、耐水洗的新概念西服,必将在国内市场掀起一次浪潮。杉杉集团抓住机遇,举债经营,引进当时国内首屈一指的法国杜克普西服生产流水线,扩大生产规模,成为当时国内最大西服生产企业之一。同时,提出创名牌战略,实施品牌经营,由此进入了资本积累的良性循环。在以后几年中,国内市场占有率一直保持30%左右,连续数年获消费者"心目中品牌""购物首选品牌""实际购买品牌"三项排名第一;1998年在中国服装协会排名中,名列全国服装行业利税总额第一名,产品销售收入第二名;1999年全面建成的总投资额3亿多元的杉杉工业城是目前全国服装界最大、最先进的生产基地。杉杉集团在国内最先实行全自动、全封闭、全吊挂的恒温恒湿的西服生产,国内服装界的龙头地位进一步巩固,完成了杉杉集团原始资本积累,为进一步资本扩张奠定了基础。

第二步是适时进行股份制改造,取得资本快速扩张的通行证。"全球500强"中的工业企业,95%以上实行股份制,股份制是实现资本扩张不可抗拒的历史潮流。杉杉集团在企业规模不断扩大、销售高速增长、效益连年翻番之际,审时度势,把握时机,联合中国服装设计研究中心(集团)、上海市第一百货商店股份有限公司于1992年年底进行企业股份制改造,共同发起设立宁波杉杉股份有限公司,使企业的资本获得迅速扩张,成为国内服装行业的第一家进行股份制改造的企业,取得了资本快速扩张的通行证。

第三步是争取上市,进入资本扩张的快车道。运用股票这一金融工具,进行证券融资和投资活动是市场经济条件下企业取得资本快速扩张的最直接途径。1996年1月,杉杉股份有限公司发行股票的申请获得国家有关机构批准。杉杉股票发行1 300万股,每股以10.88元溢价发行,创当时我国股市定价发行股票最高纪录,筹集权益性资本1.4亿元。同年1月30日,股票在上海证券交易所挂牌交易,成为我国服装行业中第一家上市的规范化股份公司,在以后的几年中,凭着公司优良的业绩和对股东的丰厚回报,杉杉股份有限公司的几次增资配股均获得成功,杉杉资本急剧扩大。

杉杉集团在财务策划中,始终根据本企业的实际情况合理安排和调整资本结构,追求企业权益资本净利润最高、企业价值最大而综合资本成本最低的资本结构,保持企业良好的财务状况。

在产品经营期间,积极增加负债,获取财务杠杆利益。杉杉集团在股份制改造初期,通过实施品牌经营,使企业资产净利率高达28%。在此期间,企业的财务策划以增加财务杠杆利益为出发点,采用积极型筹资策略,大量提高债务比重,同时加强管理,降低资金成本,减少筹资风险。从而提高了权益资本收益率,获取了较大的财务杠杆利益,为企业快速完成资本原始积累作出了积极的贡献。1992年年底,企业总资本3 920万元,其中长期负债1 080万元,占28%,净利润720万元,资本净利润率18.4%,权益资本收益率25.4%。至1995年年底,企业总资本扩展为36 720万元。其中长期负债13 800万元,占37.6%,净利润6 790万元,资本净利润率18.5%,权益资本收益率上升为29.6%。由此可见,在资本净利润率保持同一水平的基础上,权益资本收益率增加了4.2个百分点,获得了较大的财务杠杆利益。

在企业高成长期间,保持最优资本结构。随着杉杉股份的上市流通,资本快速扩张,1996年年底总资本达到46 700万元,导致1996—1998年资产利润率下降至22%的水平。而在此期间,国家大幅度下调信贷利率使企业的债务成本趋低。杉杉集团企业财务策划经广泛而深入的研讨,采用适度负债的中庸型筹资策略,选取综合资金成本最低的方案作为最优资本结构方案。这样,既获取了较大的财务杠杆利益,又不影响所有者对企业的控股权。至1998年12月末,企业总资本77 080万元。其中长期负债11 760万元,占15.3%,比1995年年末的37.6%下降了22个百分点,而权益资本收益率达28.8%,与1995年年末的29.5%保持较近水平。企业既获取了财务杠杆利益,又使企业财务信誉大大提高,为稳定发展创造了良好的财务环境。

要求:

(1) 分析杉杉集团资本扩张的途径是什么?

(2) 杉杉集团品牌战略的重大意义是什么?

(3) 杉杉集团的资本结构是否还需优化?

第 3 章　企业并购概述

内容提要

本章主要讲解了企业并购相关的基本知识，包括并购的概念和类型、并购动因和效应，杠杆并购、管理层收购、并购整合等，并介绍了要约收购和协议收购、间接收购等并购方式的主要法律规范，最后是本章案例。

重点难点

本章重点为并购的概念、并购的类型以及分类的标准、并购方式等；难点为并购动因和效应的分析、要约收购和协议收购的区别以及并购整合的内容。

学习目标

通过本章学习，学生应掌握企业并购的概念、并购的分类、并购的动因、并购效应；掌握杠杆收购、管理层收购的概念和特点；掌握要约收购、协议收购和间接收购基本内容和区别；熟悉并购效应的理论解释和有关的基本概念；熟悉要约收购、协议收购和间接收购的基本法律规定，了解企业并购的发展简史。

知识框架

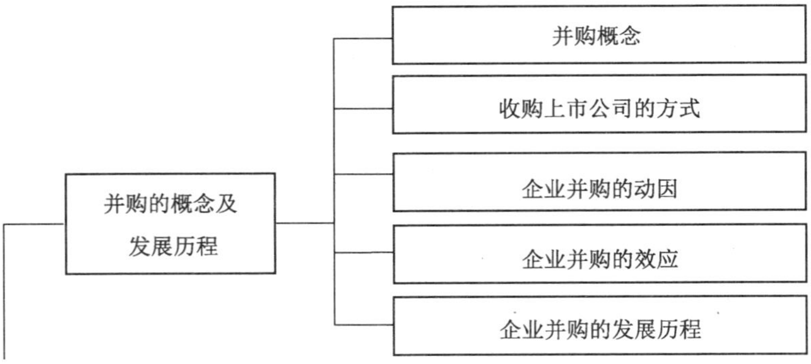

（续图）

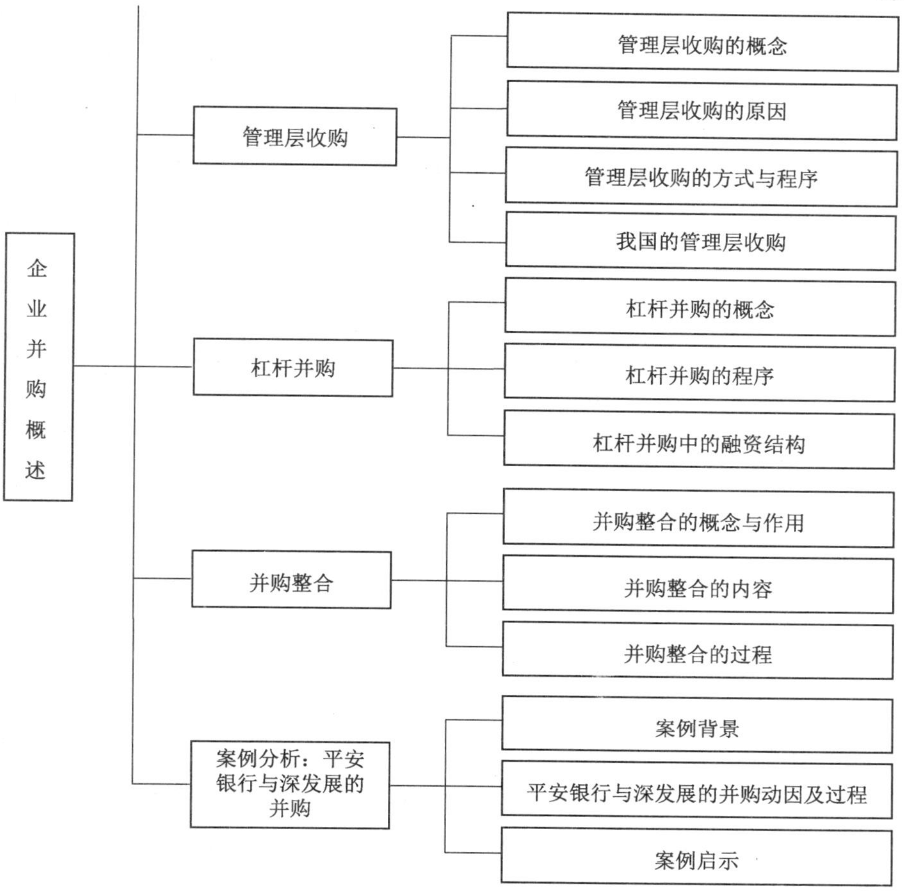

引入案例　龙薇传媒高调斥资30亿元，收购万家文化

2016年12月23日，赵薇控股的龙薇传媒，因高调利用自有资金6 000万元，撬动30亿元资金，向万家文化的控股股东万好万家集团协议收购其手上近乎全部的万家文化股权，引发业界高度关注。

西藏龙薇文化传媒有限公司注册资本200万元；法定代表人赵薇；经营范围为文化艺术交流策划咨询，企业形象设计策划，影视策划咨询，动漫设计，广告设计制作代理及发布，会务服务，企业形象策划。

万家文化(600576)，主营业务为文化咨询，动漫设计，影视策划，金融信息咨询服务(不含证券、期货)，体育信息咨询，教育信息咨询，软件开发，投资管理，实业投资，资产管理，企业管理服务。

2016年12月23日，龙薇传媒与万家集团签署《股份转让协议》，以30.6亿元收购万家文化1.85亿股股权，是万家文化股份总额的29.135%，每股价格约为16.54元。方案公布后，停牌32个交易日之久的万家文化在5日之内涨幅达到了36%。如果股权收购成功，若以每股25元的价格粗略估算，赵薇这招“空手套白狼”，已经让她赚了近16亿。而万家文化2017年2月13日晚间公告，公司大股东与龙薇传媒于2月13日签署了《关于股份转让协议之补充协议》，对2016年12月23日签署的《股份转让协议》作出调整，将转让给龙薇传媒的股份总数由原先的1.85亿股调整为3 200万股，转让总价款调整为5.29亿元，收购比例大幅度缩减到5.039 6%。对于此次股份转让调整的原因是龙微传媒未能按期完成资金转让。2017年1月20日，龙薇传媒接到银行通知，融资方案最终未批准。此后，龙薇传媒立即与其他银行进行多次沟通，希望就本项目开展融资合作，但陆续收到其他银行口头反馈，均明确答复无法完成审批。因此，龙薇传媒判断无法按期完成融资计划。

在披露了融资遇阻后，三个交易日内万家文化股价最大跌幅达到16%。在1月12日至2月24日的22个交易日内，万家文化股价的振幅达到了46.8%。2017年4月1日，万家文化公告《解除股份转让协议》。此后，万家文化股价持续下跌。2017年7月18日，万家文化股价跌至最低点8.8元。距离半年前25元的股价高点，股价跌幅高达64.8%。

有分析认为，收购方案在年前出炉之时就曾被指"杠杆过高""估值过高"等因素，经舆论渲染，融资的银行压力陡升，导致收购搁浅。原本的30.6亿元，仅有6 000万元来自龙薇传媒，15亿元来自第三方银必信，15亿元来自于股票质押融资。

2017年11月9日晚，万家文化公告，公司收到证监会行政处罚及市场禁入事先告知书，告知书显示，龙薇传媒在自身境内资金准备不足，相关金融机构融资尚待审批，存在极大不确定性的情况下，以空壳公司收购上市公司，且贸然予以公告，对市场和投资者产生严重误导。证监会将依法拟对龙薇传媒、万家文化责令改正，给予警告，并处60万元罚款；对相关责任人采取5年证券市场禁入措施。

2018年4月16日晚间，中国证监会公布对万家文化的行政处罚决定书，对黄有龙、赵薇、孔德永实施5年证券市场禁入，并对万家文化、龙薇传媒处罚款60万元，对孔德永、黄有龙、赵薇、赵政处罚款30万元。

上述活动属于何种并购？企业在并购过程中存在哪些风险？

3.1 并购的概念及发展历程

3.1.1 并购概念

1. 并购的概念

并购(merger & acquisition，简称M&A)包括兼并和收购两层含义，merger指合并、并购、兼并；acquisition指收购、获得、购买。国际上习惯将兼并和收购合在一起使用，统称为M&A，即企业之间的兼并与收购行为，在我国称为并购。国内外学者对此仍未形成一个统一、权威的概念，不过总体看来，各种解释在本质上基本一致，区别在于阐释的角度和侧面不同。一般意义上的企业并购是指一家企业通过特定的渠道、支付一定的成本以获得其他企业的资产所有权或经营控制权的行为。并购可以划分为狭义和广义两种形式，狭义的并购一般包括企业兼并和收购两种形式；而广义的并购除兼并和收购外，还包括其他各种资产重组形式。

1）兼并

国外对兼并(merger)一词的解释是指两家或更多的独立的企业、公司合并组成一家企业，通常由一家占优势的公司吸收一家或更多的公司。按照这种兼并方式，重组后只能有一家公司可以保持其法人地位。我国有关部门对企业兼并给出了明确规定，即国内的企业兼并是指一个企业通过购买等有偿方式取得其他企业的产权，使其失去法人资格或虽保留法人资格，但变更投资主体的一种行为。与并购意义相关的另一个概念是合并(consolidation)——是指两个或两个以上的企业合并成为一个新的企业，合并完成后，多个法人变成一个法人。

2）收购

国外企业收购(acquisition)是指一家公司为获得另一家公司的资产或实际控制权而采用多种支付方式购买其股票或资产的行为。根据收购对象的不同，可以将其划分为资产收购和股权收购两种形式。资产收购是一个公司收购另一个公司的大部分或全部资产的行为;股权收购是一家公司购买其他公司部分或全部股份的一种行为。两种形式的主要区别是:资产收购只涉及双方资产的买卖,不需要履行被收购公司的义务;而股权收购时收购方应按持股比例承担被收购方相应的权利与义务。我国《证券法》第六章指出,上市公司收购是指收购人通过在证券交易所的股份转让活动持有一个上市公司的股份达到一定比例,通过证券交易所股份转让活动以外的其他合法方式控制一个上市公司的股份达到一定程度,导致其获得或者可能获得对该公司的实际控制权的行为。

3) 兼并与收购的比较

两者的联系:从行为动机上看,都是为了实现企业外部扩张的需求;从行为手段上看,都是通过企业权力主体的变换来实现的。

两者的区别:主体不同,兼并的主体只能是法人,而收购的主体没有限制,可以是法人,也可以是自然人;程序不同,兼并的实现必须通过双方股东大会批准,而收购基本可以不通过目标公司的管理层;结果不同,在形式上,兼并行为使目标公司的法人资格丧失,而收购后,目标公司的法人资格仍可以存在。在实质上,兼并方最终完全获得目标公司的法人财产权和终极所有权,而收购方只是通过购买部分或全部终极所有权来获得目标公司全部或部分的法人财产权。

特别提示3-1

本章中的并购不再严格区分兼并、合并和收购,将其统称为并购,泛指在市场机制的作用下,企业为了获得其他企业的控制权和全部或部分资产所有权而进行的产权交易活动。

2. 企业并购的分类

1) 企业并购按法律形式分为吸收合并、新设合并和控股合并

(1) 吸收合并。吸收合并也称兼并,是指一个企业通过发行股票、支付现金或发行债券等方式取得其他一个或若干个企业的资产或股权。吸收合并完成后,只有合并方仍保持原来的法律地位,被合并企业失去其原来的法人资格而作为合并企业的一部分从事生产经营活动。

【例3-1】 清华同方并购鲁颖电子

清华同方是以清华大学企业集团为主要发起人,以社会募集方式设立的股份制公司,于1997年6月27日在上海证券交易所挂牌交易。它的主营业务集中在三个领域,即信息产业领域,人工环境领域和民用核技术、生物制药领域。

鲁颖电子是一家在山东省企业产权交易所上市的股份有限公司,属于电子元件行业。

1998年11月30日,清华同方和鲁颖电子的临时股东大会审议并通过了《关于公司吸收合并鲁颖电子股份有限公司的预案》,12月1日,双方正式签订协议,1999年6月8日,中国证监会批复双方的协议,合并协议正式生效。根据双方协议,清华同方向鲁颖电子定向发行人民币普通股,按照1∶1.8的换股比例(即1股清华同方换取1.8股鲁颖电子股份)换取鲁颖电子股东所持有的全部股份,鲁颖电子的法人地位消失。

合并后,清华同方将以鲁颖电子经评估后的净资产出资,在山东省沂南县设立新的有限责任公司,新公司成为清华同方的控股子公司。

(2) 新设合并。新设合并是指两个或两个以上的企业联合成立一个新的企业,用新企业的股份交换原来各公司的股份。新设合并完成后,原来的各企业均失去法人资格,而由新成立的企业统一从事生产经营活动。

【例 3-2】　　　　　　　　　　中交集团的设立

与大多数央企整合采用的“以大并小”的吸收合并模式不同，根据国务院国资委关于中央企业布局结构调整的战略部署，2005 年 12 月，原港湾集团和路桥集团采用新设合并方式重组成立中交集团，重组目标是成为一家资金雄厚、人才密集，具有科研、设计、施工、装备制造和投融资功能一体化的特大型交通建设集团。当时，这被视为国务院国资委监管的中央企业中实现强强联合的典型案例。

中国港湾集团前身是成立于 1980 年的中国港湾工程公司，1997 年组建为中国港湾建设（集团）总公司。2005 年 12 月转制为中国港湾工程有限责任公司。成立于 1980 年的中国港湾工程公司是一家国营国际承包公司，对外从事港口、船坞、船厂、工业民用建筑等工程建设，港池和航道疏浚，港口机械和工程船舶修造，以及提供劳务合作等业务。

中国路桥工程有限责任公司，其前身中国交通部援外办公室 1979 年 2 月 12 日成立的中国路桥工程公司，1997 年 9 月 12 日组建中国路桥集团，2005 年 12 月 8 日重组中国路桥工程有限责任公司（CRBC），是经国务院国有资产监督管理委员会批准，承继中国路桥集团业务的国有大型企业。主要从事工程承包、施工、设计、监理、咨询以及国际贸易等业务。公司现有 5 家全资或控股子公司和 31 个驻外机构。公司 7 个职能部门履行管理职能；4 个事业部模拟企业法人独立运作，总资产近 40 亿元。中国路桥具有施工总承包资质、专业承包资质和公路工程施工总承包特级资质，种类覆盖所有公路建设行业现有的资质项目类别。

（3）控股合并。控股合并也称取得控制股权，是指一个企业通过支付现金、发行股票或债券的方式取得另一企业全部或部分有表决权的股份。取得控制股权后，原来的企业仍然以各自独立的法律实体从事生产经营活动。

【例 3-3】　　　　　　　　首商股份控股合并新燕莎集团

西单商场重组是在 2008 年全球金融危机爆发后，党中央、国务院确定“转变经济增长方式，促进居民消费增长”的国民经济新的发展方向、全国上下全力应对金融危机不利冲击的背景下启动的。在上述背景下，北京市国资委按照北京市委、市政府的总体要求，提出了通过加大结构调整力度，进一步优化产业布局，在充分利用北京市良好商业消费基础上，推进商贸流通现代化，优化消费环境，释放消费需求，促进首都经济既快又好发展的战略方针。

北京市西单商场股份有限公司（现名“北京首商集团股份有限公司”，股票代码 600723，以下简称“公司”或“西单商场”）于 1993 年 12 月 20 日成立，重组前注册资本 40 971.80 万元，是上海证券交易所上市公司。公司主营业务包括零售、批发、代购、代销、针织、百货、五金、花卉、食品、饮料、美容美发、首饰改样、验光配镜、摄影彩扩、承办展览展示等，主要为大众时尚百货和专营专卖，拥有北京西单商场总店、十里堡西单商场、新疆西单商场、成都西单商场、兰州西单商场等门店，创立的“西单商场”“友谊商店”“法雅体育”等品牌享誉北京和国内商业零售业。公司收入和利润分行业看主要来源于销售商品，分地区看主要来源于北京地区。公司是北京市商业零售业的传统优势企业，多年来为北京市商业繁荣作出了重要贡献，但规模偏小，经营业绩有待进一步提升。

新燕莎集团是北京市国资委直属企业首旅集团的商业核心资产，旗下“燕莎、燕莎奥莱、燕莎金源MALL、贵友”等新型的购物消费模式及高中端品牌得到市场广泛认同，经营业绩优良，是北京市商业零售领域的龙头企业之一，但尚未上市，未来发展受到一定制约。

基于上述情况，北京市国资委决定推动西单商场发行股份购买首旅集团下属新燕莎集团 100%股权，通过重组实现优势互补和强强联合。该重组在实现首旅集团商业零售板块资产的证券化的同时，将显著提高上市公司的市场地位和竞争能力，对进一步优化北京市属国有资产产业布局、推动打造北京市具备强大市场影响力和竞争力的商业零售企业、提升北京市的商贸现代化水平和消费环境将起有力推动作用。两家商场的重组规模庞大、股权关系复杂，可以说已经成为业内的一个经典案例。

对于两大集团的重组，2010 年 7 月启动之初原定总体步骤为：第一步，由西单商场发行股份购买首旅集团下属的新燕莎集团100%股权。由于新燕莎集团资产体量较大，方案实施后首旅集团将控股西单商场，西单商场的原控股股东——西友集团，将成为西单商场的第二大股东。第二步，在第一步完成的基础上，由北京市国资委以无偿划转的方式，将西单商场的原控股股东西友集团及其持有的西单商场股权划转至首旅集团名下。通过上述两步操作，西友集团全部资产均进入首旅集团名下，从而完成北京市国资委下属的两大集团商业资产的重组。2011年7月22日，西单商场更名为北京首商集团股份有限公司的揭牌仪式在北京隆重举行，标志着西单商场本次重组圆满结束。此次重组的效果在综合经营指标上得到充分体现。2011年上半年，西单商场、新燕莎集团主业经营继续保持了较快的增长态势，销售收入、业务利润大幅增长。至2011年6月30日，西单商场、新燕莎集团合计总资产达49.31亿元、所有者权益21.06亿元、实现营业利润41.18亿元、利润总额3.98亿元、归属于母公司所有者的净利润1.93亿元、上市公司每股收益0.29元。2011年6月30日，首商股份在上海证券交易所的收盘价格为12.55元，股票市值为82.58亿元，比2010年7月28日重组停牌时的市值44.49亿元增长85.61%。通过重组成立的首商股份拥有更多的发展优势，发展潜力巨大。

2）按并购企业双方所处的行业分为横向并购、纵向并购和混合并购

（1）横向并购。横向并购是指两个或两个以上生产和销售相同或相似产品公司之间的并购行为，如两家航空公司的并购，两家石油公司的结合等。这种并购方式是企业获取自己不具备的优势资产、削减成本、扩大市场份额、进入新的市场领域的一种快捷方式。它可以发挥经营管理上的协同效应，便于在更大的范围内进行专业分工，采用先进的技术，形成集约化经营，产生规模效益。

横向并购是在一定条件下企业快速增长的一种有效形式。横向并购的优点在于能够获得现成的生产线，迅速形成生产能力，提高市场份额，增加竞争力；有利于实现规模经济，通过降低成本增加企业的经济效益和抗风险能力，甚至能够利用垄断来提高公司利润。但是，横向并购（特别是大型企业的横向并购）容易破坏竞争，形成高度垄断的局面。

【例3-4】 可口可乐并购汇源果汁（反垄断法否决的企业并购第一案）

2008年9月3日，可口可乐公司宣布以24亿美元收购汇源全部股份，并于2008年9月18日，可口可乐公司向商务部递交了申报材料。9月25日、10月9日、10月16日和11月19日，可口可乐公司根据商务部要求对申报材料进行了补充。11月20日，商务部认为可口可乐公司提交的申报材料达到了《反垄断法》第二十三条规定的标准，对此项申报进行立案审查。

由于此项收购规模较大、影响复杂，2008年12月20日，初步阶段审查工作结束后，商务部决定实施进一步审查，书面通知了可口可乐公司。商务部认为，此项收购涉及经营者集中具有排除、限制竞争效果，将对中国果汁饮料市场有效竞争和果汁产业健康发展产生不利影响。

为了减少收购对竞争产生的不利影响，商务部与可口可乐公司就附加限制性条件进行了商谈，要求申报方提出可行的解决方案，但可口可乐公司应商务部要求提交的修改方案仍不能有效减少此项收购对竞争产生的不利影响。商务部认为可口可乐没有提供充足的证据证明集中对竞争产生的有利影响明显大于不利影响或者符合社会公共利益，在规定的时间内，可口可乐公司也没有提出可行的减少不利影响的解决方案，因此商务部依法作出禁止此项收购的决定。

2009年3月20日，商务部通知可口可乐其收购汇源案未通过反垄断审查。商务部反垄断局负责人表示，反垄断审查的目的是保护市场公平竞争，维护消费者利益和社会公共利益。自2008年8月中国反垄断法实施以来，商务部共收到40起包括合并、收购在内的经营者集中申报，可口可乐收购汇源案是第一个未获通过的案例。

（2）纵向并购。纵向并购是指并购与本企业生产有密切联系的上游或下游企业。并购

企业双方是前后工序，或生产与销售之间的关系，如炼钢企业兼并铁矿采掘企业等。

纵向并购的优点在：一是有利于收集市场信息，如可以使企业能更快地了解需求的变化，从而有计划地调节生产，保证企业在供应紧张阶段得到有效的供应，或者在总需求量不大的阶段保证产品有销路；二是有利于提升企业的竞争优势，可以提供更好的销售和售后服务，及对原材料和产品质量能进行直接控制；三是有利于节约成本，提高同供应商和买主的讨价还价能力。但是，纵向并购常常会导致企业无止境地向其他领域延伸，使企业的摊子越铺越大，从而削弱企业的核心竞争力。

(3) 混合并购。混合并购是指分属不同产业领域，既无工艺上的关联关系，产品也完全不相同的企业间的兼并。混合并购的目的通常是为了扩大经营范围，进行多元化经营，以增强企业的应变能力。

混合并购的优点在于：一是有助于分散企业的经营风险；二是增加了进入新行业的成功率；三是有助于企业实行战略转移和其技术战略。

【例 3-5】　　欧莱雅的并购发展史

2003 年 12 月 10 日，北京王府饭店。欧莱雅中国总裁盖保罗与丽斯达日化（深圳）有限公司董事长李志达签下了关于收购小护士的协议。这是欧莱雅集团作为世界第一大化妆品公司在中国的首次收购行为，此举曾在业界引起巨大反响。欧莱雅集团是世界上最大的化妆品公司，创建于 1907 年，主要生产染发护发、彩妆及护肤产品，备受全球爱美女性的青睐。它拥有骄人的产品研发背景，一流的药学试验室及皮肤学中心，遍布全球的研究测试中心，使其不断推出适应全球消费者不同需要的优质科研产品。欧莱雅旗下拥有兰蔻、欧莱雅、美宝莲、薇姿等 500 多个品牌，曾被著名的英国《金融时报》和美国《商业周刊》誉为“最受尊敬的法国公司”“美的王国”，在世界范围内拥有良好的口碑。

欧莱雅在整个 20 世纪中的发展史，是日化工业发展史上很有代表性的一部分。1963 年欧莱雅成为上市公司，这为公司开启了新的融资渠道。

1964 年，收购兰蔻，这是欧莱雅成为高档化妆品帝国的第一步。

1965 年，收购卡尼尔，这让欧莱雅得到了一整套具备有机定位的辅助护发产品。

1970 年，收购碧欧泉，该品牌定位独特——从温泉的可再生能量中得到有机护肤方法。

1973 年，收购法国 Synthélabo 药物公司的大部分股份，让欧莱雅集团得到了开展皮肤病学活动和皮肤病药物学活动的途径。1973 年收购彩妆品牌 Gemey。

1989 年，收购美国护肤品品牌——赫莲娜，随后又与乔治·阿玛尼(Giorgio ARmani)签订了一个授权协议，使欧莱雅得以在时尚界推广这个卓越的品牌。

1989 年，收购高科技皮肤病产品品牌——理肤泉。

1993 年，收购 Redken——一个优质的纽约风格发型品牌。

1996 年，收购美宝莲，确立了欧莱雅在美国无可争辩的霸主地位。

欧莱雅进入中国显得有些晚，这与法国企业对中国的认识滞后有关。但欧莱雅不愧是一个世界一流的跨国企业，对拓展境外市场有丰富的经验，来到中国，也是抱着清晰的战略意图，并以精湛的市场细分策略，用多品牌瓜分的市场手段，迅速站稳脚跟。一般来说，产品从高档往低档做比较容易，从低档往高档做就比较难，如果以金字塔来形容欧莱雅的品牌结构，那么欧莱雅是从塔尖开始建构的，然后延伸到中间位置，但底座却是空的。但功力不凡的欧莱雅不会就此善罢甘休，在短暂的挫折之后，便迅速作出战略调整，于 2004 年前后，一连收购了国内优秀品牌羽西和小护士，一举弥补了自身在二三线市场渠道网络上的不足。欧莱雅在经过一连串的并购之后，完成了对中国市场的精心布局，在高档化妆品、专业美发产品、大众化妆品、药房专售功能性化妆品四大类产品上，满足高、中、低等不同市场的需求，力争全面进入中国化妆品市场。

3）按并购的程序分为善意并购和非善意并购

（1）善意并购。善意并购是指主并企业与目标公司双方通过友好协商确定并购诸项事宜的并购，是在双方自愿、合作的前提下进行的，一般都能获得成功。善意并购有利于降低并购的风险与成本，一方面可避免目标公司的抗拒而带来的额外支出；另一方面并购双方能够充分沟通，目标公司还会主动向主并企业提供必要的资料。但是，善意并购往往使主并企业不得不牺牲自身的部分利益，以换取目标公司的合作。而且漫长的谈判过程也可能使并购行为丧失其部分价值。

（2）非善意并购。非善意并购，亦称恶意并购、敌意并购，通常是指并购方没有事先协商而直接向目标公司股东出价收购股份，或者当友好协商遭到拒绝后，主并企业不顾目标公司的意愿，强行并购目标公司。在非善意并购中，目标公司为了保护对自己企业的控制权，通常会采用各种并购防御战略。因此，对主并企业而言，敌意并购会使主并方的成本增加，成功率降低，通常需要大量的资金支持。理论上讲，主并企业取得目标公司51%的股票即可获得控制权；但实务中，由于企业的股权较为分散，有时取得20%甚至10%的股权也能达到控制的目的。

【例3-6】　　宝延风波：中国恶意并购第一案

延中实业的前身是上海的一家街道小厂，1978年组建，1985年改制，1986年9月在柜台挂牌上市，1990年12月上交所开业，其股票转到交易所交易。公司最初的业务主要是复印机、复印材料等文化用品的贸易，之后又建厂生产塑料包装材料、玻璃饰品、日化等产品。公司规模小，1993年时总股本300万股，股权很分散，用今天的眼光看是最好的壳资源。但在当时，很少有人意识到这一点。

成立于1982年的深宝安是深交所最早上市的公司之一，1991年上市，1992年底时总股本为26 403万股。公司经营贸易、工业、房地产、仓储、酒店旅游等多种业务，业绩靓丽。1992年公司的主营业务收入为7.7亿元，税后利润为2.1亿元，公司的净资产收益率为38.60%。

1993年9月政府刚刚宣布法人股东可以进入二级市场，9月14日起延中实业的股票就一直孤立上涨，无人想到并购，人们都以为是有人操纵股价。9月30日上午，上交所突然宣布延中实业停牌，深宝安公告已持有5%的延中股票，已成为延中实业的第一大股东。延中实业方面极其震惊，也相当气愤，认为是弱肉强食，夺取他人的改革成果。延中实业的反击主要集中在对深宝安违规的举报上。延中实业指出，9月29日宝安上海公司已持有4.56%的延中实业股票，根据持有5%应公告的规定，在30日只能再购买0.5%的股票。但是，在30日开盘前的集合竞价时，宝安上海公司一笔就购进342万股，使已购股票的比重达15.98%。规定持股达到5%之后，每次只能最多购进2%，一次购进11.42%显然是违规的。在30日这天，宝安上海公司实际已购进479万股延中实业股票，而公告时只笼统讲持有5%以上的股票，这也是违规的。

证监会调查发现，宝安上海公司在9月29日持有延中实业股票4.56%，在此之前，其关联企业宝安华阳公司和深圳宝灵公司在9月28日已分别持有延中实业股票4.52%和1.57%，两者相加已达6.09%，当日就应公告。9月29日，宝安三公司共持有10.65%的延中实业股票，30日三公司持有的延中实业股票已达17.07%。10月6日时已持有19.8%的延中实业股票。证监会认定深宝安持有延中实业的股票有效，但在买卖过程中存在着违规行为，因此罚款100万元。证监会也明确指出，法人通过大量买入上市公司的股票以达到控股地位是证券市场运作中的正常现象。

这时，延中实业无力反收购，只得接受这一事实。由于第二大股东只持有1.48%的股票，在随后的临时董事会上，宝安上海公司总经理担任了延中的副董事长，1994年3月接任公司董事长。

4）按并购的支付方式和购买对象，并购可以分为支付现金购买资产或股票、以股票换取资产或股权、承担债务方式、债权转股权方式。

(1) 支付现金购买资产或股票。支付现金购买资产或股票是指主并企业以现金购买目标公司的全部或部分资产或股票,以取得目标公司的资产或控制权。

(2) 以股票换取资产或股权。以股票换取资产或股权是指主并企业向目标公司发行股票,用于交换目标公司的全部或部分资产或股票,以取得目标公司的资产或控制权。

(3) 承担债务方式。承担债务方式是指并购企业以承担目标公司债权债务的方式获得目标公司控制权。此类目标公司多为资不抵债,并购企业收购后,注入流动资产或优质资产,使企业扭亏为盈。

(4) 债权转股权方式。债权转股权方式是指目标公司无力偿还债务时,主并企业将债权转为投资,从而取得目标公司的控制权。

引例解析

龙薇传媒高调斥资30亿元,收购万家文化

引例中,依据所在行业来看,龙薇传媒与万家文化同处于文化领域,所以是横向并购;依据并购的程序来看,双方签署了《股份转让协议》,所以为善意并购;依据并购的支付方式来看,通过借款和股票质押融资来取得资金收购对方股权,所以是现金支付方式。

3.1.2 收购上市公司的方式

上市公司收购是指收购人通过在证券交易所的股份转让活动持有一个上市公司的股份达到一定比例,或通过证券交易所股份转让活动以外的其他合法方式控制一个上市公司的股份达到一定程度,导致其获得或者可能获得对该公司的实际控制权的行为。根据我国《证券法》第八十五条规定:“投资者可以采取要约收购、协议收购及其他合法方式收购上市公司。”

1. 要约收购

要约收购是指收购人在证券交易所的集中竞价系统之外,直接向股东发出要购买其手中持有股票的一种收购方式。要约收购中,收购人按照同等价格和同一比例相同要约条件向上市公司股东公开发出收购其持有的公司股份,以达到控制目标公司的目的,在实践中被广泛采用,它是各国证券市场最主要的收购形式。

我国《证券法》《上市公司收购管理办法》规定,投资者自愿选择以要约方式收购上市公司股份的,可以向被收购公司所有股东发出收购其所持有的全部股份的要约(以下简称全面要约),也可以向被收购公司所有股东发出收购其所持有的部分股份的要约(以下简称部分要约)。

1) 要约收购的比例限制

我国《证券法》允许收购人自愿采用要约方式进行收购。为保护目标公司的中小股东,有些国家强制要求在某种条件下必须适用要约收购程序,我国也采用了这一制度。根据我国《证券法》《上市公司收购管理办法》规定,通过证券交易所的证券交易,投资者持有或者通过协议、其他安排与他人共同持有一个上市公司已发行的股份达到30%时,继续进行收购的,应当依法向该上市公司所有股东发出收购上市公司全部或者部分股份的要约。同时规定,以要约方式进行上市公司收购的,收购人应当公平对待被收购公司的所有股东。持有同一种类股份的股东应当得到同等对待。

但是，无论是自愿要约还是强制要约，以要约方式收购一个上市公司股份的，其预定收购的股份比例均不得低于该上市公司已发行股份的5%。

2）要约收购的期限

收购要约约定的收购期限不得少于30日，并不得超过60日，但是出现竞争要约的除外。收购期限届满，被收购公司股权分布不符合上市条件的，该上市公司的股票由证券交易所依法终止上市交易。在收购行为完成前，其余仍持有被收购公司股票的股东，有权在收购报告书规定的合理期限内向收购人以收购要约的同等条件出售其股票，收购人应当收购。

3）要约收购的变更和撤销

在收购要约约定的承诺期限内，收购人不得撤销其收购要约。收购要约期限届满前15日内，收购人不得变更收购要约，但是出现竞争要约的除外。收购人需要变更收购要约的，必须及时公告，载明具体变更事项，并通知被收购公司。

4）要约收购的价格

收购人按照《上市公司收购管理办法》规定进行要约收购的，对同一种类股票的要约价格，不得低于要约收购提示性公告日前6个月内收购人取得该种股票所支付的最高价格。

5）要约收购的支付方式

收购人可以采用现金、证券、现金与证券相结合等合法方式支付收购上市公司的价款。收购人以证券支付收购价款的，应当提供该证券的发行人最近3年经审计的财务会计报告、证券估值报告，并配合被收购公司聘请的独立财务顾问的尽职调查工作。收购人以在证券交易所上市的债券支付收购价款的，该债券的可上市交易时间应当不少于1个月。收购人以未在证券交易所上市交易的证券支付收购价款的，必须同时提供现金方式供被收购公司的股东选择，并详细披露相关证券的保管、送达被收购公司股东的方式和程序安排。

收购人为终止上市公司的上市地位而发出全面要约的，或者向中国证监会提出申请但未取得豁免而发出全面要约的，应当以现金支付收购价款；以依法可以转让的证券（以下简称证券）支付收购价款的，应当同时提供现金方式供被收购公司股东选择。

6）要约收购的一般程序

以要约方式收购上市公司股份的，收购人应当编制要约收购报告书，并应当聘请财务顾问向中国证监会、证券交易所提交书面报告，抄报派出机构，通知被收购公司，同时对要约收购报告书摘要作出提示性公告。

要约收购报告书，应当载明下列事项：

（1）收购人的姓名、住所；收购人为法人的，其名称、注册地及法定代表人，与其控股股东、实际控制人之间的股权控制关系结构图。

（2）上市公司的名称、收购股份的种类，报送收购报告书时持有被收购公司的股份数量和比例。

（3）收购人关于收购的决定及收购目的，是否拟在未来12个月内继续增持，预定收购股份的数量和比例。

（4）收购价格；收购所需资金额、资金来源及资金保证，或者其他支付安排。

（5）收购要约约定的条件；收购期限，收购对上市公司的影响分析。

（6）前24个月内收购人及其关联方与上市公司之间的重大交易。

（7）前6个月内通过证券交易所的证券交易买卖被收购公司股票的情况。

（8）中国证监会要求披露的其他内容。

【例3-7】　南钢股份收购案：中国要约收购第一案

1999年颁布的《证券法》对要约收购有所规定，但因较为概括，操作性不强，以致一直停留在纸面上。2002年9月28日，证监会出台了《上市公司收购管理办法》(以下简称《收购办法》)，将要约收购作为上市公司收购的重要模式，在《证券法》的基础上作了更为详细、具体的规定，并自同年12月1日起实施，使要约收购真正具有了可操作性。时隔4个月，中国证券市场终于迎来了第一例要约收购。

2003年3月12日，南钢股份的控股股东南钢集团公司与三家复星集团的关联公司——复星集团公司、复星产业投资和广信科技——共同出资设立注册资本为27.5亿元的南钢联合，其中南钢集团公司以其持有的南钢股份国有股35 760万股(占总股本的70.95%)及其他部分资产、负债合计11亿元出资，占注册资本的40%。3月27日，南钢集团公司以国有股份出资获财政部批准。4月9日，南钢联合按《收购办法》规定向证监会报送了要约收购报告书，并公布了报告书摘要。

南钢股份是2000年9月在上海证券交易所挂牌的上市公司(股票代码600282)。2002年年报显示其总股本为5.04亿股，其中，国有股占比70.95%。

2003年3月，南钢集团公司、复星集团公司、复星产业投资、广信科技共同签署了设立南京钢铁联合有限公司的《合资经营合同》。《合资经营合同》约定：南钢联合公司注册资本为27.5亿元。南钢集团公司以其持有的南钢股份国有股35 760万股及其他部分资产、负债合计11亿元净值出资，占南钢联合公司注册资本的40%；复星集团公司以现金8.25亿元出资，占南钢联合公司注册资本的30%；复星产业投资以现金5.5亿元出资，占南钢联合公司注册资本的20%；广信科技以现金2.75亿元出资，占南钢联合公司注册资本的10%。由于南钢集团公司以所持南钢股份的股权出资须取得财政部等有关政府部门的批准，故合资各方在《合资经营合同》中约定对南钢联合采取"先设立、后增资"的方案：先按出资比例设立注册资本为人民币10亿元的南京钢铁联合有限公司，其中南钢集团公司以其他经营性资产合计净值人民币4亿元出资，而复星集团公司等另外三方仍以现金出资；待南钢联合成立且有关各方履行完相关审批手续后再行由合资各方对南钢联合进行同比例增资。由于南钢集团主要是将其持有的上市公司南钢股份的国有股35 760万股(占南钢股份总股本70.95%)作为出资，注入南钢联合公司。虽是一次注资行为(南钢集团公司用股权出资参与设立南钢联合有限责任公司)，以此换取其在新公司中拥有的40%的股份，而南钢股份70.95%的股份也由此转而由新设立的南钢联合持有，南钢联合公司继而实际控制了南钢股份。因本次注资行为导致新成立的公司取得了上市公司的实际控制权，因此属于上市公司收购的范畴。

按照中国证监会公布的《上市公司收购管理办法》第13条的规定，"收购人所持有、控制一个上市公司的股份达到该公司已发行股份的30%时，继续增持股份或者增加控制的，应当以要约收购方式向该公司所有股东发出收购其所有的全部股份要约"。因此，2003年4月9日，南钢联合按规定向证监会报送了要约收购报告书，并公布了报告书摘要。2003年6月12日，南钢联合按规定公告《要约收购报告书》，向公司所有股东发出全面收购要约，要约收购进入实施阶段。

根据《证券法》规定，收购要约期限届满，收购人持有的被收购公司的股份数达到该公司已发行的股份总数75%以上的，该上市公司股票将终止上市；超过90%时，其余仍持有被收购公司股票的股东有权按要约的同等条件向收购人出售股票。而南钢联合的要约条件有效地避免了这一事件的发生。《要约收购报告书》中公告：国有法人股每股要约价格为3.81元；社会流通股的要约价格为每股5.86元。南钢股份当年的发行价是6.46元，流通股的历史最低价为5.48元/股。公告发布前一日，南钢股份收盘价已是7元/股。4月14日，南钢股份开盘就直接封住涨停板，升至7.70元/股。6月11日，南钢股份二级市场的收盘价升至8.74元/股，与流通股的要约价之间的差价有2.88元，几乎是后者的150%。显然两个价格相差很大，这样的要约价格似乎不会有哪个流通股股东愿意接受。

2003年6月17日，南钢股份董事会公布了《南京钢铁股份有限公司董事会关于南京钢铁联合有限公司收购事宜致全体股东的报告书》，建议“流通股股东不接受要约，国有股股东可以接受要约”。7月13日，南钢联合公布了《要约收购实施情况的公告》，根据预受要约结果，南钢股份的股东在要约收购期内无人接受南钢联合发出的收购要约。

我国证券市场上第一例要约收购——南钢股份要约收购案，以没有投资者接受要约的“零预受”“零撤回”情形结束。

知识拓展3-1

我国《证券法》上市公司收购的主要法律规定

第八十六条 通过证券交易所的证券交易，投资者持有或者通过协议、其他安排与他人共同持有一个上市公司已发行的股份达到5%时，应当在该事实发生之日起三日内，向国务院证券监督管理机构、证券交易所作出书面报告，通知该上市公司，并予公告；在上述期限内，不得再行买卖该上市公司的股票。

第九十八条 在上市公司收购中，收购人持有的被收购上市公司的股票，在收购行为完成后的12个月内不得转让。

第三十二条 被收购公司董事会应当对收购人的主体资格、资信情况及收购意图进行调查，对要约条件进行分析，对股东是否接受要约提出建议，并聘请独立财务顾问提出专业意见。在收购人公告要约收购报告书后20日内，被收购公司董事会应当公告被收购公司董事会报告书与独立财务顾问的专业意见。

我国《上市公式收购管理办法》第三十四条规定，在要约收购期间，被收购公司董事不得辞职。

第四十二条 同意接受收购要约的股东(以下简称预受股东)，应当委托证券公司办理预受要约的相关手续。收购人应当委托证券公司向证券登记结算机构申请办理预受要约股票的临时保管。证券登记结算机构临时保管的预受要约的股票，在要约收购期间不得转让。

前款所称预受，是指被收购公司股东同意接受要约的初步意思表示，在要约收购期限内不可撤回之前不构成承诺。在要约收购期限届满3个交易日前，预受股东可以委托证券公司办理撤回预受要约的手续，证券登记结算机构根据预受要约股东的撤回申请解除对预受要约股票的临时保管。在要约收购期限届满前3个交易日内，预受股东不得撤回其对要约的接受。在要约收购期限内，收购人应当每日在证券交易所网站上公告已预受收购要约的股份数量。

出现竞争要约时，接受初始要约的预受股东撤回全部或者部分预受的股份，并将撤回的股份售予竞争要约人的，应当委托证券公司办理撤回预受初始要约的手续和预受竞争要约的相关手续。

2. 协议收购

协议收购是指收购人与被收购公司的股东(控股股东或持股比例较高的股东)就股票的交易价格、数量等方面进行私下协商，通过协议购买被收购公司的股票，以期获得或巩固对被收购公司的控制权。

股权分置改革前，我国上市公司的收购主要是通过协议转让国有股和法人股来实现的，主要原因在于特殊的非流通股股权高度集中的结构导致的流通性和价格差异。资料显示，2003—2005年，95%的上市公司收购是通过协议收购方式完成的，只有5%是通过要约收购进行的。

收购人拟通过协议方式收购一个上市公司的股份超过30%的，超过30%的部分，应当改以要约方式进行；但符合《上市公司收购管理办法》第六章规定情形的，收购人可以向中国证监会申请免除发出要约。收购人在取得中国证监会豁免后，履行其收购协议；未取得中国证监会豁免且拟继续履行其收购协议的，或者不申请豁免的，在履行其收购协议前，应当发出全面要约。

以协议方式进行上市公司收购的，自签订收购协议起至相关股份完成过户的期间为上市公司收购过渡期(以下简称过渡期)。在过渡期内，收购人不得通过控股股东提议改选上市公司董事会，确有充分理由改选董事会的，来自收购人的董事不得超过董事会成员的1/3；被收购公司不得为收购人及其关联方提供担保；被收购公司不得公开发行股份募集资金，不得进行重大购买、出售资产及重大投资行为或者与收购人及其关联方进行其他关联交易，但收购人为挽救陷入危机或者面临严重财务困难的上市公司的情形除外。

协议收购具有如下特点：

(1) 有明确的交易对象。协议收购一般会选择股权集中的公司作为收购目标，双方在证券交易所竞价系统之外进行沟通和协商。对于并购方来说，沟通时间相对较短，而且不会对公司股票价格造成直接影响。

(2) 交易程序相对简单，交易成本较低。相比要约收购所必须采取的公开方式，协议收购在双方达成一致的情况下，可以迅速地实现公司控制权转移。

(3) 多数是善意收购。协议收购通常是并购方与目标公司的控股股东在协商一致的条件下达成的股份收购协议，公司董事会主要成员和主要管理层知情，收购协议也通常会对公司的业务、资产、人员作出妥善安排，不会受到管理层的抵制。

相关思考3-1

要约收购和协议收购的区别？

要约收购和协议收购的区别主要体现在以下几个方面：

(1) 交易场地不同。要约收购只能通过证券交易所的证券交易进行，而协议收购则可以在证券交易所场外通过协议转让股份的方式进行。

(2) 收购对象不同。要约收购是面向全体股东发出要约，是公开进行的，而协议收购则可以与主要股东进行私下协商，以协议方式进行，完成股权转让。

(3) 收购类型不同。协议收购是收购者与目标公司的控股股东或大股东本着友好协商的态度订立合同收购股份以实现公司控制权的转移，所以协议收购通常表现为善意的；要约收购的对象则是目标公司全体股东持有的股份，不需要征得目标公司的同意，因此要约收购又称敌意收购。

(4) 股份限制不同。要约收购在收购人持有上市公司发行在外的股份达到30%时，若继续收购，须向被收购公司的全体股东发出收购要约，持有上市公司股份达到90%以上时，收购人负有强制性要约收购的义务。而协议收购的实施对持有股份的比例无限制。

(5) 收购对象的股权结构不同。协议收购方大多选择股权集中、存在控股股东的目标公司，以较少的协议次数、较低的成本获得控制权；而要约收购中收购倾向于选择股权较为分散的公司，以降低收购难度。

3. 间接收购

间接收购是指收购人虽不是上市公司的股东，但通过投资关系、协议或其他安排导致其取得上市公司的控制权。

相比于其他两种收购方式，由于未导致直接持有上市公司股份的股东发生变化，间接收购具有一定的隐蔽性，必须对其进行规范并加强监管，通过间接收购侵害上市公司和股东的权益。我国的法律监管主要通过强化实际控制人和上市公司董事会的责任对间接收购进行规范。上市公司实际控制人及受其支配的股东，负有配合上市公司真实、准确、完整披露有关实际控制人发生变化的信息的义务。上市公司董事会应当拒绝接受未履行法定义务的收购人提出的议案。

我国《上市公司收购管理办法》规定，收购人拥有权益的股份超过该公司已发行股份的30%的，应当向该公司所有股东发出全面要约；收购人预计无法在事实发生之日起30日内发出全面要约的，应当在前述30日内促使其控制的股东将所持有的上市公司股份减持至30%或者30%以下，并自减持之日起2个工作日内予以公告；其后收购人或者其控制的股东拟继续增持的，应当采取要约方式。

因此，收购人拥有权益的股份超过该公司已发行股份的30%的，收购方具有以下选择：

(1) 拟依据规定申请豁免的，应当在与上市公司股东达成收购协议之日起3日内编制上市公司收购报告书，提交豁免申请，委托财务顾问向中国证监会、证券交易所提交书面报告，通知被收购公司，并公告上市公司收购报告书摘要。

(2) 未取得豁免的，投资者及其一致行动人应当在收到中国证监会通知之日起30日内将其或者其控制的股东所持有的被收购公司股份减持到30%或者30%以下；

(3) 拟以要约以外的方式继续增持股份的，应当发出全面要约。

3.1.3 企业并购的动因

1. 企业并购的动因

按照古典经济学理论，横向并购的动因主要在于扩大市场份额、扩大生产规模和降低成本。现代企业理论则从降低交易费用和代理成本的角度解释了纵向并购的动因。具体来讲，西方企业的并购的动因主要包括以下三个方面：

(1) 获得规模经济优势。规模经济是指随着生产经营规模的扩大，生产成本随着产出增加而下降，收益不断递增的现象，通过横向并购企业可以快速将各种生产资源和要素集中起来，从而提高单位投资的经济效益或降低单位交易费用和成本，获得可观的规模经济。并购，特别是横向并购是企业扩大生产规模最便捷有效的途径之一。

(2) 降低交易费用。按照科斯的理论，企业是市场机制的替代物，市场和企业是资源配置的两种互相替代的手段，通过并购，特别是纵向并购，企业可以将原来的市场交易关系转变为企业内部的行政调拨关系，从而大大降低交易费用。

(3) 多元化经营战略。多元化经营不仅可以降低风险，增加收益，而且可以使企业发掘出新的增长点，多元化经营往往成为一个企业发展到一定阶段之后的重要战略之一。并购也是企业迅速进入新的生产经营领域，实现多元化战略的重要方式。通过并购，企业避免了培育一个新产业可能带来的风险和不确定性，而且有利于根据市场现状选择最佳进入时机。

在我国，并购的动因还有借壳上市、调整经济结构、希望大型国企做大做强等，所以我们在分析企业并购动因时，必须结合各国以及企业的自身特点。

3.1.4 企业并购的效应

1. 并购正效应的理论解释

(1) 效率效应理论。效率效应理论认为，管理效率较高的企业并购管理效率较低的企业，可以通过提高后者的管理效率而获得正效应。这里存在两个基本假设：并购方的管理资源有剩余，并且具有不可分散性。如果并购方的管理资源并没有剩余，已经得到充分利用，或者并购方的剩余管理资源具有可分散性，可以轻易释放出去，并购将是没有必要的。对于目标公司来说,其管理的低效率可以通过外部管理层的介入和增加管理资源的投入而得到改善。

(2) 经营协同效应理论。这里的假设前提是规模经济的存在。在企业尚未达到合理规模以使各种资源得到充分利用时,并购显然是解决这一问题的有效手段。当并购双方存在互补优势时,也会产生经营协同效应。例如,并购方拥有较强的研发力量而营销力量较弱;相反,被并购方具有强大的营销力量而产品研发力量较弱,这时两者的合并无疑会增强并购后企业的整体实力。此外,纵向并购通过降低上下游企业交易费用从而带来经营的协同效应。

(3) 多元化优势效应理论。证券投资可以通过组合投资来分散风险,同样,企业也可以通过多元化经营来分散企业的经营风险。多元化经营可以增加员工升迁的机会,还可以有效利用企业原有的客户群体资源或商誉等无形资产,从而为企业实现新的利润增长点。例如,购买了海信冰箱的客户,在购买电视、空调、房子时选择海信品牌的可能性会更高。

(4) 财务协同效应理论。财务协同效应理论认为,一方面,并购可以给企业提供成本较低的内部融资,例如,当一方具有充足的现金流量却缺乏投资机会,而另一方有巨大的成长潜力却缺乏融资渠道时,两者的合并就会产生财务协同效应;另一方面,并购后的企业借贷能力往往大于并购前各自的借贷能力。此外,负债的节税效应也将会降低企业的财务成本。

(5) 战略调整理论。战略调整理论强调,企业并购是为了增强企业适应环境变化的能力,迅速进入新的投资领域,占领新的市场,获得竞争优势。虽然企业也可以通过内部发展来获得新的资源和新的市场,但并购显然能使企业更快地实现这种调整。

(6) 价值低估理论。价值低估理论认为,当目标公司的市场价值由于某种原因而未能反映其真实价值或潜在价值时,并购活动就会发生。

(7) 信息传递理论。信息传递理论认为,当目标公司被并购时,资本市场之所以重新对该企业的价值作出评估,有两种可能:一是并购向市场传递了目标公司被低估的信息;二是有关并购的信息将激励目标公司的管理层采取有效措施改善其经营管理效率。基于以上两点,不管最后并购本身是否成功,目标公司的股票价格往往都会经历一个上升的过程。

2. 并购零效应的理论解释——过度自信理论

并购企业由于管理层的傲慢自大,往往会过于乐观,向目标公司股东出价过高;或者即使该项投资并无价值,仍坚持投资;或者在有较多的竞争者时,并购成本被过分地抬高,即使并购成本已经大于并购收益,仍坚持并购。这就是过度自信理论,在这种情况下,企业并购获得的将是零效应。

3. 并购负效应的理论解释

主并企业管理者为了自己利益而不顾企业或股东利益,导致企业利益或股东利益受损的并购行为将会产生并购负效应。或者当有关并购的相关决策错误时,也会导致并购行为产生负效应。具体的理论解释为:

(1) 管理主义。管理主义理论认为,并购本身就是一种代理问题。有实证研究表明,代理人的报酬决定于公司的规模,因此代理人有通过并购使公司规模扩大的动机,从而增加自己的收入和保障其职位的安全。管理者重视企业增长率而忽视企业的实际投资收益率,因此会作出对股东来讲是负效应的并购决策。

(2) 自由现金流量假说。所谓自由现金流量是指企业的现金在支付了所有净现值为正的投资计划后所剩余的现金流量。如果管理者以股东财富最大化为目标，则应放弃投资回报低于资金成本的投资，而把这些自由现金流量支付给股东。但管理者往往动用自由现金流量去并购企业来实现扩张政策，并可能进行低收益甚至导致亏损的并购。这种企业并购必然会降低企业的价值。

3.1.5 企业并购的发展历程

1. 西方国家的企业并购发展历程

西方大型企业的发展史，其实就是一部并购史。事实上，企业并购是各国经济景气度与活跃度的侧面反映，它随着经济发展的历史阶段而呈现出鲜明的历史特点。从19世纪末20世纪初西方国家的第一次并购浪潮算起，已经出现了五次企业并购浪潮，至今有了100多年的历史，其中以美国企业的并购最具有代表性。

1）第一次并购浪潮

时间：1895—1904年。

特征：以“小鱼吃小鱼成大鱼”的横向并购为主，其重大结果是形成了一大批大规模、具有垄断特点的企业，尤其是钢铁、铁路、电信行业。

第一次并购浪潮发生在19世纪与20世纪之交，“小鱼吃小鱼”的横向并购占据了主导地位，横向并购的结果是垄断的形成。许多后来具有垄断地位的大型公司很多都是多家小规模公司合并而产生的。许多专家认为，这是最重要的一次并购浪潮，因为它造就了企业垄断，彻底改变了美国的经济结构，形成了许多垄断巨头。

例如，J·P·摩根创建的美国钢铁公司收购了安德鲁·卡内基创办的卡内基钢铁公司以及其他784家独立公司，最后形成钢铁巨人——美国钢铁集团，它的产量曾一度占美国钢铁行业生产总量的75%。美国烟草公司在并购了150家企业后，曾占有90%的市场份额；洛克菲勒的标准石油公司并购了400家企业后，占有美国市场份额的85%。美国经济史学家拉穆鲁统计，在当时有72家大公司分别控制了各自市场份额的40%，42家大公司至少控制了市场的70%。其中，美国钢铁公司、杜邦公司、国际收割机公司等大公司都是在第一次并购浪潮结束时就已在业界领先，在50年后仍位于美国100家最大公司之列。在这一阶段，美国企业有75%由于并购而消失，在并购的高峰年份1897—1904年，被并购企业总数达2 943家，而仅1899年一年因并购而消失的企业就达1 208家。具体如表3-1所示。

表3-1 **美国1897—1904年发生的并购数量**

年份	1897	1898	1899	1900	1901	1902	1903	1904
并购数量	69	303	1 208	340	423	379	142	79
合计								2 943

资料来源：Naomi R. Lamoreaux, The Great Merger Movement in American Business, 1895—1904, P. 2. Cambridge University Press, 1985。转引自朱宝宪：《公司并购与重组》，清华大学出版社2006年版。

1895年到1904年，小公司之间的合并是并购总数的83.5%，大公司并购小公司仅为16.5%。此间有78.3%的并购为横向并购，12%为纵向并购，其余9.7%的并购为混合并购。

企业规模扩大也对管理能力提出更高的要求，并促进管理进一步向专业化发展。第一次并购浪潮结束时，美国工业的集中程度显著提高。一些行业的公司数量急剧下降，有些行业甚至只有一家公司幸存。

2）第二次并购浪潮

时间：1922—1929 年。

特征：以“大鱼吃小鱼”“小鱼吃小鱼”的纵向并购为主，同时出现了产品扩展型混合并购（并购与本企业生产的产品不同但有关的企业）、市场扩展型混合并购（并购销售同一产品但在不同地区的企业）。

第二次并购浪潮发生于 20 世纪 20 年代。第二次并购浪潮与第一次有显著不同，是在企业规模更大的基础上进行的，主要是大型企业扩张其势力范围，并购形式更加多样化。并购高峰发生在 1926—1930 年间，在此期间，美国共发生了 4 600 起公司并购案，最活跃的并购领域是钢铁、铝与铝制品、石油产品、食品、化工产品和运输设备行业。这一阶段由于美国反托拉斯法（Antitrust Law）的立法不断完善，特别是 1914 年国会通过了《克莱顿法案》（Clayton Act），对行业垄断的约束和监管更加严格，虽然在此次并购浪潮中仍然有很多的横向并购，但是发生的更多的是上下游企业之间的纵向并购。这样的并购有助于生产的连续性，减少零部件的流转环节，节省交易费用，更有效地利用资源，提高效率，以获得更多的收益。譬如，这样的联合可以更好地利用各个工序产生的副产品，可以综合利用企业的各项资源，更好地分配原料、动力，并解决原材料的后顾之忧。据资料统计，美国 278 家大企业中，有 236 家企业进行了原料、半成品、制造加工等生产工序相互结合的并购活动；有 85%的企业进行了生产、流通和分配各个环节统一到一个企业中的并购行为。

如果说第一次并购浪潮是导致垄断巨头的并购，那么第二次并购浪潮更多产生的是占据很大市场份额的寡头公司，它们不是一家，是类似的几家占据某一产品的巨大市场份额。美国有许多至今活跃的著名大公司就是在此期间通过并购形成的，譬如通用汽车、IBM 公司和联合碳化合物公司等。大量的纵向并购促进了美国生产力的整合和发展，大大提高了美国工业的效率。第二次并购浪潮最终被美国历史上最严重的 1929 年大危机打断，1929 年 10 月 29 日，美国股票市场发生了被称为“黑色星期四”的股票大跌，第二次并购浪潮就此结束。

【例 3-8】　　美国福特

美国福特汽车公司在第二次并购浪潮中收购了众多的各类企业，形成了一个庞大的生产联合体。福特公司拥有生产焦炭、生铁、钢材、铸件、锻造、汽车零部件以及汽车用冰箱、皮革、玻璃、塑料、橡胶、轴承、发电器、蓄电池等有关汽车的无所不包的下属企业，它还有完整的运输体系和全国的销售网。当时福特公司拥有 6 亿吨煤炭储量，50 万英亩木材，它生产的车用冰箱比全国家用冰箱总量都多，它的皮革厂每天生产 8 万码皮革，玻璃厂每天生产 1 万平方英尺的玻璃。

3）第三次并购浪潮

时间：1965—1969 年。

特征：以“大鱼吃大鱼”的混合并购为主，大公司之间的“强强联合”实现多元化经营和品牌重组。

第三次并购浪潮发生于第二次世界大战后的 20 世纪五六十年代，其中以 60 年代后期为高峰期。第三次并购浪潮来势汹涌，数量远多于前二次并购浪潮，1963—1970 年，美国共发生 26 509 起并购，其中仅 1968—1970 年的 3 年间就发生了 15 721 起并购，而且并购所涉及的资金规模也极为庞大。在 1968 年，资产在 1 000 万美元以上的大公司共发生并购 711 起，属于横向并购和纵向并购的共132起，其余579起均属于混合并购。具体如表3-2所示。

表3-2　　美国1963—1970年发生的并购数量

年份	1963	1964	1965	1966	1967	1968	1969	1970
并购数量	1 361	1 950	2 125	2 377	2 975	4 462	6 107	5 152
合计								26 509

资料来源：帕特里克·高根：《兼并、收购与公司重组》，机械工业出版社2004年版。转引自朱宝宪：《公司并购与重组》，清华大学出版社2006年版。

由于20世纪60年代是美国反垄断最严厉的时期，这也使横向与纵向并购的数量受到了限制。表3-3美国各类并购形式占并购资产比例中可以看出，混合并购方式占主导地位。

表3-3　　美国各类并购形式占并购资产比例

年份	横向并购	纵向并购	混合并购
1945—1951	38.8%	23.8%	37.4%
1952—1955	39.3%	11.5%	49.3%
1956—1959	32.3%	20.0%	47.7%
1960—1963	21.3%	23.8%	54.9%
1964—1969	20.1%	8.9%	71%

资料来源：美国联邦贸易委员会：《合并与兼并统计报表》1977年版，转引自徐波：《第五次企业并购浪潮及对我国经济影响的研究》，中国商务出版社2004年版。

第三次并购浪潮主要是大型企业之间的混合并购，企业和市场的垄断程度进一步提高。这一时期的混合并购可以帮助企业实现多元化经营，进入到原先不能进入的市场，分散企业经营风险。同时，并购后企业信用等级可以得到提高，有助于降低企业融资成本。

4）第四次并购浪潮

时间：1975—1989年。

特征：调整多元化经营企业的内部结构，消除第三次浪潮中混合并购所带来的弊端。同时，杠杆并购开始流行，出现了"小鱼吃大鱼"的现象。此外，跨国并购也不断增多。

第四次并购浪潮自20世纪70年代中期起，延续了整个80年代，其中1985年前后为高峰期。这次浪潮的平均每起并购的规模要大大超过上次并购浪潮，而且大型并购案的数量也远远超过上次并购浪潮。表3-4中可以看出，1978年以前，10亿美元以上单个并购案非常罕见，而1979—1983年达到36起，1984—1988年达到162起。石油、化工类企业发生这种超级规模的并购已属常事，非石油企业也步其后尘，进入了超级并购的行列。

表3-4　　1968—1988年美国公司10亿美元以上并购情况表　　单位：亿美元

年份	交易额	并购总数量	10亿以上并购数量
1968—1972年	1 130	25 130	1
1973—1978年	1 170	15 804	3
1979—1983年	2 973	11 291	36
1984—1988年	8 855	13 170	162

资料来源：邵万钦：《美国企业并购浪潮》，中国商务出版社2005年版。转引自徐波：朱宝宪：《公司并购与重组》，清华大学出版社2006年版。

在此次并购浪潮中，美国公司对日渐低落的竞争力寻求变革。它们认为要突破困境首先要增强竞争力，在这种思想的指导下，公司战略转向以最大化公司价值为目标，突破的重点就是提高投资回报率，即通过削减亏损部门，将经营资源集中投注于能够发挥公司优势的部门。有计划的放弃无利可图且与长远利益无关或相矛盾的子公司及经营业务，成为一种合理化的方法。可以认为，第四次浪潮是对上一次浪潮中混合并购的反作用，并购与资产剥离并行，自 1970—1980 年，资产剥离在并购活动中的比例就达到 35%以上，而在 1968 年，这一比例仅为 12%。

与以往浪潮不同的是，本次浪潮中出现了大量的“小企业并购大企业”的现象，杠杆收购迅速流行。例如，1985 年销售额仅为 3 亿美元、经营超级市场和杂货店的帕特雷·普莱得公司竟以借债方式，以 17.6 亿美元的价格收购了年销售额达 24 亿美元、经营药品和化妆品的雷夫隆公司。这种以负债获得资金进行收购的方式，在很大程度上得益于金融媒介的支持，其主要形式便是垃圾债券，这种债券资信程度极低，违约风险很大，利率很高。垃圾债券的出现，使收购者的财务能力与发动并购的实际能力相脱节，受到大量中小公司，特别是投机分子的青睐。在 1980—1989 年间，美国的杠杆收购高达 1 万次，以杠杆收购方式并购的公司总价值达 2 350 亿美元，涉及 2 800 家公司。

5）第五次并购浪潮

时间：1992—2000 年。

特征：以“大鱼吃大鱼”的强强联合、横向跨国并购为主。

第五次并购浪潮发生在 20 世纪的 90 年代，这次并购浪潮参与企业数量之多、并购交易额规模之大、影响之广泛都是空前的，超过 10 亿美元的并购案数量显著增加。据统计，在 1992—2000 年，并购规模在 10 亿美元以上的平均每年为 105 起，2000 年达到 206 起。与此同时，美国发生了多起并购金额超过 100 亿的巨额并购案例，例如，1996 年世界最大的航空公司美国波音飞机公司兼并美国麦道飞机公司，总价值达 133 亿美元。1998 年年底，美国埃克森石油公司宣布以 810 亿美元兼并美孚石油公司。1999 年美国第二大长途电话公司国际微波通信公司以 1 290 亿美元收购斯普林特公司。2000 年 1 月，美国在线与时代华纳宣布合并，创下了 1 100 美元的并购天价。价值数百亿美元、经营数十年甚至上百年的公司以及一些大型跨国公司都成为这次并购浪潮的并购对象，出现了像波音-麦道公司那样世界性的行业垄断集团。

以往的并购活动主要集中在几个行业，而这次并购浪潮席卷了通信、化工、机械、航空、电子、零售、医疗保健、银行等行业，其中银行、电信、网络和制药业的并购活动尤为突出，交易额高达上百亿甚至上千亿美元，促进了产业结构的调整。并购方式又回到一个世纪前流行的横向并购为主，但这次的横向并购是跨国的。自 20 世纪 90 年代中期以来，横向跨国并购在全球并购中所占的份额无论从数量还是价值来看都占绝对优势。在经济全球化的趋势下，除发达国家主导的“强强联合”并购外，发达国家对发展中国家企业的并购数量和金额也迅速增长，特别是在亚洲金融危机以后，欧美一些大型企业集团纷纷斥巨资并购资产价值被低估的亚洲企业。

2. 我国企业的并购发展历程

新中国成立以来，我国企业并购的发展大致可以分为两个时期：第一时期为 1993 年以前，第二时期为 1993 年开始至今。这两个时期的重要分水岭就是在中共十四大确定了以社会主义市场经济体制为改革目标的背景下，1993 年 4 月 22 日国务院发布了《股票发行与交易管理暂行条例》，在第四章专门规范了上市公司的收购，正式确立了上市公司并购的相关法规。

1）第一时期

时间：1993 年以前。

特征：企业并购集中在同一行业、同一部门或同一地区内部。主要是通过政府无偿划拨或通过产权交易市场进行，带有浓重的“行政色彩”，大多数企业并购都是在政府的推动下实施和完成的。

在这一时期，最有名的并购模式是“保定模式”和“武汉模式”。“保定模式”采取自上而下的程序，由政府依据产业政策，以所有者代表身份进行干预、引导、牵线搭桥，推动企业并购。“武汉模式”采取自下而上的程序，企业在双方自愿自主的基础上充分协商并达成协议，报双方主管部门批准即可。“保定模式”偏重产业政策，“武汉模式”强调自愿互利，但本质上都是通过政府推动的。

我国最早出现企业并购活动的是河北省保定市。1984 年，保定市经委以“用大型企业带动小型企业，以优势企业带动劣势企业”的思路，将 4 家亏损企业卖给优势企业，从而消灭了一批亏损企业，并且满足了部分优势企业的扩张欲望，开创了中国企业并购的先河，并为其他地区的企业所效仿，收到了比较好的效果。1987 年中共“十三大”报告明确小型国有企业产权可以有偿转让给集体或个人，为推动全国范围内的企业并购发展奠定了政治基础，局部产权交易市场开始兴起。1988 年，武汉市成立了中国第一家企业产权转让市场，并制定出相应的企业产权转让规则。随后许多城市也相继建立各自的产权转让市场，进一步促进了企业并购的发展。1989 年 2 月，政府颁布了《关于企业兼并的暂行办法》和《关于出售国有小型企业产权的暂行办法》，明确了企业并购的相关政策规定。

2）第二时期

时间：1993 年开始至今。

特征：企业并购以公司形态为主，通过股权交易进行并购。

第二时期以 1993 年的“宝延风波”为起点，进入以公司形态为主，通过股权交易进行并购的阶段。公司制企业的发展与证券市场的建立和发展是这一时期的两个基本条件。第二时期的企业并购按照相关法律制度的建立和完善大致可以划分为以下四个阶段：

第一阶段(1993—1999 年)，1993 年 4 月 22 日国务院发布了《股票发行与交易管理暂行条例》，在第四章专门规范了上市公司的收购，正式确立了上市公司并购的相关法规。1993 年 10 月，深圳宝安集团在上海证券交易所通过购买股票方式，收购了上海延中实业公司 16.8% 的上市流通股票，随后宝安集团完成对延中实业公司的控股，宝安上海公司总经理何彬顺利担任了延中实业的副董事长，1994 年 3 月接任公司董事长。这是我国第一起通过国内证券市场进行的股权收购，标志着我国企业并购活动进入一个新的阶段。

1994 年 4 月，珠海恒通集团股份有限公司收购上海棱光股份有限公司 1200 万股国有股，成为棱光第一大股东，完成收购后，恒通集团将其下属全资子公司恒通电能仪表有限公司转让给棱光公司。不仅开了国有股转让的先河，而且完成了中国第一例完整意义上的“买壳上市”，此后，许多因政策限制而被排除在证券市场之外的民营企业，开始通过“买壳”的方式间接上市。1997 年，上市公司并购与促进产业结构调整和产业升级联系在一起，进一步丰富了并购重组的经济内涵。1998年，民营科技型企业成为并购重组的主角，出现了清华同方与鲁颖电子的吸收合并、申能股份国有股回购等一系列市场运作的实践创新。

第二阶段(1999—2001年)，1999年7月1日开始实施的《中华人民共和国证券法》(以下简称《证券法》)明确规定上市公司的股权转让可以以协议转让和二级市场收购两种形式实施，并且明确了投资人在二级市场收购已发行股份的5%应当及时履行报告和信息披露义务。同时，证监会对并购信息的披露要求更加严格。

第三阶段(2002—2006年)，2002年12月1日实施的《上市公司收购管理办法》和《上市公司股东持股变动信息披露管理办法》，以及2002年11月发布的《关于向外商转让上市公司国有股和法人股有关问题的通知》等文件标志着我国上市公司收购的法律框架基本完成。首先是《上市公司收购管理办法》突破了《证券法》的原有界限，明确将证券交易所外的股份转让纳入监管范围，更加符合中国的实际。同时，收购交易的运作空间更加开放，境内外的法人和境内自然人都拥有收购权，大大吸引了包括外资和民营资本在内的更多主体参与上市公司收购。

第四阶段(2006年至今)，伴随着《上市公司收购管理办法》《公司法》《证券法》的修改，以及中国资本市场股权分置改革，2006年9月8日，商务部等六部门联合发布了《关于外国投资者并购境内企业的规定》，对外国投资者并购境内企业作出了更细致的规定，被国际咨询资深顾问认为是"在商业领域，中国迄今为止唯一达到了国际行文水准的法律法规性文件"。它没有出现"一般不得""可以"等充满道德性判断、逻辑不清的弊病，对于任何真心实意想在中国做生意的外国投资人，外资并购新规都是一个重要的利好。它为政府和企业双方设置了一个比较明确的游戏规则。在并购的支付手段上，除了传统的现金方式，以发行新股认购资产以及换股并购的方式大量出现。2008年中国证监会颁布了《上市公司重大资产重组管理办法》，并于当年5月18日起开始施行。该办法的出台使得市场广泛认可和接受的做法通过制度化的规定，具有更强的规范和执行效力。2008年8月4日起施行的《上市公司并购重组财务顾问业务管理办法》明确规定，上市公司并购重组财务顾问业务是指为上市公司的收购重大资产重组、合并、分立、股份回购等对上市公司的股权结构、资产和负债、收入和利润等具有重大影响的并购重组活动提供交易估值、方案设计、出具专业意见等专业服务。从事财务顾问业务的机构应该获得中国证监会的核准。该办法的施行为充分发挥财务顾问的监督职能，督促并购重组活动的相关当事人自觉规范运作，维护市场秩序和公信力，降低证监会的监管风险，推动市场化进程起了重要作用。同年12月9日，中国银监会发布了《商业银行并购贷款风险管理指引》，明确了银行贷款可以介入股权投资领域，并明确了限制比例，从而为上市公司实施杠杆并购创造了条件，拓宽了并购途径。而此前1996年央行制定的《贷款通则》则明确规定借款人不得用贷款从事股权资本性投资。

以上制度的出台，进一步完善了我国上市公司并购的法律法规制度框架。

3. 企业并购中的财务问题

一般来讲，企业并购需要经历准备、谈判、整合三个阶段，这三个阶段中面临的主要财务问题各有不同。大致上包括企业估值、支付方式和筹资方式的选择以及并购绩效评价三个部分。

1) 企业估值

在并购准备阶段，并购企业需要根据自己的战略目标和需求，对侯选目标公司进行并购可行性分析，这里的核心内容便是确定并购企业价值、估计并购成本以及价值增值部分。

2）选择支付方式和筹资方案

在并购谈判阶段，并购企业需要确定并购溢价的允许范围，从而确定并购价格区间，就此和目标公司展开谈判；确定合适的支付方式，不同的支付方式会产生不同的财务效果，并影响对并购资金的需求；并据以确定筹资方案。

3）并购绩效评价

在并购整合阶段，并购企业需要通过比较并购前后企业的管理费用、制造费用等，来评估并购活动是否实现了经营协同，评价并购成功与否。尽管单纯的财务指标还不足以全面评价企业的并购行为，但财务的评价显然是衡量并购成功与否所不可缺少的。

3.2 管理层收购

3.2.1 管理层收购的概念

1. 管理层收购的概念

管理层收购(Management Buy-Out，MBO)，是指目标公司的管理层利用外部融资购买本公司的股份，从而改变本公司所有者结构、控制权结构和资产结构，进而达到重组本公司的目的并获得预期收益的一种收购行为。

MBO 其实质是 20 世纪 50 年代以来“杠杆收购”(LBO)的一种特殊方式。由于管理层自身的资金量有限，必须首先进行债务融资，然后再用被收购企业的现金流量来偿还债务，因此 MBO 属于特殊的杠杆收购。当运用杠杆收购的主体是目标公司的经理层时，一般的 LBO 就成了 MBO。

2. 管理层收购的特点

(1) MBO 的主要投资者是目标公司的经理和管理人员，他们往往对该公司非常了解，并有很强的经营管理能力。通过 MBO，他们将取得企业的所有权，由单一的经营者角色转变为所有者与经营者合一的双重身份。

(2) MBO 主要通过借贷融资来完成，管理层通常需要借助高负债的杠杆作用来完成并购。

(3) 目标公司具有良好的经济效益和经营潜力。管理层是公司全方位信息的拥有者，公司只有在存在潜在的管理效率提升空间的情况下，才会成为管理层的收购目标。

(4) MBO 通常发生在拥有稳定的现金流量的成熟行业。由于管理层必须首先进行债务融资，然后再用被收购企业的现金流量来偿还债务，故需要企业具有稳定的现金流量。而成熟企业一般现金流量比较稳定，有利于收购的顺利实施。

3. 管理层收购成功的条件

国际上对管理层收购目标公司设立的条件有三：一是企业具有比较强且稳定的现金流生产能力；二是企业经营管理层在企业管理岗位上工作年限较长、经验丰富；三是企业债务比较低，企业具有较大的成本下降、提高经营利润的潜力空间和能力。

3.2.2 管理层收购的原因

1. 股东选择管理层收购的原因

与所有权和经营权分离不同的是，管理层收购追求的是所有权和经营权合一。对于股东来讲，选择管理层收购，通常基于以下原因：

(1) 管理层收购有助于降低股东的代理成本。“两权分离”的情况下，管理者在进行经营决策时，难免在一定程度上追求自身利益而置股东的利益于不顾。收购完成后，管理层将拥有企业的股权，使得企业所有权与经营权合一，管理层将参与企业经营成果的分配，管理者有足够的动力挖掘企业的潜力，因此有助于降低管理者与股东之间的代理成本。

(2) 管理层收购有助于有效激励和约束管理层。收购完成后，管理层与企业利益一致，有助于激发管理者的潜能。权力和报酬是激励企业家的两大因素，收购完成后，管理层拥有企业的控制权，能够满足其追求权力的心理需求；而报酬则能够满足管理者对物质的追求。

(3) 股东还可以从 MBO 收购活动中获得大量现金收入，这部分收入既可以分配给股东，使得股东从中赚取收益；还可以投入目标公司，购买有赢利能力的资产，从事新的投资项目。

(4) 管理层收购有助于提高资源配置效率。通过 MBO，企业可以利用 MBO 改组或卖出不合适的子公司和分支机构，以便集中力量发展核心业务，实现资源优化配置；或者是改变经营重点，将原来的边缘产业定为核心产业，甚至从某特定行业完全退出，从而促进产业结构的调整，实现行业转换。

2. 管理层进行收购的原因

对于管理层来讲，进行管理层收购，通常基于以下原因：

(1) 有助于管理者摆脱约束，施展才华。一方面，MBO 可以使管理者不受约束地施展经营管理才华；另一方面，通过管理者收购可以使上市公司成为非上市公司，从而摆脱上市制度的约束。

(2) 管理者想成为公司的所有者，追求更好的经济回报。职业经理人往往要求的是远比工资、奖金要多得多的经营回报，而这一目标只有当其成为公司所有者时才有可能完成。

当然，管理者需正确估计其专业技能及其地位所赋予的讨价还价能力，若优势不大则应慎重考虑，否则一旦收购失败，他们可能很快会被解雇。

3.2.3 管理层收购的方式与程序

1. 管理层收购的方式

国外企业管理层收购的方式主要有三种：

(1) 收购上市公司。完成管理层收购后，原来的上市公司转变为非上市公司。收购动机主要有四种：管理层的创业尝试、防御敌意收购、机构投资者或大股东转让大额股份、摆脱上市公司制度的约束。

(2) 收购集团的子公司或分支机构。大型企业在发展过程中为了重点发展核心业务或者转换经营重心进入新领域，通常需要出售一部分资产和业务，或者是曾经被收购的子公司在经营价值得以提升后被再次出售套现取得收益。这些情况往往会以 MBO 方式进行资产的剥离和重组。因为此时选择管理层来进行收购是有优势的：一方面，管理人员具有信息优势，作为内部人员，容易满足保密要求；另一方面，目标公司被出售后，与原母公司的业务联系会继续保持(作为原料供应商或客户)，从而有利于企业平稳持续的经营。例如，若将企业出售给第三者会损害企业的形象，或股东希望尽快平稳地脱手时，他们往往更愿意选择 MBO。

(3) 公营部门的私有化。公营部门私有化主要是为了引入竞争，打破国企垄断，给民营公司、外资公司或个人等非国家控股的企业或个人一个竞争的机会，使得市场能够达到充分竞争。管理层收购是实现公营部门私有化的主要方式之一。公营部门私有化可以是国有企业整体出售，也可以将国有企业整体分解为多个部分，再分别出售；或是地方政府或准政府部门出售一些地方性服务机构。

公营部门私有化的方式有很多，例如，国有企业上市，通过在证券市场出售股权，也可将国有股减持给个人或其他第三方等。虽然公营部门私有化可以有多种形式，但 MBO 无疑是最有效、最灵活的一种。它一方面将资本市场的监督机制引入公营部门；另一方面又使管理者成为股东，刺激了他们的经营积极性。20 世纪 80 年代英国对公营部门实行私有化时，就广泛采用了 MBO 形式及其派生形式 EBO(员工控股收购)。对于东欧正在进行的改革，MBO、EBO 也是最可接受的、操作性最强的私有化方式。

2. 管理层收购的程序

管理层收购一般需要经过前期准备、实施收购、后续整合、重新上市四个阶段。

(1) 前期准备。这一阶段需要对 MBO 进行可行性分析，组建收购管理团队，设计管理层激励体系，筹集收购所需资金。设计管理人员激励体系的核心思想是通过股权认购等形式向管理人员提供基于股票价格的激励报酬，使管理层的报酬与公司盈亏直接挂钩，从而充分发挥其管理才能和敬业精神。在资金安排上，管理层只付出收购价格中很小一部分，所需资金的大部分通过负债方式来筹措。

(2) 实施收购。收购谈判，签订合同是 MBO 的核心和关键步骤。收购的方式可以采取收购目标公司的股票或资产两种形式，与一般的收购无本质区别。

(3) 后续整合。收购完成以后，管理者的身份发生了变化，成为公司新的所有者。为了增加利润和现金流量，他们会削减成本或改变市场战略进行整合，加强企业管理。

(4) 重新上市。整合完成之后，公司实力进一步增强，可能会选择重新上市，以向现有股东提供更大的流动性。

3.2.4 我国的管理层收购

由于管理层收购在激励内部人员积极性、降低代理成本、改善企业经营状况等方面起到了积极的作用，因而它成为 20 世纪七八十年代流行于欧美国家的一种企业收购方式。而对我国企业而言，管理层收购的理论和实践与市场经济体制改革及产生的问题紧密相连。MBO 最大的魅力在于能理清企业产权，实现所有者回归，建立企业的长期激励机制，这是我国 MBO 最具鲜明的特色。

改革开放之初，我国的一些私营企业为了生产和经营方便，往往冠以全民或集体所有制性质，为自己披上一件公有的外衣。这所谓“民营集体企业”，一直没有出资者主体，企业的发展壮大主要靠银行贷款和企业的自身积累，由于产权不清造成企业发展滞缓的问题亟待解决。与此同时，国有企业缺乏效率的问题，经营者的长期激励和选择的问题均未从根本上得到解决。随着国企改革的深入，人们越来越清楚地认识到，必须对国有经济进行战略性重组，实现国有资本从一般性竞争部门向战略部门集中。而其中，MBO 就是解决问题的现实途径之一。

1998 年下半年到 1999 年上半年，为了解决国有企业改革发展的资金需求和完善社会保障机制，开始进行国有股减持的探索性尝试。从 1999 年第一家实施管理层收购的四通集团开始，短短几年时间，国内出现了管理层收购的热潮。2000 年粤美的 MBO 的成功实施更是进一步促进了我国管理层收购的迅速发展。然而，有关 MBO 的政策在 2003 年出现了波折。考虑到大规模推行管理层收购可能导致高风险，2003 年 4 月管理层收购被紧急叫停，当年 12 月，国务院办公厅又重新对管理层收购实行有限制的允许，转发了国资委《关于规范国有企业改制工作的意见》，对企业国有产权转让行为进行了规范。随后，国资委、财政部又公布了产权变革的一份标志性文件《企业国有产权转让管理暂行办法》，对企业国有产权向管理层转让作出更为明确的规定。在管理层收购解禁之后，学术界、企业界开展了一次关于管理层收购的大讨论，有学者认为管理层收购是导致国有资产流失的主要途径，管理层收购不适合中国。2004 年 12 月，国资委明确规定国有大型企业不准实行 MBO。2005 年 4 月，国资委和财政部公布了《企业国有产权向管理层转让暂行规定》，对企业国有产权向管理层转让提出了规范性要求，对管理层出资受让企业国有产权的条件、范围等进行了界定，并明确了相关各方的责任，明确提出中小型国有及国有控股企业的国有产权可向管理层转让，而大型国企的国有产权不得向管理层转让。

从目前来看，国内进行 MBO 的作用具体表现在四个方面：一是解决国有企业"所有者缺位"问题，促进国企产权体制改革；二是解决"民营集体企业"的历史遗留问题，实现企业向真正的所有者"回归"，恢复民营企业的产权真实面目，从而为民营企业的长远发展扫除产权障碍；三是帮助国有资本从竞争性行业中逐步退出，使得市场能够达到充分竞争；四是激励和约束企业经营者的管理，减少代理成本。

【例 3-9】　　粤美的的管理层收购

1968 年，何享健先生带领 23 人集资 5 000 元在北滘创业，组建"北滘街办塑料生产组"，主要生产塑料瓶盖。1975 年，"北滘街办塑料生产组"更名为"顺德县北滘公社塑料金属厂"，转为公社企业，自有资金超过 10 万元，管理人员 6 人，技术人员 1 人，厂房 200 多平方米，主要生产塑料瓶盖、五金制品。1980 年，伴随改革开放大潮，粤美的开始生产电风扇，进入家电领域。1981 年，正式注册美的商标。1985 年，开始生产空调。1992 年 3 月，成立粤美的电器集团；同年 6 月，完成了 1.2 亿元资金募集工作，随后调整企业治理结构、财务制度、管理制度等，逐步建立现代企业制度；同年 8 月，成立粤美的集团股份有限公司，完成了股份制改造。1993 年 11 月，粤美的电器(000527)在深交所挂牌上市，成为全国首家在深圳上市的乡镇企业，主营业务收入由 1992 年的 4.87 亿元飞速增长至 1996 年 25 亿元，成为国内最大的家电企业之一。由于当时的上市法规限制，发起人和第一大股东是具有国有背景的北滘镇经济发展总公司，何享健等创业者只持有 22.5%的内部职工股。2000 年粤美的实施 MBO，顺德政府敢为人先，出让所有股份，以何享健为核心的管理层成为了公司第一大股东。管理层收购的实施过程如下：

2000 年 4 月 7 日，粤美的成立了"顺德市美托投资有限公司"(简称"美托投资")，美托投资是由粤美的集团管理层(法定代表人何享健等)和粤美的工会等 22 名股东共同出资组建，管理层持股 78%，工会持股 22%。股权转让分两个步骤实现：

第一步，初次股权转让。2000 年 4 月 10 日，美托投资以每股 2.95 元(根据粤美的 2000 年的中期财报，其每股净资产为 4.26 元)，协议受让了粤美的控股股东顺德美的控股有限公司持有的 3 518 万股法人股

(占粤美的股权的7.25%)。由此拉开粤美的MBO序幕。

第二步,再次股权转让。2000年12月20日,公司原第一大股东顺德美的与美托投资签订股权转让协议,美托投资以每股3元(根据粤美的2000年的年度报告,其每股净资产为4.07元)受让美的控股7 243万股法人股(占总股本的14.94%)。股权转让完成后,美托投资正式成为粤美的的第一大股东,持股比例上升到22.19%,而美的控股退居第三。至此,粤美的MBO已经完全实现。

3.3 杠杆并购

3.3.1 杠杆并购的概念

1. 杠杆并购的概念

杠杆并购(Leveraged buy-out, LBO),是指并购方以目标公司的资产作为抵押,向银行或投资者融资借款来对目标公司进行收购,收购成功后再以目标公司的收益或是出售其资产来偿本付息。

杠杆并购是并购交易的一种特殊的情况,其特殊性体现在融资方式上。首先,在杠杆并购中,并购方通过负债融资方式筹集大量现金,以完成并购对价的支付。其次,负债融资不是以主并企业的资产作为担保或抵押,而是以目标公司的资产或未来收益作为融资基础;而且偿还借款的资金是来源于目标公司的收益或变卖目标公司的资产取得的。

2. 杠杆并购的特点

杠杆并购作为一种特殊的并购方式,具有如下特点:

(1) 杠杆并购的负债规模(相对于总的并购资金)较一般负债筹资额要大,其用于并购的自有资金远远少于完成并购所需要的全部资金。一般而言,自有资金是债务资金的10%~20%。

(2) 杠杆并购以目标公司的资产或未来或有收益为融资基础,并且偿付贷款的款项来自目标公司的资产或现金流量。

(3) 杠杆并购的过程中通常存在一个由交易双方之外的第三方担任经纪人,这个经纪人在并购交易的双方之间起促进和推动作用。

3. 杠杆并购成功的条件

选择何种企业作为并购的目标是保证杠杆并购成功的重要条件。一般来说,具有以下特点的企业宜作为杠杆并购的目标公司。

(1) 具有稳定连续的现金流量。杠杆并购中巨额利息和本金的支付和偿还,需要目标公司的收益和现金流量来支付。所以,目标公司收益及现金流量的稳定性和可预测性是非常重要的。目标公司收益及现金流量的质量是债权人关注的重点,在他们看来,现金流量的稳定性、连续性在某种程度上比利润规模大小还重要。

(2) 拥有人员稳定、责任感强的管理者。考虑到贷款的安全性,债权人往往对目标公司的管理人员要求很高,只有管理人员勤勉尽职,才能保证贷款本息的如期偿还。管理人员的稳定性,通常根据管理人员的任职时间的长短来判断,时间愈长,其在并购完成后留任的可能性就愈大。

(3) 被并购前的资产负债率较低。并购完成后,企业的资产负债率必然会大大提高。

如果并购完成前，目标公司的资产负债率较低，一方面增加负债的空间相对较大；另一方面，有较多的资产可以用于抵押，能够增强债权人的安全感。

(4) 拥有易于出售的非核心资产。杠杆并购中巨额负债的偿还途径，一是目标公司的收益以及由此形成的现金流量；二是变卖目标公司的部分资产。如果企业拥有易于出售的非核心资产，它就可以在必要的时候出售这些资产来偿还债务。

3.3.2 杠杆并购的程序

在杠杆收购的实际操作中，并购企业通常以目标公司作担保。常见的一种流程是：第一步，并购企业先成立一家专门用于收购的"纸上公司"；第二步，由投资银行等机构向并购企业提供一笔"过渡性贷款"（也称过桥贷款），用于购买目标公司的股权；第三步，"纸上公司"举债、发行债券；第四步，"纸上公司"与目标公司合并；第五步，将"纸上公司"的负债转移至目标公司名下；第六步，通过经营目标公司偿债、获利。

在这个过程中，发行的债券由于企业负债率较高、以未来收入或资产为担保，所以信用等级不高，属于"垃圾债券"(Junk Bond)。在国外成熟的资本市场中，通常是由投资银行安排自有资金作为过渡性贷款，并为收购方设计和承销具有高风险性质的垃圾债券作为偿还过渡性贷款的来源，所以，过渡性贷款和垃圾债券是杠杆收购的重要元素。尽管如此，杠杆并购并不一定与垃圾债券画等号，垃圾债券的主要功能是偿还过桥资本。

趣味阅读 3-1

垃圾债券大王迈克尔·米尔肯

迈克尔·米尔肯(Michael Milken)是自J·P·摩根以来美国金融界最有影响力的风云人物，曾经是在20世纪80年代驰骋华尔街的"垃圾债券大王"，影响并轻轻改写了美国的证券金融业发展的历史。他的成功秘诀就是找到了一个无人竞争的资本市场，先入为主并成为垄断者。1974年，美国的通货膨胀率和失业率攀升，信用严重紧缩，刹那间，许多基金公司的投资组合中的高回报债券都被债券评级机构降低了信用等级，沦为了"垃圾债券"，在投资者眼中，它们成了不能带来任何回报的垃圾。许多基金公司都急于将手中的低等级债券出手，以免影响基金的质量形象。

但米尔肯却敏锐地发现："由于美国在第二次世界大战后逐步完善了许多监管措施，旨在保护投资者不会因为企业的破产或拖欠债务而遭到损失，如克莱斯勒汽车公司这类大公司是不准许破产的，它的股票并不会停止交易。因而债券的信用等级越低，其违约后投资者得到的回报越高。"他认为，这些债券在利率风险很大的时期反倒能保持稳定，因为其回报是与公司的发展前景相连，而不是同利率挂钩的。

当时，拥有大量垃圾债券的第一投资者基金接受了米尔肯的意见，坚定地持有了这些垃圾债券，结果1974—1976年，连续3年成为全美业绩最佳的基金，基金的销售量大增。

米尔肯在德雷克斯投资公司成立了专门经营低等级债券的买卖部，由此开始了他的垃圾债券投资之路。他四处游说，寻找愿意购买垃圾债券的人，很快经他推荐的机构投资者年收益率达到了50%。米尔肯和德雷克斯公司则因此声名鹊起，并成为了垃圾债券的垄断者。到了20世纪70年代末期，由于米尔肯的引领，这种高回报的债券已经成为非常抢手的投资产品了。由于"垃圾债券"的数量有限，已经无法满足众多基金公司的购买欲望。米尔肯灵机一动：与其坐等不如自己去找一些信用等级低，但正处在发展阶段的公司，其债券质量比那种效益下滑、拼命减亏的公司的债券好得多。

于是，米尔肯成了替新兴公司甚至是高风险公司包销高回报债券融资的财神爷。1977—1987年，米尔肯筹集到了930亿美元，德雷克斯公司在垃圾债券市场上的份额增长到了2 000亿美元。在整个20世纪

80年代，美国各公司发行垃圾债券1 700多亿美元，其中德雷克斯公司就发行了800亿美元，占47%，让米尔肯成为了全美“垃圾债券大王”。

随着米尔肯成了中小企业和投资公司的财神爷，他个人的收入也随之飙升，如1986年一年的交易佣金收入就曾达到5.5亿美元。他在金融界的影响也如日中天。1984年12月，米尔肯策划了使他名声大振的皮根斯袭击海湾石油公司的标购事件。标购虽未获成功，却证明了米尔肯有在数天内筹集数十亿甚至上百亿美元的能力。

3.3.3 杠杆并购中的融资结构

从融资方式来看，杠杆并购的融资结构类似于倒金字塔形，与普通并购显著不同。收购资金的50%～60%通常是由银行提供的以企业资产为抵押的贷款(优先债务)；20%～30%通常是夹层债务(从属债务，过桥资本)，一般由优先股、次级债券、可转换债券构成；剩余的10%～20%是并购方的自有资金。其中，优先债务的偿还次序在普通债务之前，即偿还完了优先债务才能偿还普通债务，接着是优先股、普通股，所以，优先债务的风险相对较小，一般为商业银行贷款。从属债务，是债权人同意在另一债权人受偿之前不请求清偿自己的债务，即求偿权在主债务之后，因此利率一般较高；通常表现为无担保的长期债务，或夹层债券(次级债券、可转换债券、优先股)。

垃圾债券指信用评级甚低的企业所发行的债券。“垃圾债券”最早起源于美国，一般而言，BB级或以下的信用评级属于低。因信用评级低的企业所发行的债券的投资风险较高，所有需要以较高的利息率吸引投资者认购。投资银行为促进杠杆收购交易的迅速达成，常以夹层债券等形式向收购者提供投资银行自有资本支持下的过渡性贷款，并为收购方设计和承销“垃圾债券”作为偿还过渡性贷款的资金来源。

由此可见，在杠杆并购中，垃圾债券虽是一个重要元素，但其比例只占到20%～30%左右，主要目的是为了偿还过桥资本。其余的资金中有50%～60%属于优先债务。

在我国，缺乏垃圾债券得以生存的环境，私募股权基金(PE)可以成为过桥资本的资金来源。此外，发行信托也可募集过桥资本，即收购方与信托公司合作，由信托公司发行信托计划，筹集收购资金。其中，收购方作为次级受益人，购买10%～20%的信托单位，并承担市场风险，在收购盈利时晚于优先受益人获得剩余收益，在亏损时不参与信托财产分配，并垫资承担损失。

【例3-10】 **KKR收购RJR**

说到杠杆收购，就不能不提及20世纪80年代的一桩杠杆收购案——美国雷诺兹·纳贝斯克(RJR Nabisco)收购案。这笔被称为“世纪大收购”的交易以250亿美元的收购价轰动世界。这场收购战争主要在雷诺兹·纳贝斯克公司的高级治理人员和闻名全球的收购公司科尔伯格·克拉维斯(Kohlberg Kravis Roberts & Co. L. P.，简称KKR)公司之间展开。但由于它的规模巨大，其中不乏像摩根士丹利、第一波士顿等这样的投资银行和金融机构的参与。当时直接参加这场“战役”的有四大主力：第一竞标方是“管理集团”，包括雷诺兹·纳贝斯克公司的部分管理层、美国运通公司、希尔森·莱曼·赫顿公司、所罗门兄弟公司和公共关系顾问公司；第二竞标方是KKR公司、兰伯特公司、摩根斯坦利、沃塞斯顿·佩雷拉公司；第三竞标方是福斯特曼·利特尔联合公司、高盛公司；第四竞标方是第一波士顿公司。

“战争”的发起方是以罗斯·约翰逊为首的RJR纳贝斯克公司高层治理者，他们认为公司当时的股价被严重低估。1988年10月，治理层向董事局提出治理层收购公司股权的建议，收购价为每股75美元，总计170亿美元。虽然约翰逊的出价高于当时公司股票53美元/股的市值,但公司股东对此却并不满足。消息传出后不久,华尔街的“收购之王”KKR公司加入这次争夺,并且陆续出现了其他竞标方参与竞争。尽管当时所有人都看好那些鼎鼎大名的华尔街投行,但是经过6个星期的激战,在经历了一系列复杂的交易后,最终得手的却是KKR公司,这个1976年由科尔伯格、克拉维斯与罗伯茨三人共同成立的公司(KKR即是三人名字的第一个字母),以每股109美元,总金额250亿美元不可思议的高价收购了雷诺兹·纳贝斯克公司,一举击败所有的对手,不仅完成了这场被称为美国20世纪最著名的恶意收购,而公司自身也一跃成为拥有顶级财经法律专家、专业进行杠杆收购的世界顶级公司。

在此次收购中,KKR付出的代价极小,收购资金的规模虽然超过250亿美元,但KKR本身出资金仅15亿美元,而其余94%的资金是通过银团和两家投资银行贷款、发行垃圾债券筹集,并承诺在未来用出售被收购公司资产的办法来偿还债务。

3.4 并购整合

3.4.1 并购整合的概念与作用

1. 并购整合的概念

并购整合是指在完成产权结构调整以后,企业通过各种内部资源和外部关系的整合,维护和保持企业的核心能力,并进一步增强整体的竞争优势,从而最终实现企业价值最大化的目标。

并购在正式完成股权或资产的转让后,更大的挑战接踵而至。例如,双方的文化冲突应如何解决?双方的优势领域如何互补?如何降低运营成本,发挥出理想的协同效益?如何稳定目标公司的管理层和员工,避免人才流失?如何管理比自己实力强的公司?这一系列问题将会逐一摆在管理层面前。能否迅速且有效处理并购后整合过程中的问题,才是整个项目投资成败的关键所在。理论和实践的研究都表明,并购后能否实现有效的整合是并购能否取得成功的重要因素之一。著名经济学家斯蒂格利茨关于并购的研究表明,全球失败的并购案例,70%是由于并购后的整合不足所致。

2. 并购整合的作用

并购整合是并购创造价值的源泉所在,使得并购最终实现了“1+1>2”的效果。如果将并购比作一曲宏伟的交响乐,可以说,并购协议的签订只是一个不可或缺的前奏,而并购后的整合才是真正的主旋律,它是决定并购成败的关键。并购整合的作用具体表现在以下几个方面:

(1) 并购整合是并购企业和目标公司能够协调运作,发挥协同作用的重要途径。企业并购行为结束后,企业能否将并购的资源与企业原有的资源进行有效的整合,是企业并购战略成败的决定性因素。美国著名的管理学家彼得德鲁克《管理的前沿》中指出:“企业的并购不仅仅是一种财务活动,只有在整合上取得成功,才是一个成功的并购,否则只是财务上的操纵,这将导致业务和财务上的双重失败。”例如,TCL并购汤姆逊的案例中,并购时TCL声称1年扭转亏损,2年后扭亏为盈。但合并后整合不力,经历了一次次的亏损。

(2) 并购整合是培育企业核心能力的有效途径。并购为企业核心竞争力的获取和壮大提供了平台,但有效整合才是形成和增强核心竞争力的根本条件。例如,2001年浙江华立集团收购美国飞利浦的 CDMA 项目，希望通过多元化来保持企业的高速增长。但经过 4 年的运营，仍没有将 CDMA 的核心技术成功整合内化，未获得其核心技术的所有权。

（3）并购整合是实现并购目标的可靠保证。企业并购的目标是多元化的，但是这些目标的实现有赖于并购双方在管理、人员及文化等方面的差异的有效融合。

3.4.2 并购整合的内容

企业并购整合从内容上看，涉及资产、财务、组织、管理和企业文化等方面，其深度和广度超乎想象，是一个复杂过程。成功的企业并购整合包括经营战略整合、组织结构整合、财务整合以及企业文化整合等几个关键要素。

1. 战略整合

战略整合是在企业并购完成后，对发展目标和战略进行全方位的融合，使被并购企业的发展战略、经营目标与并购企业协调一致、相互融合，发挥战略协同效应，从而实现谋求企业发展、加强市场控制能力、降低运营风险、提高企业整体盈利能力和核心竞争力等并购目的。值得注意的是，战略整合不是一成不变的，而是一个动态过程，需要伴随内部和外部环境的变化和并购后企业的实力和经营环境适时调整。

2. 组织机构与制度整合

组织机构和制度整合是在企业并购完成后，对被并购企业在组织机构和制度上进行必要的调整或再造，以实现组织和制度的协同发展，以充分发挥经营管理的协同效应。通常，并购方需要对被并购方的组织机构进行改造并将自身的优良制度植入被并购企业。

3. 人力资源整合

由于企业职位有限，并购双方都希望保持自己的职位或权威。如果处理不当，会导致被收购企业中关键人员包括高级经理人员的流失。同时，并购还会对员工心理和行为产生不利影响，例如对管理层缺乏信任、缺乏工作热情等。这都为企业并购的成功埋下了隐患，如果不予理睬，很可能导致企业并购的失败。根据调查显示，企业兼并后最先离开企业的职工往往是有能力的、企业需要的人才，他们往往在企业被兼并后对企业未来难以把握而被企业竞争对手所吸纳。一般而言，建立科学的考核和激励机制，重视并购后员工的教育和培训是人力资源整合中应用最为广泛的一个途径，同时也是吸引、激励和留住人才的一个有效方法。

4. 资产整合

从战略的高度、市场的角度来分析，并购的资产可分为理想资产、垃圾资产、鸡肋资产三类。

（1）理想资产，即满足并购需求，支持公司战略发展的业务资产。对于这类型资产，我们要设计合适的策略及时整合，使其发挥并购协调效应。

（2）垃圾资产，绝大多数是不良资产或已经退出市场的业务资产。对于这部分资产应以合理的方式及时处置，保留时间越长，流动性越差，就越会拖累公司主业的开展。

（3）鸡肋资产，是有一定市场潜力或运营正常的业务资产。这类资产的处置，是并购整合中最难以操作的一项活动，需要正确把握合理保留。否则可能掉入“盲目多元化”的陷阱，分散资源，对公司发展带来不利后果。

5. 财务整合

财务整合是指并购方对被并购方的财务制度体系、会计核算体系统一管理和监控。在企业整合的过程中,财务整合是并购方对被并购方实施有效控制的根本途径。企业并购之后,财务必须实现一体化管理,被并购企业必须按并购方的财务制度运营,建立健全高效的财务制度体系,最终达到对并购企业经营、投资、融资等财务活动实施有效管理。具体包括财务管理目标导向的整合、财务管理制度体系的整合、会计核算体系的整合、存量资产的整合、业绩评估考核体系的整合、现金流转内部控制的整合、被并购企业权责明晰的整合共七项整合。

6. 企业文化整合

企业文化塑造企业的经营方式和经营理念,影响企业员工的价值观和思维方式。两个企业并购后,原来各企业的经营理念、思维方式、工作方式等存在一定的冲突,给企业员工带来很大的不适应,这是规章制度和操作规程所不能解决的问题。如果不能妥善处理这些问题,就可能导致并购的失败。例如,2002 年联想对汉普咨询的并购,导致许多原汉普高层管理人员和大批咨询师离职,原因就在于并购双方的企业文化严重冲突。因此,企业要在并购前充分了解双方文化,评估可能的冲突和风险程度,拟定解决方案。

3.4.3 并购整合的过程

根据诸多项目实操经验看,我们将整合分为:并购规划期、并购整合期和并购优化期三个关键阶段。

1. 并购规划期

管理整合的起点在并购战略制定时,而并不是并购完成时。并购前的系统诊断,对并购战略的清晰化及并购后的整合意义重大。只有对被并购企业的运营体系、组织职能、财务体系、人力资源、企业文化、供研产销等关键要素具备清晰的认识,才能在并购环节提前布局,进行合理的条款设置。许多并购后的实际情况与前期预期差异较大,问题多出于并购前的尽职调查。此外,还需对并购方自身的管理体系进行合理评估,识别问题所在,并尽量在并购整合前提升自身管理运营及团队专业能力。

2. 并购整合期

并购整合期一定要系统且迅速,否则将会陷入漫长无效的组织拖沓和制衡状态。并购整合期需要抓好三条主线工作:

(1) 战略运营线:整合战略与目标计划。通过共同规划,建立双方的方向共识,并明确关键工作的主次先后关系及目标分解体系,加强双方核心业务的协同性。

(2) 组织管理线:通过组织架构及职能梳理,一方面实现双方关键职能的合理分工,避免资源重复配置或管理体系模糊不清;另一方面,构建能够支持战略实现的组织功能,同步梳理责权利体系、明确管控及内部沟通机制、梳理业务流程、并对关键群体实施激励,以优化组织体系,提高企业运营效率。

(3) 团队建设线:根据战略及组织职能的需要,从大局出发,以最优配置方式,重构团队;同时,根据经营目标建立团队考核以及激励体系,以优化人力资源的配置。

3. 并购优化期

随着第二阶段并购整合期工作的逐步落实,并购整合进入优化期以进行相应的优化提升。主要包括四项基础工作:

（1）决策机制建设。建立有公信力的决策团队及决策机制，是规避风险，推动企业融合、执行统一战略的关键步骤。

（2）管理机制建设。以"有利于管理效率提升，有利于业务回报提升"作为衡量标准，建立保障企业各项工作能够落实的管理制度。

（3）管理平台建设。"可衡量才可管理"，推行以运营报表、财务报表、管理报表及人事报表等类别构成的管理平台，逐步通过 IT 化手段提升工作展示的形式，提升工作及沟通的有效性。

（4）文化基础建设。重新梳理企业文化体系，并明确中短期的企业文化构建思路，在管理与业务融合的基础上进一步推动双方企业文化的融合。

3.5 案例分析：平安银行与深发展的并购

3.5.1 案例背景

1. 中国平安

中国平安保险（集团）股份有限公司（简称：中国平安、平安集团），于 1988 年诞生于深圳蛇口，是中国第一家股份制保险企业，至今已发展成为融保险、银行、投资等金融业务为一体的整合、紧密、多元的综合金融服务集团，拥有完善的治理架构，国际化、专业化的管理团队。中国平安拥有中国金融企业中真正整合的综合金融服务平台，位于上海张江的中国平安全国后援管理中心是亚洲领先的金融后台处理中心，公司据此建立起流程化、工厂化的后台作业系统，并借助电话、网络及专业的业务员队伍，为客户提供专业化、标准化、全方位的金融理财服务。经过多年的发展，平安集团在保险业务的核心优势上，形成了统一品牌的多元化产品，在集团实行多元化发展战略的同时，下属子公司强化专业化经营，在保险、证券、银行、信托业务上取得了长足的发展。公司控股设立中国平安寿险保险股份有限公司、中国平安财产保险股份有限公司、平安养老保险股份有限公司、平安资产管理有限责任公司等 82 家主要子公司，图 3-1 列示了中国平安的直接持股子公司及直接持股比例。

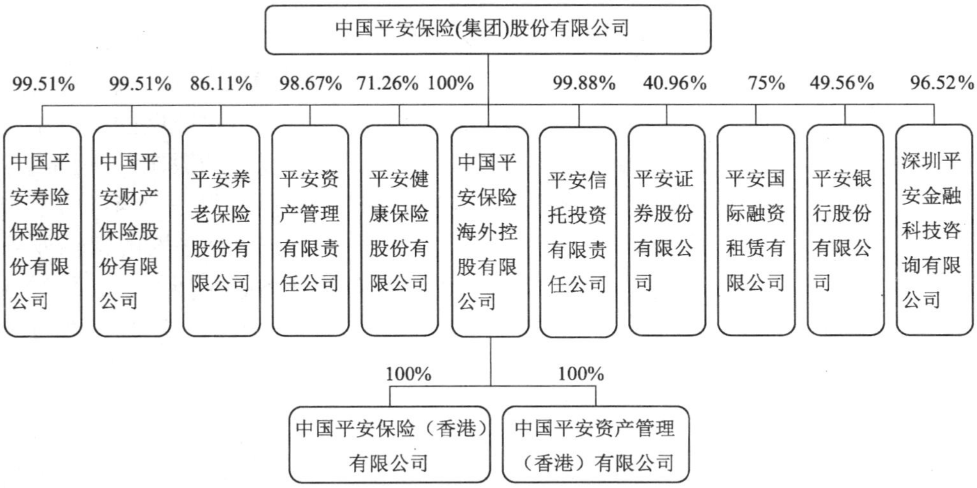

图 3-1 中国平安股权结构图

2. 平安银行

2003年,中国平安通过投资领域不受法律限制的平安信托投资公司联手香港上海汇丰银行(HSBC)收购了福建亚洲银行100%股份。根据收购协议,汇丰银行斥资不超过2 000万美元收购福建亚洲银行50%的股权;平安信托收购余下的50%股权。其后,平安继续向福建亚洲银行再注入2 300万美元,从而使注入资金总额增至5 000万美元,持有福建亚洲银行73%股份,汇丰银行持有的股权稀释至27%。2004年,福建亚洲银行更名为平安银行,总部由福州迁至上海。平安银行成为国内第一家以保险品牌命名的商业银行。2006年,平安集团斥资10.08亿,收购深圳市商业银行10.08亿股股份,占深商行总股本的63%。此后,深商行又向平安集团定向增发39.02亿股,使得平安集团合计持股达49.17亿股,占深商行总股本的89.36%。

2007年,深圳市商业银行吸收合并平安银行并更名为深圳平安银行;2009年,深圳平安银行经中国银监会批准更名为平安银行。

3. 深圳发展银行

深圳发展银行股份有限公司(简称:深圳发展银行)是中国第一家面向社会公众公开发行股票并上市的商业银行。经过20多年的快速发展,综合实力日益增强,成为了一家在北京、上海、广州、深圳、杭州、武汉等22个经济发达城市设立了约300家分支机构的全国性商业银行,在北京、香港设立代表处,并与境外众多国家和地区的600多家银行建立了代理行关系。2004年,深发展成功引进了国际战略投资者美国新桥投资集团,成为国内首家外资作为第一大股东的中资股份制商业银行。新桥投资是美国德克萨斯太平洋集团(TPG)专注于亚洲地区投资的子公司,主要从事战略性投资,曾经因收购韩国第一银行而让人称道。2004年,新桥投资以每股3.54元受让深发展17.89%股权成为第一大股东后,承诺了5年锁定期。直至2009年6月份新桥投资总共拥有5.2亿股深发展股份,占比16.76%。

3.5.2 平安银行与深发展的并购动因及过程

1. 并购动因

“保险、银行、投资”三驾马车并驾齐驱是中国平安综合金融战略的梦想,而当时银行板块偏弱。截至2009年6月,中国平安持有平安银行90.75%的股份,以及深发展4.68%的股权。按照2009年中国平安年报,银行营业收入在中国平安中的比重仅为2.9%。银行业净利润在中国平安中的比重约为7.45%,银行业板块明显偏弱,急需补强。而收购是增强规模的最快捷方式。总揽全国,在拥有全国性银行牌照的银行之中,可供收购的股份制商业银行只有10家,其中,绝大多数银行的股东结构相对稳定,只有深发展的股东是“迟早会退出”的新桥投资,这成为中国平安最好的选择。而且,深发展的资源可以很好地与中国平安的现有资源互补。当时,在深发展的银行业务网络中,至少有14个城市是平安的银行业务尚未覆盖到的,同时,其中不少城市是平安寿险、产险、年金业务市场占有率居第一、第二的城市。加之平安之前已作为深发展的中小股东,对深发展银行的公司治理、经营状况等有直接和深入的了解,并且并购可以实现整合资金、技术销售、品牌、土地等资源,实现资源的共享或互补,因此中国平安收购深发展的意愿非常强烈。

平安与深发展的合并将丰富平安已有的渠道资源。平安银行除深圳总行外,共有7家分行,网点不足是发展的重要瓶颈。而深发展共有分支机构近300家,基本覆盖了国内重点城市。通过收购深发展，平安的银行业务范围将拓展至21个城市、分支机构数量将增至344个，这无疑可以帮助平安迅速在全国范围内展开银行业务。

深发展银行是我国第一家股份制银行，引进新桥投资作为战略投资者后，在业务创新、风险管理、流程改革方面取得了显著的成效，不良贷款率急剧下降，资本充足率从2%提高到8%以上，可以说新桥投资给深发展带来的是内涵式增长。扩大业务规模的外延式增长成为其迫切需求。而当时的第一大股东新桥投资的5年锁定期即将届满，在2008年就已经启动退出计划。对于深发展来说，引入平安，能够获得长期稳定的资本，长远提升其资本实力和资本充足率，增强其核心竞争力，并可借助平安的交叉销售和网点布局获得“混业经营”的优势。双方的合作将带来更多元的产品，更广泛的客户基础和更多交叉销售的机会。同时可以降低产品开发成本、有效增加销售额，满足客户的多方面需求，增加客户的满意度和忠诚度。平安收购深发展后，深发展现有的后台支持系统可以被整合进平安全国统一的运营管理中心。利用平安的后台支持系统，将极大地促进客户资源共享并提升服务水平和效率，同时也有助于降低经营成本和风险，有利于加快深发展在企业银行业务及零售银行业务的发展，进一步提升长远发展的潜力。早在2008年8月21召开的深发展半年业绩发布会上，深发展董事长兼首席执行官法兰克·纽曼就向平安伸出橄榄枝，表示“如果平安来投资我们，我们会成为一个比其他银行更好的投资对象”。

2. 并购过程

(1) 中国平安与新桥投资换股。2009年6月12日，中国平安与深发展原第一大股东新桥投资签订《股份购买协议》，根据该协议中国平安向新桥投资购买其持有的520 414 439股深发展股份，约占深发展总股本3 105 433 762股的16.76%。2010年1月26日，中国平安在受让NEWBRIDGE持有的深发展股份及平安寿险认购深发展定向增发的股份之交易过程中，向商务部进行经营者集中申报，商务部作出(商反垄竞争函〔2010〕第11号)《经营者集中反垄断审查决定》，认为该经营者集中不具有或可能具有排除或限制竞争的效果，从即日起经营者可以实施集中。2010年5月，中国平安保险(集团)股份有限公司以向深发展第一大股东新桥集团定向发行2.99亿股H股作为对价，受让了新桥持有的深发展520 414 439股股份，交易成本约合人民币167.95亿，交易完成后中国平安占深发展总股本的16.76%。

(2) 平安寿险认购深发展股权。2009年6月12日，深发展与平安寿险于在深圳签署《股份认购协议》，并于2010年6月28日收到中国证监会《关于核准深圳发展银行股份有限公司非公开发行股票的批复》(证监许可〔2010〕862号)。深发展向平安寿险定向发行379 580 000股，每股价格18.26元，募集资金6 931 130 800元。2010年6月28日，深发展收到平安寿险缴纳的本次发行认购资金，资金经安永华明会计师事务所验证，并出具《验资报告》。2010年6月29日，深发展完成股份发行登记手续，并收到中国证券登记结算有限责任公司出具的《证券登记确认书》。交易完成后，深发展总股本变更为3 485 013 762股，平安寿险持有深发展股份变更为523 851 825股，占深发展总股本的15.03%。平安寿险与其控股股东中国平安合计持深发展股份变更为1 045 322 687股，约占总股本的29.99%，成为第一大股东。

(3) 中国平安认购深发展股权。2010年9月14日，中国平安与深发展签署《中国平安保险(集团)股份有限公司与深圳发展银行股份有限公司之股份认购协议》；之后双方又签署《认购协议之补充协议》《盈利预测补偿协议》。2010年9月30日，深发展召开2010年第一次临时股东大会，审议了《深圳发展银行股份有限公司关于符合上市公司重大资产重组条件的议案》的相关议案。2011 年 1 月，中国银监会、中国证监会批复核准相关议案。核准深发展向中国平安发行 1 638 336 654 股股份，购买中国平安持有的平安银行 7 825 181 106 股股份(约占平安银行总股本的 90.75%)并向其募集 269 005.23 万元人民币。

2011 年 7 月 8 日，中国平安持有的平安银行 7 825 181 106 股(约占平安银行总股本的 90.75%)的股权在深圳联合产权交易所办理股权过户手续，股权持有人变更为深发展。2011 年 7 月 18 日，中国平安将 269 005.23 万元的人民币现金转账至深发展在中国银行开立的银行账户中。2011 年 7 月 19 日，安永华明会计师事务出具《验资报告》，对中国平安的前述出资予以验证。2011 年 7 月 20 日，深发展向中国平安增发的股份共计1 638 336 654股完成登记手续。

交易完成后，中国平安持有深发展总股本 42.16%，平安寿险持有 10.22%，合计持有 52.38%。深发展持有平安银行 7 825 181 106 股，约占平安银行总股本的 90.75%。

(4) 深发展吸收合并平安银行。2012 年 1 月 19 日，深发展召开第八届董事会第十一次会议以及原平安银行召开第五届董事会第二十九次会议审议通过了“深发展吸收合并原平安银行的方案”的相关议案。本次吸收合并完成后，平安银行被并入深发展，平安银行注销，不再作为法人主体独立存在，深发展为合并后存续的公司，公司的中文名称由“深圳发展银行股份有限公司”变更为“平安银行股份有限公司”。2012 年 2 月 9 日，深发展和平安银行分别召开的 2012 年第一次临时股东大会审议通过“深发展吸收合并原平安银行的方案”的相关议案。2012 年 4 月 24 日，中国银监会批准了深发展吸收合并平安银行。中国银行业监督管理委员会同意深圳发展银行股份有限公司更名为“平安银行股份有限公司”，英文名称变更为“Ping An Bank Co.,Ltd.”。2012 年 6 月，原平安银行注销，深发展成为新的“平安银行”。2012 年 8 月 2 日，经深圳证券交易所核准，原深发展证券简称变更为“平安银行”，证券代码 000001 不变。2012 年 8 月 24 日，平安银行(原深发展)公告了《平安银行股份有限公司关于两行吸收合并交易实施完成的公告》，两行吸收合并已经实施完成。

3. 并购效果

(1) 深发展方面，并购完成后获得了中国平安的大量资本，并利用平安 IT、后援集中、交叉销售等共享平台开展银行业务，各项指标都有明显的增长。例如，在资产总额上由 2009 年的 5 878.11 亿元增加到 2010 年的 7 272.07 亿元，其规模接近排在第 10 位华夏银行的资产规模；资本充足率也由原来的接近于监管要求的 8%迅速提升。信用卡业务、存款业务、贷款业务等都有显著增长。其并购前后主要业务数据如表 3-5 所示。

表 3-5　**深发展并购前后主要数据**

项目	2012 年 12 月 31 日	2011 年 12 月 31 日	2010 年 12 月 31 日	2009 年 12 月 31 日
资产总额	16 065.37 亿元	12 581.77 亿元	7 272.07 亿元	5 878.11 亿元
贷款总额(含贴现)	7 207.80 亿元	6 206.42 亿元	4 073.91 亿元	3 595.17 亿元
存款总额	10 211.08 亿元	8 508.45 亿元	5 629.12 亿元	4 546.35 亿元
营业收入	397.50 亿元	296.43 亿元	180.22 亿元	151.14 亿元
信用卡流通量	1 100 万张	904 万张	413 万张	364 万张
资本充足率	11.37%	11.51%	10.19%	8.88%
机构网点数量	450 家	317 家	304 家	302 家

资料来源：深发展 2009—2012 年报。

(2) 中国平安方面,并购完成后收入结构得到明显的改善。2012 年,中国平安的银行业务实现净利润 132.32 亿元,同比增长 65.9%,对集团贡献利润 68.70 亿元,占比由 2011 年的 26.4%提升至 34.3%;收入结构进一步改善。机构扩张提速,网点数量快速增长,截至 2012 年年末,全行机构网点数量 450 家,净利息收入大幅增加至 2012 年的 332.433 亿元。并购前后中国平安的银行业务主要数据如表 3-6 所示。

表 3-6　**并购前后中国平安的银行业务主要数据**　单位:百万元

项目	2012 年 12 月 31 日	2011 年 12 月 31 日	2010 年 12 月 31 日	2009 年 12 月 31 日
贷款总额(含贴现)	720 780	620 642	130 798	107 562
存款总额	1 021 108	850 845	182 118	149 065
净利息收入	33 243	18 371	5 438	3 425
净利润	13 232	7 977	1 737	1 080
资本充足率	11.37%	11.51%	10.96%	13.05%

资料来源:中国平安 2009—2012 年报。

3.5.3　案例启示

1. 并购过程分析

从整个交易过程来看,中国平安与深发展的并购是善意的,中国平安为了"做强做大"银行业务,用心良苦,精心策划和布局了整个并购交易。整个并购过程历时近 2 年,大致可以分为三个步骤:第一步,中国平安与深发展原第一大股东新桥投资签订《股份购买协议》,通过换股方式取得深发展 16.76%的股权;第二步,中国平安通过旗下子公司平安寿险认购深发展 15.03%股权,与中国平安合计持有深发展 29.99%股权;第三步,深发展横向吸收合并平安银行,深发展以定向增发的方式,向中国平安发行 1 638 336 654 股,取得平安银行 90.75%的股权以及 269 005.23 万元人民币。

2. 并购动因分析

中国平安并购深发展有助于其迅速做大银行业务。以 2008 年为例,中国平安取得了近 1 398 亿元的营业收入,其中保险业的收入为 1 294 亿,平安银行的收入仅为 54.6 亿。如果依靠自身逐步拓展,平安的银行业务或许要花 5~7 年时间才能成为中等规模、全国布局的银行。收购之后,通过将银行业务范围扩展到全国 21 个主要城市,平安实现交叉销售的平台将更具广度和深度。通过向平安现有的客户销售深发展的银行产品,和向深发展的客户销售平安的保险产品和理财产品,丰富的产品线不仅可以增强客户忠诚度,同时也有利于平安品牌的影响力。整合的后台支持系统也会大大降低经营成本和经营风险。

3. 并购效果分析

中国平安集团并购深圳发展银行是成功的,协同效应显著。并购不仅给平安带来了可见的利益,而且也解决了深发展本身资本金不足的困境,达到了双赢的结果。平安面临的是有限、不确定和信息不完全的市场,并购在某种程度上可以降低交易费用,节约交易成本,限制竞争者进入,同时可以减少交易环节,降低管理成本。并购后,在人事领域吸取双方管理技能,使更多部门融合,沟通一致。平安与深发展自身都有一只高水平的管理队伍,合并后就可以发挥协同效应，实现双赢。

平安参股深发展有利于平安发展银行业务。银行和保险之间的合作产生良好的协同效应，这种协同效应体现在客户资源共享、资金拆借、银保销售、理财产品等多方面，对中国平安和深发展来说都是长期利好。

对于深发展银行方面。首先，中国平安凭借丰富的个人客户基础和管理银行的初步经验，利用保险业务的销售网络，通过交叉销售，助力深发展开拓其零售银行业务。其次，深发展迅速获得资金，提高资本充足率，增强核心竞争力，有利于持续健康的发展。同时，深发展也可以充分利用中国平安的全国网络和优质的客户资源，提升深发展的业务实力。此外，深发展获得一次外延式增长的机会，优化网点布局，从而使得深发展获得更多优质客户。

重要概念

并购　新设合并　吸收合并　横向并购　纵向并购　混合并购　善意并购　要约收购　协议收购　间接收购　规模经济　并购效应　管理层收购　杠杆并购　并购整合

本章练习

一、单项选择题

1. 下列理论中，认为并购可以给企业提供成本较低的内部融资的是(　　)。

A. 效率效应理论　　B. 战略调整理论

C. 财务协同效应理论　　D. 信息理论

2. 下列理论中，认为无论并购本身最后是否成功，目标公司的股票价格往往会经历一个上升的过程的是(　　)

A. 效率效应理论　　B. 战略调整理论

C. 财务协同效应理论　　D. 信息理论

3. 某化工企业并购一家房地产公司，为(　　)。

A. 横向并购　　B. 纵向并购

C. 混合并购　　D. 善意并购

4. 企业与在生产经营过程中与其密切联系的供应商或客户的合并称为(　　)。

A. 横向并购　　B. 纵向并购

C. 混合并购　　D. 善意并购

5. 同一行业，生产同类产品的竞争对手之间的合并称为(　　)。

A. 横向并购　　B. 纵向并购

C. 混合并购　　D. 善意并购

二、多项选择题

1. 企业并购中的财务问题有(　　)。

A. 企业估值　　B. 选择支付方式

C. 选择筹资方案　　D. 并购绩效评价

2. 下列并购中，属于吸收合并的有(　　)。

A. A+B=A+B　　B. A+B=A

C. A+B=B　　　　D. A+B=C

3. 下列属于并购负效应的理论解释的有(　　)。

A. 管理主义　　　　B. 自由现金流量假说

C. 过度自信理论　　　　D. 效率效应理论

4. 下列有关要约收购的说法中，正确的有(　　)。

A. 要约收购是公开进行的

B. 持股比例超过5%时继续增持的，应以要约方式进行

C. 持股比例超过30%时继续增持的，应以要约方式进行

D. 要约收购是私下进行的

5. 下列特征中，属于西方企业第一次并购浪潮的有(　　)。

A. 横向并购为主　　　　B. 形成了一大批具有垄断特点的企业

C. 纵向并购为主　　　　D. 形成了一大批跨国企业

三、判断题

1. 杠杆并购是并购方以主并企业的资产作为抵押，向银行或投资者融资来对目标公司进行收购。(　　)

2. 并购双方当一方具有充足的现金流量却缺乏投资机会，而另一方有巨大的成长潜力却缺乏融资渠道时，两者的合并就会产生经营协同效应。(　　)

3. 新设合并结束后，原来的各企业均失去法人资格。(　　)

4. 并购整合是企业并购创造价值的源泉所在。(　　)

5. 规模经济是指随着生产经营规模的扩大，生产成本随着产出增加而下降，收益不断递增的现象。(　　)

四、简答题

1. 比较兼并与收购的区别和联系。

2. 要约收购和协议收购的区别有哪些？

3. 杠杆并购的特点是什么？如何进行成功的杠杆并购？

五、案例分析题

清华同方与鲁颖电子的并购

清华同方以技术含量高、附加值高的高新技术产业为主导产业，以电子信息与计算机技术应用领域为主营业务，在电子信息产业的计算机硬件制造和软件开发、网络与通信技术应用、光盘产品生产等方面已初步形成规模。作为一家有高校背景的上市公司，以一流的科研成果与雄厚的科研基础为依托，把科技成果产业化作为自己的发展方向。在不断的发展过程中，公司逐步形成了一套以“技术＋资本”为特征的发展思路，即以一个产品了解一个应用领域，在为该领域提供优质技术服务和产品的同时，深入领会行业发展的需求和内在规律，并以此为基础不断地丰富产品品种、提供更多更好的技术服务，通过一系列兼并、收购、控股参股等资本运作，吸收国有存量资产，扩大经营规模，完成从适应某个领域发展到适应一个行业发展的战略飞跃。清华同方始终关注并认为敏感元件和传感器领域是最有前途的电子元器件技术，希望在电子元器件领域形成生产基地，扩大公司在该行业的经营规模、达到超常规发展的目的。

鲁颖电子主营电子元器件，是国内最大的高压瓷介电容器、交流瓷介电容器生产基地，其主导产品广泛应用于家用电器、计算机终端设备、通讯设备、节能灯具、开关电源、供电电源及其他电子仪器设备中，是长虹、熊猫、康佳、TCL等企业的稳定供应商。在国内市场的占有率达40%，综合效益指标已连续六年居全国

同类生产企业之首。鲁颖电子充分认识到，企业要生存、求发展，必须向专业化、集团化发展，走规模经济的路子。同时，鲁颖电子在陶瓷电容器生产技术、基础材料、工艺性能方面具有明显优势，产品的主要性能指标处于国内领先水平，并达到日本同类产品性能水平，为公司开拓国内外两个市场奠定了良好的基础。能否在现有技术水平上再上新的台阶，再开发出新的技术和产品，也是鲁颖电子一直考虑的战略性问题。

鉴于合并双方均为依照《公司法》成立的、产权明晰的股份有限公司，此次合并方清华同方向鲁颖电子股东定向发行清华同方人民币普通股，按照一定的折股比例，换取鲁颖电子股东所持有的全部股份，鲁颖电子的全部资产并入清华同方，其现有的法人资格随之注销。被合并公司已上柜交易的个人股将按确定的折股比例转换为清华同方股份。

清华同方在并购协议生效之后，将鲁颖电子重新注册成为山东清华同方鲁颖电子有限公司(简称鲁颖电子)，是清华同方控股的子公司，最终成为清华同方在电子元器件方面的生产基地。清华同方在经营上将注重项目孵化工作，根据自身现有的技术成果和市场需求，将新项目和可产业化的项目投入到鲁颖电子进行产业化生产，在研究开发方面与清华大学有关院系合作，成立关于瓷介电容器、功能陶瓷及敏感测量元器件方面的专业研究室或联合实验室，进行新技术、新产品的开发和储备。

清华同方作为控股母公司在经营管理的运行机制方面，明确了以"资产授权管理、投资回报考核、公司监督执行"为核心的公司管理模式。基于这种管理模式，将对合并后的企业建立相应的管理机制。本着"属地管理"的重组原则，根据清华同方的管理模式，以及鲁颖电子现有经营状况和未来发展规划，采取经营管理重组方案如下：①在逐步扩大现有的生产规模和市场规模的基础上，加大新产品的科研开发力度，建立技术开发、规模生产、市场开拓三位一体的整体经营机制，构筑中长期发展基础。②按照现代企业制度对鲁颖电子进行重组，通过贯彻落实清华同方的各项管理和经营机制，逐步理顺企业内部关系，并在人、财、物方面纳入清华同方的管理模式中。③根据山东省及地方政府制定的财政、税收、国资、土地、人事、劳动、社会保险等规定和办法，鲁颖电子执行的相关事宜，继续保持不变，其原有行业归口管理不变。企业职工，凡继续缴纳各种社会保险费用的，将继续按规定享受各种社会保险待遇。④继续聘用原鲁颖电子董事长兼总经理卢安森为合并后新设公司的总经理。加大思想政治工作力度，稳定职工的思想和情绪，转变干部职工的观念，为实现企业的平稳交接过渡和各种改革措施的顺利实施提供思想保障。⑤经过 3 年努力，把鲁颖电子建设成为清华同方在信息功能陶瓷电子元器件方面的生产基地，年产值 2 亿元、利润 3 000 万元，产品品质突出、结构合理的企业。

要求：

1. 结合案例说明与分析，按照并购双方所处的行业分类，清华同方并购鲁颖电子属于什么类型？按照并购程序来划分该次并购属于什么类型？

2. 结合案例说明与分析本次并购的并购形式。

3. 结合案例说明与分析本次并购的支付方式，简单说明这种并购方式的特点。

4. 分析清华同方并购鲁颖电子的并购动因。

5. 分析清华同方并购鲁颖电子的效应。

第 4 章　企业并购财务管理的主要内容

内容提要

本章主要讲解企业并购财务管理的主要内容,具体包括目标公司的价值评估方法,并购资金的筹集与支付,并购风险的管理以及并购的防御战略。

重点难点

本章重点为目标公司的价值评估方法以及各估值方法的适用范围;并购资金的筹集与资金需要量预测;并购各支付方式的优缺点;并购风险的种类以及风险管理的方法;并购防御的战略。本章难点为贴现现金流量法计算企业价值。

学习目标

通过本章的学习,应掌握换股估价法、贴现现金流量法评估企业价值的计算步骤;掌握并购各支付方式的优缺点以及资金筹集的方法;掌握并购风险的种类及管理方法;掌握并购防御的战略。理解企业价值评估各方法的思路和基本原理;熟悉企业并购资金的筹集渠道;了解成本法计算企业价值的计价标准。

知识框架

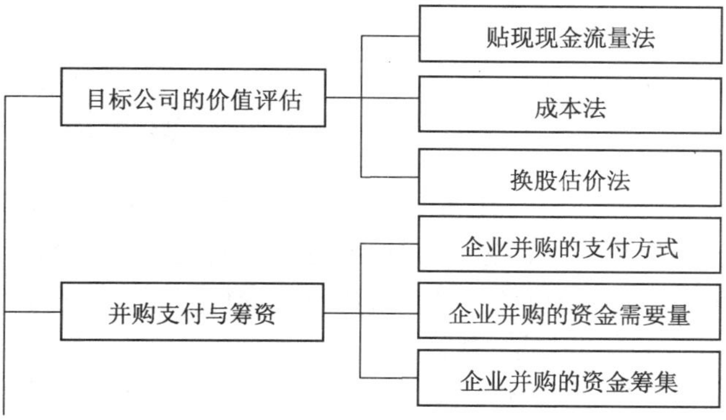

（续图）

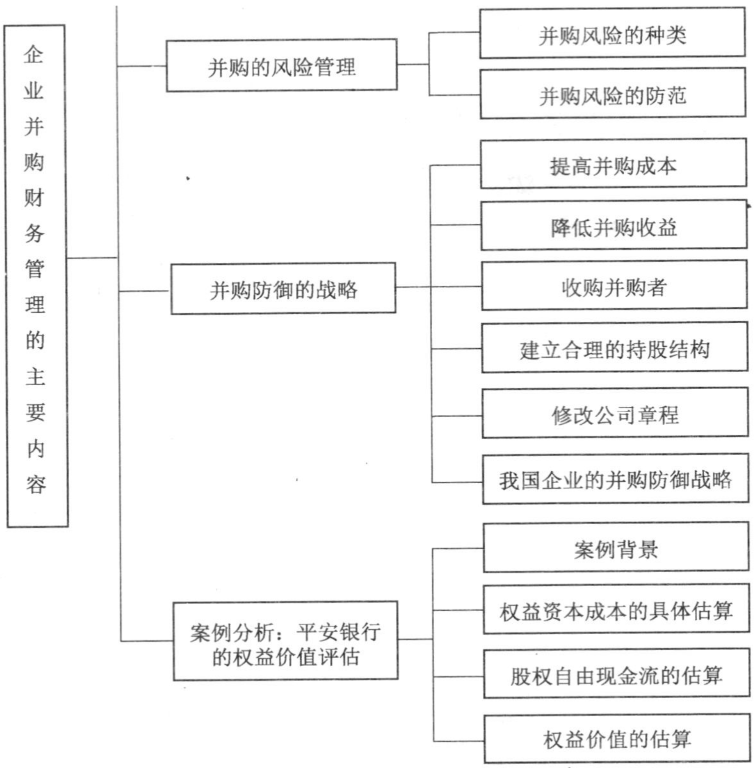

引入案例　青岛海尔再扩国际版图，天价收购美国通用

2016年6月7日，青岛海尔收购美国通用电气公司的交易完成，这是中国家电业最大一笔海外并购。最终收购价55.8亿美元。此次对通用家电的收购，潜在买家众多，其中不乏三星、伊莱克斯、LG、美的等全球知名企业，最后被低调行事的青岛海尔夺得花魁，既在意料之外又在意料之中。

美国通用电气公司是美国标志性企业，在美国发展有百年历史，备受美国当地用户的认可。在欧美市场，GE、惠而浦、博世等家电品牌长期霸占中高端市场，这恰是中国企业最难攻下的领地。拿下它意味着就拿下了它的研发、渠道、产品、品牌，更重要的是它拥有大量高端市场的用户，这对于极力拓展国际化的海尔而言，尤为重要，比联想收购IBM的意义还要大，能全面加速青岛海尔的国际化进程。

青岛海尔55.8亿元的付出是否值得？是什么因素决定了美国通用电气价值呢？

4.1　目标公司的价值评估

企业价值评估简称企业估值，是将一个企业作为一个有机整体，依据其拥有或占有的全部资产状况和整体获利能力，充分考虑影响企业获利能力的各种因素，结合企业所处的宏观经济环境及行业背景，对企业整体公允市场价值进行的综合性评估。

在并购中，企业价值的评估，其实质就是对目标公司进行综合分析，以确定目标公司的价值即并购方愿意支付的并购价格。企业并购估价的基本方法与其他资产的价值评估没有太大的不同。本节介绍了三种常用的价值评估方法：贴现现金流量法、成本法和换股估价法。

4.1.1 贴现现金流量法

1. 贴现现金流量法估价的原理

贴现现金流量法是由美国西北大学阿尔弗雷德·拉巴波特于1986年提出，也被称作拉巴波特模型(Rappaport Model)，是企业价值评估中使用最广泛、理论上最健全的模型。它的基本原理是假设任何资产的价值都等于其预期未来现金流量的现值之和。贴现现金流量法认为企业的价值与其未来能产生的现金流量密切相关，它以目标公司的自由现金流量为基础，将目标公司在未来一定期间的自由现金流量按照适当的折现率计算现值，并予以加总。

用贴现现金流量法评估目标公司价值的总体思路是：估计兼并后增加的现金流量和折现率，然后计算出这些增加的现金流量的现值。

持续经营是贴现现金流量法的基本假设前提。它的其基本公式为：

$$V = \sum_{t=1}^{n} \frac{CF_t}{(1+r)^t}$$

式中，V为资产的价值；n为资产的寿命；r为与预期现金流量相对应的折现率；CF_t为资产在t时刻产生的现金流量。

贴现现金流量法的优点在于考虑了企业未来的收益能力，并且比较符合价值理论。当被估价资产的预期现金流量为正，能够根据现金流量的风险特性确定相应的贴现率，并能比较可靠地估计现金流量产生的时间时，贴现现金流量法是个很好的估价方法。该方法的局限性主要在于对企业价值评估进行时，其结果的准确性依赖于对各期现金流量以及资本成本的预计的准确性。当上述条件中任何一个不能得到满足时，贴现现金流量法就无能为力或者其估值结果会产生较大的误差。因此，该方法对业绩不稳定的公司、周期性行业的公司和成长型公司或新生公司的预测比较困难。

2. 贴现现金流量法估价的两种类型

根据估值对象的不同，贴现现金流量法估值可以分为两类：公司整体估价和公司股权资本估价。

公司整体估价是指对公司的整体价值进行评估，包括股东、债权人等利益相关者的权益。公司整体价值可以使用该公司加权平均资本成本对公司预期现金流量进行折现得到。公司加权平均资本成本是公司不同融资渠道的资本成本根据其市场价值加权平均得到的。公司预期现金流量是扣除所有营业费用和支付利息及纳税后的剩余现金流量。

公司股权资本估价是指对公司的股权价值进行评估，可以通过股权资本成本对预期现金流量进行折现获得。股权资本成本是股权投资者要求的收益率；预期股权现金流量是扣除公司各项费用、支付利息和本金以及纳税后的剩余现金流量。股利折现模型是用折现现金流量估价法评估股权价值的一个特例。这种方法认为，股权的价值是预期未来全部股利的现值总和。

3. 自由现金流量及其估算

自由现金流量(free cash flow, FCF)最早是由美国西北大学拉巴波特(Alfred Rappaport)、哈佛大学詹森(Michael Jensen)等学者于20世纪80年代提出的一个概念。如今它在企业价值评估中得到了非常广泛的应用。特别在以美国安然、世通等为代表的在财务报告中利润指标完美无瑕的所谓绩优公司纷纷破产后，自由现金流量已经成为企业价值评估领域使用最广泛，理论最健全的指标，美国证监会更是要求公司年报中必须披露这一指标。

简单地讲，自由现金流量就是企业产生的在满足了再投资需要之后剩余的现金流量。这部分现金流量是在不影响公司持续发展的前提下可供分配给企业资本供应者的最大现金额。

公司作为企业的一种组织形式，设立的资本来源有两部分：一部分是股权投资者(股东)对企业的投入即权益资本；另一部分是来自债权人的债务资本。企业通过债务方式获得的资本与通过股东投入及留存的方式获得的资本虽然来源有别，但在企业生产经营中发挥的作用是相同的。比如都可用于购买材料设备或是支付工资费用。因此公司所产生的现金流量在扣除对库存、厂房设备等资产所需的投入及缴纳税金后，其余额应属于股东和债权人，应提供给公司资本的所有供应者。这部分剩余现金流量就是自由现金流量。

因此，自由现金流量可分为公司自由现金流量和股权自由现金流量。公司自由现金流量是指企业扣除了所有经营支出、投资需要和税收之后的，在清偿债务之前的剩余现金流量；股权自由现金流量是指扣除所有开支、税收支付、投资需要以及还本付息支出之后的剩余现金流量。

$$\text{自由现金流量} = \text{股权自由现金流量} + \text{债权自由现金流量}$$

公司自由现金流量用于计算企业整体价值，包括股权价值和债务价值；股权自由现金流量用于计算企业的股权价值。

1）公司自由现金流量的估算

公司自由现金流量(free cash flow of firm, FCFF)是公司所有权要求者，包括普通股股东、优先股股东和债权人的现金流量总和。公司自由现金流量和股权自由现金流量的主要区别在于公司自由现金流量包括与债务有关的现金流量，如利息支出、本金偿还、新债发行和其他非普通股权益现金流量，如优先股股利。利息费用虽然作为费用从收入中扣除，但事实上它是属于债权人的自由现金流量。因此仅在计算股权自由现金流量时要扣除利息费用，而在计算公司自由现金流量时则不能扣除。

公司自由现金流量(FCFF)的计算方法有两种：

方法一：将公司所有权要求者的现金流量加总，公式如下：

$$\begin{matrix}\text{公司自由}\\\text{现金流量}\end{matrix} = \begin{matrix}\text{股权自由}\\\text{现金流量}\end{matrix} + \begin{matrix}\text{利息}\\\text{费用}\end{matrix} \times (1-\text{税率}) + \begin{matrix}\text{偿还债}\\\text{务本金}\end{matrix} - \begin{matrix}\text{发行的}\\\text{新债}\end{matrix} + \begin{matrix}\text{优先股}\\\text{股利}\end{matrix}$$

方法二：以息税前净收益(EBIT)为出发点进行计算，公式如下：

$$\text{公司自由现金流量} = \text{息税前净收益} \times (1-\text{税率}) + \text{折旧} - \text{资本性支出} - \text{营运资本净增加额}$$

上式中的前两项，即“息税前净收益×(1－税率)＋折旧”就是企业经营性现金净流量。因此上述公式可以变化为：

$$\text{公司自由现金流量} = \text{经营性现金净流量} - \text{资本性支出} - \text{营运资本净增加额}$$

2）股权自由现金流量的估算

股权自由现金流量(free cash flow of equity; FCFE)，是企业向债权人支付利息、偿还本金、向国家纳税、向优先股股东支付股利，以及满足自身发展需要后的剩余现金流量，体现了股权投资者对企业现金流量的剩余要求权。

按照股权自由现金流量(FCFE)的概念，其基本计算公式为：

$$\begin{matrix}\text{股权自由}\\\text{现金流量}\end{matrix}=\text{净收益}+\text{折旧}-\begin{matrix}\text{资本性}\\\text{支出}\end{matrix}-\begin{matrix}\text{营运资本}\\\text{净增加额}\end{matrix}-\begin{matrix}\text{债务本}\\\text{金偿还}\end{matrix}+\begin{matrix}\text{新发行}\\\text{债务}\end{matrix}-\begin{matrix}\text{优先股}\\\text{股利}\end{matrix}$$

如果公司的负债比率保持不变，仅为增量资本性支出和增量营运资本进行融资，并且通过发行新债来偿还旧债，则在不考虑优先股的情况下，上述公式可写为：

$$\begin{matrix}\text{股权自由}\\\text{现金流量}\end{matrix}=\text{净收益}-\left(1-\begin{matrix}\text{负债}\\\text{比率}\end{matrix}\right)\times\begin{matrix}\text{增量资本}\\\text{性支出}\end{matrix}-\left(1-\begin{matrix}\text{负债}\\\text{比率}\end{matrix}\right)\times\begin{matrix}\text{营运资}\\\text{本增量}\end{matrix}$$

股权自由现金流量的计算与公司所处的发展阶段密切相关。上述计算公式中，资本性支出是指厂房的新建、扩建、改建，设备的更新、购置以及新产品的试制等方面的支出；增量资本性支出则为本期资本性支出与折旧的差额。处于高速增长期的公司，增量资本性支出要高于处于成熟期的公司。同样，高速增长期营运资本增量也会比较高，这是由于存货和应收账款等项目占用较多的资金。

4. 资本成本及其估算

在确定自由现金流量之后，还必须合理确定贴现率，即对应的资本成本，才能通过贴现现金流量法进行估值。

1) 股权资本成本

估算股权资本成本的方法很多，最常用的有股利增长模型、资本资产定价模型和套利定价模型。

(1) 股利增长模型。对于稳定增长的公司而言，可以用股利增长模型估算股权资本成本，因为稳定增长的公司股票价格可以表示为：

$$P_0=\frac{DPS_1}{K_S-g}$$

$$\text{则 } K_s=\frac{DPS_1}{P_0}+g$$

式中，P_0 为当前的股票价格；DPS_1 为下一年预计支付的股利；K_S 为股权资本成本；g 为股利的增长率。该模型计算简单，实际上与固定增长模型的计算方法是一样的，认为公司以一个固定的增长率增长并一直持续下去。但是由于我国资本市场的股利支付率极低，这种方法基本不适合目前我国的国情。

(2) 资本资产定价模型(capital asset pricing model, CAPM)是由美国学者夏普(William Sharpe)、林特尔(John Lintner)、特里诺(Jack Treynor)和莫辛(Jan Mossin)等人于1964年在资产组合理论和资本市场理论的基础上发展起来的，主要研究证券市场中资产的预期收益率与风险资产之间的关系，以及均衡价格是如何形成的，是现代金融市场价格理论的支柱，广泛应用于投资决策和公司理财领域。资本资产定价模型是最成熟的风险度量模型。该模型用方差来度量不可分散风险，并将风险与预期收益联系起来。该模型假设所有投资者都按马克维茨的资产选择理论进行投资，对期望收益、方差和协方差等的估计完全相同，投资人可以自由借贷。基于这样的假设，资本资产定价模型研究的重点在于探求风险资产收益与风险的数量关系，即为了补偿某一特定程度的风险，投资者应该获得多少的报酬率。

在这些假设的前提下，任何资产不可分散的风险都可以用 β 值来描述，相应地计算出预期收益率，其基本公式如下：

$$R=R_f+\beta(R_m-R_f)$$

式中，R 为投资者所要求的收益率；R_f 为无风险收益率；R_m 为市场预期收益率；β 为企业（资产组合）对整个市场风险的贡献。

资本资产定价模型中，关键是要确定无风险利率、估计风险溢价及 β 值。

第一步，确定无风险利率。通常无风险利率被定义为投资者可以确定的预期收益率。为此，无风险的投资一般需要满足两个条件：一是不存在违约风险。这就意味着该证券必须是政府发行的；二是不存在投资收益率的不确定性。这就意味着我们可以使用与所分析的现金流期限相同的国债利率作为无风险利率。但从实际来看，因为预测现金流量确实存在很大的不确定性，根据时间不同使用不同的无风险利率与使用一个平均的无风险利率相比，其对现值的影响很小。

结合实际情况，我国资本市场风险比较大，在假设被评估企业寿命无限期的情况下，使用长期国债利率作为无风险利率较合适。一方面，长期利率通常与被评估公司的现金流量期限基本对应，同时长期国债利率是短期国债利率的几何加权平均估计值；另一方面，长期国债利率更容易与股票市场组合指数的期限相匹配，这样就能保持与 β 值和市场风险溢价相一致。

第二步，估计风险溢价。在资本资产定价模型中，R_m-R_f 为风险溢价，即股票平均收益率与无风险收益率的差异。这个数据通常是在历史数据的基础上计算出来在的，在具体计算过程中，通常还需要考虑样本观测期的长度；市场收益率的确定；计算平均值时选用算术平均法还是几何平均法等问题。国际分析师所使用的观测期一般是 10 年或是更长的时间，采用尽可能多的数据可以部分消除风险溢价随时间的波动，如美国的分析师多半使用 1926 年以来证券市场的数据来计算美国股票市场的平均风险溢价。在计算风险溢价时，“市场收益率”是学术界至今尚未完全解决的问题。根据 CAPM 模型，市场收益率应该是市场组合的收益率，由市场上所有资产以其价值为权重组成。但是实际研究中，这样的市场组合往往难以得到，因此更多地采用大样本数据（如美国的标准普尔 500 指数）。也有一些学者认为，真正的市场组合应该与市场上其他任何一种资产组合保持最高的相关性。

从我国的实际情况来看，上证综合指数和深证综合指数在证券市场建立之初就发布了，并且包含两个市场交易的所有股票，因此可以将这两个指数的平均值作为市场收益率。但以这两个指数作为标的物的缺陷是该指数以全部上市公司为编制对象，只要有新股上市，就纳入指数的计算范围，由于不断有新股上市，就不断有股票纳入指数的计算范围，这样就影响了指数前后的可比性和指数内部结构的稳定性。

第三步，估计 β 系数。β 系数描述了不可分散风险，它是公式中唯一与企业本身有关的参数，不管无风险利率与风险溢价如何确定，每个企业都有自己的风险参数 β 值。一般来说，企业的 β 值由三个因素决定：企业所处的行业、企业的经营杠杆比率及企业的财务杠杆水平。

β 值是衡量企业相对于市场风险程度的指标，因此企业所处行业对市场的变化越敏感，其 β 值越高。在其他条件相同时，周期性企业比非周期性企业的 β 值高；如果一家企业在多个领域从事经营活动，那么它的β值是企业不同行业产品产值的加权平均值，权重是各行业产品线的市场价值。企业的经营杠杆比率通常定义为固定成本占总成本的比例。企业的经营杠杆比率越高，即固定成本占总成本的比例越大，与生产同种产品但经营杠杆比率较低的企业相比，EBIT的波动性越大。

在其他条件相同的情况下，对于一个经营杠杆较高的企业，营业收入较大的可变性会导致一个较高的β值。当企业其他情况相同时，财务杠杆比率较高时，β值也较大。直观上看，债务利息支出的增加将导致净收益波动性的增大，即在经济繁荣时期收益增长幅度较大，而在经济萧条时期收益下降幅度也较大。企业无负债的β值由企业所处的行业和企业的经营杠杆决定。

估计β值的一般方法是对这个公司的股票收益率(R_i)与整个市场收益率(R_m)进行回归分析：

$$R_i = \alpha + \beta R_m$$

在回归分析中，首先，要考虑期限的问题。回归期限越长，可使用的数据就越多，越能满足统计上的大样本要求，但是有些公司本身的风险特征可能随时间的推移发生了改变。从我国的实践情况来看，应结合资本市场的特点和企业的具体情况来选择回归期限。因为我国资本市场发展比较晚，市场变化比较大，所以期限不宜过长，一般选择2～5年为宜，具体的时间视公司而不同。其次，要考虑回归分析时的数据时间间隔问题。时间间隔可以为年、月、周、天，甚至是一天中的某一个时段。选择的时间间隔短，可以增加观测值的数量，但是由于在短时间单位(如以天为时间间隔)内企业股票的交易量可能为零，因而导致β值估计中出现严重的误差，这种误差是由于在非交易期间收益率为0造成的，而使用周或月将减少这种由于无交易量而导致的误差。再次，在回归分析时还要考虑如何确定市场收益率。正如前面所指出的，选择合适的股票指数是对市场收益率的一个很好的反映。而对于某一特定股票而言，计算其β值时应该选择该股票所在交易市场的收益率。对于中国只发行A股的上市公司而言，目前选择沪深A股指数是较合适的，对于国际或跨国投资者来说，则应该使用国际市场指数来估计β值。最后，需要考虑回归分析得到的β值是否应该加以调整，以反映回归分析中可能的误差和β值偏离平均值(行业或整个市场)的程度。许多公布的β值都使用了一种根据回归分析中β估计值的标准差将β值朝1的方向调整的统计方法，标准差越大，调整幅度越大，这些方法在使用每天收益率估计β值时效果最显著，收益率时间单位越长，效果越不明显。

回归法估计β值需要了解企业的历史资料，但是对于非上市企业或上市时间很短的企业而言，这些资料无法取得，市场价值也很难确定。此时，我们只能采用其他方法来估算企业的β值。例如，对于非上市的公司，估计β值的一种方法是，以业务风险和经营杠杆为基准，与上市公司的β值相比较，然后确定标的公司的β值。而标的公司和可比公司间的财务杠杆差异可以用β值与杠杆作用的关系来进行修正。

(3) 套利定价模型。资本资产定价模型无法用β值解释不同资产的收益不同及其限制性假设和对市场投资组合的依赖，为此受到学术界和业界的质疑。1976年，罗斯(Ross)提出了一种新的资本资产均衡理论——套利定价模型(arbitrage pricing model，APM)，套利定价模型的逻辑基础与资本资产定价模型有很多相同的地方，即投资者只有在承担不可分散风险时才能获得补偿；与 CAPM 不同的是，APM 认为风险可由多个因素产生，而不像 CAPM 只有一个风险因素，这些因素的个数及其确认是由历史收益决定的。其基本表达式如下：

$$R = R_f + \sum_{i=1}^{k} \beta_i [E(R_i) - R_f]$$

式中，R 为股权成本；R_f 为无风险利率；$E(R_i) - R_f$ 为 i 风险因素的风险补偿率；β_i 为 i 风险因素的 β 系数；k 为风险因素的数量。

使用套利定价模型的最大障碍在于找出影响预期收益率的各个风险要素。1986 年罗斯和其他两位学者提出用宏观经济变量替代 CAPM 模型中的不确定风险因素，使模型更容易理解。美国等发达国家的实践证明，CAPM 模型在资本市场中获得了成功，逐渐成为衡量其他风险收益模型的标准。虽然历史上有许多对 CAPM 模型的争议，但该模型在实践中的巨大成功使其得到广泛应用。因此，可以认为 CAPM 模型是企业价值评估中计算股权资本成本最合理的方法。

2）债务资本成本

债务资本成本是企业在为投资项目融资时所借债务的成本。需要注意的是，这里所说的债务资本即资产负债表上的长期负债。因为只有长期负债才能作为企业的融资资本，而短期负债需要随时偿付，一般由流动资产来偿付。

一般来说，债务资本成本是由当前的利率水平、企业的信用等级、债务的税收抵减这三个变量决定的。市场利率上升，企业的债务成本也会随之上升。企业信用等级低，违约风险就较高，从而债务成本就高。如果没有债券等级，可以用公司最近支付的债务利率来衡量违约风险。利息可以抵减税款，所以要通过税率来计算债务的税后成本。债务在税收抵减上的好处使得债务的税后成本低于税前成本，随着税率的提高，这个好处会增大。

$$税后债务成本 = 税前债务成本 \times (1 - 税率)$$

债务成本不是企业发行在外的债券的利息率，也不是企业的历史债务融资成本。虽然这些是将来企业偿还债务时所需支付的利息成本的决定因素，但它们并不能决定公司目前的债务税后成本。所以，公司以前借入的利率较低的债务只是账面上的债务，当利率整体水平提高，或者公司违约风险提高的时候，不能因此认为公司的债务成本低。

3）加权平均资本成本

加权平均资本成本（weighted average cost of capital，WACC）是企业为筹集资金而发行的全部有价证券的成本的加权平均值，包括股权资本成本和长期负债资本成本。

在计算出公司的股权资本成本和债务资本成本后，如果公司没有优先股资本成本，我们就可以计算加权平均资本成本。用公式表示如下：

$$WACC = \sum_{i=1}^{n} R_i W_i$$

式中，R_i 为第 i 种个别资本成本；W_i 为第 i 种个别资本成本占全部资本的比重（权数）。值得注意的是，在计算加权平均资本成本时，普通股和债务的比重应以市场价值而不是账面价值为基础。这是因为衡量资本成本是为了确定融资时的证券成本，即股票或债券的成本，而它们都是按照市场价值而不是账面价值发行的。

5. 企业估值模型

由于股权价值和公司整体价值的计算原理完全相同，所以在介绍价值评估的模型时并不区分。在计算公式中统一以 FCF 表示自由现金流量，g 表示增长率，r 表示对应的折现率。

也就是，当评估股权价值时，模型中的自由现金流量 FCF 采用股权自由现金流量，增长率 g 采用股权自由现金流量的增长率，折现率 r 采用股权资本成本。

当评估公司整体价值时，模型中的自由现金流量 FCF 采用公司自由现金流量，其增长率 g 采用公司自由现金流量的增长率，其折现率 r 采用公司加权平均资本成本。

1）稳定增长模型

稳定增长模型假设企业的增长率以一个固定的比率表现出来，也就是说，在长期内，公司以某一稳定的增长率保持增长。具体如图 4-1 所示。

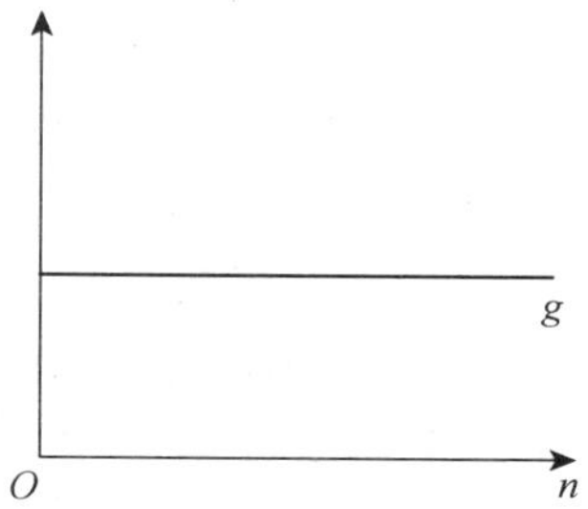

图 4-1 稳定增长模型

在这种情况下，我们只需要预测出第一期的自由现金流量以及公司的增长率便可以了，此时价值的表达式如下：

$$V = FCF_0 \times \frac{1+g}{r-g} = \frac{FCF_1}{r-g}$$

其中，V 为企业价值；FCF_0 为当前现金流量，FCF_1 为预测下一期的自由现金流量；r 为与自由现金流量对应的折现率；g 为增长率。

这种模型只适用于自由现金流量处于稳定增长阶段的公司。但事实上，这样的条件很难满足。一般来说，当一家公司的平均增长率接近稳定增长率，那么该模型的使用便被认为是合理的。此外，上面的公式中，当增长率趋近折现率时，公司的价值趋于无穷大，因此固定增长模型最适用于增长速度小于折现率的公司。在稳定增长模型中，公司股权的价值取决于预期下一期的现金流量 FCF、稳定增长率 g 和对应的资本成本 r 这三个变量。

2）二阶段模型

二阶段模型是假设企业增长呈现两个阶段：第一阶段为超常增长阶段，又称为观测期，其增长率高于稳定增长率，第二阶段是稳定增长阶段，增长率为正常稳定的增长率。也就是长久的竞争最终会使企业回归到稳定期。具体如图 4-2 所示。

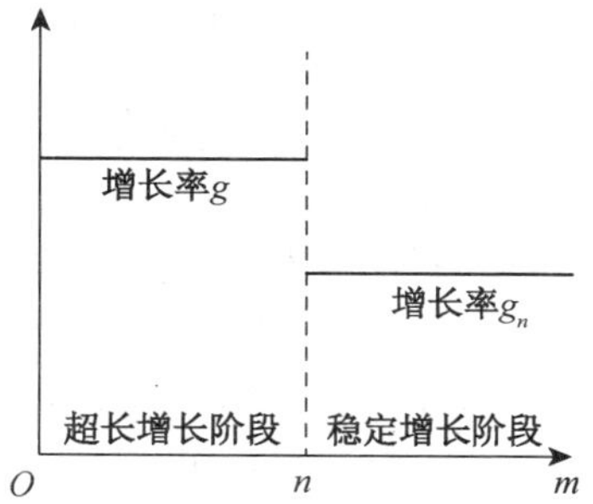

图 4-2 二阶段增长模型

通常的做法是首先预测超常增长率（每年的增长率设为 g）的时间段为 n 年，之后公司以一个相对稳定的增长率（每年的增长率设为 g_n）发展，价值就等于超常增长阶段的现值加上终点现金流量的现值，计算公式为：

$$V = \sum_{t=1}^{n} \frac{FCF_t}{(1+r)^t} + \frac{FCF_{n+1}}{(r-g_n)(1+r)^n}$$

公式由两部分构成，第一部分是超常增长期内逐年对现金流量贴现求和，第二部分是稳定增长后的贴现值，是在稳定增长模型的基础上求复利现值得到的。式中，FCF_t 为第 t 年的自由现金流量；FCF_{n+1} 为第 $n+1$ 年的自由现金流量。

运用二阶段模型的关键是确定超常增长阶段的预测期长度，并正确计算两个阶段的现金流量和贴现率。因此对达到稳定期前的预测期长度的估计非常重要。有必要根据行业的发展状况与公司的竞争战略地位正确地估计公司的预测期长度。实务中的预测期一般为5～7年。判断企业是否进入永续稳定增长状态的标志有两个：第一，企业具有稳定的销售增长率；第二，企业具有稳定的投资资本回报率，并与资本成本接近。二阶段模型适用于增长率呈现两个阶段的公司，即初始阶段增长率很高，后续阶段增长率相对稳定，且维持时间长久。

尽管从理论上讲，可以根据产品的生命周期和项目机会等来确定这一时间段的长度。但事实上，很难把这些定性标准转化为具体的时间。运用这一模型的另一个问题是，公司从超常增长阶段到平稳增长阶段似乎是在一夜之间完成的，但这种突然转换在现实中并不普遍存在。因此建立在传统二阶段法基础上的H模型更接近现实。

H模型由福勒和夏于1984年创立(Fuller and Hsia, 1984)。该模型假设公司的初始增长率为 g_a，随后在整个超常增长阶段(假定为 $2H$ 年)线性减少，最终达到平稳增长率 g_n。H模型也是增长的二阶段模型，与传统的二阶段模型不同，该模型的初始增长阶段的增长率不是恒定的，而是随时间的推移而逐渐线性减少，最终达到稳定阶段的增长率。具体如图4-3所示。

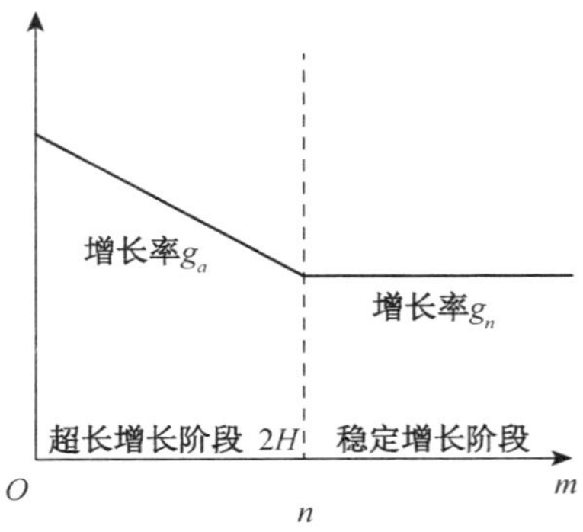

图4-3　H模型

该模型计算企业价值的公式为：

$$V=\frac{FCF_0(1+g_n)}{r-g_n}+\frac{FCF_0\times H\times(g_a-g_n)}{r-g_n}$$

H模型避免了超常增长率向稳定增长率的突然转换。但当实际的增长率不符合模型的结构设计且存在较大的偏差时，价值的预测就会发生严重偏差。所以，运用H模型时，关键是预测超常增长阶段的时长。

【例4-1】 中国琴岛公司2×10年每股营业收入为12.4元，每股净收益为3.10元，每股资本性支出为1元，每股折旧为0.6元。预期该公司在今后5年内将高速增长，每股收益的增长率为30%，资本性支出、折旧和营运资本以同比例增长，收益留存比率为100%，β 为1.3，国库券利率7.5%。2×10年营运资本为收入的20%，负债比率保持为60%。5年后公司进入稳定增长期，预期增长率为6%，即每股收益和营运资本按6%的速度增长，资本性支出可以由折旧来补偿，β 为1。该公司发行在外的普通股共3 000万股。市场平均风险报酬率为5%。

要求：估计该公司的股权价值。

(1) 预估公司高速成长期的每股股权现金流量：

$$FCF = \text{净收益}-(\text{资本性支出}-\text{折旧})\times(1-\text{负债比率})-\text{营运资本增加}\times(1-\text{负债比率})$$

$$\begin{aligned}FCF_{2\times11}&=3.10\times(1+30\%)-(1-0.6)\times(1+30\%)\times(1-60\%)\\&\quad-[12.4\times20\%\times(1+30\%)-12.4\times20\%]\times(1-60\%)\\&=4.03-0.21-0.30\\&=3.52(\text{元})\end{aligned}$$

$$\begin{aligned}FCF_{2\times12}&=4.03\times(1+30\%)-0.21\times(1+30\%)-0.30\times(1+30\%)\\&=5.24-0.27-0.39\\&=4.58(\text{元})\end{aligned}$$

$$FCF_{2\times13}=6.81-0.35-0.50=5.96(\text{元})$$
$$FCF_{2\times14}=8.85-0.46-0.65=7.74(\text{元})$$
$$FCF_{2\times15}=11.51-0.60-0.85=10.06(\text{元})$$

(2) 预估公司高速成长期的股权资本成本：

$$r=7.5\%+1.3\times5\%=14\%$$

(3) 预估高速成长期每股股权自由现金流的现值：

$$\begin{aligned}V_0&=3.52\times(P/F,14\%,1)+4.58\times(P/F,14\%,2)+5.96\times(P/F,14\%,3)\\&\quad+7.74\times(P/F,14\%,4)+10.06\times(P/F,14\%,5)\\&=20.43(\text{元})\end{aligned}$$

(4) 估计第6年的每股股权现金流量：

$$\begin{aligned}FCF_{2\times16}&=11.51(1+6\%)-12.4\times20\%(1+30\%)^5(1-60\%)\times6\%\\&=11.98(\text{元})\end{aligned}$$

(5) 计算公司稳定增长期的股权资本成本：

$$R=R_f+\beta(R_m-R_f)=7.5\%+1\times5\%=12.5\%$$

(6) 计算稳定增长期的股权现金流量现值：

$$V_1=\frac{11.98}{(12.5\%-6\%)\times(1+14\%)^5}=95.72$$

(7) 计算公司股权自由现金流量的现值

$$V=V_0+V_1=(20.43+95.72)\times3\,000=348\,450(\text{万元})$$

【例4-2】 中国琴岛某百货公司2×10年的息税前净收益为5.32亿元，资本性支出为3.10亿元，折旧为2.07亿元，销售收入为72.30亿元，营运资本占销售收入的比重为20%，企业税率为40%，国债利率为7.5%。预期今后5年内公司将以8%的速度高速增长，β值为1.25，税前债务成本为9.5%，负债比率为50%。5年后公司进入稳定增长期，增长率为5%，β值为1，税前债务成本为8.5%，负债比率为25%，资本性支出和折旧互相抵销。市场平均风险报酬率为5%。

要求：估计该公司的整体价值。

(1) 计算公司高速成长期的现金流：

$$FCF=EBIT(1-\text{税率})+\text{折旧}-\text{资本性支出}-\text{追加营运资本}$$
$$\begin{aligned}FCF_{2\times11}&=5.32\times(1+8\%)\times(1-40\%)+2.07\times(1+8\%)-3.10(1+8\%)-72.30\times8\%\times20\%\\&=1.18(\text{亿元})\end{aligned}$$
$$FCF_{2\times12}=3.72+2.41-3.62-1.25=1.26(\text{亿元})$$
$$FCF_{2\times13}=4.02+2.60-3.91-1.35=1.36(\text{亿元})$$
$$FCF_{2\times14}=4.34+2.81-4.22-1.46=1.47(\text{亿元})$$
$$FCF_{2\times15}=4.69+3.03-4.56-1.58=1.58(\text{亿元})$$

(2) 估计公司高速成长期的加权平均资本成本：

$$\text{股权资本成本}=R=R_f+\beta(R_m-R_f)=7.50\%+1.25\times5\%=13.75\%$$
$$\text{税后债务成本}=\text{税前成本}(1-\text{税率})=9.5\%\times(1-40\%)=5.7\%$$
$$WACC=13.75\%\times50\%+9.5\%\times5.7\%\times50\%=9.725\%$$

(3) 计算高速成长期公司自由现金流量的现值:

$$V_0 = 1.18\times(P/F, 9.725\%, 1) + 1.26\times(P/F, 9.725\%, 2) + 1.36\times(P/F, 9.725\%, 3) + 1.47\times(P/F, 9.725\%, 4) + 1.58\times(P/F, 9.725\%, 5) = 5.15(\text{亿元})$$

(4) 计算公司 20×6 年的自由现金流量:

$$FCF_{20\times6} = 4.69\times(1+5\%) - 72.30\times(1+8\%)^5\times5\%\times20\% = 3.86(\text{亿元})$$

(5) 计算公司稳定增长期的加权平均资本成本:

$$\text{股权资本成本} = 7.5\% + 1\times5\% = 12.5\%$$
$$\text{债务资本成本} = 8.5\%\times(1-40\%) = 5.1\%$$
$$WACC = 12.5\%\times75\% + 5.1\%\times25\% = 10.65\%$$

(6) 计算公司稳定增长期的现值:

$$V_1 = \frac{3.86}{(10.65\% - 5\%)\times(1+9.725\%)^5} = 42.96$$

(7) 计算公司价值

$$V = V_0 + V_1 = 5.15 + 42.96 = 48.11(\text{万元})$$

两阶段增长模型一般适用于具有下列特征的公司:

第一,公司当前处于高速增长阶段,并预期在今后一段时期内仍保持这一较高的增长率,在此之后,支持高速增长率的因素消失。例如,某公司拥有一种在未来几年内能够产生高利润的产品专利权,在这段时期,公司将实现超常增长;一旦专利到期,公司将无法保持超常增长率,从而进入稳定增长阶段。

第二,公司处于某超常增长的行业,该行业之所以能够超常增长是因为存在很高的进入壁垒,如法律或必要的基础设施等,并预计这一进入壁垒在今后几年内能够继续阻止新的进入者进入该行业。

3) 三阶段模型

三阶段增长模型最早是由 Nicholas Molodvsky、Catherine May 和 SheRman Chattiner 于 1965 年在《普通股定价——原则、目录和应用》一文中提出的。该模型假设公司收益增长经历三个阶段,收益率高速增长的超常阶段、增长率下降的过渡阶段和永续低增长率的稳定阶段。这一概念与产品的生命周期相同,在高速增长阶段,由于新产品上市和市场份额不断增加,公司收益快速增长;在过渡阶段,公司收益增长率开始逐渐下跌;在稳定增长阶段,公司进入成熟期,收益将以整个经济的增长率稳定增长。具体如图 4-4 所示。

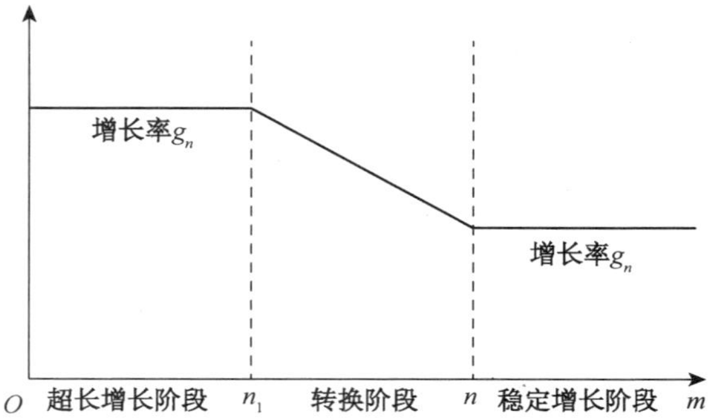

图 4-4　三阶段模型

假设在超常阶段企业的增长率为常数 g_a;在过渡阶段企业增长率以线性的方式从 g_a 变化为 g_n,g_n 是稳定阶段的企业增长率。如果 $g_a > g_n$，在过渡期表现为递减的企业增长率；反之，表现为递增的企业增长率。它的计算表达式如下：

$$V=\sum_{t=1}^{n_1}\frac{FCF_0(1+g_a)^t}{(1+r)^t}+\sum_{t=n_1+1}^{n}\frac{FCF_t}{(1+r)^t}+\frac{FCF_{n+1}}{(r-g_n)(1+r)^t}$$

三阶段模型结合了二阶段模型和H模型的特点，特别适用于增长率随时间变化的公司，它的最佳适用对象是当前超常增长并维持一段时间，然后随着产业化优势的减少，增长率逐渐降低，直至达到稳定增长阶段的公司。

贴现现金流量法是企业价值评估中使用最广泛、理论上最健全的模型，而任何在理论上完美的方法，在实践中都会遇到这样或那样的问题。由于该方法(尤其是其中的公司自由现金流量模型)既反映股权价值与债权价值，也考虑了企业未来的收益水平，还能通过各种假设反映企业管理层的管理水平和经验。因此在实践中得到广泛的应用。

4.1.2 成本法

1. 成本法估价的原理

成本法也称为重置成本法、加和评估法或成本加和法。使用这种方法所得的价值，实际上是对企业账面价值进行的调整。这种方法起源于对传统的实物资产的评估，如土地、建筑物、机器设备等，着眼点是成本。它的理论基础是"替代原则"，即任何一个精明的潜在投资者在购置一项资产时，所愿意支付的价格不会超过创建一个具有相同用途的代替品所需的成本。用重置成本对企业进行整体价值评估时，实际上就是将构成企业的各种要素产的评估值加总，这也是加和评估法或成本加和法名称的由来。

使用成本法是基于这样的假设，即企业的价值等于所有有形资产和无形资产的成本之和减去负债。因此这种方法在评估企业价值时，主要考虑的是成本，而很少考虑企业的收入和支出。

成本法的优点在于客观性，因为其数据是历史的、已经发生的，不带任何不确定性因素。但它的局限性也源自于此，即这种方法仅从历史投入的角度考虑企业的价值，而没有从资产的实际效率和企业的运行效率角度考虑。因此，运用这种方法的结果是，无论效益好坏，同类企业只要原始投资额相等，企业价值的评估结果就会相等。另外，这种方法对无形资产的价值估计也不足。

2. 成本法估价的计价标准

如果并购后目标公司不再继续经营，可以利用成本法估计目标公司的价值。其常用的计价标准有：

(1) 清算价值。清算价值是指目标公司清算出售，并购后目标公司不再存续时期其资产的可变现价值。

(2) 净资产价值。净资产价值是指目标公司资产总额减去负债总额，即目标公司所有者权益的价值。

(3) 重置价值。重置价值是指将历史成本标准换成重置成本标准，以资产现行成本为计价基础的价值。

成本法下目标公司有形资产净值是并购后出售目标公司的最低价格，并购企业由此可以测算并购的风险。

4.1.3 换股估价法

1. 换股估价法的基本原理

在市场经济条件下，股票的市场价格体现了投资者(包括股东)对企业价值所做的评价，所以，人们通常用股票的市场价格来代表企业价值或股东财富。如果并购通过换股进行，则对目标公司估价的任务就是确定换股比例。换股比例是指为换取1股目标公司的股份而需付出的并购方公司的股份数量。

2. 换股估价法的计算

换股估价法的关键是确定换股比例，根据西方财务学理论，换股比例的确定方法主要有每股收益法、每股净资产法、每股市价法和L-G模型等。

(1) 每股收益法。每股收益法是以公司并购前各自的每股收益为基础确定换股比例的方法。其理论基础是股票的价值取决于公司的盈利能力，而每股收益是公司盈利能力的反映，按照此换股比例进行合并，可以保证合并后双方每股收益不被稀释。这种方法的缺陷在于没有考虑公司的成长性、风险水平对公司盈利能力的影响以及合并后每股收益的变动情况，而且每股收益易受公司有关人员的操纵，缺乏可靠性。

(2) 每股净资产法。每股净资产法是以公司并购前各自的每股净资产为基础确定换股比例的方法。其理论依据为净资产是公司长期经营成果的账面价值，能够比较客观地反映公司的实际价值，是判断公司资产状况和投资价值的最直接指标，与每股收益和每股市价法相比，不易受公司及相关人员的操纵，更具有可靠性。每股净资产法用于非上市公司的合并，具有直观、简便和可操作性的特点。但这种方法的缺点在于没有考虑到资产的收益性，忽略了未在公司账面反映的经营管理能力、增长机会、客户关系、品牌等无形资产，不能体现公司真实的经济价值。

(3) 每股市价法。每股市价法是以并购各方每股市价为基础确定换股比例的方法。其理论依据是股票价格不仅能够反映公司当前的盈利能力，而且能够反映其成长性及风险特点和合并公司双方的内在价值。以每股市价为基础确定换股比例的前提条件是合并双方均为上市公司，其股票均在健全有效、充分竞争的同一股票市场上活跃地交易。此时，以股票市价作为换股比例，充分考虑了合并双方的股东利益，容易为股东所接受。但这种方法的不足在于股票市价受股票数量、市场交易情况、投机性等众多因素的影响，往往具有短期波动性，通常与公司内在价值存在一定偏差，直接根据股票市价计算的换股比例相对不够可靠准确。

(4) L-G模型。美国得克萨斯大学的Larson和芝加哥大学的Gonedes两位学者于1969年提出了用于确定换股比例的L-G模型，该模型的主要目的在于找出并购企业股东所能接受的最大换股比例以及目标公司所能接受的最小换股比例，由此得出一个合理的协商范围，使并购双方股东均不会因合并而蒙受财富损失。

L-G模型的理论依据是，在市场经济条件下，股票的市场价格体现了投资者(包括股东)对企业价值或股东财富所作的评价，因此人们通常用股票的市场价格来代表企业价值或股东财富。一般而言，股票的市场价格能够反映企业目前和未来的盈利能力、时间价值和风险报酬等方面因素及其变化，因此股票市场价格最大化在一定条件下成为企业追求的目标和股东财富最大化的表现形式。换股并购也要服从这个目标，只有并购后的股票价格不低于并购前并购企业和目标公司的约当股票价格，才能确保并购双方的股东财富不因并购而减少，据此约束条件确定的换股比例才会被并购双方的股东所接受。

假设 a 公司计划并购 b 公司，并购前 a 公司、b 公司的股票市场价格分别为 P_a 和 P_b，并购后 a 公司的市盈率为 β，那么并购后 a 公司的股票价格 P_{ab} 为：

$$P_{ab}=\beta\cdot(Y_a+Y_b+\Delta Y)\cdot\frac{1}{S_a+ER\cdot S_b}$$

式中，Y_a 为并购前 a 公司的总盈余；Y_b 为并购前 b 公司的总盈余；ΔY 为由于协同效应产生的协同盈余；S_a 为并购前 a 公司普通股的流通数量；S_b 为并购前 b 公司普通股的流通数量；ER 为换股比率。

对于并购方 a 公司的股东来说，需满足的条件是 $P_{ab}\geqslant P_a$，即并购后 a 公司股票市场价格大于等于并购前 a 公司股票的市场价格；对于 b 公司的股东来说，并购后拥有 a 公司的股票价值总额大于等于并购前拥有 b 公司的股票价值总额，即 $P_{ab}\cdot S_b\cdot ER\geqslant P_b\cdot S_b$，也就是 $P_{ab}\geqslant P_b/ER$。因此，由 $P_{ab}\geqslant P_a$ 得出最高的股权交换比率为：

$$ER_a\leqslant\frac{\beta(Y_a+Y_b+\Delta Y)-P_aS_a}{P_aS_b}$$

由 $P_{ab}\geqslant P_b/ER$ 得出最低的股权交换比率为：

$$ER_b\geqslant\frac{P_bS_a}{\beta(Y_a+Y_b+\Delta Y)-P_bS_b}$$

从理论上来讲，换股比例应在 ER_a 与 ER_b 之间。在实际工作中，换股比例究竟为多少，取决于双方的谈判过程。

【例 4-3】 假设 a 公司要并购 b 公司，两公司的有关资料如下：$\beta=19$，$Y_a=1\,400$ 万元，$Y_b=1\,200$ 万元，$\Delta Y=500$ 万元，$S_a=1\,500$ 万股，$S_b=1\,000$ 万股，$P_a=24$ 元，$P_b=15$ 元。

由上述资料，有：

$$\begin{aligned}ER_a&\leqslant\frac{\beta(Y_a+Y_b+\Delta Y)-P_aS_a}{P_aS_b}\\&=\frac{19(1\,400+1\,200+500)-24\times1\,500}{24\times1\,000}\\&=0.954\,2\end{aligned}$$

$$\begin{aligned}ER_b&\geqslant\frac{P_bS_a}{\beta(Y_a+Y_b+\Delta Y)-P_bS_b}\\&=\frac{15\times1\,500}{19(1\,400+1\,200+500)-15\times1\,000}\\&=0.512\,5\end{aligned}$$

$$\begin{aligned}P_{ab}&=19(1\,400+1\,200+500)\times\frac{1}{1\,500+0.954\,2\times1\,000}\\&=24\end{aligned}$$

$$\begin{aligned}P_{ab}&=19(1\,400+1\,200+500)\times\frac{1}{1\,500+0.512\,5\times1\,000}\\&=29.3(\text{元})\end{aligned}$$

即换股比例应在0.512 5～0.954 2之间。如果换股比例低于0.512 5，则b公司的股财富受损，如果换股比例高于0.954 2，则a公司的股东财富受损。

在成熟的证券市场中，此模型被视作最规范、最合理的换股比率确定模型。然而，尽管这种方法非常科学，但在目前我国资本市场缺乏有效性的条件下，显然缺乏较强的可操作性。

在企业并购估价中具体使用估值方法时，应注意并购估价本身的一些特点。企业并购估价的对象往往不是目标公司现在的价值，而是并购后目标公司能为并购企业带来的价值增值。这至少要考虑两个因素，即目标公司的增长性和并购产生的协同作用或其他效应。这两部分价值将决定并购企业出价的上下限。由此可以看出，企业并购估价的难题在于：

(1) 企业整体的估价相对于个别资产投资的估价要复杂得多。企业不是各种资源的简单相加，而是体现着一种整体大于个别要素相加之和的效率特征。如何评估由于企业这种不同于市场的组织形式所产生的无形价值与个体企业各不相同的组织有效性导致的无形价值的差异，到目前为止，并没有直接的模型可以利用。

(2) 对于可以预计未来现金流量的企业，可以通过增量现金流量的折现对企业的未来增长性进行估值；而如何对在很长时期内不产生现金流量的企业，如网络公司，进行估值仍是悬而未决的问题。

(3) 企业并购的动因是多种多样的，往往是并购企业对并购所能带来的价值增值的预期。对并购效应的估计是并购企业估价的另一个难题。

4.2 并购支付与筹资

4.2.1 企业并购的支付方式

1. 现金支付

1) 现金支付的含义及特点

现金支付是由主并企业向目标公司支付一定数量的现金，从而取得目标公司的资产或股权的一种支付方式。包括一次支付和延期支付。延期支付包括分期付款、开立应付票据等卖方融资行为。现金支付在实际并购重组的操作中也演变为以资产支付、股权支付等形式，如资产置换、以资产换股权等。

它具有以下特点：

(1) 是企业并购中最先采用的支付方式，也是在企业并购中使用频率最高的支付方式。

(2) 现金收购因其速度快而多用于敌意收购。

需要说明的是，以拥有的其他公司的股权作为支付工具(长期投资)仍属于现金支付的范畴，而不属于股权支付的范畴，股权支付方式则特指换股、增发新股等方式。

2) 现金支付的优缺点

对目标公司的股东而言，现金支付优点在于可以使他们即时得到确定的收益，而其他非现金支付方式给股东带来的收益受到市场状况、市场深度、主并企业的业绩及交易成本等因素的影响，不确定性较大。但现金支付会即时形成纳税义务。世界上大多数国家(不包括我国)规定，公司股票的出售在已实现资本收益的情况下，应缴纳资本利得税。目标公司股东在得到现金的同时,也意味着纳税义务的实现。

对主并企业而言,现金支付的优点是:一方面,现有的股权结构不会受到影响,现有股东控制权不会被稀释。另一方面,可以使主并企业迅速完成并购。若使用股票支付,主并企业必须到证券管理部门进行登记,经过审批,需花费较长的时间,时间越长,目标公司的管理人员越有可能采取反并购防御措施,而且会有更多的企业参与并购竞价,导致主并企业的并购成本上升,并购时间延长,并购难度加大。缺点是:现金支付会给主并企业造成沉重的现金负担。

3) 现金支付的影响因素

现金支付方式的操作要注意两个方面:

第一,做好税务筹划,遵守2000年5月16日国家税务总局发布的〔2000〕(84号《企业所得税税前扣除办法》、2000年6月21日国家税务总局发布的〔2000〕119号《关于企业合并分立业务有关所得税问题的通知》和2000年6月21日国税发〔2000〕118号《关于企业股权投资业务若干所得税问题的通知》等税务规范。

第二,做好财务风险预测,现金支付中的财务风险包括现金流风险和跨国并购中的汇率风险等。

(1) 主并企业的现金流风险。主并企业需要考虑企业的短期流动性和中长期的流动性。现金并购需要支出大量资金,需要考虑即时付现能力;同时还需要考虑中长期的资金流状况。有些企业可能在很长时间里难以从大量的现金流出中恢复过来。

(2) 货币的流动性。在跨国并购中,主并企业还必须考虑自己拥有的现金是否为可以直接支付的货币或可自由兑换的货币以及存在的外汇风险等问题。

(3) 目标公司所在地税法。不同地方对资本收益税负水平的规定是不一样的,有些地方不征税,有些地方税率高达42%。

(4) 目标公司股份的平均股本成本。只有超出的部分才支付资本收益税,因此,通常情况下,一个不会引起税收负担的中等水平的出价,要比一个可能导致较高税收负担的高出价更有吸引力。

2. 股票支付

1) 股票支付的含义及优缺点

股票支付是指主并企业通过增加发行本企业的股票,以新发行的股票替换目标公司的股票,从而达到并购目的的一种支付方式。

股权支付具有以下优点:

(1) 主并企业不需要支付大量现金,因而不会影响主并企业的现金状况。

(2) 并购完成后,目标公司的股东并不失去他们的所有权,而是成为主并企业的股东,但一般来说,主并企业的股东在经营控制权上占主导地位。

股票支付具有以下缺点:

(1) 增发新股改变了原有的股权结构,导致原有股东权益的"稀释"。主并企业股权稀释的极端结果是目标公司的股东通过持有主并企业增发的股票取得了对主并企业的主导控制权。

(2) 股票支付的另一个不足之处是手续较多,耗时耗力,不像现金支付那样简捷迅速。股票支付常见于善意并购,当并购双方的规模、实力相当时,采用这种方式的可能性较大。

1992年，美国纽约化学银行(Chemical Banking)发售15.7美元新股并购汉诺威信托公司(Manufacturer's Hanover Trust Company)就是一例。我国这几年也涌现了几例换股并购。最早成功的一个换股并购案例是1999年清华同方并购鲁颖电子。

2）股票支付的影响因素

在决定是否采用股票支付方式时，一般要考虑以下因素：

(1) 主并企业的股权结构。由于股票支付对主并企业的原有股权结构会有重大影响，因而必须事先确定主要大股东在多大程度上接受股权的稀释。

(2) 每股收益率的变化。增发新股会对每股收益产生不利的影响，如果目标公司的盈利状况较差，或者是支付的价格较高，则会导致每股收益减少。虽然在许多情况下，每股收益的减少只是短期的，但每股收益的减少仍可能给股价带来不利的影响。所以，主并企业在采用股票支付方式前，要确定是否会产生这种不利情况，如果发生这种情况，在多大程度上是可以接受的。

(3) 每股净资产的变动。每股净资产是衡量股东权益的一项重要指标。在某种情况下，新股的发行可能会减少每股净资产，导致股价下降，主并企业需要确定这种下降是否被企业原有的股东所接受。

(4) 财务杠杆比率。主并企业应考虑发行新股是否会出现财务杠杆比率升高的情况，以及对资产负债的合理水平的影响。

(5) 当前股价水平。当前股价水平是主并企业决定采用现金支付还是股票支付的一个主要影响因素。一般来说，在股票市场处于上升过程时，股票的价格相对较高，这时以股票作为支付方式可能更有利于主并企业，增发的新股对目标企业也会有较强的吸引力。否则，目标企业可能不愿持有，即刻抛空套现，导致股价进一步下跌。因此，主并企业应考虑本企业股价所处的水平，同时还应预测增发新股会对股价带来多大影响。

(6) 当前股息收益率。新股发行往往与主并企业原有的股息政策有一定的联系。在股息收益率较高的情况下，发行固定利率较低的债券可能更为有利；反之，如果股息收益率较低，增发新股就比各种形式的借贷更为有利。因此，主并企业在决定是否采用股票支付时，先要比较股息收益率和借贷利率的高低。

(7) 股息或货币的限制。在跨国并购中，如果并购公司要向其他国家的居民发行本公司的股票，就必须确认本国在现在和将来都不会限制股息的支付或外汇的支付。目标公司所在国在决定接受股票收购方式之前，也需要得到这种确认。

(8) 外国股权的限制。在跨国并购中采用股票收购方式有时会遇到某些法律上的障碍。

(9) 上市规则的限制。对于上市公司而言，无论是收购非上市公司还是收购上市公司都会受到其所在证券交易所上市规则的限制。这样一来，主并企业就可能会由于某种原因自此失去上市资格。

3）股票支付的具体方式

(1) 发行普通股。主并企业可以通过将以前的库存股重新发售或者增发新股给目标企业的股东，换取目标企业的股权。普通股支付有两种方式：一种方式是由主并企业出资收购目标企业的全部股权或部分股权，目标企业取得资金后认购主并企业的增资股，并购双方不需再另筹资金即可完成并购交易；另一种方式是由主并企业收购目标企业的全部资产或部分资产，目标企业认购主并企业的增资股，这样也达到了股权置换的目的。新发行给目标企业股东的股票应该与主并企业原来的股票同股同权同利。

(2) 发行优先股。有时向目标企业发行优先股可能会是主并企业更好的选择。比如，如果目标企业原来的股利政策是发放较高的股息，为了保证目标企业股东的收益不会因并购而减少，目标企业可能会提出保持原来的股利支付率的要求。对于主并企业而言，如果其原来的股利支付率低于目标企业的股利支付率，提高股利支付率的话，则意味着新老股东的股利都要增加，这会给主并企业的财务带来很大的压力。这时，发行优先股就可以避免这种情况。

3. 混合证券支付

混合证券支付是指主并企业的支付方式为现金、股票、认股权证、可转换债券等多种形式的组合。单一的支付方式总是有着不可避免的局限性，各种支付方式组合运用，具有取长补短的优势，规避单一支付方式的局限性。由于这种优势，近年来混合证券支付，在并购支付中的比例呈现逐年上升的趋势。

(1) 公司债券。公司债券作为一种出资方式，必须满足许多条件，一般要求它可以在证券交易所或场外交易市场上流通。与普通股相比，公司债券资金成本较低，而且利息具有抵税效应。

(2) 认股权证。认股权证是一种由上市公司发出的证明文件，赋予它的持有人一种权利，即持有人有权在指定的时间内，按照一定的比例，用指定的价格认购由该公司发行的股票。对主并企业而言，发行认股权证的好处是，可以延期支付股利。但是，由于认股权的行使涉及主并企业控股权的改变，因此，主并企业在发行认股权证时要考虑认股权的行使对企业股权结构的影响。目标企业的股东获得认股权证后，可以行使优先以低价认购公司新股的权利，也可以在市场上将认股权证出售。

(3) 可转换债券。可转换债券向其持有者提供一种选择权，在某一给定时间内可按某一特定价格将债券换为股票。从主并企业的角度看，采用可转换债券这种支付方式的好处是：第一，通过发行可转换债券，企业能以比普通债券更低的利率和较宽松的契约条件出售债券；第二，提供了一种以比现行价格更高的价格出售股票的方式；第三，当企业开发一种新产品或新业务时，可转换债券也是特别有用的，因为预期从这种新产品或新业务中所获得的额外利润可能正好与转换期一致。对目标企业股东而言，采用可转换债券的好处是：第一，具有债券的安全性，同时，作为股票可使本金增值；第二，在股票价格较低时，可以将它的转换期延迟到预期股票价格上升的时期。

4.2.2 企业并购的资金需要量

一般来说，预测并购资金需要量时主要考虑以下四项。

1. 并购支付的对价

并购支付对价是指并购方企业为完成收购目标企业所付出的代价，即支付的现金或现金等价物的金额或者并购日并购方企业为取得对其他企业净资产的控制权而放弃的其他有关资产项目或有价证券的公允价值。

支付的对价与目标企业权益价值大小、控股比率和支付溢价率相关。可以通过下面的公式计算：

$$MAC = E_A\rho(1+\gamma)$$

式中，MAC 为并购支付的对价；E_A 为目标企业权益价值；ρ 为控股比率；γ 为支付溢价率。目标企业的权益价值是并购成本的核心构成，可以按照前述方法进行估价。支付溢价率是指支付的对价高于被并购企业权益价值的比率，一般来说，公开收购、竞标收购或敌意收购往往要支付较高的溢价率。从西方国家的经验来看，溢价率在 30%～80%之间。

2. 承担目标企业表外负债和或有负债的支出

表外负债是指目标企业的资产负债表上没有体现但实际上要明确承担的义务，包括职工的退休费、离职费、安置费等。

或有负债是指由过去的交易或事项形成的潜在义务，其存在与否需要通过未来不确定事项的发生或不发生予以证实。或有负债是并购企业潜在的并购支付成本。所以，并购方应详尽了解并购目标企业的未决诉讼和争议、债务担保、纳税责任以及产品责任等项目，对或有负债作出判断。

3. 并购交易费用

并购交易费用包括并购直接费用和并购管理费用。

并购直接费用主要指为并购融资注册和发行权益证券的费用，支付给会计师、律师的咨询费用，以及其他各项评估费用等。并购直接费用与并购支付的对价密切相关，一般为支付对价的 1‰～5‰，当然也可以根据审计费、资产评估费、律师咨询费，以及证券发行费用来确定。

并购管理费用主要包括并购管理部门的费用，以及不能直接计入并购事项的费用。

4. 整合与运营成本

为了保证并购后企业的健康持续发展必须要支付长期的运营成本。一般来说主要包括两项：一是整合改制成本，是指在对人事机构、经营方式、经营战略、产业结构等进行调整时发生的管理、培训等费用；二是注入资金的成本。并购时必须深入分析并购双方企业管理资源的互补性，合理估计并购方在现有基础上对目标公司的管理投入、资金投入成本。整合与运营成本具有长期性、动态性和难以预见性，并购决策中应力求使其保持最低。

4.2.3 企业并购的资金筹集

1. 利用自有资金或其他流动资产

如果主并企业有充分的甚至过剩的流动资产，可以首先考虑将自己的流动资产（变现后）支付给目标企业。此外，可以增资扩股、向金融机构贷款、发行企业债券、发行认股权证或综合运用各种上述方式筹集资金。

2. 增资扩股

主并企业在选择通过增资扩股来取得现金时，最为重要的是考虑增资扩股对主并企业股权结构的影响。大多数情况下，股东更愿意增加借款而不愿扩股筹资。

3. 向金融机构贷款

向金融机构贷款无论在国外还是国内，都是普遍采用的筹资方法。向银行提出贷款申请时，首先要考虑的是贷款的安全性，即要考虑用什么资金来偿还贷款。一般情况下，至少有一部分贷款的偿还需要使用目标企业未来的现金流入。这种现金流入来源于目标企业以后的生产经营所产生的收益和变卖目标企业一部分资产所获得的现金。

4. 发行企业债券

筹集现金的另一种方式是向其他机构或第三方发行债券。高风险、高利率的垃圾债券已成为美国企业并购的重要筹资方式。大多数杠杆收购都通过发行垃圾债券方式筹资，然后通过目标企业的现金流入或资产变卖进行偿还。

我国《公司法》规定，企业如果为股份有限公司、国有独资公司和两个以上的国有企业或者其他两个以上的国有投资主体设立的有限责任公司，为筹集生产经营资金，可以发行公司债券；同时，还规定上市公司经股东大会决议可以发行可转换债券等。这些规定为主并企业通过发行债券筹资并购资金提供了可能，同时也进行了限制。

5. 发行认股权证

认股权证通常和企业债券一起发行，以吸引投资者购买利率低于市场水平的债券。由于认股权证代表了长期选择权，所以附有认股权证的债券或股票往往对投资者有较大的吸引力。

4.3 并购的风险管理

4.3.1 并购风险的种类

企业并购实质上是企业进行低成本扩张的一种战略行为。成功的企业并购可产生扩大经济规模、优化资源配置、提高市场占有率以及向新经济领域渗透等协同效应。然而一旦并购决策失误，不仅会导致并购失败，甚至会使企业破产。所以我们必须高度重视并购风险，做到防患于未然。

我们按照企业并购的时间顺序分析企业并购面临的主要风险。

1. 并购前的风险

(1) 选择风险。企业并购首先是选择目标企业。选择风险来自两个方面，一是动机风险，即并购企业在选择目标企业时，如果不是从自身的发展战略出发，而是单纯地将并购作为融资手段，或进行盲目扩张。这样，并购后，因规模过大而产生规模不经济，反而使企业背上沉重包袱。二是信息风险，即在选择目标企业时，对其基本情况缺乏深入了解，尤其是当目标企业已经进行了“包装”，如隐瞒了大量债务，或者存在未决诉讼、担保事项等，待并购后再显露出来，将使并购企业债务压力加大，徒增财务风险，所以失真的财务信息是并购中的最大陷阱。

(2) 体制风险。企业并购不乏存在由政府出面的“拉郎配”现象，政府往往为了挽救濒临破产的企业或者为了减轻人员安置的矛盾，而采取“富帮贫”的做法，以取得安定的政治效应。这种依靠行政的办法不仅背离了市场原则，难以达到预期效果，甚至会使并购双方一起“溺水”，反而拖垮了并购企业。

(3) 法律风险。企业并购，各国都有相应的法律、法规进行规范。如我国对并购的规定，要求收购方持有一家上市公司股票后必须公告，当持有30%股份时要发出全面收购要约等，从而使并购成本急剧上升，并购难度和风险加大，甚至会迫使并购方放弃并购计划。在国外，有关并购的法律、法规也很多，如反垄断法、公平交易法、股市准则等，都对并购作出规定，所以在并购前应当对有关并购的法律、法规加以研究。

(4) 投资风险。企业并购是一项直接的对外投资，一般都需要较多的资金投入，其目的是为了取得预期的回报。企业并购后能否产生协同效应，能否取得预期投资收益，这要受许多因素的影响，这种不确定性构成了企业并购的投资风险。

2. 并购中的风险

(1) 估价风险。企业并购对象确定后，并购价格的估算是决定并购能否成功的关键，也是并购谈判的焦点。估值的方法不同，价格分析与预测的不当都会使估价发生偏差而形成估价风险。所以一般会聘请中介机构进行评估确定并购价格。即使如此，也会因评估机构业务水平差异而有区别。再者，评估产生的抽样误差，甚至评估机构因利益驱动可能出具的虚假报告等都会加大企业估价风险。

(2) 融资风险。企业并购所需的资金是并购方的自有资金所不能满足的，所以要进行大量融资。而融资方式的选择，融资资金在时间上、数量上能否满足并购需要，融资成本是否能承受，以及现金并购是否会影响正常生产经营活动等都构成企业并购的融资风险。

(3) 反并购风险。企业并购往往会受到被并购方的抵制，尤其在强行并购时，更会激起目标企业的强烈反抗，采取一系列反并购措施进行对抗，不仅会使企业受到重创，也往往使并购失败。

(4) 市场风险。并购的目标公司如果是上市公司，消息一旦外传，立即会引起目标公司股价上涨，增加并购的难度；如果是非上市公司，消息传出，也容易引起其他企业的竞标，使价格上抬。这种因股票市场或产权交易市场引起的价格变动的风险，即市场风险。市场风险很难预测，只能在实施中从社会心理学、大众传播媒介等不同角度出发予以控制。

3. 并购后的风险

(1) 经营风险。经营风险是指企业并购后，无法产生协同效应和市场份额效应，难以实现规模经济与优势互补，或者并购后规模过大，管理跨度增大而产生规模不经济，而未能达到并购预期目标而产生的风险。经营风险的原因主要是并购方案策划疏漏或者预测有误所致，也可能是并购后，市场发生较大变化，如新竞争者出现，消费需求改变等导致并购后企业无法按原方案进行生产与销售。

(2) 整合风险。企业并购后，要尽快对目标企业进行重整，将其纳入企业集团的总体战略中。对目标企业的整合包括经营战略、产业结构、销售网络资产优化、人事结构调整等。如果不能实现目标企业的制度创新，机制创新，管理办法照旧，骨干人员外流，甚至技术泄露等，都将使重整失败，甚至会拖累整个企业。

(3) 偿债风险。企业并购的巨额融资会给企业带来巨大的偿债压力。再加上目标企业原先的债务，甚至存在潜在债务，有可能会使并购企业不堪重负而被压垮。

4.3.2 并购风险的防范

1. 并购前

1) 寻找目标公司

成功并购的前提是能够发现和抓住适合本企业发展的并购目标。在实践中，并购公司需从两方面着手：一是利用公司自身的力量；二是借助公司外部的力量。

(1) 利用公司自身的力量。利用公司内部人员的私人接触或自身管理经验发现目标公司。首先，高级职员熟知公司经营情况和相关企业的情况，并购同行业中公司的想法常常来自这些人员。其次，可在公司内部建立专职的并购部，主要工作是收集和研究各种公开信息，发现适合本企业的目标公司。在大企业中，并购部可以独立于其他业务部门，而在中小企业，这部分工作往往由公司财务管理部门兼任。

(2) 借助公司外部力量。利用专业金融中介机构为并购公司选择目标出谋划策。在并购领域的专业中介机构中，有一大批训练有素、经验丰富的并购专业人员，如精通某行业的律师或会计师、安排并购双方谈判的经纪人等。投资银行由于有专业客户关系方面的优势，在企业并购活动中扮演着越来越重要的角色。它们常常为并购方公司提供一揽子收购计划、安排并购融资、代为发行证券等。投资银行家与公司经常性地保持私人联系，由于熟悉公司的具体情况和发展目标，他们能为公司高层决策人员提供适合公司具体情况的并购建议和目标，一旦并购成功，投资银行也会获得一定收益。

2) 审查目标公司

对于初步选定的并购目标公司，还需做进一步的分析评估和实质性审查，审查的重点一般集中在以下方面：

(1) 对目标公司出售动机的审查。审查出售动机有助于评估目标公司价值和确定正确的谈判策略。一般来讲，目标公司出售动机主要包括：目标公司经营不善，股东欲出售股权；目标公司股东为实现新的投资机会，需要转换到新的行业；目标公司并非经营不善，而是大股东急需大量资金投入，故出售部分股权；股东不满意目标公司管理，故以并购的方式撤换整个管理层；目标公司管理人员出于对自身地位与前途的考虑，愿意被大企业并购，以便在该大企业中谋求一个高薪且稳定的职位；目标公司调整多样化经营战略，出售不符合本企业发展战略或获利不佳的子公司，同时并购一些获利较好的企业等。

(2) 对目标公司法律文件的审查。这不仅包括审查欲收购公司的产业是否符合国家的相关产业规定，还包括审查目标公司的章程、合同契约等法律性文件。第一，审查企业章程、股票证明书等法律性文件中的相关条款，以便及时发现是否有并购方面的限制。第二，审查目标公司主要财产目录清单，了解目标公司资产所有权、使用权以及有关资产的租赁情况等。第三，审查所有对外书面合同和目标公司所面临的主要法律事项，以便及时发现可能存在的风险。

(3) 对目标公司业务的审查。业务上的审查主要是检查目标公司是否能与本企业的业务相融合。在审查过程中，并购目的不同，审查的重点可能不同。如果并购的目的是利用目标公司现有生产设备，则应注意目标公司生产设备是否保养良好，是否实用，直接利用目标公司的生产设备与企业自行购买哪个更合算；如果并购的目的是通过目标公司的营销资源来扩大市场份额，则应对其客户特性、出售动机等情况有所了解。

(4) 对目标公司财务的审查。财务审查是并购活动中一项极为重要的工作。并购方应防止目标公司提供虚假或错误的财务报表，尽量使用经注册会计师审计过的财务报表。在进行财务审查时，主要通过分析偿债能力来审查企业财务风险的大小；分析企业的盈利能力来审查企业获利能力的高低；分析企业的营运能力来审查企业资金周转状况。

3) 目标公司定价

要慎选评估机构，合理测算并购价格。一旦确定了并购的目标公司，就需要对目标公司进行合理估价。

根据已有的实证研究，并购企业从并购活动中获得负效应的主要原因是并购企业向被并购企业支付过多。因此，对并购企业来说，估价不仅是实施并购的必要程序，而且是决定并购是否成功的重要因素。而对被并购企业来说，也必须确定自身的合理价值，以决定是否接受并购方提出的并购条件。除了目标公司价值，还有一些其他因素会对并购价格产生重大影响，如并购双方在市场和并购中所处的地位、产权市场的供求状况、未来经营环境的变化等。

2. 并购中

并购中要注重公关策略和谈判技巧，得力的公关策略将减少或化解并购障碍，争取双赢局面。并购企业一般会组建专门机构，工作的重点是目标企业的大股东、员工、重要业务往来厂商及大众媒体等。在并购中要讲究谈判技巧，既要高瞻远瞩，也要适当考虑对方利益；既要运用策略，更要坦诚和尊重对方，增加理解，让双方都看到前途，以取得双赢格局使并购顺利进行。

3. 并购后

要尽快组建强有力的领导班子，对目标企业进行重组、整合，调整经营方针，确定重整后发展方向，优化资产配置，调整人员结构，寻找新的利润增长点，尽快产生并购协同效应，提高并购后的整体效益。为了避免并购后目标企业的营运不佳，也可将其改组为控股子公司，以降低并购营运风险。

总之，要做到“知己知彼”，周密筹划，制定切实可行的并购总体方案，确保并购决策的正确。此外，还可以寻求政府、银行等机构的支持，以获得优惠政策。由于并购的对象多为经营不善的亏损企业，这也正是当地政府意欲解决的问题之一。所以并购一般都会得到政府的支持，并可获得兼并优惠政策。被并购企业也往往是拖欠银行大量贷款的单位，所以银行也会极力支持，甚至会给予免除旧息，延缓还贷等优惠条件。

4.4 并购防御的战略

并购防御战略又称反并购，是指目标公司的管理者为了维护自身或公司的利益，保全对公司的控制权，采取一定的措施，防止并购的发生或挫败已经发生的并购行为。通常只有在敌意并购中，才会存在对并购的防御或抵制。

4.4.1 提高并购成本

1. 资产重估

通过资产重估，使资产的账面价值与实际价值更加接近，提高净资产的账面价值，从而抬高收购价格，抑制收购。

由于通货膨胀等因素，使企业资产的历史成本往往低于资产的实际价值，通过定期对其资产价值进行重新评估，提高了净资产的账面价值，进而提高并购成本。

2. 股份回购

股份回购可以达到减少流通在外股份数的目的，从而抬高公司股价，迫使收购方提高每股收购价。但此法对目标公司风险较大。因为负债比例提高，财务风险增加。

3. 寻找“白衣骑士”

目标公司为免遭敌意收购而自己寻找的善意收购者通常被称为“白衣骑士”。如果收购者出价较低,目标公司被“白衣骑士”拯救的希望就越大。但“白衣骑士”的介入常常会引发一场并购战,目标公司的股价会因此明显上升,也会增加收购成本,可能会使敌意收购公司知难而退。反之,若主并企业提供了很高的收购价格,则“白衣骑士”的成本提高,目标公司获救的机会相应减少。

4. “降落伞”反收购计划

“降落伞”反收购计划主要是通过事先约定对并购发生后导致管理层更换和员工裁减时对管理层或员工的补偿标准,从而达到提高并购成本的目的。其中,“金色降落伞”是指目标公司董事会通过决议,由公司董事及高层管理人员与目标公司签订合同,一旦目标公司被并购,其董事及高层管理人员被解雇,则公司必须一次性支付巨额的退休金(解职费)、股票选择权收入或额外津贴。“灰色降落伞”是指向中级管理人员提供类似的保证,目标公司承诺,如果该公司被并购,中级管理人员可以根据工龄长短领取数周至数月的工资。“锡降落伞”是指目标公司的普通员工在公司被并购后一段时间内被解雇的话,则可领取员工遣散费。

4.4.2 降低并购收益

1. 出售“皇冠上的珍珠”

从资产价值、盈利能力和发展前景等方面来衡量,公司内经营最好的企业或子公司被称为“皇冠上的珍珠”,因此也往往成为其他公司并购的目标。为保全其他子公司,目标公司可将“皇冠上的珍珠”这类经营好的子公司卖掉,降低主并企业的预期收益,从而达到反收购的目的。作为替代方法,也可把“皇冠上的珍珠”抵押出去。

2. 毒丸计划

毒丸计划是美国著名的并购律师马丁·利普顿(MartinLipton)1982年发明的,正式名称为“股权摊薄计划”。当遇到敌意收购时,公司为了保住自己的控股权,就会大量低价增发新股。目的就是让收购方手中的股票占比下降,也就是摊薄股权,从而让收购方无法达到控股的目标。毒丸计划在平时不会生效,只有当企业面临被并购的威胁时才启动。

实践中主要有三种毒丸措施:负债毒丸计划、优先股权毒丸计划和人员毒丸计划。

(1) 负债毒丸计划是指目标公司在并购威胁下大量增加自身负债,降低企业被并购的吸引力。负债毒丸计划主要通过企业在发行债券或借贷时订立的“毒药条款”来实现。例如,发行债券并约定在公司股权发生大规模转移时,债券持有人可要求立刻兑付,从而使收购公司在收购后立即面临巨额现金支出,造成财务困难,使收购者望而却步。或者债权人依据“毒药条款”将债券换成股票,从而稀释并购者的持股比例,加大并购资金量和并购成本,从而抑制收购。

(2) 优先股权毒丸计划是一种购股权计划,这种购股权通常发行给老股东,并且只有在某种事件发生时才能行使。优先股权毒丸计划一般分为“弹出”计划和“弹入”计划。“弹出”计划通常指履行购股权,购买优先股。在“弹入”计划中,目标公司以很高的溢价回购其发行的购股权,通常溢价高达100%,即100元的优先股以200元的价格被购回。而敌意并购者或者触发这一事件的大股东则不在回购之列。这样就稀释了并购者在目标公司的权益。“弹入”计划经常被包括在一个有效的“弹出”计划中。

(3) 人员毒丸计划是指企业的绝大部分高级管理人员共同签署协议，在企业被以不公平价格并购，并且这些人中有一人在并购后被降职或解聘时，则全部管理人员将集体辞职。这一策略不仅保护了目标公司股东的利益，而且会使并购企业慎重考虑并购后更换管理层对企业带来的巨大影响。企业的管理层阵容越强大、越精干，实施这一策略的效果将越明显。当目标公司管理层的价值对并购方无足轻重时，人员毒丸计划也就作用有限。

毒丸计划在美国非常盛行，这与美国的法律环境有关。1985 年德拉瓦斯切斯利(Delawance Chancery)法院的判决承认了毒丸计划的合法性。根据美国普通公司法的规定，美国公司只要在其公司章程中有明确授权，即享有各种类别股份的发行权而无须其他审批。但同为英美法系的英国却没有这样的土壤，因为在英国公司法中明确指出采用毒丸计划作为反并购手段不合法。

【例 4-4】　　盛大 & 新浪

2005 年年初开始，盛大互动娱乐有限公司(纳斯达克代码 SNDA)在二级市场不断收购新浪网的股票，当时新浪网的管理层并不在意，以为盛大只是进行股权投资。2 月 19 日，盛大突然宣布持有新浪 19.5%的股权，已经处于临界值。如果盛大持有新浪 20%的股权，新浪和盛大就要编制合并财务报表了。此时，新浪意识到盛大对自己恶意收购，所以新浪网非常仓促的花了 3 天时间，推出了股权稀释毒丸计划。这个计划对于 3 月 7 日记录在册的新浪股东，每股均能获得一份购股权。如果盛大继续增持新浪股票致使比例超过 20%时或有某个股东持股超过 10%时，购股权将被触发，而此前，购股权依附于每股普通股票，不能单独交易，购股权的行使额度是 150 美元。也就是说，如果触发这个购股权计划，除盛大之外，每一份购股权就能以半价购买价值 150 美元的新浪股票。假设以 3 月 7 日每股 32 美元计算，一半的价格就是 16 美元，新浪股东可以购买 9.375 股(150÷16)。新浪目前总股本为 5 048 万股，除盛大所持的 19.5%(984 万股)外，能获得购股权的股数为 4 064 万股，一旦触发购股权计划，那么新浪的总股本将变成 43 148 万股(4 064 万股×9.375+4 064 万股+984 万股)。这样，盛大持有 984 万股原占总股本的 19.5%，一经稀释，就降低为 2.28%。最终盛大只能无奈放弃新浪。

3. 焦土战术

当公司在遇到敌意收购而无力反击时，迫不得已可能会采取两败俱伤的做法。例如，将公司中引起收购者兴趣的资产出售，使收购者的意图难以实现，或是提高公司的负债比例，使收购者因考虑收购后严重的负债问题而放弃收购。

4.4.3 收购并购者

收购并购者又称“帕克曼”防御战略。这是作为收购对象的目标公司为挫败收购者的企图而采用的一种战略，即目标公司威胁进行反收购，并开始购买收购者的普通股，以达到保卫自己的目的。但是该方法要求目标公司具有较强的资金实力，相当的外部融资能力，同时，收购公司也应具备被收购条件，一般应为上市公司。

4.4.4 建立合理的持股结构

1. 交叉持股计划

交叉持股计划即关联公司或关系友好公司之间相互持有对方股权，在其中一方受到收购威胁时，另一方伸出援手。例如，甲公司持有乙公司 10%的股份，乙公司又购买甲公司 10%的股份，双方之间达成默契，彼此忠诚、相互保护。在甲公司成为收购目标时，乙公司则锁住其持有的甲公司股权,从而加大收购者收购股份的难度;同时乙公司表态和有关表决时也支持甲公司的反收购,从而达到防御收购的目的。同理,乙公司受到收购威胁时,甲公司也会同样予以支持。

2. 员工持股计划

国外许多公司还通过员工持股增加敌意并购时股份收购的难度,其原理与交叉持股相同。但在我国由于员工持股比例非常低,还不足以形成有效的反并购计划。

4.4.5 修改公司章程

1. 董事会轮选制

公司章程可以对董事的更换比例作出规定,如规定董事的更换每年只能改选1/4或1/3等。这样,收购者即使收购到了"足量"的股权,也难以通过董事会达到控制公司的目的。

公司未更换的董事可以决定采取增资扩股或其他办法来稀释收购者的股票份额,也可以决定采取其他办法来达到反并购的目的,如吞下"毒丸"或售卖"皇冠上的珍珠",使收购者的初衷不能实现或使公司股票贬值,由此造成并购者的损失。

2. 绝对多数条款

在并购防御中,目标公司可以在章程中对公司合并时需要获得的出席股东大会绝对多数投赞成票的比例作出规定,如80%。同时,还可以规定对这一反收购条款的修改也需要绝对多数股东同意才能生效。这样,大大增加了敌意收购者的收购成本和难度。

4.4.6 我国企业的并购防御战略

并购防御战略在市场经济成熟的西方国家得到了广泛使用,但由于政治、经济和法律环境存在差异,这些反收购方法,有的适用于我国,有的并不适用。适合中国上市公司进行反收购的策略有:一是董事会轮选制和绝对多数条款,董事会轮选制阻止了收购者在两年内获得公司的控制权,使收购者不可能马上改组目标公司,降低了收购者的收购意向;我国当前的《公司法》对公司特殊事项已经作出了绝对多数表决权的规定,绝对多数的比例高于2/3是合法的。二是白衣骑士策略,从目前的法规来看,中国证券市场管理者还是比较倾向于这种"白衣骑士"反收购策略的,因为这将带来收购竞争,有利于保护全体股东的利益。三是"帕克曼"防御战略,适用于那些实力雄厚、融资渠道广泛的公司;如果双方实力相当,结果可能是两败俱伤。我国目前的法规没有禁止上市公司采用"帕克曼"防御,因此,上市公司可以利用该方法作为反收购的措施。

不适合的策略一是降落伞计划,二是毒丸计划。我国《上市公司收购管理办法》第六条规定"任何人不得利用上市公司的收购损害被收购公司及其股东的合法权益";第七条规定"被收购公司的控股股东或者实际控制人不得滥用股东权利损害被收购公司或者其他股东的合法权益";第八条规定"被收购公司的董事、监事、高级管理人员对公司负有忠实义务和勤勉义务,应当公平对待收购本公司的所有收购人"。而降落伞计划,可能导致变相瓜分公司资产,也不利于鞭策企业管理层努力工作和勤勉尽职,不宜从社会保险的角度解决目标公司管理层及职工的生活保障问题;毒丸计划意在破坏目标公司的资产质量和财务状况,无论收购成功与否,都可能造成两败俱伤。

此外,我国《公司法》第一百四十二条规定"公司不得收购本公司股份。"但是,有下列情形之一的除外：减少公司注册资本；与持有本公司股份的其他公司合并；将股份奖励给本公司职工；股东因对股东大会作出的公司合并、分立决议持异议，要求公司收购其股份的。同时规定，若因“公司与持有本公司股份的其他公司合并”而收购的本公司股份，不得超过本公司已发行股份总额的百分之五；用于收购的资金应当从公司的税后利润中支出。公司不得接受本公司的股票作为质押权的标的。

4.5 案例分析：平安银行的权益价值评估

4.5.1 案例背景

深发展吸收合并平安银行案中，深发展聘请了专业评估机构中联资产评估集团有限公司（简称中联评估）以 2010 年 6 月 30 日为评估基准日，对并购中目标企业平安银行的股权价值进行了分析，最终得出平安银行每股价值人民币 3.34 元的结论。

2012 年 1 月 19 日，深发展（000001）和中国平安（601318）同时公告深发展董事会审议通过深发展吸收合并平安银行方案，并同意两行签署吸收合并协议。完成吸收合并后，平安银行注销法人资格，深发展作为合并完成后的存续公司将依法承继平安银行的所有资产、负债、证照、许可、业务、人员及其他一切权利与义务。深圳发展银行有限公司将更名为平安银行股份有限公司。

按照公告，深发展向持有平安银行股份的少数股东支付每股 3.37 元的对价，少数股东有权在股票合并对价申报期内选择股票合并对价，即按照每股最终定价与深发展每股价格（以董事会决议公告日为定价基准日计算的深发展于定价基准日前 20 个交易日的股票交易均价，即人民币 15.45 元/股）的比值，将其持有的平安银行股份交换为自二级市场购入的深发展股票（小数点后的尾数均折算为 1 股）。

深发展与平安银行的整合是中国金融业具有标志性的资产重组案例，吸收合并的交易对价是否体现了平安银行的真正价值？平安银行的估值是如何实现的？

折现的现金流可以考量企业作为一个整体单元在未来能够获取的利益，更能体现企业价值度量的基本原理。在货币时间价值的匹配下，股权自由现金流量能够合理真实地反映企业未来的成长能力，平安银行的价值评估就采用了此种方法。

4.5.2 权益资本成本的具体估算

按照资本资产定价理论，同时考虑银行特有的风险，平安银行的权益资本成本估算模型如下：

$$资本成本 = 无风险报酬率 + 风险报酬率 + 平安银行特有风险$$

1. 无风险报酬率

参照国家近 5 年发行的中长期国债利率的平均水平，将 10 年期以上国债利率平均水平确定为无风险报酬率 R，近似为 3.83%。

2. 风险报酬率

取沪深同类 10 家可比上市公司股票，以 2007 年 1 月至 2010 年 6 月的市场价格测算，得到评估对象权益资本预期风险系数的估计值 $\beta=1.0236$。

根据海通证券对中国海外上市公司的研究分析报告，CSFB（瑞士第一波士顿贷款银行）估计的 MSCI 中国自由指数（中国概念股股票指数）自 1998 年以来的隐含股权风险溢价平均为 7.6%，高盛估计的 10 年以来 MSCI 中国自由指数相对美国 10 年期国债收益率的隐含股权风险溢价平均为 7.5%。结合深发展吸收合并平安银行股份有限公司整合项目资产评估报告的有关数据，确定本次评估的市场风险溢价为 $R=7.5\%$。

$$\text{风险报酬率}=\beta\times R=1.0236\times7.5\%=7.68\%$$

3. 平安银行特有风险

平安银行的特有风险主要包括流动性风险和规模风险，即：

$$\text{平安银行的特有风险}=\text{流动性风险}+\text{规模风险}$$
$$\text{流动性风险}=\text{风险报酬}\times\text{平均流动性折扣系数}$$

由于被评估对象是非上市公司，对比参考 5 家银行上市公司相关信息，据此确定平安银行的流动性风险，如表 4-1 所示。

表 4-1　　流动性折扣对价表

证券代码	证券简称	折算成送股的对价（WIND 计算值）
000001.SZ	深发展 A	23.8%
600000.SH	浦发银行	3
600015.SH	华夏银行	3
600016.SH	民生银行	3
600036.SH	招商银行	2.4397
平均值		2.3355

资料来源：中联评报字〔2010〕第 697 号深圳发展银行股份有限公司拟与平安银行股份有限公司整合项目资产评估报告。

$$\text{平均流动性折扣系数}=1-10\div(10+2.3355)=18.93\%$$
$$\begin{aligned}\text{平安银行的流动性风险}&=\text{风险报酬}\times\text{平均流动性折扣系数}\\&=\beta\times R\times18.93\%\\&=1.0236\times7.5\%\times18.93\%\\&=1.45\%\end{aligned}$$

考虑到平安银行与沪深同类上市银行相比规模较小，规模风险调整系数为 0.55%。

$$\begin{aligned}\text{平安银行的特有风险}&=\text{流动性风险}+\text{规模风险}\\&=1.45\%+0.55\%\\&=2\%\end{aligned}$$

4. 权益资本成本

$$\begin{aligned}\text{资本成本}&=\text{无风险报酬率}+\text{风险报酬率}+\text{平安银行的特有风险}\\&=3.83\%+7.68\%+2\%\\&=13.51\%\end{aligned}$$

4.5.3 股权自由现金流的估算

在现金流预测中，将未来现金流期间分为高速增长阶段、固定增长阶段和稳定阶段。

1. 高速增长阶段

高速增长阶段包括从预测基点的2010年6月30日到2017年年末，共7.5年时间。未来营业收入带来的现金流量主要包括贷款利息收入、存放央行和同业利息收入、债券投资收入、手续费及佣金收入等。其中，贷款利息收入根据贷款增长速度和贷款综合利率来计算；存放央行和同业利息收入根据法定存款准备金平均收益率和存放及拆放同业的平均收益率来计算；债券投资收入根据全年债券收益率计算；手续费及佣金收入主要是结算和清算手续费收入、代理业务手续费收入、银行卡手续费收入、托管和其他受托业务收入及其他业务收入，根据每项收入的增长速度来计算。营业支出带来的现金流出量主要包括税金及附加、业务及管理费用等。平安银行高速增长阶段的现金流量估算如表4-2所示。

表4-2　　平安银行高速增长阶段的现金流量预测　　单位：百万元

年份	2010 下半年	2011	2012	2013	2014	2015	2016	2017
营业收入	3 157	7 824	9 603	11 936	14 269	16 870	19 758	22 987
利息净收入	2 855	6 837	7 928	9 340	10 739	12 215	13 624	14 949
利息收入	4 793	10 987	12 787	14 995	17 218	19 548	21 796	23 931
利息支出	1 938	4 150	4 859	5 655	6 479	7 333	8 172	8 982
手续与费佣金净收入	261	922	1 639	2 596	3 530	4 655	6 134	8 038
手续与费佣金收入	318	1 100	1 878	2 919	3 961	5 222	6 843	8 869
手续与费佣金支出	57	178	239	323	431	567	709	831
投资收益	23	13	36					
公允价值变动损益	5	6						
汇兑损益	10	37						
其他业务净收入	3	9						
营业支出	2 098	4 806	5 851	7 202	8 235	9 223	10 207	11 385
税金及附加	188	491	537	630	723	821	915	1 005
业务及管理费	1 628	3 916	4 557	5 648	6 480	7 283	8 282	9 358
资产减值损失	282	399	757	924	1 032	1 119	1 010	1 022
营业利润	1 059	3 018	3 752	4 734	6 034	7 647	9 551	11 602
加：营业外收入	16	9						
减：营业外支出								
利润总额：	1 075	3 027	3 752	4 734	6 034	7 647	9 551	11 602
减：所得税费用	237	727	892	1 137	1 449	1 837	2 294	2 786

（续表）

年份	2010下半年	2011	2012	2013	2014	2015	2016	2017
净利润	838	2 300	2 860	3 597	4 585	5 810	7 257	8 861
加：折旧	70	140	164	200	218	229	230	230
摊销	29	64	61	58	56	53	50	48
计提减值准备	287	397	757	924	1 032	1 119	1 010	1 022
递延所得税增加额	63	87	167	203	227	246	222	225
加：现金净流入	−383	−6 118	−103	−4 059	−5 049	−5 012	−5 063	−5 059
其中：现金流入								
有息负债追加	29 725	49 101	11 296	40 047	48 023	51 057	51 575	51 008
其他负债追加	149	494	373	431	500	519	516	498
现金流出								
固定资产	188	282	166	135	74	61	107	123
无形资产	50	60	49	47	45	42	40	38
有息资产追加投资	29 847	5 978	11 354	41 831	50 487	53 508	54 033	53 428
其他投资追加净值	172	393	203	524	466	477	474	476
留存收益	0	3 000	0	2 000	2 500	2 500	2 500	2 500
自由权益现金值	904	−3 130	3 906	923	1 069	2 445	3 706	5 282
折现期	0.5	1.5	2.5	3.5	4.5	5.5	6.5	7.5
折现系数	0.938 6	0.826 9	0.728 5	0.641 8	0.565 4	0.498 1	0.438 8	0.386 6
折现值	848	−2 588	2 845	592	604	1 218	1 626	2 042
权益价值	848	−2 588	2 845	592	604	1 218	1 626	2 042

资料来源：中联评报字〔2010〕第697号深圳发展银行股份有限公司拟与平安银行股份有限公司整合项目资产权益价值评估报告。

2. 固定增长阶段和稳定阶段

评估师将2018—2022年定为固定增长阶段，考虑到中国的经济增长速度在2020年之前不会低于7%，银行业的增长速度略高于总体经济增长速度，预测公司收益现金流以略高于经济增速的速度增长，确定为9.6%。2022年以后公司收益保持稳定。具体的权益现金流量如表4-3所示。

表4-3　固定增长阶段和稳定增长阶段净现金流量预测　单位：百万元

	固定增长阶段					稳定阶段
年份	2018	2019	2020	2021	2022	2023年以后
权益现金流量	5 789	6 345	6 954	7 622	8 353	8 353

资料来源：中联评报字〔2010〕第697号深圳发展银行股份有限公司拟与平安银行股份有限公司整合项目资产权益价值评估报告。

4.5.4 权益价值估算

对平安银行权益价值的评估就是分别计算三阶段的现金流量现值并加总。

1. 高速增长阶段现值

$$高速增长阶段现值 = 848 - 2\,588 + 2\,845 + 592 + 604 + 1\,218 + 1\,626 + 2\,042 = 7\,187(百万元)$$

2. 固定增长阶段和稳定阶段现值

将固定增长阶段及稳定阶段的现金流量折现，得到现金流量现值，如表 4-4 所示。

表 4-4　固定增长阶段现值计算　单位：百万元

	固定增长阶段				
年份	2018	2019	2020	2021	2022
权益现金流量	5 789	6 345	6 954	7 622	8 353
折现期	8.5	9.5	10.5	11.5	12.5
折现系数	0.340 6	0.300 1	0.264 3	0.232 9	0.205 2
折现值	1 972	1 904	1 838	1 775	1 714
权益价值	1 972	1 904	1 838	1 775	1 714

资料来源：中联评报字〔2010〕第 697 号深圳发展银行股份有限公司拟与平安银行股份有限公司整合项目资产权益价值评估报告。

$$固定增长阶段现值 = 1\,972 + 1\,904 + 1\,838 + 1\,775 + 1\,714 = 9\,203(百万元)$$

$$稳定阶段现值 = \frac{8\,353}{13.51\%} \times \frac{1}{(1+13.51\%)^{13.5}} = 11\,174(百万元)$$

$$平安银行权益估值 = 7\,187 + 9\,203 + 11\,174 = 27\,564(百万元)$$

深发展吸收合并平安银行的支付对价为 291 亿元，与平安银行的权益估值基本一致。

重要概念

企业估值　自由现金流量　换股比例　并购防御　资产重估　股份回购　寻找“白衣骑士”　“降落伞”计划　出售“皇冠上的珍珠”　毒丸计划　焦土战术

本章练习

一、单项选择题

1. 并购支付对价用公式表示为 $MAC = E_a\rho(1+\gamma)$，其中，γ 表示（　　）。

A. 目标企业权益价值　B. 控股比率　C. 支付溢价率　D. 并购支付对价

2. 在换股估价法中，设 ER 为换股比例，ER_a 为并购方股东可接受的换股比例，ER_b 为目标公司股东可接受的换股比例，则双方均可接受的换股比例应为（　　）。

A. $ER>ER_a$　B. $ER<ER_b$　C. $ER_b \leqslant ER \leqslant ER_a$　D. $ER_a \leqslant ER \leqslant ER_b$

3. 目标公司在被收购威胁下大量增加自身负债、降低企业被收购的吸引力，这一并购防御战略称之为

(　　)。

A. 收购并购者　　B. 出售"皇冠上的珍珠"

C. "毒丸计划"　　D. "焦土战术"

4. 1982年威蒂克公司提出收购波罗斯威克公司49%的股份,但在波罗斯威克公司把他经营最好的公司——舍伍德医药工业公司以4.25亿英镑的价格卖给美国家庭用品公司后,威蒂克公司随即打消了收购的企图。波罗斯威克公司采取的并购防御战略为(　　)。

A. 降落伞计划　　B. 出售"皇冠上的珍珠"

C. "毒丸计划"　　D. "焦土战术"

5. 下列并购风险中,属于并购后的风险的是(　　)。

A. 融资风险　　B. 反并购风险　　C. 市场风险　　D. 经营风险

二、多项选择题

1. 评估企业股权价值需要计算的指标有(　　)。

A. 股权自由现金流量　　B. 公司自由现金流量

C. 股权资本成本　　D. 加权平均资本成本

2. 并购资金需要量的预测包括的主要内容有(　　)。

A. 并购支付的对价　　B. 并购交易费用

C. 表外负债和或有负债　　D. 整合与运营成本

3. 企业对并购目标公司的审查包括(　　)。

A. 出售动机　　B. 公司章程　　C. 财务状况　　D. 并购风险

4. 企业并购前的风险种类包括(　　)。

A. 估价风险　　B. 融资风险　　C. 反并购风险　　D. 市场风险

5. 下列并购防御战略中,属于通过修改公司章程来防止敌意并购的战略是(　　)。

A. 交叉持股计划　　B. 董事会轮选制

C. 员工持股计划　　D. 绝对多数条款

三、简答题

1. 简述企业并购现金支付方式的特点以及优缺点?

2. 简述企业并购选择股票支付方式时,一般需要考虑哪些影响因素?

四、计算题

1. 假设A公司要并购B公司,两公司的有关资料如下:

	A公司	B公司
并购前总盈余Y(万元)	800	400
普通股流通数量S(万股)	1000	800
并购前股票市场价格P(元)	16	10
并购后的协调盈余ΔY(万元)	200	
并购后的市盈率β	20	

注:计算中用Y_a、Y_b、S_a、S_b、P_a、P_b、ER_a、ER_b别表示A、B两公司并购前的总盈余、普通股数量、价格、各自可接受的换股比例。用P_{ab}表示并购后A公司的股票价格。

要求：

(1) 确定换股比例区间(保留四位小数)。

(2) 计算在换股比例区间内最低和最高的 P_{ab}(保留两位小数)。

五、案例分析题

A公司、B公司和C公司为国内某家电产品的三家主要生产商。B公司与C公司同在一省，A公司在相距1 000公里外的另外一省；A公司和C公司规模较大，市场占有率和知名度高，营销和管理水平也较高。B公司通过5年前改组后，转产进入家电行业，规模较小，资金上存在一定问题，销售渠道不足。但B公司拥有一项该种家电的关键技术，而且是未来该种家电的发展方向，需要投入资金扩大规模和开拓市场。A公司财务状况良好，资金充足，是银行比较信赖的企业，其管理层的战略目标是发展成为行业的主导企业，在市场份额和技术上取得优势地位。目前A公司拟并购B公司。

要求：(1) 判断这是横向并购还是纵向并购，或者是混合并购。

(2) 分析该并购的动因和效应。

第 5 章　企业集团财务管理概述

内容提要

本章主要讲解了企业集团财务管理的基本知识,具体包括企业集团财务管理的特点,企业集团的组织结构,企业集团财务管理体制和财务控制。从宏观上介绍了企业集团的概念及其财务管理的特点、组织结构、体制的分类情况。

重点难点

本章重点为企业集团概念、企业集团财务管理的特点、企业集团的组织结构分类、企业集团财务管理体制的选择;难点为根据具体案例分析企业集团使用的企业集团组织结构、管理体制问题和企业集团财务控制。

学习目标

通过本章学习,学生应掌握企业集团的概念,熟悉企业集团财务管理的特点,了解企业集团的财务管理体制和财务控制等内容。

知识框架

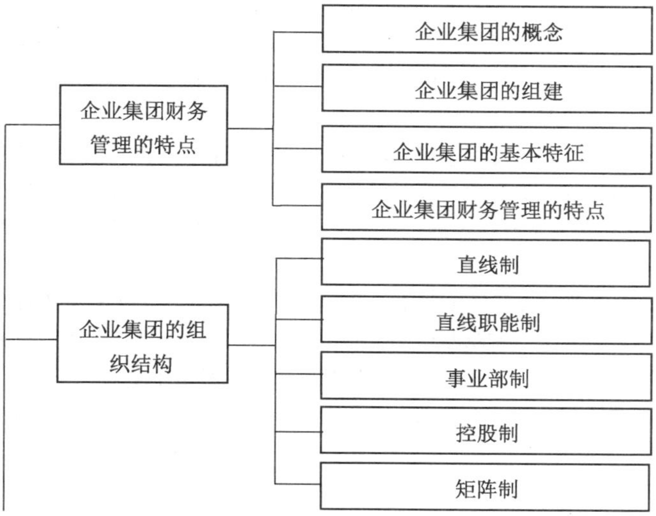

(续图)

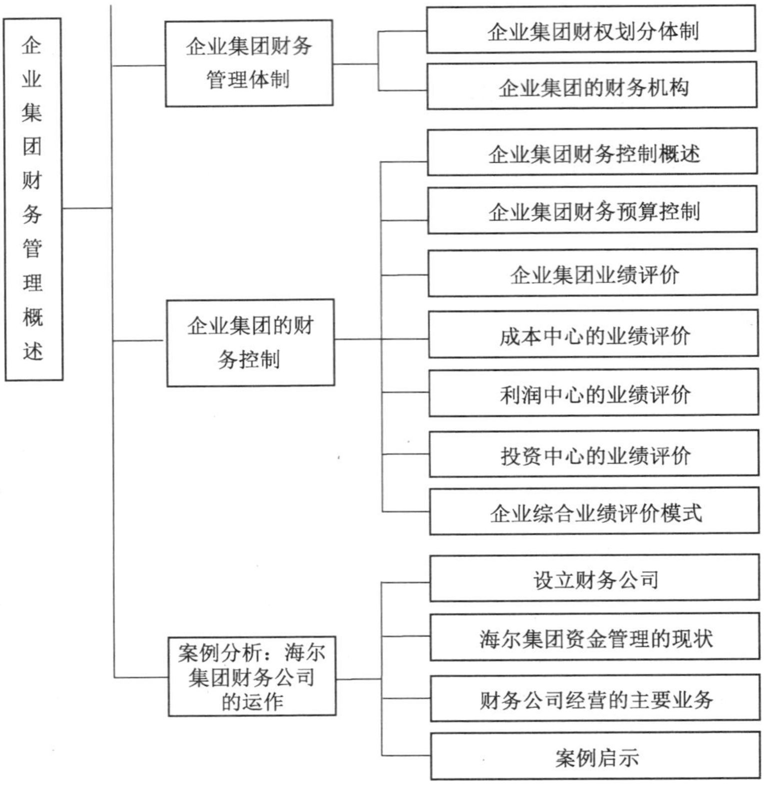

引入案例　飞跃集团财务危机

2008 年 3 月，飞跃集团自曝因资金链断裂引发财务危机，企业因此命悬一线。飞跃集团财务危机的原因概括为三方面：

(1) 宏观环境变动使其成本上升、资金趋紧、出口萎缩。首先，从紧货币政策背景下，银行对中小企业的贷款利率普遍上浮 30%～40%。其次，紧缩性货币政策使企业融资缺口加剧，民营企业资金链趋紧。再次，受金融危机影响，国际需求下降，飞跃集团的海外订单大幅减少，加之人民币升值和出口退税率调整，对出口企业的利润空间影响颇大。

(2) 固定资产投资过快造成资产"固化"与高杠杆财务策略。飞跃集团由于规模扩张，资金大量被所购置的土地、设备占用，造成企业日常经营所需的流动资金紧张，为了维持正常运行，不得不向银行和民间借贷。据估计，飞跃集团民间借贷达 8 亿元之多。业内人士估算，飞跃集团 1 年的财务费用就要超过 6 000 万元，不能按期归还高利贷，使得飞跃集团陷入被追讨贷款的困境。

(3) 企业股权单一导致决策风险过于集中，隐患早已埋下。飞跃集团是典型的家族式企业，其公司治理形式也是家族治理模式。所有权与经营权合为一体，决策者与执行者集于一身，主要管理岗位都由家族人员把持，最终决策权掌握在"家长"手中，采取集权化的专断领导方式。

企业集团的财务管理具有什么特点？企业集团如何通过有效的财务管理最有效地避免风险？

5.1 企业集团财务管理的特点

5.1.1 企业集团的概念

关于企业集团的定义有许多争议，有的学者认为企业集团专指日本式的以金融机构参加核心层同时核心层互相持股为特征的企业组织形式；有的学者则认为企业集团指具有相对稳定核心层的经营联合体，从而引出了集团公司、集团企业等不同的概念。按照我国《公司法》规定，公司是依照该法在中国境内设立的有限责任公司和股份有限公司，有限责任公司和股份有限公司是企业法人。而企业法人是指具有民事权利能力和民事行为能力，依法独立享有民事权利和承担民事义务的组织。因此，集团公司、集团企业等概念容易与《公司法》中公司的概念混淆，所以企业集团这一概念比集团公司更明确。

总结国内外的经验，本书将企业集团定义为：企业集团是现代企业发展的高级组织形式之一，是以一个或少数几个大型企业为核心，通过资本、契约、产品、技术等不同的利益关系，将一定数量的受核心企业不同程度控制和影响的法人企业联合起来，组成的一个具有共同经营战略和发展目标的多级法人结构经济联合体。

特别提示 5-1

作为一个经济联合组织，企业集团一般由核心层、紧密层、半紧密层和松散层四个层次组成。

(1) 核心层企业，即母公司(控股公司)及其附属结构，又称集团企业。核心层企业是指依法成立、有自己的组织管理机构、有独立财产、能依法承担经济责任的经济实体，它是自主经营、自负盈亏的独立的商品生产者和经营者，具有法人资格，其法律地位为母公司。

(2) 紧密层企业，即子公司(控股层)。紧密层企业是由集团企业直接控制(持股50%以上)的企业，也是独立的公司法人。集团企业与控股层企业之间是母、子公司关系。

(3) 半紧密层企业，即关联公司(持股层)。半紧密层企业是指核心企业参股(但未达到控股)或紧密层企业的全资或控股的企业。

(4) 松散层企业，即固定协作企业。松散层企业是核心企业没有资产关系但有稳定经营业务关系的企业，或者由紧密层企业、半紧密层企业参股的企业。

5.1.2 企业集团的组建

企业集团的组建是企业集团形成的过程，是指一个单体企业通过各种方式，最终发展成为拥有若干子公司、孙公司和联营企业的集团群体。企业集团的组建是一个动态的过程，包括从酝酿成立、确定原则和目标，到选择组建模式、进行可行性研究以及履行法律程序，直至最终正式成立并且不断调整的全过程。企业集团的组建，可以按两个标准进行分类：第一是按照产权制度，可以分为以股份制为基础的企业集团的组建和以非股份制为基础的企业集团的组建；第二是按照组建集团的推动力量，可以分为市场力量推动的企业集团的组建和行政力量推动的企业集团的组建，或是两者的结合。在此我们以规范型的企业集团的组建来展开对企业集团组建模式的探讨，即在市场力量（或结合行政力量）的推动下，以股份制为基础的企业集团的组建问题。

企业集团的组建有以下三种方式。

1. 纵向并购形成企业集团

它是指单体企业通过直接投资或并购主营业务的上游和下游企业，以及相关运输、服务等行业的企业，组建成企业集团，并以此方式不断扩张。这主要是核心企业采用相关多元化战略的结果。

【例 5-1】　　　　　　　亚 威 集 团

C国亚威集团是一家国际化矿业公司，其前身是主营五金矿产进出口业务的贸易公司。2004年7月，亚威集团在“从贸易型企业向资源型企业转型”的战略目标指引下，对北美N矿业公司发起近60亿美元的收购。当时国际有色金属业正处于低潮，收购时机较好。2005年5月，虽然并购双方进行了多个回合沟通和交流，但N矿业公司所在国政府否决了该收购方案。Z公司原是澳洲一家矿产上市公司，其控制的铜、锌、银、铅、金等资源储量非常可观。2008年，国际金融危机爆发，Z公司面临巨大的银行债务压力，于当年11月停牌。之后Z公司努力寻求包括出售股权在内的债务解决方案。亚威有色公司是亚威集团下属子公司，主营业务为生产经营铜、铅、锌、锡等金属产品。2009年6月，经过双方充分协商，亚威有色公司以70%的自有资金，成功完成对Z公司的收购，为获取Z公司低价格的有色金属资源奠定了重要条件。

2. 横向并购形成企业集团

它是指单体企业通过直接投资或并购那些生产销售同类产品的其他企业而形成集团。这主要是企业采用专业化扩张战略的结果。在我国的啤酒业中如青岛啤酒和燕京啤酒，彩电业中如海信和TCL等企业集团，都是依靠横向一体化联合兼并大批同行业企业而形成并不断扩张的。

【例 5-2】　　　　　　　联 想 集 团

联想集团是中国最大的IT企业，1994年在香港联合交易所上市，总市值为202亿港元，IBM主要从事笔记本、台式计算机、服务器、外设等产品的生产和销售，约9 500名员工。2003年收入96亿美元，亏损2.58亿美元。全球PC市场上，IBM以5.2%的市场占有率排在戴尔和惠普之后，位居第三。2004年12月8日，联想用12.5亿美元(8亿现金及价值4.5亿联想股份)购入IBM的PC业务，位于全球PC市场份额第9位的联想跃升至第3位，位于戴尔和惠普之后。并购IBM的PC业务无疑使联想在品牌上提升了一个档次，原有PC销售渠道及优秀人才均得到扩充，使联想在国际化的道路上跨进了一大步。

3. 多元化战略形成企业集团

它是指大企业采用无关联多元化战略，靠混合兼并的方法向无关的行业扩张，形成企业集团。要注意的是，企业集团的形成在很多情况下是以上三种模式中的几种混合采用的结果，具体模式是根据核心企业的经营性质、市场需求和竞争者状况等因素作出的选择。

【例 5-3】　　　　　　　海 尔 集 团

1997年是海尔集团的“扩张之年”。3月13日，出资60%与广东顺德爱德集团合资组建顺德海尔；4月12日，控股(80%)管理青岛第三制药厂；9月5日，与西湖电子集团强强联合，控股(60%)经营的杭州海尔正式推出海尔彩电——“探路者”；12月28日，控股(59%)与贵州电冰箱厂合资成立贵州海尔；12月30日，整体兼并黄山电子集团，合肥海尔如期挂牌。至此，海尔集团的家电产品由电冰箱、冷柜、空调、洗衣机扩展到了热水器、微波炉、彩电、VCD、电话机、传真机、洗碗机、电熨斗、吸尘器等27个门类，共7 000余个规格品种。这不禁让人想起张瑞敏说过的一句话：“如果你有一套空房子，我希望海尔能提供所有的电器产品。”

自从2001年以来，海尔集团在金融服务业也快速发展。2001年12月26日，海尔集团出资6亿元控股青岛市商业银行，这被看成是海尔集团进军金融领域的第一步。在不到1个月的时间内，海尔集团又出资1.3亿元受让鞍山信托公司(600816)20%的股份。之后，海尔集团在长江证券增资扩股中以4.7亿元购得20%的股份，成为第一大股东。另外，海尔集团与纽约人寿保险公司(NYI)共同投资2亿元在上海成立一家中外合资保险公司，各占50%股份。2002年9月，海尔集团苦苦申请了8年之久的财务公司获准成立，注册资本5亿元。至此，海尔集团拥有了包括证券、银行、保险和财务公司在内的众多金融牌照。

此外，1999年海尔集团开始实施非相关多元化扩张战略，而且行业的跨度非常大，包括医药、人寿保险和房地产等与原来家电行业截然不同的领域。截至2007年年底，海尔集团涉足的领域包括家电、IT、家居、生物、软件、物流、金融、旅游、房地产、通信、电器产品、数字家庭、生物医疗设备等13个产业群，在此基础上，加入1993年进入的模具注塑行业和1998年进入的机械制造业，共涉及15个行业。

5.1.3 企业集团的基本特征

1. 企业集团由多个企业法人组成

企业集团作为一个企业联合体，自身不是法人实体，而是许多单一法人组成的联合体。组成企业集团的成员可以多种多样，包括工商企业、科研单位、金融组织等，一般集团成员都是具有法人地位(企业法人或事业法人)、在法律上独立核算的单位，但作为整体的企业集团却不具有法人地位。

由于企业集团由具有共同利益的各个法人企业以各种关系为纽带联合形成，因此集团内部存在着特性与共性、个体与整体的权衡和矛盾。本书在论及企业集团时，更多的是考虑其作为一个整体的发展状况。

2. 企业集团的组织结构具有多样性与开放性

企业集团的开放性和多样性是由以下几个方面决定的：①集团内部的联结纽带是各种经济利益，包括资本、契约，产品、技术等，联结关系的多样化决定了集团内部组织的复杂性和多层次性。②企业集团的组建有合并、兼并、收购、分立、相互持股乃至直接新建等方式，多种组建形式最终必然形成多样化的组织结构。③由于企业集团如上所述不是独立的法人，集团内部不存在行政隶属关系，下属事业部或子公司是在集团共同的发展目标和规划下独立经营，对于企业集团的管理，也就不可能采用固定的方式和强制的关系，这更加促成了集团组织的多样化。④根据企业集团的具体经营情况、承接项目的要求和安排生产的情况，企业集团内部协作的形式也是多样化的，由此可能形成多种形式的纵横交错的组织结构并不断调整变动。⑤组成企业集团的各种经济利益在不断的变化之中，旧的经济利益会调整或消亡，新的经济利益会产生，经济利益的大小和重要性也不相同，因此企业集团的组织结构与单体企业相比更加多变，其边缘部分也存在模糊性(如某个法人企业有可能同时是两个企业集团的成员)。

3. 企业集团的规模巨大

这里既指整个集团的规模，也指集团中核心企业的规模。企业集团产生的原因就在于通过联合产生多方面的规模经济和聚合力，具有更好的稳定性与风险分散性，以更好地参与激烈的市场竞争。因此，无论在西方发达国家还是在国内，企业集团的平均规模都大大超出了可比的单体企业的平均规模。但是，在不同国家和不同行业中，规模的大小具有很大的相对性。同属国家大型汽车集团，16家大型汽车集团中既有资产规模超过500亿元的一汽集团和东风集团，也有资产总额不到15亿元的长丰集团，后者是前者的1/30。一汽集团的年营业收入近600亿元，而湖北汽车集团不到20亿元。

4. 企业集团的生产经营具有连锁性和多元性

即企业集团内部的生产经营联合既有纵向联合，又有横向联合。集团关系既可能是多家生产同类产品的企业的联合关系；也可能是由原料供应、生产加工、销售等企业组成的高度连锁相关的关系；还可能是多家企业共同处于一家控股公司控制之下，业务间几乎没有联系；当然也有不少企业集团是几者皆备。集团形成以后，在外界环境压力下可能有实力向相关领域不断扩展，也可能有动力向其他不相关行业进军。

5.1.4 企业集团财务管理的特点

企业集团的财务管理，并没有改变企业财务管理的本质和企业价值最大化的目标，因为从长远来看，企业集团的价值最大化与集团成员的价值最大化是内在一致的。企业集团的财务管理与单体企业的财务管理相比又有不同的特点。

1. 集团财务管理的主体复杂化

与多级法人治理结构相对应，在财务管理的主体上，企业集团呈现为一元中心下的多层级复合结构特征。

单体企业的财务管理与企业集团的财务管理相比，变成了微观层次上的管理，子公司是独立法人，应具有独立的经营自主权和理财自主权，但是，子公司应遵循总部统一的财务战略、财务政策与基本财务制度。

企业集团财务管理的实施，既包括企业集团的成员企业内部的管理，更重要的是企业集团的核心企业或总部(根据集团组织形式的不同)针对不同类型的成员所进行的不同性质的管理。一方面，由于集团组建模式和组织形式的不同，财务管理的主体可以是集团公司、控股公司、集团总部、事业部、超事业部、子公司等，无疑是大大复杂化了；另一方面，构成企业集团的成员可能在所有制、产权形式、行业、规模甚至国别上都不一样，这种较大的差距使得财务管理的对象更具有复杂性。相应地，集团的财务活动也更加复杂。

2. 集团财务管理的基础是控制

管理的核心是控制、协调与发展，而协调从某种意义上也是一种控制方式。企业集团是企业的联合体，核心层对集团其他层次的控制成为管理的基础。由于集团的主要联结纽带是资本，集团成员各自独立的法人地位决定了只有从财务角度对企业集团实施一体化的管理与控制，才可能使企业集团真正成为一个经济利益的整体。

国际会计准则对控制的解释是："控制，指统驭一个企业的财务和经营政策，借此从该企业的活动中获取利益的权力。"

企业集团的财务控制是集团控制的基本手段，企业集团财务控制的核心是资本控制，主要通过权限控制、组织控制和人员控制来实现。

3. 企业集团母子公司之间往往以资本为联系纽带

企业集团可能由母公司和很多子公司、孙公司组成，母公司与子公司、孙公司的联系往往都是以资本为纽带。根据母公司在子公司资本中的投入比例不同，子公司可以分为四种类型。

(1) 全资子公司。即子公司的资产100%来源于集团，这类子公司实际上是集团从事具体经营活动的部门，它必须完全贯彻集团的意图。所以，这种类型的母子公司关系具有高度的集权性，集团掌握子公司的一切人事、财务、分配和经营管理方面的控制权和监督权，子公司实际上是集团经营的延伸。但是，过度的集权控制会使子公司经营者失去积极性，因此，即便是在全资子公司的体制下也应该处理好集权与分权的关系。否则，面对竞争激烈和变化多端的外部环境，子公司的适应性和灵活性就显得不够。

(2) 控股子公司。即集团持股50%以上的子公司，它是集团经营的主要承担者，体现集团的主要业务方向，与全资子公司一起承担企业的主营业务。一般来说，集团对这种子公司的控制体现在重大投资决策、资产收益分配、资产重大变动、总经理的任免和企业改制等方面。

(3) 参股子公司。集团持股20%～50%的子公司，这是集团进行多元化经营经常采取的形式，这种类型的子公司具有更大的经营自主权。同时要注意的是，在股权结构较分散的情况下，少量的股权比例就可以实现控股或重大影响。此时，企业集团以大股东的方式实现控股，这时参股子公司其实就是相对控股子公司，其功能作用就类似于控股子公司。

(4) 关联子公司。集团持股20%以下的企业，它是集团内松散型的企业群体，体现出集团对外延伸的范围；并同其他关联企业一起组成集团多元化经营的一部分。关联子公司与集团的关系不是那么严密，主要按照公司法、公司章程和双方的意愿进行合法的协作经营，关键是集团应派股东代表出任子公司的董事、监事和其他的管理人员，履行法定的权利和应尽的义务，同时注意处理好与关联子公司控股股东的关系，争取己方的最大利益。

一般而言，母公司可根据各子公司生产产品特点、经营领域，以及对母公司或对集团公司的重要程度来决定其投入到各子公司的股本比例。显然，那些对母公司或集团有重要影响的子公司可考虑全资控制或控股；而关联程度相对低一些的子公司可考虑相对控股和参股。

在集团第一层母子公司关系的基础上，子公司同样可以投资于其他企业，从而形成下一个层次的母子公司关系，并依此类推。从集团整体来看就形成了母公司、子公司、孙公司乃至曾孙公司等一个以资本为纽带的整体。

4. 集团财务管理更加突出战略性

首先，企业集团的形成本身就是战略选择的结果。母公司选择组成集团的成员，是根据自身实力、发展方向、双方的优劣势等情况而定的；而集团成员的联结方式，如互相持股、控股、参股、协议等，都是战略的实施和体现。其次，企业集团的日常经营和竞争也离不开集团战略，企业集团成员众多，职能地位不一，为了协调一致，必须从整体与局部、短期与长期等多个角度出发来考虑集团的生产经营。最后，企业集团的成长必须有战略指导，集团的规模大小、专业化与多元化的发展方向、自我发展或者以多种兼并或协议的方式成长，都属于集团战略的范畴。

5.2 企业集团的组织结构

组织结构是组织中各种劳动分工与协调方式的总和。企业集团的组织结构，是根据企业集团的战略目标，指定企业和人在集团中的位置、明确责任、沟通信息、协调经营，以实现战略目标的有机结合体。

集团组织结构建设的好坏直接影响到企业集团的控制效果和经营成果。构建组织结构的一个重要方面，在于界定关键区域（企业集团的核心层和紧密层）的权、责以及建立适当的沟通渠道。企业集团大体有五种基本的组织结构形式。

5.2.1 直线制

直线制(又称为垂直式)组织结构,是指在上下层企业之间的权责安排上呈直线分布的组织结构形式,上级企业全权领导下级企业,权力集中在集团的最高层,各种经营指令层层下达。直线制组织结构的特点是,上下级关系明确,内部结构简单,统一领导和指挥。其优点在于权力集中、责任明确、信息传递方式简单、命令统一以及利于监管等;其缺点主要是缺乏合理分工和横向协调、领导管理幅度和深度过大,容易产生武断决策行为等。

严格地说,直线型组织结构是单体企业内部组织结构在企业集团中几乎不加变革的应用。因此,直线制组织结构一般只适用于新组建的内部成员少、业务经营范围窄、规模不是很大的企业集团以及集团成员强烈依赖于核心企业的集团。

5.2.2 直线职能制

直线职能制(U 型结构),是指企业集团中各级领导直接指挥与各级职能人员(如财务、人力资源、技术人员)的业务指导相结合的一种企业集团的组织结构形式。U 型结构有一个大的总部,包括总裁指导下的执行委员会和一些职能部门。在直线职能制中,按职能划分组织单位,并由最高经营者直接指挥各职能部门,集团的下级成员企业既接受上级管理人员的直接指挥,又接受上级职能人员的业务指导。最高决策层对职能部门和生产经营单位集中进行评价和监督。

这种组织形式既保证了统一的指挥和管理,又能更好地发挥各职能部门的作用,适用于经营领域比较单一的企业集团。直线职能制的缺点在于没有从根本上改变直线制高度集权的不足之处,适应性与灵活性较差,表现在:①在职能结构中,分清责任或判断业绩更困难。②高层管理者在协调各部门成员时也可能发生问题。因为各部门成员都有可能感到与其他部门毫不相干,或比其他部门优越,因此很难团结一致,共同完成组织目标。③当企业集团规模很大,产品和部门很多,尤其是在集团实行多元化战略时,直线职能制下高层领导的负担过重。

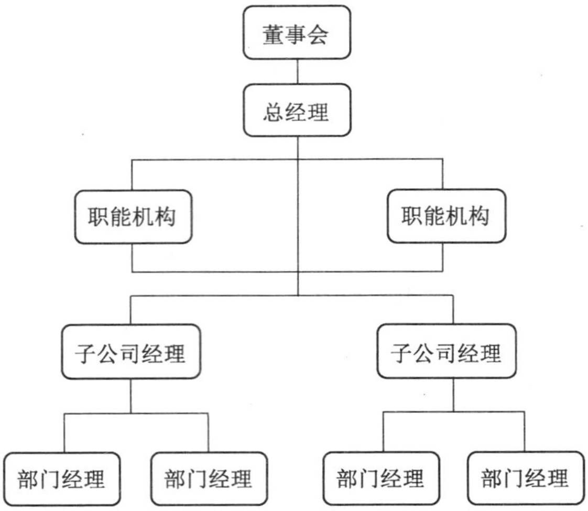

图 5-1 直线职能制组织结构图

直线职能式组织结构如图 5-1 所示。在这种组织结构中,职能部门主要对成员企业进行业务指导。

5.2.3 事业部制

事业部制结构(M 型结构),是在集团母公司下面设立若干个自主营运的业务部门——事业部,这些事业部可以按产品、地区、服务甚至生产程序来划分,每一事业部包含了相关的若干个子公司或其他集团成员。事业部制结构的基本关系是公司的决策分两个层次,即战略决策层和运作决策层。总部负责战略层次,事业部主要负责运作层次。

1. 事业部与事业部制

事业部是一种经营职能相对封闭,对最终成果负责的相对独立的经营部门,一般是利润中心,在某些企业集团中也可能是投资中心。其特点是:①它是一个分权单位,具有足够的经营决策权,即公司一般对其实行目标和政策控制而不干预其经营管理过程;②具有相对独立的市场区域和产品系列;③直接对外销售产品;④可以实行独立核算;⑤对某种形式的利润负责;⑥与公司主体或其他事业部共享资源。

有效的事业部结构使总经理办公室介入以下一系列活动:一是确定企业内部可单独进行的经济行为;二是把准自主权(一般是作为利润中心的权力)授给每个事业部;三是监督每个事业部的效率业绩;四是运用激励手段;五是把资金分配给收益高的事业部;六是制定其他方面的战略规划(多元化经营、兼并收购等)。由此,M 型结构就成为把事业部概念与内部控制和战略决策功能结合在一起的一种结构。

当然,事业部并不是彻底分权化的完全独立经营部门。一般来说事业部的优点在于:①使最高层管理者摆脱日常的行政和管理事务,更多地考虑整个企业集团的战略问题;②有利于每个事业部集中资源在特定范围(如某一产品、某一区域等)内生产经营,对环境变化作出迅速和正确的反应;③这种组织结构安排本身就具有灵活型,在外界环境或集团自身战略变化的情况下,可以按需要改变事业部的管辖范围或者增减事业部数量而无须对集团的实体单位(各子公司或其他集团成员企业)作出较大变动;④这种组织结构还可以培养高层的管理人才,因为如前所述,每一事业部本身就是一个相对独立、面向市场的组织,其高层领导要负责数家子公司的生产经营。

总之,事业部的优点是既共享资源,又独立经营,对最终成果负责。相应地,实行事业部体制最大的管理难题是建立一套经营型的责任会计体系,以便既共享资源,又分清责任。图 5-2 列示了 Apple 公司事业部组织结构的基本形式。

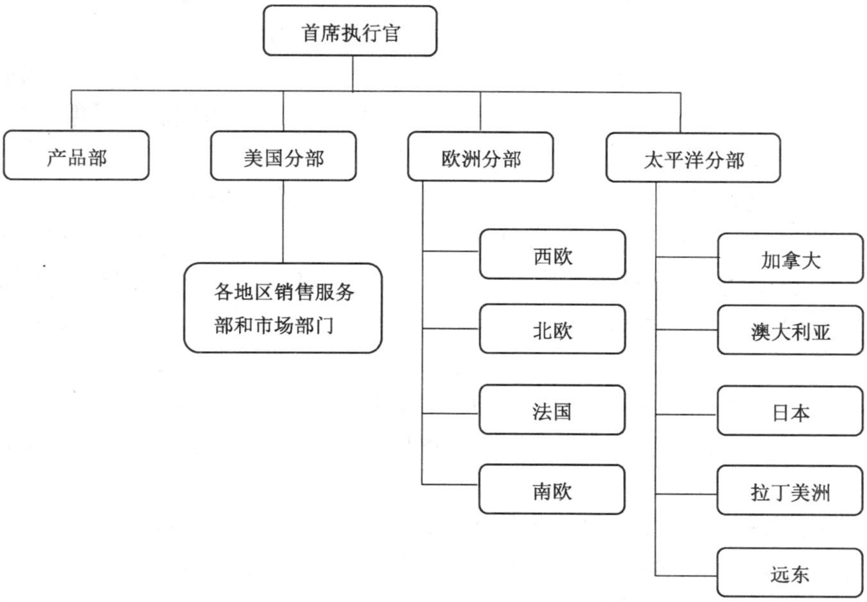

图 5-2 Apple 公司按区域划分的事业部

事业部制已经成为当今大多数大中型企业集团的组织结构形式，当然它也不是没有缺陷。事业部制下母公司与事业部职能部门的重叠可能会造成管理费用的浪费，同时事业部的职能部门容易不断膨胀而过于庞大。在不同的情况下采用不同的组织结构模式是必然的，在市场稳定和生产技术较长时间不变，或者集团在成长初期，规模较小的情况下，直线职能制反而是企业集团较理想的选择；而在灵活多变的市场上，事业部制是大多数大中型企业集团的首选。

值得注意的是，在许多有代表性的事业部制下，事业部是分权管理的典型产物，事业部领导可以全权处理几乎一切事务，母公司不加干预。各职能部门只为该事业部或公司服务，不实行上下对口管理。但是，即使在这种情况下财务部门也是例外的，财务成为联结事业部与母公司最重要的纽带之一（另一条纽带是通过人事任免），财务对事业部内外的管理和监督协调发挥了重要的作用。

2. 超事业部制

在一般情况下，集团母公司只设若干个事业部。但是，有的集团公司针对业务范围广泛，事业部设置过多的问题，还在母公司与事业部之间设立执行部或事业本部，每一个此类部门领导若干个相关的事业部。这种通过事业本部领导事业部的组织形式，称为超事业部制。超事业部制相应地形成了多级利润中心。当然，这种形式是在事业部基础上根据实际情况所做的变革，通常是和一般的事业部制混合采用的，有些事业部的性质要求直接归母公司领导，就不会在其上设立事业本部了。

3. U 型结构到 M 型结构的变革

U 型结构与 M 型结构的本质差异不在于组织机构的多少和组织规模的大小。从层次简单的角度考虑，U 型结构甚至比 M 型结构更加简洁，但是从管理的角度看，组织结构的变革已成为不可阻挡的趋势。

首先，每个企业集团高层领导者的管理都存在一个可能的管理幅度。如果单独依靠母子公司的产权所有关系来调节生产和经营的关系，导致其可能的管理幅度和真正有效的管理幅度不一致。现代企业集团的业务范围和管理幅度呈现出不断扩大的趋势，通常情况下是子公司数量过多，面临的经济环境各不相同，生产和经营的程序日趋复杂。因此，采用事业部这一组织形式，将集权与分权相结合，有助于促使可能管理幅度和有效管理幅度趋向一致，以及解决管理成本加大的问题。

其次，许多企业集团在 U 型结构下的高层决策班子实际上只是二级机构最高领导的联席会议。容易从自我出发考虑问题，最终使得决策成为各方争夺资源和利益权衡的结果，而不是整体资源的优化组合。M 型结构拥有掌握权力的最高领导与一批摆脱了日常经营活动束缚的参谋，这样的最高领导层可以专业化地致力于制定整体战略计划、有效分配资源与监督激励的工作。

再次，集团的规模扩大使得管理幅度过大，或者层次过多，信息传递速度就会变慢，甚至失真，致使企业效率降低。实行事业部制，能够改变信息传递的速度和信息质量，改善决策水平。

最后，事业部制的建立主要是为了解决直线职能型结构不能解决的集团经营分散化和多样化问题。实行多元化战略的企业集团产品种类繁多，分支结构星罗棋布，利用 U 型结构已难以控制；同时企业集团不断向新市场、新地域的扩张也要求较大的分权组织。通用汽车公司、杜邦公司都是因此成为最早实行M型结构的大型企业集团，并取得了较好的效应。目前M型结构已经成为大企业集团的主导组织结构形式。图5-3列示了Info-Tech公司从职能型结构到事业部结构的再造过程。

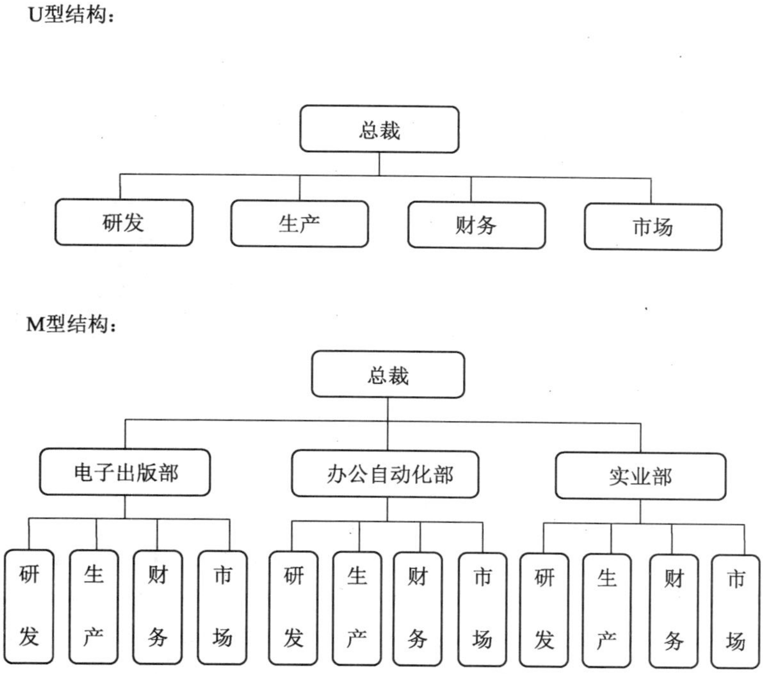

图5-3 Info-Tech公司从职能型结构到事业部结构的再造

5.2.4 控股制

控股制（H型结构）是一种几乎没有集中控制、相对松散、扁平的组织类型。在H型结构当中，一般设立一个小型的总办事处负责指导整个企业集团的生产与销售活动，但基本上不对成员企业的生产和技术发活动进行协调和评估。每个成员企业都是独立的法人，有很大的决策空间，是投资中心。

控股型结构中的事业部由具有独立法人资格的子公司替代，监督和控制处于间接状态，主要是某些纯粹控股型的母公司以投资产业为目的设立的。控股制下很多母公司对子公司投资的直接目的就是获取股利收入或通过出让股权获取资本收益，在这一点上已经与基金、保险公司等资本市场上的其他机构投资者有相似之处了。

在许多的企业集团里，是控股制和事业部制相结合的。一方面，母公司对少量子公司实行控股型控制，基本不干预其生产经营活动（这些子公司所从事的往往是母公司主营业务以外的其他产业）；另一方面，以事业部制组织结构控制那些与母公司有相同业务的子公司。

5.2.5 矩阵制

矩阵型组织结构是指在企业集团中既有按职能设置的纵向组织系统，又有按某一项目划分的横向组织系统，二者相结合形成了交叉式的组织结构。矩阵式组织结构最初是适应专业产品生产与综合产品生产的矛盾而产生的。由于客户的要求向个性化发展,传统的专业化生产越来越难以满足需要,企业集团内部各子公司横向联系和协作的要求增强了。矩阵型组织结构在各子公司或事业部的某些部门之间横向形成专门的项目小组,以满足单个子公司或事业部难以满足的对特殊项目和特殊产品的需求。现代企业集团的组织都正在进行矩阵结构的改组,如深圳华为等。

在矩阵型组织中,完成项目的所有关键人物都一起工作,直线职能制所面临的协调问题迎刃而解;同时,与事业部相比,矩阵型组织没有多余的人,所以在最大程度上避免了人员重复或浪费。

矩阵型组织结构中的项目小组可以不断地接受新任务,富有灵活性,对专业人员的使用富有弹性,矩阵型组织由于实行项目经理制,可以将智能专业化和对象专业化很好地结合起来,是一种可以不断适应战略和环境变化,最大限度地实现企业集团联合目标的集团组织形式。

但是,矩阵组织存在的两条权力线形成了双重指挥,违反了统一指挥原则。再有,项目经理承担着项目责任,但却不能完全控制相应的资源(人员、设备等),结果就会导致责权的不对称,从而使矩阵结构的运作效率受到影响。因此,在矩阵结构下统一指挥和责权对等的原则就遇到挑战。

【例 5-4】　　国际商业机器公司(IBM)

国际商业机器公司(IBM)1911 年成立于美国,是世界上最大的信息技术和业务解决方案公司,目前拥有全球雇员 30 多万人,业务涉及 160 多个国家和地区。IBM 引进了沿用至今的成功典范矩阵型组织结构。比如 IBM 的全球服务部(IGS),包括三大部分,分别是业务咨询服务、整合技术服务和战略外包服务。其中业务咨询服务在并购了普华永道管理咨询业务后成为全球最大的管理咨询组织,在世界各地有大约 6 万人左右的咨询顾问队伍。虽然在每个国家、每个市场根据各自不同的情况有一些侧重点,但是从全球来讲是一个标准的模式。

大中华区的业务咨询服务按照矩阵管理结构,划分了三个不同的维度,分别是业务划分、行业划分和地域划分。按业务划分为策略与变革、供应链管理、客户关系管理、人力资源管理等;按行业划分为制造业、交通运输业、商品流通业、金融行业等;按地域划分为中国大陆、中国香港、中国台湾。这样的组织结构非常适合 IBM 这样的大型企业的规模和特点、企业内所有日常运作都严格按照规范的流程和步骤管理,无论事情大小或职位高低,没有人可以越过流程办事,某一环节上的人事变动也不会影响整体流程的顺畅运行。每一位员工都可以在企业内部横向或纵向的寻找资源,各方面的信息和知识在不同的维度上充分流动和共享。每个员工都被多重领导,可以最大限度地降低决策失误,它让每一个 IBM 员工都明白自己属于 IBM 而不属于某一个区域总经理,分散了区域总经理的权利而集中了公司整体的决策权和统一调配权。

这样的组织结构也存在着弊端,比如说,一个员工往往要报告给两个老板。这样,一方面,员工会利用这个机会钻空子,造成主管对他的管理真空化;另一方面,员工接收双重领导也会体会焦虑和压力,当两个直接经理命令发生冲突的时候,员工需要能够面对并形成一个综合决策,这对员工也形成了新的要求。决策的过程也因更多的沟通而放慢。

上述各种企业集团的组织结构形式都体现出层次性的特征,这正是与其他一些经济联合体的重要区别。企业集团的主要联结纽带是股份化的资本,而后两者(控股制、矩阵制)的主要联结纽带是契约、合同、协定等。

U 型结构、M 型结构和 H 型结构都是对企业集团典型结构的一种归纳和分类,由于现实情况的复杂性,可以说没有一家企业集团是完全属于某一种结构的。这不仅是指 M 型结构的下层可能存在 U 型和 H 型结构，现代企业集团经营的多元化尤其是相关多元化的发展，业务流程的关联性和复杂性的出现，都导致了集团组织结构在不同物流链和信息链上的交叉。例如，某企业集团可以在生产环节将东北三省划为一个大区（事业部），而在销售环节要求每个省的子公司分别经营，各省子公司的技术部门在每年的某一时段又划归某生产项目共同研制（可以想象还有很多更复杂的情况）。这种更深层次的组织结构交叉已经超越了超事业部制和矩阵型组织结构的平面范畴的理解，而上升到更立体的组织结构层次。未来组织结构的变化趋势是大型化、规模化与小型化、简单化和弹性化并存。

5.3 企业集团财务管理体制

财务管理体制是指企业处理财务活动中的组织框架和管理机制，主要包括组织框架的安排，财务管理权限的划分和财务管理机构的设立等内容。

5.3.1 企业集团财权划分体制

企业集团财务体制从总体上要解决的问题是集权与分权的问题。

1. 财务权利

从管理的角度来看，企业集团管理与单体企业管理的不同之处主要在于以产权为基础的管理，主要反映在重大项目的投资决策权、重大的筹资决策权、资产收益分配权和主要领导干部的任免权等问题上。可以看出，这些权利都是和财务领域密不可分的。在经济学中，一切权利都是围绕配置与利用资源的目标而产生的。具体到财务领域，财务目标决定了财务资源的配置和利用，资源配置的好坏直接影响到企业当前和未来的经济利益。围绕财务目标产生的不同层次和角度，财务权利大致可以分为：财务决策权、财务资源调配权、财务资源使用权和财务监控权。

(1) 财务决策权是宏观上经营者财务权利的最高层次，从广义上来看，它包括了其他的财务权利。财务决策权还可以分解为财务战略决策权和财务运作决策权，其主要内容包括投资决策权、筹资决策权、财务收益分配权、会计政策决定权、财务领导任免权等。

(2) 财务资源调配权是依据具体项目和生产情况调动财务资源的权利，是财务决策权分化出来的权利。这种权利在分布上依据生产特点和项目性质而异，在分配上依据职务等级而异，如预算审批权、流动资金调配权等。

(3) 财务资源使用权是最低一级的财务权利，是财务资源调配权行使后的体现，也是保证财务资源真正发挥作用的权利，如购买办公用品、支付工资等。

(4) 财务监控权，是对其他几个层次的财务权利的分配过程和行使过程进行监督和控制的权利。在较低层面上，财务监控权是财务决策权派生出来的监督财务资源调配和使用情况的权利，在更高的层次上，它是企业所有者监督企业经营者的财务权利。

2. 集权管理

集权管理就把经营权限（包括财务权）特别是决策权集中在集团最高领导层，下属企业只有日常业务决策权限和具体的执行权。

集权管理的优点在于：①有利于在重大事项上迅速果断地作出决策；②企业的信息在纵向能够得到较充分的沟通；③管理者具有权威性，易于指挥。

集权管理的缺点在于:①压抑了下级的积极主动性;②企业信息在横向上不利于沟通;③管理权限集中在最高层,管理者距离生产和经营的最前沿较远,不熟悉情况,容易作出武断的决策。

3. 分权管理

分权管理就是把经营管理权限和决策权分配给下属单位,集团最高层只集中少数关系全局利益和发展的重大问题决策权。因而在分权体制下集团领导层对下属的控制较为松散,下级单位有较充分的权利。

分权管理的优点在于:①分权单位在授权范围内可以直接作出决策,节约纵向信息传递的时间;②分权单位直接面对生产经营,决策针对性强;③有利于信息的横向沟通,并激励了下级的积极性。

分权管理的缺点在于:①虽然一般事项的决策较快,但重大事项的决策速度被减缓了;②上下级沟通慢,信息分散化和不对称的现象较常见;③分权单位容易各自为政,缺乏整体考虑,忽视整体利益。

集权与分权是对企业权利分配的两种对立的措施,这两者对权利分配的方向恰恰相反。集权是为了形成规模和整体效益,避免资源重复配置和浪费;分权是为了靠近市场、降低沟通成本、提高反应速度、提高专业化水平。企业集团的本质决定了集团既要是一个协调、互动、高效的组织,又要是一个遵循法律上的相对独立性、直接面对市场和竞争、具有宽松氛围、以利于创新的组织。所以,企业集团的集权和分权不是绝对的,典型的集权和分权都是不存在的,不同的类型、不同的时期、不同的领域和不同的人力资源条件(分权越大,要求管理者素质越高,控制能力越强),要求企业集团对集权和分权各有侧重。

特别提示5-2

采用集权型还是分权型体制,并不是简单的理解为其采取的组织结构的类型(如是事业部结构还是职能制结构),企业集团采用以产品为基础的事业部结构而由集团最高领导层进行所有决策,这样的情况也是屡见不鲜的。其实,企业集团不仅应选择适当的组织结构,而且还应对各个级别的权利作出适当的分配。此外,决策度与责任的大小也与企业的文化密切相关。比如,分权型企业要想成功,其子公司和员工必须在实际中承担责任。

5.3.2 企业集团的财务机构

1. 一般财务机构

企业集团的财务机构是直接从事财务工作的职能部门,是企业集团组织形式在财务上的体现。财务机构是财务控制的载体,完善的财务机构,是做好财务工作,充分发挥集团财务职能的重要基础。因此,集团财务机构的科学设置、职能岗位的合理划分是集团财务的内容之一。一般而言,企业集团内部财务机构主要包括两方面内容:

(1) 集团母公司的财务机构设置。集团母公司是企业集团的核心部分,在财务上,统领整个企业集团的筹资、投资、资本营运与收益分配。较为完善的集团母公司的财务机构一般应设置融资部、投资部、资金营运部与审计部等。

融资部与投资部负责的是整个集团的资金筹集和投向。融资部在集团融资时合理安排融资主体(包括母公司与子公司)、融资方式、融资渠道等;投资部负责集团的投资战略,如产业投资方向、具体投资项目和投资业绩评价等;资金营运部负责集团实体业务的日常资金流动安排、统筹下属公司的收入、成本、费用和利益分配等；审计部负责监督集团总部和集团其他成员对集团财会制度的遵循情况和会计资料的真实有效性。当然，在这些部门之上还要设置一个财务副总经理（或称财务副总裁、财务执行官 CFO 等），全权负责集团的财务事宜。

（2）子公司的财务机构设置。在企业集团的财务控制体系中，子公司是被控制的一方，应该服从整个企业集团的财务战略安排。但是，企业集团的子公司在法律上是独立经营、自负盈亏的法人实体。因此，子公司的财务机构设置既要有独立性，又要符合上一级财务部门的有效控制。由于集权与分权形式的不同，子公司的财务机构设置可能有很大差别。一般来说，如果子公司与母公司设有同样的财务部门，那么这个部门应归属母公司的相应部门进行对口管理。在本公司内行使财务职能的同时，其决策权限由上级部门授予，并要向上级汇总报告本公司的预算以及提交财务报告。

总之，企业集团财务机构的设置比组织机构的设置灵活性更强，关键是要把握好财权集中与分散、管理有效与机构精简的关系。

2. 财务中心

企业集团财务控制的重要性和难度的同时增强，客观上要求有一个可以统筹全局、协调分部的财务机构，企业集团的财务中心便是在集团内部设置的，由集团母公司负责运作，以管理和协调集团内部各成员企业资金业务的职能部门。由于业务的特殊性质，财务中心在集团内部必须相对独立，这样才能保证其权威性。

财务中心的设置与企业集团控制的集权与分权安排密切相关，可以分为财务结算中心和财务控制中心两类。

1）财务结算中心

企业集团的财务结算中心是企业集团内部设立的，主要负责集团内部各成员之间和对外的现金收付和往来结算的专门机构，通常设置于财务部门内部。其主要职能是：

（1）成为内部结算中心。每个子公司都在财务结算中心开设账户，其生产经营活动中一切实物的转让、劳务交易均视同商品交易，通过财务结算中心办理结算。各子公司发生的对内对外业务都遵循财务结算中心制定的结算制度。财务结算中心统一规范结算方式、结算时间和结算行为。同时，对结算业务中的资金流向的合理性和合法性进行监督，及时发现不合理的资金流向，把可能发生的偏差控制在事前。

（2）成为内部信贷中心。在集权管理模式下，母公司和各子公司的资金，由财务结算中心统一对外筹集，各子公司无权对外筹资；在分权管理模式下，子公司可在授权范围内对外筹资，但必须把筹集的资金统一存入财务结算中心。与此同时，财务结算中心根据集团公司为各子公司核定的资金额度，结合实际需要，对其发放贷款；并对各单位定额内使用资金和超定额使用资金实行差别利率计算利息。

（3）成为内部资金调剂中心。集团公司及其子公司间的资金余缺统一由财务结算中心进行有偿调剂和调度，以避免同时出现有的子公司资金紧缺，而有的子公司资金闲置，将整个集团的闲置现金余额降到最低限度，最大限度地提高资金的使用效能。

（4）成为信息反馈中心。财务结算中心定期或不定期地将资金流通状况以报表的形式反馈给各子公司，并报送母公司，以及时掌握资金使用情况。

2）财务控制中心

企业集团的财务控制中心是比集团财务结算中心更高级的财务组织形式，它是一种借助集成化、网络化管理软件的支持，与企业其他资源的整合相契合的财务管理机构。财务控制中心的产生是现代企业集团财务中心发展的需要，有两大促进因素：

(1) 随着企业集团事业部制、矩阵制的形成和发展，集团组织结构扁平化成为一种趋势。由此，集团财务的集权和分权都有不同程度的发展。集权要求集团母公司更多、更快捷、更真实地掌握集团成员的财务信息，并及时给予财务决策和管理上的支持；分权要求集团组织结构适应市场日益灵活多变的需求，给予集团成员更多的财务权利，以使财务决策更有针对性和适用性。

(2) 信息技术的发展为企业集团在分权基础上的“财务信息的集权化”提供了条件。集团组织机构层次和成员的多样化一度是财务管理最大的障碍，而如今大量企业管理型软件的出现使集团距真正的网络会计和网络财务越来越近。特别是信息处理技术的发展，各种管理信息系统中辅助项目核算模块功能的日益完善和强大，使得集团财务专门化的趋势更加明显。例如，制定责任会计制度的主要问题是单轨制与双轨制的选择。单轨制就是将内部责任会计核算与对外财务会计核算融合在一起进行的会计核算体制。即将按国家统一的会计准则或会计制度的要求而设置的会计科目与按企业内部责任会计的要求设置的核算科目有机地结合在一起，根据会计准则和会计制度编制对外报告的财务报表，根据内部责任会计要求编制对内报告的业绩报告。双轨制就是将内部责任会计核算与对外财务会计核算区分开来分别进行，各自根据不同的管理要求、不同的方法来进行会计资料的归集和数据计算。因此需要设置两套凭证、账簿、报表及核算程序。而集团财务软件则使双轨制转为单轨制成为可能。

鉴于此，企业集团的财务控制中心是比财务结算中心更高层次的财务中心形式，除执行财务结算中心的全部职能以外，集团财务控制中心的职能主要是：及时掌握集团事业部或子公司的资金预算和运作，并根据集团整体情况立即进行协调；掌握集团各分部的采购费用、生产成本和销售费用情况，实行即时决策和监控；对企业集团内部物流和人力资源与财务资源的不协调之处进行整合，达到统一管理。

以上职能的实现由于企业集团成员的层次分布和地域分布的复杂性，是在工业经济时代的集团财务控制无法或很难做到的。在网络技术日益普及和各种集团财务软件出现的背景下，实施上述职能已经成为企业集团财务中心发展的趋势。

3. 财务公司

1) 企业集团财务公司的产生

随着企业集团的规模越来越庞大以及集团经营的业务呈多元化发展，企业集团经营过程中生产、运输、销售及售后服务所需的资金量也急剧膨胀，整个集团或其某一成员企业与供应商和客户之间、集团内部各企业之间资金的纵向流动和横向流动都日益频繁。同时，从集团整体来看，一方面随着集团业务的不断发展会产生大量的暂时闲置资金存入银行；另一方面由于生产、销售乃至科技投入资金需求的增加，对银行临时性和长期性资金融通的依赖性都越来越大。为了挖掘集团内部资金潜力，调剂内部资金余缺，加快集团资金的周转，提高整个集团的资金运作效率，在集团内部成立统一的资金运作机构和咨询类机构十分必要。同时，为了更好地开拓新产品市场和新顾客群体，有效利用集团外部潜在资金来源，由企业集团自己成立信贷类的非银行机构也被众多大型企业集团提上了日程。上述集团内外资金运作的新需求，使得一种隶属于企业集团并为集团内外企业或个人服务的非银行金融机构浮出水面，它就是企业集团的财务公司。财务公司是企业集团特有的财务组织形式，它在功能上已经超越财务中心，而成为一种金融机构。

企业集团的财务公司最早出现于西方资本主义国家。美国第一家财务公司成立于1878年，但真正法制化和规范化的美国财务公司源于1916年起草颁布然后逐渐推广到全国各州的《统一销售贷款法》。财务公司在美国的金融体系中扮演着非常重要的角色。在美国，通用电气财务公司是规模最大的财务公司，1980—2005年，通用电气财务公司从年盈利6 700万美元、资产仅有50亿美元的小公司发展成为年盈利61亿美元、资产达5 200亿美元的全球最大型财务公司，同时实现营业利润两位数高效增长的奇迹，为集团每年贡献40%以上的利润。在全世界所有金融机构中，通用电气财务公司的利润仅次于花旗银行集团。可以看出，财务公司在美国金融体系中所占的分量是很重的。

与银行相比，财务公司有较高的自有资金比率。以美国为例，一般财务公司自有资金比例都在10%以上，财务公司的专业性也更强。财务公司一般都是大企业集团的成员或相关企业，它非常专业地从事某一领域内的业务，经常涉及的是某类或某几类产品的融资。在美国，大的财务公司一般都集中在汽车和机械行业。所以财务公司有能力针对这个行业的特性更加深入地开展常规和创新的金融业务，同时可以尽量避免金融业的高风险，这样财务公司在某些领域内就可以放款给更多单位和个人。而银行面向各种各样的行业，无法将贷款业务做得非常深入，财务公司恰恰在这方面弥补了其不足。

在我国，财务公司是指依据我国《公司法》和《企业集团财务公司管理办法》设立的，为企业集团成员单位技术改造、新产品开发及产品销售提供金融服务，以中长期金融业务为主的非银行金融机构。财务公司的业务主管机关是中国银行业监督管理委员会(简称银监会)，它依法对财务公司实施监督管理。

我国的企业集团财务公司诞生于20世纪80年代中后期，是具有中国特色的与企业集团的发展配套的非银行金融机构，实质上是企业集团内部的金融公司。1987年，第一家财务公司东风汽车工业财务公司成立。1991年12月，国务院批准了55家大型企业集团试点，试点的一个重要内容就是为解决集团内部成员之间的融资和投资问题，批准符合条件的企业集团自办财务公司。2004年，银监会颁布《企业集团财务公司管理办法》(银监会令2004年第5号)、《申请设立企业集团财务公司操作规程指引》(2004年11月)，用以规范财务公司的准入以及经营。据中国财务公司协会统计，到2017年我国财务公司数量增长到247家，资产总额8.69万亿元，2017年利润总额975.04亿元。

2) 我国企业集团财务公司的作用

根据《企业集团财务公司管理办法》规定，财务公司的业务范围可分为负债、资产、中介服务、外汇等四大类业务。与其他金融机构相比，财务公司具有两个显著的经营特点：一是服务对象的确定性，专为集团其他成员单位提供服务；二是经营服务的多样性，业务范围广，品种丰富。根据《企业集团财务公司管理办法》，财务公司可从事下列部分或全部业务：

(1) 对成员单位办理财务和融资顾问、信用鉴证及相关的咨询、代理业务。

(2) 协助成员单位实现交易款项的收付。

(3) 经批准的保险代理业务。

(4) 为成员单位提供担保。

(5) 办理成员单位之间的委托贷款及委托投资。

(6) 为成员单位办理票据承兑与贴现。

(7) 办理成员单位之间的内部转账结算及相应的结算、清算方案设计。

(8) 吸收成员单位的存款。

(9) 对成员单位办理贷款及融资租赁。

(10) 从事同业拆借。

(11) 中国银行业监督管理委员会批准的其他业务。

符合条件的财务公司,可以向中国银监会申请从事下列业务:

(1) 经批准发行财务公司债券。

(2) 承销成员单位的企业债券。

(3) 对金融机构的股权投资。

(4) 有价证券投资。

(5) 成员单位产品的消费信贷、买方信贷及融资租赁。

从直接消费者和其他产品需求者的角度来看,财务公司可以办理集团单位成员产品的消费信贷、买方信贷业务。这就意味着消费者在购买住房、汽车或其他耐用消费品时,或者生产者在购买半成品时,不仅可以到商业银行去贷款,而且可以到所属的财务公司筹集资金。这样一来,消费者不仅多了一条贷款渠道,而且会因为可以从企业直接获得贷款而免除许多烦琐的手续。从企业集团的角度来看,这必然直接刺激消费需求,极大地促进集团的销售,从而带动生产,树立集团形象。

在债务融资方面,财务公司可以发行中长期债券,以逐步改变企业集团负债结构,有能力开展中长期的金融业务。同时,财务公司还可以开办财务顾问等中介业务,真正成为为企业集团服务的中介机构和理财专家。

财务公司的出现预示着企业集团的一种新型的筹资、投资和资金营运方式的产生,它可以使企业集团的财务行为和财务运作效果发生明显的变化。结合前述财务公司的业务范围,它的主要作用有:

(1) 财务公司对内可以起到集中集团自身财力,发展重点项目或工程的作用。过去在集团各成员企业自有资金少,主要依靠银行贷款的情况下,企业集团内部资金力量分散,对重点开发项目难以发挥综合优势。通过财务公司则可以把集团内部的财力集中起来,增强资金统一管理和调剂,重点发展关键项目。

(2) 财务公司对外可以通过金融手段为企业集团的投资项目筹集到资金。财务公司通过疏通集团与商业银行的关系,构建社会融资的桥梁,可以争取到商业银行对企业集团的投资贷款,并通过代理发行股票与债券直接融资。

(3) 财务公司通过买方信贷、卖方信贷和消费信贷等多种形式促进销售,合理利用浮游现金,加快资金周转率,成为企业集团不断扩张和发展的动力。

5.4 企业集团的财务控制

5.4.1 企业集团财务控制概述

企业集团财务控制是指企业集团的母公司根据集团内部规章、预算对实际运行结果加以衡量比较,然后采取纠正措施,以取得更接近于目标的结果,以保障企业集团战略的有效实施。

1. 企业集团财务控制分类

（1）按照财务活动分类。按照财务活动的种类，企业集团财务控制可以包括投资控制、融资控制、资产控制、利润分配控制等。投资控制方面，企业集团母公司应当充分考虑产业政策、目标行业增长率、市场需求总量、竞争环境、资金需要量、筹资难度、集团的经营能力及管理水平等因素，明确规定企业集团中投资战略保护、发展、鼓励或限制的投资领域。融资控制的核心是控制整个企业集团的资产负债率，并使其与企业盈利水平和资产周转率相协调，企业集团的融资控制还包括企业集团对融资主体、融资渠道和融资方式的选择。利润分配控制则是母公司根据企业集团的资金需要规划，综合考虑市场风险和集团抗风险能力，确定应当分配的利润和方式。

（2）按照控制循环分类。企业集团财务控制按照其与企业集团财务活动的顺序关系，可以分为事前控制、事中控制和事后控制。其中，事前控制包括预算编制控制、组织结构控制、授权控制；事中控制包括内部结算中心控制、预算执行控制；事后控制包括内部审计控制、业绩评价控制等。

预算控制包括预算编制控制和预算执行控制，是企业未来一定期间经营决策、目标规划、财务数量说明和责任约束的依据，全面预算管理可以具体落实每个员工的责、权、利关系，明晰他们各自的权限空间和责任区域，使企业集团内部财务目标和决策得以细化和落实。组织结构控制包括财务组织机构、组织分工和责任制度方面的财务控制，在企业集团控制中，常见的有财务总监和财务人员委派制，企业集团母公司的财务组织往往实施对各子公司财务组织的垂直领导和控制。授权控制是指在某项财务活动发生之前，按照既定程序，对其正确性、合理性、合法性加以审核并确定是否让其发生所进行的控制。企业集团授权控制的内容与授权尺度集中体现在企业集团是实施分权控制体制还是集权控制体制。

内部结算中心是企业集团一种重要的事中控制方式，通过在集团内成立财务管理结算中心，集中办理集团内部子公司现金收付和往来结算业务，控制子公司货币资金使用方向，统一调度，以确保整个集团公司的资金需要。

内部审计控制可同时用于事中控制和事后控制，它是指企业集团母公司成立独立的内部审计机构，通过定期或不定期的财务制度审计和业绩审计，落实各项财务会计制度及其他制度在子公司的执行情况，评价各子公司的经营绩效，以维护母公司作为出资者的合法权益。业绩评价控制是企业集团对各子公司一定经营期间内的生产经营状况、资本运营效益、经营者业绩等进行定量与定性的考核、分析，作出客观、公正的综合评价。根据“按照业绩付酬”的原则，业绩评价是企业集团母公司确定对子公司经理激励水平的基础和前提。

2. 企业集团财务控制的手段

集团总部对子公司的财务控制手段主要有预算控制、业绩评价控制等，还可以委派财务总监和对资金集中管理等。

财务总监委派制，是指母公司为维护集团整体利益，强化对子公司经营管理活动进行财务控制与监督，由母公司直接对子公司委派财务总监，并将其纳入母公司财务部门的人员编制，实行统一管理与考核奖罚的制度。财务总监委派制在实际操作中又可分为两种类型：财务监事委派制与财务总管委派制。

财务监事委派制，是指母公司作为子公司的所有者或主要出资人，向子公司派出财务总监，专门履行母公司对子公司财务活动进行监察与控制的职能。

财务总管委派制，是指母公司以经营者的身份通过行政任命的方式对子公司派出财务主管人员，在纳入母公司财务部门的人员编制进行统一管理与考核奖罚的同时，使其总管子公司的财务管理事务，进而直接介入子公司的管理决策层。

这两种财务总监委派制的具体特征虽有所不同但其目的是基本相同的，即促使子公司的财务决策符合集团整体利益最大化要求。但是，无论是财务监事委派制，还是财务总管委派制，其本身也都存在一定的问题，如财务总监如何在母公司立场与子公司立场之间进行平衡是一个很难拿捏的问题。

3. 企业集团财务控制的重点

从现代企业集团财务控制来看，预算控制和业绩评价控制在企业集团财务控制中的地位正在变得日益重要。这两种财务控制方法在一定程度上解决了对子公司实施过程控制和对子公司经营者的约束和激励问题，在企业集团母子公司管理中得到普遍应用。

预算控制采用事先预算、事中监督、事后分析的方法，既是一种控制机制和制度化的程序，又是经营活动有序进行的重要保证。预算的制定要以企业集团战略目标为依据，根据企业的发展规划，系统反映企业为达到生产经营目标所必须拥有的经济资源和配置情况。企业集团要依照各单位的经营职能范围、资产规模、任务大小及各项目的技术含量、市场前景和风险等不同情况，分项目、分单位，按月、季、年编制资金收支和费用计划，并将各项资金、费用预算目标实行合理分解，按月严格考核，使各单位责任明确，让公司资源合理有效地得到利用，形成企业经营活动的良性“造血”机能。预算控制已经成为企业集团全过程财务控制的最重要的手段之一。

在企业集团财务控制体系中，预算控制和业绩评价相互对应，构成了财务管理循环。一方面，在财务活动、预算执行过程中，通过业绩评价信息的反馈及相应的调控，可以随时发现和纠正实际业绩与预算的偏差，从而实现对财务经营活动过程的控制；另一方面，预算编制、执行、评价作为一个完整的系统，相互作用，周而复始地循环，以实现对整个企业经营活动的最终控制，而业绩评价既是本次财务管理循环的总结，又是下一次财务管理循环的开始。通过比较预算执行结果与预算目标，确定其差异，分析差异产生的原因，据以评价各责任主体的工作业绩，按照奖惩制度将其与各责任人的利益挂钩，从而影响其未来的行为决策，并在此基础上调整下期预算。

5.4.2 企业集团财务预算控制

1. 全面预算概述

预算是在预测的基础上，为了实现特定目标，以一定的方式，对企业未来的生产经营活动所作的数量说明。根据预算的概念，企业预算一般有四个显著特点：

(1) 预算是包括财务预算在内的全面预算。

(2) 预算可以用价值形式反映，也可以用其他数量形式反映。

(3) 预算应该有明确的目标。

(4) 预算以预测为前提。

完整的企业全面预算包括经营预算、财务预算和资本支出预算三大部分。其中，经营预算是指与企业日常业务直接相关的基本生产经营活动的预算，通常是指在销售预测的基础上，首先对企业的产品销售进行预算，然后再按照“以销定产”的方法，逐步对生产、材料采购、存货和费用等方面进行预算。经营预算由销售预算、生产预算、直接材料预算、直接人工预算、制造费用预算、期末产成品存货预算和销售与管理费用预算构成。财务预算是指与企业现金收支、经营成果和财务状况有关的各项预算，由现金预算、预计利润表和预计资产负债表等构成。资本支出预算主要涉及长期投资的预算，指企业不经常发生的、一次性业务的预算，如固定资产的购置、扩建、改建、更新等都必须在投资项目可行性研究的基础上编制预算，具体反映投资的时间、规模、收益及资金的筹措方式。企业全面预算管理的各部分内容前后衔接，相互勾稽，形成了一个完整的预算管理体系如图 5-4 所示。

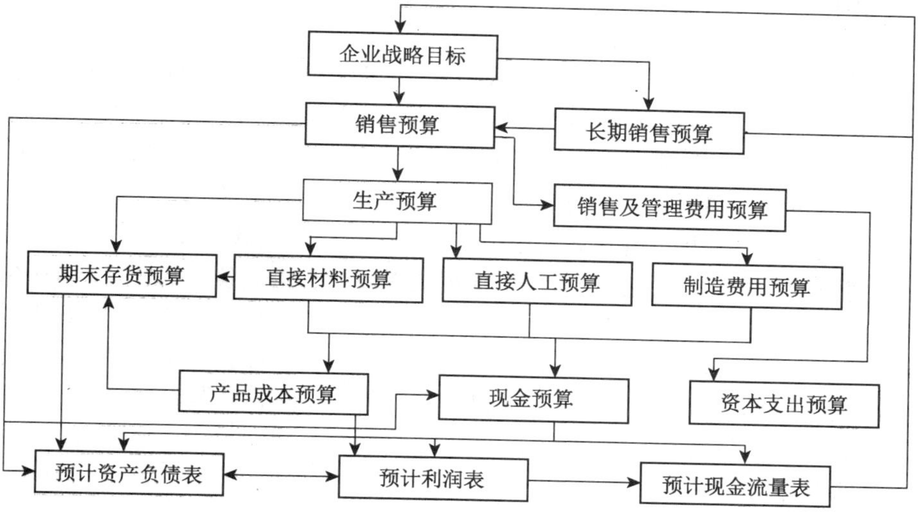

图 5-4 企业全面预算管理体系

为使预算发挥其作用，除了要编制一个高质量的预算外，还应制定合理的预算管理制度，包括编制程序、修改预算的办法、预算执行情况的分析方法、调查和奖惩办法等。

2. 企业集团全面预算管理的程序

企业集团的全面预算管理是企业集团围绕预算而展开的一系列管理活动，是实现企业集团整合的最基本、最有效的手段之一。其程序包括预算的编制、执行与控制、考评与激励等多个方面。

1）预算的编制

预算的编制是整个预算管理体系的基础和起点，没有经过精心准备的合理而明确的预算文件，预算管理工作也就无从开展。通常，预算编制可以采用自上而下、自下而上或上下结合的主动参与式编制方法。整个过程为：

(1) 先由高层管理者提出企业总目标和部门分目标。

(2) 各级责任单位和个人根据一级管理一级的原则据以制定本单位的预算方案呈报分部门。

(3) 分部门再根据各下属单位的预算方案，制定本部门的预算草案，呈报预算委员会。

(4) 预算委员会审查各分部预算草案，进行沟通和综合平衡，拟定整个组织的预算方案。

(5) 预算方案再反馈回各部门征求意见。经过自上而下、自下而上的多次反复，形成最终预算，经企业最高决策层审批后，成为正式预算，逐级下达各部门执行。

2）预算的执行与控制

预算编制完成以后，在执行之前，还需要经过预算的分解、下达和具体讲解等准备步骤来保证预算的有效执行，保证预算体系运转良好。

预算开始执行之后，必须以预算为标准进行严格的控制，如支出性项目必须严格控制在预算之内，收入项目必须完成预算，现金流动必须满足企业日常和长期发展的需要，等等。预算控制的内容就是预算编制产生的各级各类预算，即经营预算、资本支出预算和财务预算。预算的执行与控制是整个预算管理工作的核心环节，需要企业集团上下各部门和全体人员的通力合作。

在预算执行与控制过程中以及预算完成后，一个尤为重要的环节便是预算差异的分析，它是指对预算执行中产生的各种预算与预测、实际与预算以及有利与不利等差异（实践中，预算差异的分析主要是针对实际和预算的差异进行对比）的分析，确定差异、分析原因、总结经验教训。在分析实际和预算差异的时候，一般按照以下几个步骤进行：①对比实际业绩和预算目标找出差异。②分析出现差异的原因。③提出恰当的处理措施。

其中，预算执行过程中的差异分析可以根据周围环境和相关条件的变化帮助调控预算，保证其合理而顺利地执行；预算完成后的差异分析则可以总结预算完成情况，帮助评价预算期间工作的好坏，进而为企业评价激励制度是否公平有效提供数据依据。所以说，预算差异分析贯穿于预算管理的全过程，既为预算的执行与控制明确了工作重点，也为下期进行预测、编制预算提供了可以借鉴的丰富经验。

3）预算的考评与激励

没有预算考评，企业预算就只能是停留在笔端的“海市蜃楼”，因失去控制力而流于形式。预算考评是对企业集团内部各级责任单位和个人预算执行情况的考核与评价。对预算的执行情况进行考评，监督预算的执行、落实，可以加强和完善企业的内部控制。在企业全面预算管理体系中，预算考评起着检查、督促各级责任单位和个人积极落实预算任务，及时提供预算执行情况的相关信息以便纠正实际与预算的偏差，有助于企业管理当局了解企业生产经营情况，进而实现企业总体目标的重要作用。同时，预算考评作为一次预算管理循环的结束，为下一次科学、准确地编制企业全面预算积累了丰富资料和实际经验，是以后编制企业全面预算的基础。

3. 企业集团全面预算管理模式

1）以利润为核心的全面预算管理模式

（1）预算管理体系构成。以利润为核心的全面预算管理模式的特点是企业以“利润最大化”作为预算编制的核心，预算编制的起点和考核的主导指标都是利润。因此，在利润核心预算模式下，利润预算的确定是关键。

利润预算是将企业整体利润预算分解、落实到各二级单位编制而成，它有助于通过各二级单位在完成自身具体利润预算目标的基础上实现企业整体利润预算目标。它是在以利润为核心的预算管理模式下预算体系的起点。具体还应当包括企业整体和各二级单位为实现利润预算而编制的生产预算、销售预算、供应预算以及成本费用预算等经营预算。

（2）编制预算的程序。由于母公司与子公司之间的关系主要是由资本纽带来维系，所以母公司对子公司的考评主要只能依靠利润指标或投资报酬率指标。因此，以利润为核心的全面预算管理模式非常适合集团公司采用。以集团公司为例，该种模式预算的编制程序为：

第一步，母公司确定各子公司的利润预算数并下达给子公司。

母公司确定各子公司利润预算数通常有两种方法。第一种是根据对子公司的投入资本总额以及投资者要求的必要报酬率确定预算利润数。用公式表示为：

$$预算利润数 = 对子公司的投入资本总额 \times 投资者要求的必要报酬率$$

第二种是根据子公司上年的利润数结合预算年度实际经营情况的变化作一定的调整确定预算利润数。用公式表示为：

$$预算利润数 = 子公司上年利润实际数 \times (1 + 利润调整系数)$$

在确定了各子公司的利润预算数之后，可以根据下列公式计算求得母公司的汇总收益：

$$母公司汇总收益 = \sum 各子公司目标利润总额 - 母公司管理费用$$

第二步，子公司与母公司就母公司初拟的目标利润进行协商。

由于母子公司之间信息的不对称，母公司初拟的目标利润未必反映子公司实际的经营潜力，如果母公司下达的目标利润过高，肯定会受到子公司的抵制；反之，如果母公司下达的目标利润过低，则可能使预算削弱甚至失去控制激励的作用。此外，由于母子公司之间利益的非完全同步性，也会使子公司与母公司之间就目标利润进行讨价还价。

第三步，子公司根据母公司正式下达各子公司的年度利润指标编制预算。

子公司以其与母公司协商后确定的目标利润为起点，编制财务预算及其他重要的业务预算，将目标利润层层分解、层层落实，并将预算情况上报母公司备案。

第四步，母公司汇总各子公司的预算编制集团公司预算。

母公司根据各子公司上报的预算汇总编制集团公司预算，并以此为依据对集团公司总体的利润目标实现情况进行监控，确保利润目标最终顺利实现。

(3) 简要评价。以利润为核心的全面预算管理模式有助于企业集团管理方式由直接管理转向间接管理；有利于明确工作目标，激发员工工作的积极性；有利于增强企业集团的综合盈利能力。

这种预算管理模式的缺陷是：可能引发短期行为，使企业只顾预算年度利润，忽略企业长远发展；可能引发冒险行为，使企业只顾追求高额利润，增加企业财务和经营风险；可能引发虚假行为，使企业通过一系列手段虚降成本，虚增利润。

2) 以成本为核心的全面预算管理模式

以成本为核心的全面预算管理模式，就是要以成本目标的控制为预算编制和管理的核心内容，预算编制以成本预算为起点，预算控制以成本控制为主轴，预算考评以成本为主要考评指标的预算管理模式。

(1) 预算编制的一般程序。以成本为核心的全面预算管理模式下，预算编制主要包括三个基本环节：设定目标成本、分解落实目标成本、实现目标成本。

第一步，设定目标成本。目标成本的设定是整个以成本为核心全面预算管理模式的起点，其设定一般有两种方式：

一是修正方式。修正方式是在企业过去达到的成本管理水平上，结合未来成本挖掘的潜力及相关环境变化，对历史成本指标进行适当修正以得到当期成本目标的方式。

二是倒挤方式。倒挤方式是企业在充分进行市场调查，初步明确产品售价以及市场占有份额的基础上，确定企业的预期收益，结合企业利润预期，倒挤企业目标成本的一种做法。用公式表达为：

$$目标成本 = 预期收益 - 预期利润$$

$$目标单位产品成本 = 预期单位产品售价 - 预期单位产品利润$$

其中，预期单位产品售价可以通过与同行业同类产品的横比，或与本企业历史水平的纵比，结合预算期间企业的相关状况确定。

第二步，分解落实目标成本。目标成本确定之后要将各成本预算指标按照一定的要求和方法，细化为各责任单位和个人的具体目标，并通过考评、控制和奖惩来确保目标成本的实现。在目标成本的分解过程中要坚持以下原则：

一是因地制宜原则。结合企业的特点来科学地选择目标成本分解的具体依据和方法。无论企业采用哪种目标成本分解方法，都应该因地制宜，考虑到目标分解后的落实、控制、分析和考评的要求，既要便于责任划分，又要有利于落实、控制、分析和考评，使分解后的具体目标能真正成为企业上下努力的方向。

二是彻底分解原则。要根据成本的具体内容，尽量把目标成本细化到最小单元，分解到不能再细分的层次。这样有利于全面、具体地落实目标成本，进而更好地控制、分析和考核。如果目标分解得不彻底、不细致，就不便于落实、控制、分析和考评，达不到预期的效果。当然也要具体情况具体分析，并非所有的指标都是越细越好。

三是一致性原则。一方面要保证分解后的各子目标之和与被分解的目标值相等，即目标总成本等于各子目标成本之和，使各责任单位和个人在都完成了自身目标成本的同时企业整体目标成本也得以实现；另一方面，要按照目标成本的特性要求，使分解后的子目标具体化、数量化，各子目标之间协调一致，形成一个有机的目标成本体系。

目标成本的分解方法，主要有以下三种：

一是将目标成本按成本控制的对象，即物的要素进行分解。具体如表 5-1 所示。

表 5-1　　按物的要素分解目标成本

要素	说明
按产品结构分解	在装配式、组合式的生产企业，应按产品的结构分解各构件、部件的成本目标，进而分解零配件的成本目标
按产品功能分解	借助价值工程方法，通过功能系统图确定产品功能区域划分，然后将产品的目标成本依次按照大的产品功能区域、中功能区和小功能区域进行细分，具体化为各小功能区域的目标成本
按产品的加工过程分解	把产品的目标成本按产品设计，物资采购、加工制造、产品销售等过程分别分解、核定成本目标
按产品的经济内容分解	将产品目标成本按照固定成本和变动成本进行分解
按产品的成本项目分解	按照料、工、费等成本项目对目标成本进行分解，分解之前必须预先确定成本项目要素，至于成本项目要素应当细化到何种程度，应视具体情况而定

二是将目标成本按成本控制的主体，即人的要素进行分解。一般可以按企业组织管理系统，如子公司、车间、班组、个人分解；或按经济责任制系统，即各级责任单位和个人进行分解。分解后形成一个由责任单位和个人组成的子目标控制体系。如果企业能够按人分解目标成本，无疑可以将成本目标归属为“人”这一能动的行为主体，从而激励企业各层次、环节和各方面人力资源的积极能动性与创造性、责任感与成本意识，保障目标成本的顺利实现。

三是将目标成本按成本控制的时间序列，即预算期间进行分解，如年、季、月、周、日等。分解后形成一个用时间表示的子目标系统，其中包括年度成本目标、季度成本目标、月度成本目标等。

第三步，实现目标成本。目标成本的实现过程实质上就是一个成本控制的过程，即企业内部对成本目标负有经营管理责任的各级责任单位和个人，在成本的形成过程中，根据事先制定的目标成本，按照一定的原则，对各级责任单位和个人日常发生的各项成本和费用进行严格的控制、分析、调整和考评，以保证目标成本的实现。

(3) 简要评价。以成本为核心的全面预算管理模式有利于促使企业集团采取先进的成本管理办法，不断降低成本，提高盈利水平；有利于企业集团采取低成本扩张战略，扩大市场占有率，提高企业集团成长速度。

该模式的缺陷是它可能导致企业集团只顾降低成本，忽略新产品开发；也可能导致企业集团只顾降低成本，忽略产品质量。

【例5-5】 邯郸钢铁

邯郸钢铁有限责任公司在实践中总结并实施了一套符合市场经济要求的科学管理方法：“模拟市场核算，实行成本否决”，并依此创造了良好的经济效益。其基本思路是模拟市场价格，根据市场上产品售价和采购原料的市场价来计算目标成本和利润，通过倒推的方式，将成本指标层层落实到全员，实行成本一票否决制。

“倒推”是将过去从前向后逐道工序核定成本的传统做法，改为“倒推”的办法，即从产品在市场上被承认能够接受的价格开始，逐个工序剖析其潜在效益，从后向前核定，直到原材料采购。用公式表示为：

$$\text{目标成本} = \text{该产品的市场价} - \text{目标利润} - \text{总厂应摊的管理费}$$

在计划经济体制下，价格是成本的函数，产品成本加一定的利润就等于售价，成本对企业压力不大。在市场经济条件下，成本是价格的函数，成本随价格变化而变化。

“否决”指完不成成本指标，其他工作干得再好，也要否决全部奖金，连续完不成，否决内部升级，即分配的准则和考评干部业绩的标准是成本和效益。“全员”指降低成本是企业上至厂长下至每一个职工的行为，每一个人都要分担成本指标或费用指标，实行全员全过程的成本管理。

5.4.3 企业集团业绩评价

1. 企业业绩评价

企业业绩评价是按照企业管理的需要设计评价指标体系，比照特定的评价标准，采用特定的评价方法，通过定量、定性对比分析，对企业一定经营期间的经营效益和经营者绩效，作出客观、公正和准确的综合评价。业绩评价具有以下基本功能：

(1) 激励与约束功能。以年度预算作为业绩评价标准可以评价下属单位经理人员的工作成绩，并作为人员调配、提升、奖励等决策的重要参考。年度预算一般以特定子公司或分部为预算单位，依据下年度该单位特定的经营环境制定；在具体编制时，一般有子公司或分部经理参与，并由其对预算的执行情况负责。因此，管理者可将业绩评价视为一种有效的人力资源管理工具。

（2）资源再配置功能。现代企业的经营成功与否取决于企业能否在其所涉及的行业或产品线上具有竞争优势。通过业绩评价，可以使企业认清自己的竞争优势，对原有资源配置进行重新调整，从不具有竞争优势或不可能具有竞争优势的行业或产品线撤出，增强其他行业或产品线已有的竞争优势，或重新选择竞争方向。

（3）项目再评估功能。资本预算是企业对长期重大项目投资所进行的可行性研究和收支计划，一般包括投资报酬率、净现值、现值指数等指标。在编制资本预算时，这些指标往往根据预测的资料得出，这些投资的实际运行效果与设想的是否一致，是企业管理者极为关心的问题。以资本预算为业绩评价标准，将实际效果与预算进行比较，能够起到项目再评估的作用；同时，可以找出预测误差，不断提高预测的准确性。

（4）战略管理功能。业绩评价在企业战略管理中发挥着重要作用。在战略设计阶段，业绩评价可以发挥项目再评估和资源再配置功能，为形成最优战略提供信息；在战略实施阶段，业绩评价可以发挥其人事管理功能，激励各级人员努力实现战略目标，业绩评价是联系战略管理循环的纽带。

2. 企业业绩评价的分类

1）根据业绩评价主体不同的分类

根据业绩评价主体不同，可以将业绩评价分为外部评价和内部评价。

外部评价就是由企业外部有关评价主体对企业业绩作出的评价，内部评价就是由企业内部的有关评价主体对企业业绩作出的评价。根据利益相关者理论，企业除了股东以外还有其他利益相关者。其利益受企业经营影响，因此利益相关者需要通过各种机制对企业经营和管理施加影响，业绩评价系统就是其中之一，不同利益相关者都可能成为企业业绩评价的主体。具体到一个企业而言，其外部评价主体包括中小股东、潜在的投资者、现有的和潜在的债权人、政府有关部门、供应商和客户、社会公众等；内部评价主体包括大股东、各级管理者和基层职员等。内部评价的依据是企业的战略规划和战略计划，利用的是企业内部所产生的各种管理信息，包括财务信息和非财务信息；而外部评价则受信息获取方式的限制，主要以企业披露的财务信息和市场信息为主，因此内部评价通常比外部评价更为精确。

2）根据业绩评价客体不同的分类

根据业绩评价客体的不同，可以将业绩评价分为整体评价、部门评价和个人评价三个层次。整体评价是指对企业整体业绩进行的评价；部门评价是指对企业中的各个部门业绩进行的评价；个人评价是指对个体业绩进行的评价。

3）根据业绩评价内容的不同的分类

根据业绩评价内容的不同，可以将业绩评价分为财务评价、价值评价和平衡评价。财务评价主要是指利用财务会计信息，对企业的财务状况进行的评价；价值评价是指建立在经济价值基础之上的评价，其典型代表是经济增加值（EVA）；平衡评价是指将财务指标和非财务指标结合在一起进行的评价，其典型代表是平衡记分卡（BSC）。

4）根据业绩评价方法不同的分类

根据业绩评价方法的不同，可以将业绩评价分为单一指标业绩评价和多指标综合业绩评价两类。单一指标业绩评价是指选择单一指标，计算该指标的实际值，通过与评价标准的比较，对企业的经营业绩作出评价；多指标综合业绩评价是以多元指标体系为基础，在评价指标、评价标准和评价结果之间建立一定的函数关系，计算出每个指标的数值后，通过这种函数关系得出综合的评价结论。

3. 企业业绩评价系统的构成要素

业绩评价系统是企业管理控制系统中一个相对独立的子系统，它与各种行为控制系统、人事控制系统共同构成企业管理控制体系，是企业战略目标实现的重要保证。一个有效的业绩评价系统是由下列要素组成：评价主体、评价客体、评价目标、评价指标、评价标准和评价报告。

1）评价主体

评价主体是指与评价对象的利益密切相关，关心评价对象业绩的相关利益人。企业业绩评价存在多元化的评价主体：出资人、管理者及员工、债权人、政府部门，不同的主体由于自身的结构和规定性及同周围世界的特定联系，会产生不同的主体需要。

2）评价客体

评价客体是指实施评价行为的对象，一般分为组织和组织成员两个层次。对于不同的评价对象，评价的要求、内容、指标等都不相同。评价的结果对评价对象今后的发展会产生重要的影响，对组织的评价影响到组织的扩张、维持、重组等问题，对组织成员的评价影响到其奖惩、升迁等问题。

3）评价目标

评价目标是整个评价系统运行的指南和目的所在，它服从和服务于业绩评价主体。不同的业绩评价主体具有不同的评价目标。例如，经营管理者的业绩评价更多的是作为企业战略管理的一部分，业绩评价的目标是为管理者制定最优战略及为实施战略提供有用信息。

4）评价指标

评价指标有财务评价指标和非财务评价指标。企业业绩评价系统设计中最重要的问题就是如何选择能准确反映与企业战略管理密切相关的评价指标，要避免重复或相互涵盖。

5）评价标准

评价标准是指判断评价对象业绩优劣的基准。评价标准的选择取决于评价的目的。企业业绩评价系统中常用的标准是：预算标准、历史最高水平标准、同行业竞争对手标准。标准的选用与评价对象密切联系，也直接影响评价的功能。

6）评价报告

评价报告是企业业绩评价系统的输出信息，也是业绩评价系统的结论性文件。评价报告的文字与格式应当简洁、清楚，便于理解，应抓住关键的问题与原因以提高效率。评价报告的格式与内容因不同的评价对象而不同。

以上六个要素共同组成完整的业绩评价系统，它们之间相互联系、相互影响；其中，评价目标决定了其他要素，而其他要素选择又影响评价目标的实现。

5.4.4 成本中心的业绩评价

1. 成本中心的概念

一个责任中心，如果不形成或考核其收入，而着重考核其所发生的成本和费用，这类中心就称为成本中心。任何发生成本的责任领域，都可以确定为成本中心，大的成本中心可能是一个分公司，小的成本中心可能是一台卡车和两个司机组成的单位。一个成本中心可以由若干个更小的成本中心所组成。成本中心的职责是用一定的成本去完成规定的具体任务。

成本中心分为标准成本中心和费用中心，标准成本中心是指那些有明确、具体的产品，且对生产单位产品所需各种要素的投入量能合理预计的成本中心。通常，标准成本中心的典型代表是制造业工厂、车间、工段、班组等。在生产制造活动中，每个产品都可以有明确的原材料、人工和间接制造费用的数量标准和价格标准。实际上，任何一种重复性的活动都可以建立标准成本中心，只要这种活动能够计量产出的实际数量，并且能够说明投入与产出之间可望达到的函数关系。例如，银行业根据经手支票的多少，医院根据接受检查或放射治疗的人数，快餐业根据售出的盒饭的多少，都可以建立起标准成本中心。

费用中心则是指那些工作成果不是明确的实物，无法用财务指标有效计量，或者投入与产出之间没有密切联系的成本中心，这些单位包括一般行政管理部门，如会计、人事、劳资计划等；研究开发部门，如设备改造、新产品研制等，以及某些销售部门，如广告、宣传、仓储等。一般行政管理部门的产出难以度量，研究开发和销售活动的投入量和产出量之间没有密切的联系，对于费用中心，唯一可以准确计量的是实际费用，无法通过投入和产出的比较来评价其效果与效率，从而限制无效费用的支出，因此，有人称为“无限制的费用中心”。

2. 责任成本

责任成本是以具体的责任单位(部门、单位或个人)为对象，以其承担的责任为范围所归集的成本，也就是特定责任中心的全部可控成本。可控成本是指在特定时期内、特定责任中心能够直接控制其发生的成本。其对称概念是不可控成本。

可控成本总是针对特定责任中心来说的。一项成本，对某个责任中心来说是可控的，对另外的责任中心来说则是不可控的。例如，耗用材料的进货成本，采购部门可以控制，使用材料的生产单位则不能控制。有些成本，对于下级单位来说是不可控的。而对于上级单位来说则是可控的。例如，车间主任不能控制自己的工资(尽管它通常要计入车间成本)，而他的上级则可以控制。

区分可控成本和不可控成本，还要考虑成本发生的时间范围。通常情况下，在消耗或支付的当期成本是可控的，一旦消耗或支付就不再可控。有些成本是以前决策的结果，如折旧费、租赁费等。在添置设备和签订租约时曾经是可控的，而使用设备或执行契约时已无法控制。

计算责任成本的关键是判别每一项成本费用支出的责任归属。通常可以按以下原则确定责任中心的可控成本：

(1) 假如某责任中心通过自己的行动能有效地影响一项成本的数额，那么该中心就要对这项成本负责。

(2) 假如某责任中心有权决定是否使用某项资产或劳务，它就应对这些资产或劳务的成本负责。

(3) 某管理人员虽然不直接决定某项成本，但是上级要求他参与有关事项，从而对该项成本的支出增加了重要影响，则他对该成本也要承担责任。

3. 成本中心的考核指标

两种成本中心的评价方法是不同的。一般来说，标准成本中心的考核指标，是既定产品质量和数量条件下的标准成本，标准成本中心不对生产能力的利用程度负责，而只是对既定产量的投入量承担责任，值得指出的是，如果标准成本中心的产品没有达到规定的质量，或者没有按照计划生产，则会对其他单位产生不利的影响。因此，标准成本中心必须按照规定的质量、时间标准和计划产量来进行生产。这个要求是“硬性”的，很少有伸缩余地。过高的产量，提前产出造成积压，超产以后销售不出去，同样会给企业带来损失，也应当视为未按照计划进行生产。

费用中心的业绩涉及预算、工作质量和服务水平。工作质量和服务水平的量化很困难，而且与费用支出关系密切，这正是费用中心与标准成本中心的主要差别。因此，费用中心通常使用费用预算来评价成本控制业绩，但是很难依据一个费用中心的工作质量和服务水平来确定预算数额。一个解决方法是考察同行业类似职能的支出水平，如有的公司根据销售收入的一定百分比制定研究开发费用预算；另一个解决方法是零基预算法，即详尽分析支出的必要性及其取得的效果，确定预算标准。此外，还有很多企业依据历史经验来编制费用预算。这种方法虽然简单，但是缺点十分明显：管理人员为在将来获得更多的预算，倾向于把能花的钱全部花掉，而越是勤俭度日的管理人员，将越容易面临严峻的预算压力。从根本上说，决定费用中心预算水平有赖于了解情况的专业人员的判断。上级主管人员应当信任费用中心的经理，并与他们密切配合，通过协商确定适当的预算水平。在考核预算完成情况时，要利用有经验的专业人员对该费用中心的工作质量和服务水平作出有根据的判断，才能对费用中心的控制业绩有客观的评价。

5.4.5 利润中心的业绩评价

1. 利润中心的概念

一个责任中心，如果能够同时控制生产和销售，既要对成本负责又要对收入负责，但是没有责任或没有权力决定该中心资产投资的水平，可以根据其利润的多少来评价该中心的业绩，那么该中心称为利润中心。

利润中心有两种类型：一种是自然的利润中心，它直接向企业外部出售产品，在市场上进行购销业务。例如，某些公司采用事业部制，每个事业部均有采购、生产、销售的职能，有很强的独立性，这些事业部就是自然的利润中心。另一种是人为的利润中心，它主要在企业内部按照内部转移价格出售产品。例如，大型钢铁公司分成采矿、炼铁、炼钢、轧钢等部门，这些生产部门的产品主要在公司内部转移，它们只有少量对外出售，或者全部对外销售由专门的销售机构完成。这些生产部门可以视为利润中心，并称为人为的利润中心。

2. 对利润中心的考核

对于利润中心进行考核的指标主要是利润。但是，也需要一些非货币的衡量指标作为补充，包括市场地位、产品质量、职工态度、社会责任、短期目标和长期目标的平衡等。

评价利润中心业绩时，至少有四种有关利润的指标可以选择：边际贡献、可控边际贡献、部门边际贡献和部门税前经营利润。

【例5-5】 甲公司的某一部门的数据如下(单位：元)：

部门销售收入	15 000
已销售商品变动成本和变动销售费用	10 000

部门可控固定间接费用	800
部门不可控固定间接费用	1 200
分配的公司管理费用	1 000

假设该部门的利润相关指标如下(单位:元)

收入	15 000
变动成本	—10 000
(1) 边际贡献	5 000
可控固定成本	—800
(2) 可控边际贡献	4 200
不可控固定成本	—1 200
(3) 部门边际贡献	3 000
公司管理费用	—1 000
(4) 部门税前经营利润	2 000

因为部门经理至少可以控制某些固定成本,并且在固定成本和变动成本的划分上有一定选择余地。所以边际贡献 5 000 元作为业绩评价依据不够全面,可能导致部门经理尽可能多支出固定成本以减少变动成本支出,但是这样做并不能降低总成本。因此,业绩评价时至少应包括可控制的固定成本。

可控边际贡献 4 200 元作为部门经理的业绩评价依据可能是最好的,它反映了部门经理在其权限和控制范围内有效使用资源的能力。部门经理可控制收入,以及变动成本和部分固定成本,因而可以对可控边际贡献承担责任。这一衡量标准的主要问题是可控固定成本和不可控固定成本的区分比较困难。例如,折旧、保险等,如果部门经理有权处理这些有关的资产,那么它们就是可控的;反之,则是不可控的。

以部门边际贡献 3 000 元作为业绩评价依据,可能更适合评价该部门对企业利润和管理费用的贡献,而不适合于部门经理的评价。如果要决定该部门的取舍,部门边际贡献是有重要意义的信息。如果要评价部门经理的业绩,由于有一部分固定成本是过去最高管理阶层投资决策的结果,现在的部门经理已很难改变,部门边际贡献则超出了经理人员的控制范围。

以部门税前经营利润 2 000 元作为业绩评价的依据通常是不合适的。公司总部的管理费用是部门经理无法控制的成本,由于分配公司管理费用而引起部门利润的不利变化,不能由部门经理负责。不仅如此,分配给各部门的管理费用的计算方法常常是任意的,部门本身的活动和分配来的管理费用高低并无因果关系。许多企业把所有的总部管理费用分配给下属部门,其目的是提醒部门经理注意各部门提供的边际贡献必须抵补总部的管理费用,否则企业作为一个整体就不会盈利。其实,通过给每个部门建立一个期望能达到的可控边际贡献标准,可以更好地达到整体盈利的目标。这样,部门经理可以集中精力增加收入并降低可控制成本,而不必在分析那些分配来的、不可控的管理费用上花费精力。

5.4.6 投资中心的业绩评价

1. 投资中心的概念

投资中心是指某些分散经营的单位或部门,其经理所拥有的自主权不仅包括制定价格、确定产品和生产方法等短期经营决策权，而且还包括投资规模和投资类型等投资决策权。投资中心的经理不仅能控制除公司分摊管理费用外的全部成本和收入，而且还能够控制占用的资产。因此，投资中心的责任人要对利润、投资负责，评价时不仅要衡量其利润，而且要衡量其资产，并把利润与其占用的资产联系起来。

2. 投资中心的考核指标

投资中心的业绩评价指标通常有以下四种。

(1) 投资报酬率。这是最常见的考核投资中心业绩的指标，这里所说的投资报酬率是部门税前经营利润除以该部门拥有的净经营资产。

用投资报酬率来评价投资中心业绩有许多优点：它是根据现有的会计资料计算的，比较客观，可用于部门之间以及不同行业之间的比较。投资人非常关心这个指标，用它来评价每个部门的业绩，促使其提高本部门的投资报酬率，最终有助于提高整个企业的投资报酬率。投资报酬率可以分解为投资周转率和销售利润率两者的乘积，并可进一步分解为资产的明细项目和收支的明细项目，从而对整个部门经营状况作出评价。

投资报酬率指标的不足也是十分明显的：部门经理会作出“次优化”选择，即放弃高于资金成本而低于目前部门投资报酬率的机会，或者减少现有的投资报酬率较低但高于资金成本的某些资产，使部门的业绩获得较好评价，但却伤害了企业整体的利益。从引导部门经理采取与企业总体利益一致的决策来看，投资报酬率并不是一个很好的指标。

(2) 剩余收益。为了克服由于使用比率来衡量部门业绩带来的次优化问题，许多企业采用绝对数指标来实现利润与投资之间的联系，这就是剩余收益指标。

$$\text{剩余收益}=\text{部门税前经营利润}-\text{部门平均经营资产应计报酬}$$
$$=\text{部门税前经营利润}-\text{部门平均经营资产}\times\text{要求的报酬率}$$

剩余收益的主要优点是可以使业绩评价与企业的目标协调一致，引导部门经理采纳高于企业资金成本的决策。此外，剩余收益指标允许使用不同的风险调整资金成本。从现代财务理论来看，不同的投资有不同的风险，要求按风险程度调整其资金成本。因此，不同行业部门的资金成本不同，甚至同一部门的资产也属于不同的风险类型，例如，现金、短期应收款和长期资本投资的风险有很大区别，要求有不同的资金成本。在使用剩余收益指标时，可以对不同部门或者不同资产规定不同的资金成本率，使剩余收益这个指标更加灵活。而投资报酬率评价方法并不区别不同资产，无法分别处理风险不同的资产。

当然，剩余收益是绝对数指标，不便于不同部门之间的比较。规模大的部门容易获得较大的剩余收益，而他们的投资报酬率并不一定很高。因此，许多企业在使用这一方法时，事先建立与每个部门资产结构相适应的剩余收益预算，然后通过实际与预算的对比来评价部门业绩。

(3) 现金回收率。现金回收率是以现金流量为基础的业绩评价指标，是营业现金流量除以总资产，其中营业现金流量为年现金收入与现金支出的差额，总资产用部门资产的历史成本平均值计算。

如果各年的现金流量相同，则现金回收率为回收期的倒数。对于长期资产来说，如寿命在15年以上的资产，现金回收率近似于内含报酬率，即接近实际的投资报酬率。因此，这个指标可以检验投资评估指标的实际执行结果，减少为争取投资而夸大项目获利水平的现象。

尽管在计算现金回收率时未遵循权责发生制，但经验表明企业的现金回收率是稳定的，并且从长期来看净现值与现金净流入总量相等，因而可以作为业绩评价的标准。

(4) 剩余现金流量。由于现金回收率是一个比率指标，也会引起部门经理投资决策的次优化，其情况与投资报酬率类似，即当现金回收率高于资金成本而低于部门现在的现金回收率时，他会拒绝该项投资。为了克服这个缺点，可以使用剩余现金流量指标来评价部门业绩：

$$剩余现金流量 = 营业现金流量 - 部门资产 \times 资金成本率$$

使用剩余现金流量评价部门业绩，可以使部门经理在决策时能和企业目标保持一致。

5.4.7 企业综合业绩评价模式

当人们发现单一指标难以全面评价企业的财务状况和经营成果时，便开始采用由多个指标构成的评价指标体系。综合业绩评价体系是指设计一套全面、完整的指标体系用于企业业绩评价。现有的综合业绩评价体系主要有财务模式、价值模式、平衡模式三种。

1. 财务模式

财务模式主要是从财务报表中提取有关数据，根据评价需要计算相关指标进行评价。

(1) 综合评分法。综合评分法是按照各项评价指标符合评价标准的程度，计算各项指标的评价分数，然后再计算总分，据以进行综合评价的方法。其中具体步骤为：选择具有代表性的评价指标；确定各项评价指标的标准值与标准评分值；计算单项评价指标的得分；综合计算评价总分；得出评价结论。

(2) 综合指数法。综合指数法是先计算各指标的单项评价指数，再据以计算加权平均指数并进行综合评价的方法。具体步骤为：确定标准值(计划书、目标数、上期数或同业先进值)；计算指数(实际数/标准数 或 标准数/实际数)；确定权数；计算综合评价指数(加权平均数)。

【例 5-6】 中国诚信公司业绩评价财务指标体系

在国内上市公司业绩评价中享有较高声誉的评估机构——中国诚信证券评估有限公司，自 1996 年以来与《中国证券报》合作，每年对上市公司的业绩进行综合评价。其评价的方法为综合指数法，在这种评价方法下，各上市公司的最后分数是在各单项指标考核评分的基础上，乘以每项指标的权重，然后相加而得。与国有资本金效绩评价体系相似，该方法对指标采用主观赋权的方式，忽视了整个系统中各个财务指标间的相互联系，容易放大某些指标的作用，导致经营者进行会计操纵，影响评价的客观性。中国诚信公司业绩评价财务指标体系如表 5-2 所示。

表 5-2 中国诚信公司业绩评价财务指标体系

指标	净资产收益率	资产总额增长率	利润总额增长率	负债比率	流动比率	全部资产优化率
权重	55%	9%	13%	7%	7%	9%

3) 杜邦分析法体系

杜邦财务分析体系及其分析方法是由美国杜邦公司的经理创造，故称之为杜邦财务分析体系。其最显著的特点是将若干个用以评价企业经营效率和财务状况的比率按其内在联系有机地结合起来，形成一个完整的指标体系，并最终通过权益收益率来综合反映。采用这一方法，可使财务比率分析的层次更清晰、条理更突出，为报表分析者全面仔细地了解企业的经营和盈利状况提供方便。

2. 价值模式

有时，一些资本型控股企业集团的母公司在对子公司（实际上是资金中心）进行评价时，不是借助利润指标，而是将子公司定位在资本运用对象，用价值增值的标准来评价子公司经营是否有效，母公司是继续持有或是出售其股权，为集团母公司获取最大的市场增加值和经济增加值。价值模式中最为广泛应用的是经济增加值方法，衡量的是税后净营业利润扣除全部资本成本后的剩余收益。

3. 平衡模式

平衡模式全面引入非财务指标，用财务指标作为业绩评价指标由来已久，但随着时代的发展，人们越来越认识到财务指标的局限性，这就需要设计多类非财务指标来结合财务指标对企业业绩进行评价。平衡记分卡是一种综合性的业绩评价指标体系，该方法弥补了单一财务指标评价的不足，增加了客户、内部经营过程、学习和成长三个层面的非财务指标。具体如图 5-5 所示。

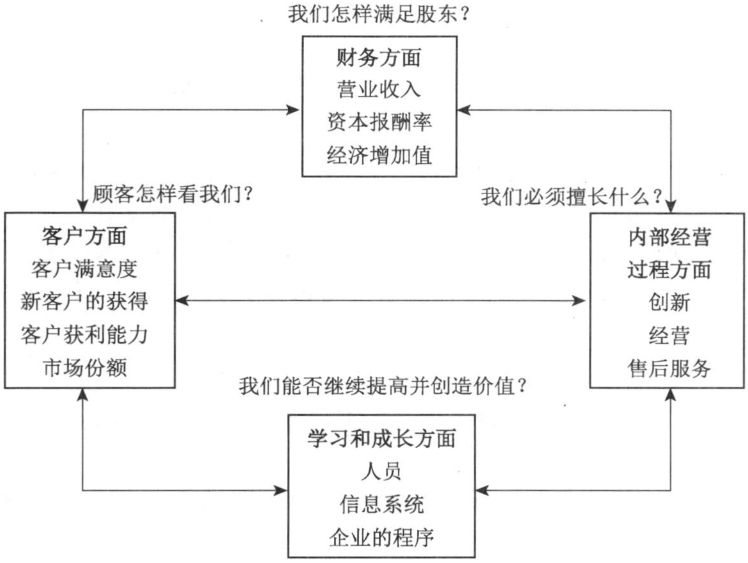

图 5-5 平衡记分卡关系图

利用平衡记分卡，企业管理者可以计量经营单位如何为现在和未来的客户创造价值，如何建立和提高内部生产能力，以及如何为提高未来经营业绩而对人员、系统和程序进行投资。各评价指标之间的关系如下：

（1）平衡记分卡使财务和非财务指标成为企业各层员工信息系统的一部分。一线员工可以从他们的决策和行动中理解财务结果，高级管理者也可以理解财务成功的动因。

（2）平衡记分卡表现了把经营单位的任务和策略转化为有形的可计量目标的转换。平衡记分卡着重分析四个方面的平衡关系：①在长期和短期目标之间。②在外部计量（股东和客户）与内部计量（经营过程、创新、学习与成长）之间。③在所要求的结果和这些结果的执行动因之间。④在强调客观性测量和强调主观性测量之间。

(3) 平衡记分卡的四个方面形成了一条清晰的因果关系链。典型的平衡记分卡有四个方面，每个方面有4～7个单独的指标，因此，一个平衡记分卡大约要有25个指标。一个由多个指标组成的指标体系应被视为一个做单一决策的工具，即企业要用一个具有因果关系的指标体系来阐述和传达它的战略。在平衡记分卡中，财务方面的指标是企业追求的结果，其他三个方面的指标是取得这种结果的动因。如图5-6所示。比如，投资报酬率作为财务方面的计量指标，客户方面的客户忠诚对投资报酬率有极大的影响。但如何保持客户呢？分析表明，按时交货对客户有很大作用。因此，改善按时交货可以产生较高的客户忠诚，同时也将产生较好的财务结果。因此，客户忠诚和按时交货在平衡记分卡的客户方面被结合在一起。为了达到按时交货，公司可能会要求在经营过程中缩短周转时间并提高产品质量，于是这两项内容被纳入流程方面。那么企业如何改善质量并缩短内部经营的周转时间呢？答案是培训员工以提高他们的技术，这就成为学习和成长方面的一项内容。

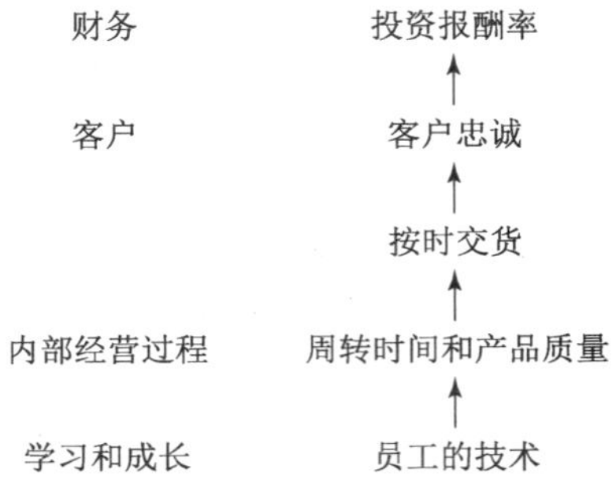

图5-6 因果关系链

(4) 平衡记分卡能够较好地实现财务指标与非财务指标的结合，并在此基础上形成了一套完整的指标体系。由于指标体系的完整性，平衡记分卡的使用能够避免企业的短期行为，从而把其长期战略和短期行动联系起来。

但平衡记分卡在应用过程中仍然存在一些问题，如平衡记分卡的编制和实施涉及大量绩效指标的取得和分析、指标的创建和分析、指标的创建和量化，存在一定的操作难度，尤其是在非财务指标的处理上存在相当难度。同时企业很难通过积分卡的20多个指标体系来阐述和表达他们的策略，管理者面对多个指标会分散注意力，而股东面对多个指标也不知如何取舍作出客观的评价。

5.5 案例分析：海尔集团财务公司的运作

随着我国经济的发展和全球化的推进，企业集团已成为经济发展中不可或缺的重要力量。在商业竞争日益激烈的今天，资金就如同企业集团的血液，是企业集团存在与发展的关键因素，因此，资金管理对企业来说至关重要。海尔集团资金管理几经发展，到如今实行资金集中管理和产融结合的财务公司模式，实现了资金管理的创新实践。

5.5.1 设立财务公司

海尔集团于2002年成立海尔集团财务有限责任公司(以下简称“海尔财务公司”)，海尔财务公司为独立法人实体，致力于为集团企业提供包括存贷款在内的全流程金融服务，定位于建设成为海尔全球化资金集约管理中心、金融集成服务中心及产业协同利润中心。“四统”，即机构、人员、制度、资金的统一。财务公司是海尔集团业务流程再造的助推器，也是资金整合的金融载体，是提高资金利用效率，降低财务成本的金融工具，它的出现是资金和资产的双向增值。建行总行专门为海尔财务公司制作了一套系统，帮助海尔“补习”金融知识。在开业仪式上，海尔财务公司与四大银行分别签署了同业合作协议，主要是各大银行为海尔财务公司提供了信贷、结算和同业拆借等一揽子金融服务；以前下属公司一般都在一些银行拥有自己的账户，现在只留下一个现金账户，里面的现金基本在财务公司，但在财务公司的贴身服务下，各分公司感觉比与银行打交道更为方便。海尔旗下有非常多的分公司，在成立海尔财务公司前每家公司都在银行开立不止一个账号，连银行都不知道到底总共有多少账号，成立财务公司之后集团资金进行了统一调配，各分公司的账户全部取消，保留的现金账号会根据情况进行增减。

5.5.2 海尔集团资金管理的现状

1. 账户设置和资金收支管理模式

海尔集团各成员单位都需要在海尔财务公司开立账户，并采用“收支两条线”的账户设置方式。“收支两条线”是指分别开设收入账户和支出账户，各成员单位收入款项进入收入账户，收入账户的资金进行归集并最终进入集团总账户资金池，同时集团根据成员单位的需求及预算，再将资金从集团总账户下拨到支出账户。在“收支两条线”的账户设置方式下，集团实现资金集中，并能够有效控制结算头寸，也便于集团及时掌握和控制各成员单位的资金使用情况。

2. 财务公司和财务共享服务中心的资金集中管理模式

海尔财务公司为海尔集团全资子公司，为集团各成员提供存贷款、结算、担保等服务。通过有效调节集团内部各成员单位资金余缺，调动集团内部闲余资金，形成内部资本市场，从而降低外部融资规模和资本成本，有效整合集团资金资源，实现企业效益最大化。同时，海尔财务公司还可以为集团提供由制造业向服务业战略转型的创新金融服务，结合共享服务中心模式，集中处理报销、核算等流程，也进一步提高了集团经营运作的效率。

3. 实施产融结合和供应链金融的资金管理模式

早在2011年，海尔集团及其子公司就开始频频涉足金融领域：入住青岛商业银行、控股长江证券、成立保险代理和人寿保险公司等，海尔集团已经涉足证券、保险、银行等金融领域。海尔集团拥有庞大的客户基础，通过其客户资源及大数据，海尔在对客户进行金融服务的同时也有助于自身品牌的推广，有助于实现客户价值和企业价值的最大化。

海尔集团还涉足供应链金融，包括消费金融、为供应商提供融资、担保和互联网金融等。海尔集团于2014年12月宣布成立海尔消费金融公司，为经销商及终端消费者提供分期付款、信贷等金融服务，对办理分期付款购买海尔集团产品的消费者免收利息、手续费，从而刺激消费。海尔集团还搭建线上平台“日日顺”，在引进同行业企业不同品牌入驻的同时为客户提供家电定制、家具定制服务，与银行合作建立依托于“日日顺”的供应链在线融资平台，为“日日顺”经销商提供无需担保与抵押的在线融资业务。如今，海尔还发展“小微模式”，许多原海尔工贸企业改制为“小微企业”而享受更大的自主权，在一定程度上也促进更多产品的销售。

5.5.3 财务公司经营的主要业务

1. 公司金融业务

公司金融服务团队始终根植于集团，致力于为集团企业提供包括存贷款在内的全流程金融服务，旨在加强企业集团资金集中管理、提高资金使用效率。“金融管家”会根据企业的经营特点、现金流量、项目建设等情况，为其贴身设计期限匹配、风险规避、成本最优、操作灵活的专属的“金融解决方案”，主要包括流动资金贷款、循环流动资金贷款、项目贷款、保理、买方信贷、票据业务、委托贷款、担保业务、企业财务顾问服务、贷款意向书等。

2. 消费金融业务

消费金融服务团队始终坚持以客户为本，致力于为客户购买海尔住房、海尔家电等海尔产品，提供及时、便捷、灵活、体贴的消费金融服务。如按揭贷款，消费分期。

3. 国际业务

国际业务主要是指为集团成员企业办理结售汇、国际结算等国际业务，为企业降低对外经济活动经营成本、提高对外经济活动效率。此外，还为海尔集团成员企业提供国家外汇管理政策、中国外汇市场及国际金融市场信息咨询服务，为企业提供业务和政策指导，帮助成员企业适应复杂多变的外汇市场和政策措施。另外，还提供存款及结算业务、融资业务、外汇资金集中管理业务、同业拆借业务、咨询顾问业务等。

4. 结算业务

结算业务主要为海尔集团成员单位开办各项结算业务。企业可通过海尔集团内部资金管理系统发起支付业务请求，也可通过公网途径的财务公司网银，进行方便快捷的网上电子收款，当然，也可以到海尔集团财务公司的柜面办理各类收付结算。例如，账户管理、POS 一刷即收、存款小秘书、网上银行支付、集中代缴费、内部自动清算、票据管家、电子回单、网银自主对账、存款资信证明、金融短信通服务等。海尔集因原来有 60 个出纳，现在只有 8 个。海尔集团客户结算方式从之前的现金升级到如今 POS 绑定、网银。客户可以随时通过 POS 机和网银到自己的账户上去查询，并通过网银进行支付，不再需要亲自跑到海尔集团来交钱。银行服务升级使集团在降成本、增效益上也有了显著成绩。倡导零库存、零应收的海尔集团，能提供从供应商到客户全流程的资金管理和服务平台，并能够实现即时变现。

5. 其他业务

其他业务主要包括信贷资产转让、资金拆借、有价证券投资、金融机构股权投资等业务。

5.5.4 案例启示

随着集团母子公司体制的建立，母公司如何发挥集团公司的核心作用，有效监督、控制子公司的资金运行情况和经营发展方向，最大限度地调动子公司管理层的积极性和创造性，是企业重组过程中碰到的带有共性的问题。海尔集团公司在实践中推出的以财务公司为中心的，“四统”的财务管理模式，为解决问题提供了可借鉴的途径。

1. 提高资金使用效率，加强资金司库管理

许多国家通过财务公司开发了“现金总库”资金管理模式，统一调拨集团的资金，最大限度地降低集团持有的净头寸。区域总部或者财务公司与各分公司分别在母公司开立内部结算账户，使母公司统一了现金流，掌握着分公司各项收付结算，从而高度集中了集团的资金管理，直接控制着各种货币的头寸净额。海尔集团将原来的财务管理部门改组为“资金流推进本部”，对集团财务资源进行统一配置，对企业资金进行统一管理。这种按资金流程而不是按资金收支进行财务资源的整合和配置，从源头上解决了财务部门之间以及财务部门与业务部门之间在资金流动和财务资源配置上的相互割裂问题，实现了集约化财务管理。

海尔集团财务公司的设立模式是“零运营资本管理”，即在满足企业对流动资产基本需求的前提下，尽量使运营资金区域最小的管理模式，以最小的流动资产投入获取最大的销售收益。财务公司从集团整体利益出发进行统一的内部转账结算，统一调拨内部资金，对冲内部交易，降低资金占用额度，加速资金周转。提高了集团结算资金的流转速度，充分发挥和完善了各项金融结算职能。海尔财务公司设立10多年来，资产的流动比率平均逾100%，并实现了零不良资产。

2. 信用型信贷服务

经济全球化一方面要求企业国际营销网络不断扩大和营销手段不断创新，另一方面也对信用体系的建立和信用管理的专业化提出了更高的要求。实践中，财务公司信贷业务和信用管理在某些方面有比其他金融机构更加独特的方面。例如，海尔财务公司将集团的以人为本的“星级考核体系”运用到财务公司的风险控制预算体系中，即将集团行之有效的“星级评价考核体系”，融合信贷资产五级分类的划分标准与体系，形成海尔财务公司独特的信用评价和风险管理系统。原有的信贷资产五级分类基本停留在财务指标分析的基础上，定性分析往往流于形式。为全面反映信贷资产质量，突破原有的资产质量分类的局限，海尔财务公司一方面借助其财务报表对其偿债能力、盈利能力、发展职能、流动性等财务指标进行分析，形成实质性数据分析，另一方面在指标分析的基础上，结合集团的“星级评定”，对于来源于市场的任何信息，财务公司都深入到市场终端，真实、全面、动态的反映成员单位的资产质量，真正发挥了资产质量分类的“预警”作用。

3. 专业化的金融产品和投行财务顾问

财务公司为本集团和用户提供专业化的金融服务，对公司的发展和经营起着重要作用，银行等外部金融机构无法替代。顺应产品资本与金融资本相融合这一发展趋势，适应海尔集团产业发展的需求，海尔财务公司着力开发专业化金融产品，如创立了“物流银行”模式，在最短的时间内为各地营销公司提供最及时的服务，同时确保操作风险降到最低。海尔财务公司开展了对此项业务的履约保函业务，为确保业务顺利开展，财务公司针对三方业务实施“物流银行”，在商业银行至少要一周才能完成工作，财务公司可以保证在24小时之内完成。

金融市场信息是一项宝贵资源，宏观上影响企业集团发展战略的角色，微观上制约集团企业和其产品消费者对金融产品的选择。海尔财务公司的投行作用直接表现为资本配置、资本动员乃至财务顾问的强大作用，表现形式有并购重组、投资、信托、证券、保险代理等。以并购重组为例，此项业务在国外是投资银行的核心业务，最能体现投资银行的实力和价值。因并购是一种复杂和专业技术性很强的投资活动，并购过程中涉及多门专业知识，被称为“财力与智力的高级结合”。海尔在通过并购实施其全球化市场战略过程中，每次行动都是财务公司扮演投资银行的角色。

4. 个性综合服务及供应链金融延伸

财务公司的机构体系与管理框架完善后，及时深入地了解产业运作各环节物流与资金流的运行轨迹，充分挖掘成员单位最深层次的金融需求，积极借力最广泛的外部金融合作网络，适时为成员单位提供最佳的个性化服务。例如，“海尔”品牌海尔财务公司在金融业的发展提供了全新的舞台。海尔财务公司与中国建设银行联手，推出海尔房地产“桐安雅居”住宅小区项目住房消费信贷业务。在这个过程中，海尔特色的“一票到底”业务操作流程，大大简化了消费者办理住房贷款的繁杂手续，成为海尔房地产的又一竞争优势。

在供应链金融延伸方面，海尔财务公司的做法提供了有益启示。海尔集团供应商中有许多是中小型企业，长期与海尔集团保持着稳定的供货关系，甚至部分企业90%以上的收入来源于海尔集团。这种长期稳定的合作以及在集团账面形成的应付账款成为一种稀缺资源。海尔集团的快速发展，订单量不断增加，为这些企业的配套生产提供了更高的要求，但融资难是长期以来困扰这些企业的一个难题。为促进集团产业链的发展，海尔财务公司以集团账面大额应付账款做质押为供应商提供融资，既解决了供应商融资难，融资成本高的难题，又丰富了财务公司的业务，增加了财务公司的利润来源，并推动了行业的进步。

重要概念

企业集团　直线制　事业部制　分权与集权　财务中心　财务公司　财务控制　业绩评价　成本中心　利润中心　投资中心

本章练习

一、单项选择题

1. 在财务管理的法律特征上，企业集团是（　　）。

A. 独立的企业法人　　B. 非法人的企业联合体

C. 享有独立经济权利和承担经济义务　　D. 拥有独立支配的财产

2. 在财务管理的主体特征上，企业集团呈现为（　　）。

A. 多元结构特征　　B. 一元结构特征

C. 一元中心下的多层级符合结构特征　　D. 直线结构特征

3. 企业集团财务中心隶属于（　　）。

A. 母公司财务部　　B. 财务公司　　C. 子公司财务部　　D. 母公司董事会

4. 某化工企业并购一家房地产企业，属于（　　）。

A. 横向并购　　B. 纵向并购　　C. 混合并购　　D. 善意并购

5. 下列关于企业集团集权型决策的特点表述错误的是（　　）。

A. 不容易进行职能间的决策　　B. 常规决策时间过长

C. 危急情况下能够作出快速决策　　D. 对级别低的管理者而言，职业发展有限

二、多项选择题

1. 企业集团组建的目的在于（　　）。

A. 实施管理体制的集权制　　B. 发挥管理协同优势

C. 实现资源聚集整合优势　　D. 消除竞争对手

2. 在财务管理对象上，企业集团与单一法人制企业最大的不同在于（　　）。

A. 资金运动涉及的范围不同

B. 资金的可调剂弹性和风险承担压力不同

C. 可利用的融资、投资以及利润分配的形式或手段不同

D. 在财务关系上，采取的财务对策与财务手段或形式不同

3. 甲集团是以肉类加工为主的大型食品集团，在全国18各省市建设了加工基地，集团旗下子公司有：肉制品加工、生物工程、华工包装、物流、养殖、药业、软件等。2013年5月甲集团以71亿美元收购世界最

大生猪养殖企业美国乙食品公司的全部股份，使甲集团成为世界最大的肉类加工企业。为配合甲集团的战略实施，甲集团可以选择的组织结构类型有（　　）。

A. 直线型组织结构　B. 职能制组织结构　C. 事业部制组织结构　D. 控股集团组织结构

4. 企业集团的财务权利可分为（　　）。

A. 财务决策权　B. 财务资源调配权

C. 财务资源使用权　D. 财务监控权

5. 对于分权管理的缺点在于（　　）。

A. 一般事项的决策较快，但重大事项的决策速度被减缓

B. 上下级沟通慢，信息分散化和不对称

C. 分权单位容易各自为政

D. 缺乏整体考虑，忽视整体利益。

三、判断题

1. 企业集团是一个大型经济联合体，具有独立的法人地位。（　　）

2. 企业集团内的子公司、分公司均具有法人地位。（　　）

3. 企业集团总部与各成员企业的关系同大型企业的总、分公司之间的关系没有质的区别，只有量的区别。（　　）

4. 与其他组织结构比较，直线制组织结构一般只适用于新组建的内部成员少、业务经营范围窄、规模不是很大的企业集团以及集团成员强烈依赖于核心企业的集团。（　　）

5. 集团公司及其子公司不论以何种方式取得外部资金，都一律存入财务结算中心，由财务结算中心统一调度使用，使集团母公司清楚掌握其子公司资金的来龙去脉。（　　）

四、简答题

1. 简述企业集团的特征。

2. 简述企业集团财务管理体制的模式及其各自优缺点。

五、案例分析题

重庆海外旅业集团财务管理

重庆海外旅游公司是重庆市首家涉外旅游企业，1989年以前隶属于重庆市人民政府外事办公室，在计划经济时代一直承担着全市的外事旅游接待任务。1989年重庆市旅游局成立后隶属于重庆市旅游局。重庆市旅游航空服务公司成立于1987年，1989年以前隶属于重庆市人民政府外事办公室，1989年重庆市旅游局成立后隶属于旅游局，1990年更名为重庆市国际旅游航空服务公司。1998年4月重庆市海外旅公司和重庆市国际旅游航空服务公司合并重组为重庆海外旅业（旅行社）集团有限公司，并将重庆市国际旅游航空服务公司作为海外旅业（旅行社）集团有限公司的全资子公司。

重庆海外旅业集团财务管理现状：

1. 财务机构设置不适应集团管理的需要

集团各成员企业都设有财务部，其人员任免权全部在各公司总经理。集团本部海外旅业财务部设财务副总监一名，主要职能是进行融资和改制时对外界的联络工作，财务副总监和下属各子公司财务经理没有上下级关系。集团财务部经理和下属子公司财务经理在行政级别上一样，工资待遇一样，实际上集团财务部经理只是负责海外旅业经营业务的会计处理。各公司内部财务和会计机构没有分开设置，财务部经理日常精力主要在会计工作上，没有资金时再向总经理请示，向集团拆借或者向银行贷款。

从海外旅业集团的财务结构设置中可以看出：

(1) 在集团内没有对下属子公司进行财务管理和监督的部门，也没有专门的人员从事这项工作，集团公司对子公司的财务管理体制根本没有机构上的保障，当然也不存在集团公司对子公司的财务管理职能。

(2) 集团对财务的管理观念落后，不存在对资金的预测、计划工作。

(3) 由于各子公司财务负责人由各个子公司总经理直接任免，工资待遇由各公司独立发放，因此财务负责人的独立性受到很大影响，这种状况不利于发挥财务人员的监督作用。

(4) 由于财务负责人从属于不同的利益主体，其利益和各单位利益紧密联系，在利益的驱动下，其财务管理行为必将向各自的利益主体倾斜，并将最大限度地满足本单位的需要，不能实现集团利益最大化的要求。

2. 财务管理权限混乱

海外旅业集团在集团内的财务管理权限配置混乱，主要表现在：

(1) 对外投资的管理。海外旅业集团对一些项目在投资时没有经过可行性研究，也没有集团董事会的充分授权，由当时集团的主要负责人个人决策。各子公司在进行固定资产投资时缺乏科学决策、没有投资回报意识，由于集团没有形成对子公司投资的约束机制，导致出现重复投资、无效投资甚至在某些投资项目中出现个人的寻租行为。2003 年 12 月 1 日，合并资产负债表显示净资产为 5 835 万元，而账面所列长期投资 7 021 万元，从这两个数据大致可以看出盲目投资的情况。

(2) 对外筹资的管理。集团内公司根据自己资金的缺乏情况直接向银行融资，并擅自对外担保，如航空服务公司 1997 年为重庆某公司担保 295 万美元，并在 2001 年进行续保，但该公司 2002 年因为债务问题被资产管理公司接管，同时资产管理公司向航空服务公司提起诉讼要求 295 万美元的连带赔偿，一旦诉讼败诉，航空服务公司就会面临着灭顶之灾。对于海外旅业集团来说，筹资和担保的管理失控面临着很大的或有风险，埋下了定时炸弹。

(3) 资金使用权的管理。集团内合并报表日常资金余额在 2 000 万元左右，这个金额从合并现金流量表来看能够满足整个集团日常生产经营所需现金流量。但由于资金的分散使用，导致个别公司缺乏流动资金而不得不向银行贷款；而另一些公司，比如旅行社，由于季节性经营的原因在某段时间会有富余资金。以 2002 年为例，整个集团支出利息费用 832 万元，但如果以集团为财务主体来运用资金据测算可以节约利息费用 80 万～110 万元。

3. 缺乏预算体系

全面预算作为一种有效的管理手段已经成为现代企业管理的基本工具之一，但是在海外旅业集团的财务管理中还从没提起过这个概念，企业管理者对本集团的收入、成本、利润只有在会计报表编制出来后才知道，缺乏事先的预测和计划。

4. 缺乏财务监控体系

海外旅业集团的机构设置中没有内部审计部门，下属公司的财务监控没有制度保证，在社会审计方面是由各公司自行聘请会计事务所，据统计，在海外旅业集团中同时有 5 家会计师事务所在提供审计、评估等中介服务，质量标准不统一，同时因为委托者同时又是被审计的对象，很难保证审计的独立性和客观性。

5. 缺乏科学的绩效考核体系

长期以来海外旅业集团年度考核以净利润为主，各子公司经营者都追求净利润的高低，而忽视了应收账款回收率、净资产收益率等其他指标，极端的例子是招商国旅 2002 年实现近 450 万元利润，但其应收账款达到 3 000 万元，其中有相当一部分是可能会发生坏账损失的应收账款。

要求：根据对海外旅业集团的财务管理现状的分析，对该集团的财务管理体制和财务管理制度改革提出具体措施和建议。

第 6 章　企业集团财务管理的主要内容

内容提要

本章主要讲解了企业集团财务管理的主要内容,分别从企业集团筹资管理、企业集团投资管理、企业集团分配管理及企业集团资本运营这几个方面,把握企业集团财务管理的方法。

重点难点

本章重点介绍企业集团财务管理的主要内容;难点是企业集团财务控制的要点和选择条件,三种财务管理体制的优缺点,内部转移价格的类型、制定及其管理。

学习目标

通过本章学习,学生应掌握企业集团筹资、投资和分配三种最主要的财务活动,掌握分拆上市、内部转移价格的概念及具体策略,熟悉筹资管理、投资管理和分配管理的重点。理解筹资安排分析思路、投资决策思路、资本经营方法等。

知识框架

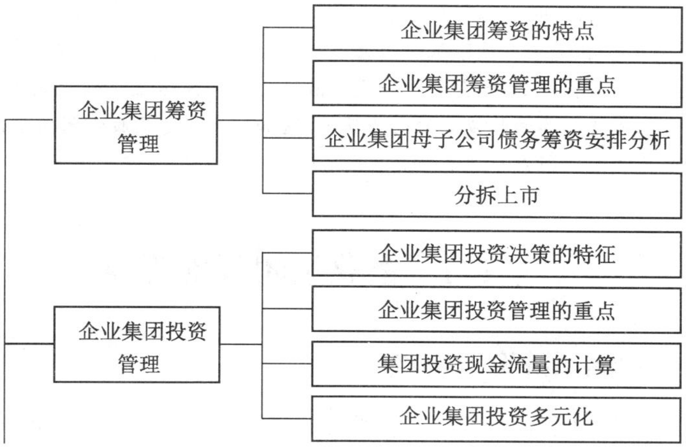

(续图)

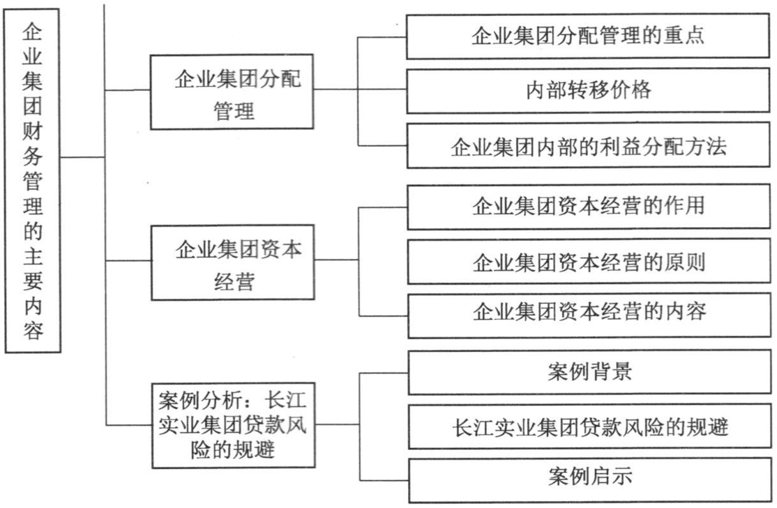

引入案例　江龙控股印染巨头轰然倒下

江龙控股是一家集研发、生产、加工和销售于一体的大型印染企业，旗下有浙江南方科技有限公司、浙江江龙纺织印染有限公司、浙江方圆纺织超市有限公司等多家企业。2003 年，董事长陶寿龙创立了江龙控股核心生产企业江龙印染；2006 年 4 月，新宏远创基(New Horizon Fund)认购江龙印染 20%的股权，通过引入风险投资基金，江龙印染筹得 700 万美元权益资金；2005 年 8 月，以江龙印染为主体改制成中国印染控股有限公司；2006 年 9 月，中国印染在新加坡股票交易所挂牌上市，发行 1.13 亿股，总募集资金 3 062 万新元(约合人民币 1.5 亿元)。中国印染从成立到海外成功上市只用了 3 年时间，从而引起各方关注，获得“中国印染第一股”美誉，也成为行业龙头企业。然而，风光却只持续了不到 1 年，2008 年 10 月，因资金链断裂问题，江龙控股轰然倒下。

江龙控股在公司迅速崛起之后，不断圈地圈钱，走上“多元化”道路，2007 年其以承债的方式收购南方集团下属的南方科技股份有限公司，使公司背负约 4.7 亿元的巨额债务，之后，又相继将房源制造、百福服饰纳入旗下，同年 10 月又斥资 2 亿元从国外一次性引进 11 条特宽幅生产线。由于资本投资规模巨大，公司长期资本来源不足，不得不借助银行信贷资本和商业信用筹资。据统计，截至 2008 年 10 月，江龙控股共欠银行贷款约 12 亿元。在资金日趋紧张的情况下，江龙控股还进行民间借贷，并且民间借贷的借贷“战线”越拉越长，利息也越来越高，仅 2008 年支付的民间借贷利息就高达 2.8 亿元之多。此外，江龙控股较高的财务杠杆和大量的担保使得其面临较大的财务压力，这加剧了江龙控股倒闭的步伐。

企业应如何避免资金链断裂？江龙控股在财务管理活动中存在哪些问题？

6.1　企业集团筹资管理

6.1.1　企业集团筹资的特点

企业集团筹资与单个企业筹资不同之处主要在于以下几个方面。

1. 筹资的内涵扩大

对于一般企业而言，内部筹资主要是指企业的积累，而对于企业集团的内部，筹资除了通常意义上的自我资金积累之外,还包括集团成员企业之间的内部融资,即母公司与子公司、子公司与子公司之间互相提供资金的融通。集团成员企业之间相互提供资金的方式是多种多样的,可采取相互持股、发行债券、短期商业信用等形式。集团内部筹资可以更好地发挥内部筹资的优势,即筹资成本相对较低,交易费用减少,但在资金利用效果不佳及缺乏担保的情况下,也更易于造成不良债权债务关系。

2. 利用债务筹资时,财务杠杆效应更为显著

财务杠杆效应通常用财务杠杆系数来衡量,财务杠杆系数的计算如下:

$$DFL=\frac{EBIT}{EBIT-I}$$

在资本总额、息税前利润相同的情况下,负债比率越高,财务杠杆系数 DFL 越高,财务风险越大,但与其每股盈余(投资者收益)也越大。企业集团内以股权链接的多层次企业结构使得财务杠杆效应相对单一企业来说影响更大。由于母公司的资本具有一定的负债能力,投入到子公司形成子公司资本后,又产生新的负债能力,使集团资本的负债能力从整体上看扩大了。如果企业集团利润率较高,放大的负债能力会带来更多的财务杠杆利益,同时也增大了财务风险,当企业利润率下降较快时,可能导致集团发生破产倒闭的连锁反应。因此,债务筹资对于企业集团可说是一把“双刃剑”,必须谨慎考虑,应根据资本结构理论,确定合理的自有资本与债务资本比例,并协调好母子公司之间的利益关系。

3. 直接筹资作用增强

根据筹资活动是否以金融机构为媒介,可将筹资分为直接筹资和间接筹资两种。从理论上说,这两种方式各有优势和不足,在企业集团中,两者通常并存且相互补充。间接筹资的长处在于提供的资金成本较低。但企业集团的发展是和产业集中密切相关的,它需要大量风险资本和长期资本作支撑,这是银行无法提供的,只能借助于资本市场的直接筹资方式。因此,企业集团对外扩张、长期发展所需资本应主要来自于直接筹资。例如,美国的一些企业集团,长期资金主要从证券市场筹集,其中30%以股票筹资方式取得,70%通过债权筹集,日常经营所需资金则可通过间接筹资方式取得。

6.1.2 企业集团筹资管理的重点

筹资是企业集团生存和发展的前提。一般企业的筹资管理包括筹资总量确定、资本结构的安排、筹资方式和渠道的选择等。从企业集团的整体来看,筹资管理的重点主要有以下几个方面。

1. 关注集团整体与集团成员资本结构之间的关系

资本结构是企业各种权益资本和债务资本的运用之间的构成关系。良好的资本结构为企业的筹资提供导向,并有利于降低筹资成本与筹资风险,是企业顺利发展的基础。

在以资本为主要联结纽带的现代企业集团中,集团整体的资本结构与集团成员的资本结构形成互动的关系。首先,层层控股关系使得企业集团可以利用资本的杠杆作用——集团母公司以少量自有权益资本对更多的资本形成控制,在现代企业股权日益分散化,使得少量资本比率便可实施相对控股的情况下更是如此。这也使集团整体的综合负债率可能大大高于单体企业。其次,这种杠杆作用使在集团金字塔形的组织结构中,处于塔尖的母公司的收益率比处于塔底的子公司的收益率有更大的弹性,即一旦子公司的收益率有所变动,就会在母公司层面产生若干倍的放大效应。母公司因此要对子公司的负债比率作出限定，具体负债比率的限定视各子公司生产经营特点而定，并没有一个固定的标准，一般控制在该子公司自有资本的50%～70%，甚至更低。

2. 实行筹资权的集中化管理

筹资权的集中化是指大额筹资的决策权集中在公司总部，企业集团筹资权集中化的优点主要有：①可以减少债权人的部分风险，增大筹资的数额，增加筹资渠道，筹资方案也容易被接受；②符合规模经济，可以节约成本；③有利于集团掌握各子公司的筹资情况，便于预算的编制。

筹资权的集中化并不等于筹资的集中化，更不等于所有筹资都通过企业集团或集团母公司来进行。在使用权益筹资时，基于集团整体利益可以将母公司或某一子公司包装上市；在使用债务筹资时，某一个具体筹资项目由独立的子公司来进行，可以锁定该项筹资的财务风险，母公司只是以在该子公司中拥有的股权投资为限承担损失。这也是企业集团分散财务风险的重要形式，反映出集团战略制定上的灵活性。

3. 利用与集团模式改造相结合的方式筹集资金

企业集团筹资目的常常是既为投资又为改制。例如，子公司上市，一方面获得了大量资金，另一方面转化为子公司从而改变了与核心企业的关系，而子公司的上市往往使企业集团在获得大量资金的同时仍能保持对其资本的控制；又如，在企业集团的半紧密层或松散层需要筹资的时候，核心层借机增大持股比例，改变集团的组织结构状况。

特别提示6-1

基于企业集团筹资的特点，可将筹资模式大致归纳为四种：①以直接筹资为主，间接筹资为辅；②间接筹资为主，直接筹资为辅；③以内部筹资为主，外部筹资为辅；④以外部筹资为主，内部筹资为辅。模式①、②分别与模式③、④相结合，又可产生若干混合模式。尽管不同的企业在选择筹资模式时有自己不同的考虑，但影响企业集团筹资模式选择的主要因素大致是相似的，如内部资金积累的能力、经济发展的阶段、政府参与经济的程度、资本市场的发育状况和行业特征等。

【例6-1】　　深圳赛格集团

深圳的赛格集团积极尝试直接筹资方式，进入资本市场，推进企业上市。1996年7月，将集团下属业绩良好、符合国家产业政策要求的8家子公司股权合并重组为公众上市公司——赛格股份有限公司，先后发行和上市了8 000万股B股和2 500万股A股，募集资金3.5亿元。1997年，又成功地重组了赛格中康股份有限公司，于6月份成功上市，发行1.5亿股A股，筹集资金8亿元。

4. 发挥企业集团筹资的各种优势

企业集团的筹资既可以是整个集团的筹资活动，又可以是集团成员的筹资活动。因此，企业集团筹资的方式和渠道也更加丰富，如集团成员相互筹资（我国法律规定企业法人之间不准相互借贷，在这里指诸如集团财务公司与其他集团成员之间的资金拆借，或者集团成员相互间应收应付款项等集团内部筹资方式）、集团成员相互抵押或担保、相互租赁，以及利用债务重组的方式进行债务转移等，甚至集团母公司出让子公司部分股权而不改变其控股地位，凡此种种都成为企业集团独有的筹资管理中需要考虑的问题。

6.1.3　企业集团母子公司债务筹资安排分析

在实践中，某一企业集团中的数个公司同时和银行发生贷款业务的情况越来越多。从表面上看，这些贷款都是集团的贷款，并没有对集团整体的负债水平产生影响。但是，贷款主体不同会导致集团承担责任的程度不一样。

1. 理想模型

假设有一简化了的集团，由两家公司组成，母公司为纯粹控股公司，即除控股一家子公司外其他经营性资产可忽略不计。该子公司还有一个债权人。因此，这家母公司的全部资产为该子公司的长期股权投资，其现金流也完全是从该子公司分得的股利。如果这个简化了的企业集团要向银行筹资或发行债券，由母公司贷款或发行债券和由子公司贷款或发行债券对整个集团的影响有什么不同？（这里有两个条件：①筹资为生产经营所需，并不打算改变投资结构；②筹资为无担保型的。）

分析如下：

(1) 无论由母公司还是由子公司贷款或发行债券，其最终真正的资金使用方都是子公司。

(2) 无论由母公司还是由子公司贷款或发行债券，其最终真正的还款来源也都是子公司。

假如由子公司贷款或发行债券，银行（或债券持有人）作为债权人的地位和子公司原先的债权人的地位是相同的。这样的结果是，如果该子公司经营不善而破产，银行债权人（或债券持有人）与子公司的另一个债权人的清偿顺序相同，按债权比例获得清偿。

假如由母公司进行贷款，由于母公司本身没有业务，其还款来源完全是子公司，如果该子公司经营不善而破产，母公司也将进行清算。母公司作为所有者，其清偿顺序在子公司的债权人之后，母公司只拥有子公司在清算后可能剩下的财产。因此，在这里母公司的债权人其实从属于子公司的债权人，由母公司进行贷款或发行债券使债权人银行（债券持有人）的风险更大，其所要求的利息率也会更高。

这里还有一种情况，如果由于母公司不能按时清偿到期债务被其他债权人申请破产，银行或债券持有人将与其他债权人一起按比例获得母公司的唯一财产——子公司股权，银行或债券持有人的地位由母公司的债权人变成了子公司的投资人，但是如果子公司破产，其清偿顺序在子公司原先的债权人之后。

2. 一般模型

以上理想的模型在现实生活中当然是不存在的。将这一模型的假设条件放宽，我们分析如下：

(1) 母公司有两家或两家以上子公司。假设A公司为母公司，控股B公司和C公司，其中B公司经营状况良好，资金充裕；C公司经营状况较差，并有筹资需求。在这种情况下，A公司和B公司的信用等级较C公司要高，因此集团应该由母公司或经营状况较好的子公司向银行申请贷款或发行债券，然后通过各种方式（如应收款项、商业信用、投资等）向经营较差的子公司提供资金。

(2) 母公司自身也有经济业务。我国《公司法》规定，公司向其他有限责任公司、股份有限公司投资的，除国务院规定的投资公司和控股公司外，所累计投资额不得超过公司净资产的50%。因此，大部分企业集团并不是纯粹控股型，而是由处于生产和经营主导地位的集团公司为核心。在这种情况下，母公司申请贷款或发行债券更容易为银行所接受。当然，也不乏由实力雄厚的子公司贷款或发行债券的情况。

(3) 向银行申请的贷款或者发行的债券有担保(这里指广义的担保,包括保证、抵押、质押等)。从信用等级来看,国际上通行的做法是子公司的信用等级不可能超过母公司,因为母公司还可以将其所拥有的对其他子公司的权益和自身的资产作为担保。因此,子公司为母公司担保的可能性较小(实际上子公司用作偿债来源的资产都已经反映在母公司的资产负债表里了)。但是,当出现接近前述理想模型的情况时,母公司的优质资产都已经注入子公司内,可能出现子公司为母公司担保的情况,并且银行也会接受,因为在子公司破产的情况下,可以预期违约(预先行使追索权)为由参加子公司的清偿,提升了原先债权的优先级别。企业集团可利用的另外一种担保方式是,由实力雄厚的一家子公司为另一家子公司担保,银行通常也乐于接受这种方式。

正如一位财务学家所述,有担保的债券不合常理——实力雄厚的发行者不需要某种保证来推销其债券,而若发行者实力有限,即使增加承诺也不会让它更保险,因为在这种情况下,这种设计安排传递出的是财务风险的信号,而非财务安全的信号。在这里,它显然是以控股性质的企业集团为背景的。

实际上,企业集团向银行借款和发行债券时,情况是多变的。银行可能没有对集团贷款的特殊性进行如此完全的考虑,而直接按贷款企业的情况、抵押担保物的价值考虑信贷;银行的考虑可能还包括了资金使用效益、银企合作关系等更广的范围,并对贷款用途加以种种限制。债券购买者也是一样。这就需要企业集团在选择筹资方式和渠道时综合考虑。

6.1.4 分拆上市

1. 分拆上市的概念界定

分拆上市是指一家公司(母公司)以所控制权益的一部分注册成立一个独立子公司,再将该子公司在本地或境外资本市场上市。广义的分拆上市包括已经上市公司或者尚未上市的企业集团将部分业务从母公司独立出来单独上市;狭义的分拆指的是已上市公司将其部分业务或者是某个子公司独立出来,另行招股上市。本书主要讨论狭义的分拆上市。

分拆上市是公司所有权重组的一种形式,既不同于资产剥离,也不同于公司分立。

资产剥离,通常是母公司把一部分资产出售给其他企业,并丧失对这部分资产的所有权和控制权,资产剥离并不能形成有股权联系的两家公司。

公司分立是指一家母公司通过将其在子公司中所拥有的股份按比例分配给现有母公司的股东,从而在法律上和组织上将子公司的经营从母公司的经营中分离出去,这时便有两家独立的(最初的)、股份比例相同的公司存在,而在此之前只有一家公司。在公司分立时,分立公司的股票不向原股东之外的投资者出售。此时,不存在股权变动和筹集资本问题。

2. 分拆上市对企业集团融资的影响

分拆上市对企业集团融资的影响可以从母公司和子公司两个角度进行分析。

第一,从母公司角度看,通过分拆出让股权可以获得大量的 IPO 现金。改善母公司的资产流动性是分拆上市的一个重要动因。研究结果表明,分拆前母公司的现金流量越紧张,其分拆出让的子公司股权比例就越高。对于已经上市的公司,业绩欠佳将失去配股资格,从而丧失或降低二级市场再融资的能力,这类公司可以采取将子公司分拆上市的方式,达到开辟新的融资渠道的目的。海王生物(000078)2002 年、2003 年年末净资产收益率平均只有 2.5%左右,基本丧失 A 股配股资格。在这种情况下,上市公司开始计划将其部分优质资产到境外实施分拆上市。2004年11月17日，海王生物发布公告称，公司将控股子公司海王英特龙生物技术股份有限公司从公司中分拆，到香港联交所创业板上市，该议案在临时股东大会获全票通过。海王生物在公告中明确宣称，其分拆目的是“提高公司资产的增值能力，拓展融资渠道，形成有效经营激励机制和资本优势，分散经营风险”。

同时，将子公司分拆上市还会显著地提升母公司短期业绩。例如，一家A股上市公司成功地将一家高科技子公司分拆上市，原始投资额为3 000万元，分拆上市的首日交易平均价为15元，假设母公司当日全部套现，可获得投资收益4.2亿元，母公司业绩将出现激增，这将使母公司更容易获得潜在的配股和增发机会。

第二，从分拆子公司的角度看，分拆上市为子公司打开了从资本市场直接融资的渠道，从而更好地满足其项目投资需求。分拆出去的子公司可以从外部筹集资本，资本来源将不再仅仅限于母公司这一渠道，即不再完全依赖母公司其他业务的收益所产生的现金流的唯一支持。

3. 分拆上市时应该注意的问题

分拆上市并非一“拆”就灵。只有当一家上市公司市值达到一定规模，业务基础扎实，且具有一流的管理水平时，分拆上市才是一种明智的选择。如果企业不充分认识这一点，最终可能适得其反。广东粤海企业集团的兴衰就是一个深刻教训。该集团先后通过分拆旗下的制革、啤酒等业务上市，一度成为拥有数家上市公司的中资“旗舰”，但由于管理、决策及业务发展方面的失误，最后债台高筑，只有走向重整。

以下几点建议在分拆上市时需要重点关注：

(1) 不可视分拆上市为“圈钱”工具。上市公司固然可以通过分拆以股权为纽带达到以少量资产控制大量资产的目的，但这一方式对债务同样具有放大效应，即使母公司的名义负债很低，如果分拆出去的子公司负债较高，母公司的实际债务也可能放大到惊人的地步。如果公司只希望通过分拆上市一味“圈钱”，而不注重负债的控制和分拆上市后的经营发展，最终可能作茧自缚。

(2) 分拆业务的市盈率不可低于母公司。除基于剥离或逐步退出非核心业务战略考虑之外，分拆上市的一个重要前提就是确保在可预见的一段时期内分拆业务的市盈率高于母公司。如果低于母公司的市盈率，分拆上市不仅无法获得特殊收益，而且势必成为亏本买卖，20世纪90年代中期，长江实业分拆长江基建时，地产股市盈率大致在10～14倍，而长江实业旗下发展中国业务的长江基建分拆上市后的市盈率则达到20多倍。这样，分拆就为股东及公司带来了丰厚的特殊收益。

(3) 不可动摇母公司的独立上市地位。对母公司而言，分拆上市在本质上属于资产收缩范畴，势必会影响母公司的业绩，对于原本业绩一般的公司来说，分拆优质资产后对母公司业绩的影响会更大。为了加强对母公司中小股东利益的保护，中国证监会在2004年12月发布的《关于加强社会公众股股东权益保护的若干规定》明确要求，在股权分置情形下，对上市公司有重大影响的附属企业到境外上市，需要经过参加表决的社会公众股股东所持有表决权的半数以上通过方可以实施或提出申请。

例如，同仁堂在分拆同仁堂科技时以其雄厚的自身实力将优良资产注入了同仁堂科技，赋予了同仁堂科技充分的发展潜力；同时因为同仁堂股份有限公司拥有800多个产品种类，注入同仁堂科技公司的只是其中的一小部分，所以也为自己保留了足够的获利产品。

(4) 不可忽视母公司与子公司现金流量的平衡。从分拆上市的实践来看，“母贫子贵”或“母贵子贫”等母公司与子公司现金流量不平衡的情况十分普遍。一部分公司视分拆为“圈钱”工具，使分拆子公司得不到正常发展。而另一部分公司分拆处于发展期的业务单位后，母公司为避免控制权易手而被迫不断投入大量现金和资产，结果导致“母贫子贵”。

许多中资企业在海外分拆上市的实践中都或多或少受到这些问题的困扰，个别企业甚至陷入现金流量不平衡的泥潭中无法自拔。因此，上市公司分拆资产上市时，应注意确保母公司与子公司现金流量的平衡。

(5) 不可忽视股权稀释带来的外来威胁。分拆上市几乎不可避免会造成一定程度的股权稀释，这些本来可由母公司完全控制的业务单位在分拆成为公众公司后将导致控制权的分散，从而使其被收购的可能性大为增加。如果公司分拆这些业务单位不是基于退出投资的考虑，而是视其为公司未来赖以发展的基石，那就应当为避免被收购早做准备。

(6) 不可沿用旧的管理模式和经营机制。分拆上市作为一种金融创新，也需要有相应的管理创新与之配合。分拆上市使公司的股权结构和组织结构更复杂，再加上新的合作伙伴的加入，往往会对企业的管理效率、管理水平和经营机制提出更高的要求，尤其是当国内上市公司分拆业务到海外上市时，往往还存在与国际规范接轨的问题。如果企业不及时作出调整，切实进行管理创新和经营机制转换，最终将由于管理和机制失效而导致分拆失败。

6.2 企业集团投资管理

6.2.1 企业集团投资决策的特征

1. 集团投资战略注重多元化与归核化的统一

企业集团决策者在制定投资决策时，投资决策指标或者利润等财务指标不再是唯一的决策准则，他们在决策时不仅要考虑股东、顾客、员工等因素，还要考虑保护自然资源、遵守国家的法律法规和遵循社会道德准则等，使得企业集团的投资决策活动准则不再是单一的，而是多元化标准。在此过程中，不应忽视众多投资决策的归一性，即核心性。这是因为，即使投资目标表现为多种多样，但最终目标仍应该是企业集团的总目标——核心竞争力的形成和企业集团的整体价值的提高。

2. 集团投资战略决策比单体企业更强调决策的战略性

企业集团的战略导向是企业集团投资的基础，一般企业的长期投资具有战略性特征，它要求企业投资时考虑企业的长远利益和发展方向，但是企业集团投资的战略性要比一般企业投资的战略性高一个层次。也就是说，企业集团内各个成员企业的战略要服从于整个企业集团的发展战略要求。另外，企业集团的投资战略分析是站在整个集团的战略发展上对投资的考虑，而不仅仅是某一个企业的战略问题。因此，企业集团投资的战略性分析较单一企业的投资战略性分析更加复杂和全面。

3. 集团投资战略决策具有系统性

企业集团投资作为一个系统，具有系统的投资特性，即集合性、相关性、阶层性、整体性、目的性和环境适应性。企业集团投资系统由各个投资要素组成一个集合，这些投资要素之间相互作用、相互联系并存在着复杂的特定关系，如企业集团对各个产业的投资量与各个产业的生产能力之间、各产业生产能力与产量之间都有一定的关系。而且，作为企业集团来讲由众多的事业部或子(分)公司等成员单位组成，形成一系列的企业集团投资系统的子系统，呈现为一元中心(集团公司)下的多层级(各子公司和分公司)复合结构特征，并由此生成了一定的投资决策权、投资主体等相对复杂的层次结构；但是，整个系统的整体性决定了系统内的各个事业部或子公司等成员单位，各种产业之间的联系与作用都不能离开企业集团投资的整体性去考虑。因此，整个企业集团投资都应以集团的整体利益为出发点，各个成员单位和产业都必须以整个企业集团的利益为最高利益，这样才能使企业集团投资系统成为一个完善的系统，以实现企业集团投资系统的目标，形成企业集团在整个国家、区域、行业中的竞争优势，从而增强企业集团的竞争力。

企业集团的投资不仅仅是针对某个具体的投资项目，而是对整个企业集团的投资安排，它并不特别关注能否满足某些项目的特殊要求，而是将注意力集中在如何通过投资实现组建和管理企业集团的宗旨。借助企业集团的投资行为，在资源配置上达到整个企业集团各种资源的整合性，包括资产资源、人力资源、技术资源、财务资源、信息资源的聚集优势，通过各种资源优势的整合而形成企业集团整体的竞争优势，真正实现多个法人联合体的整合效应，这种资源整合的复杂程度、涉及范围和操作难度都是一般企业所无法比拟的。

6.2.2 企业集团投资管理的重点

1. 以投资带动企业集团发展

企业集团的投资可分为集团内的生产性投资和集团发展的战略性投资两种，前者是单体企业或中小型投资考虑的重点，后者在企业集团中的重要性则大大增强。企业集团投资方向的选择为开辟新的经营领域或扩大现有的生产能力。与单体企业相比，在开辟新经营领域时，由于企业集团资金、技术的实力雄厚，因而可以考虑的投资范围更为广阔；在单体企业或中小型企业选择扩大现有生产能力时，企业集团可能生产已经达到一定的规模效应，因而将投资放在为现有生产能力服务的其他项目中，如投资于与原先产品生产相关的原料供应或成品销售领域。这就是企业集团发展多元化与专业化财务战略的问题。在战略性投资当中，企业集团核心企业对内投资，即向其他企业成员投资，是增强企业集团凝聚力的有力手段；核心企业对外投资，即进行企业兼并和收购，是企业集团发展扩张的重要手段。事实上，企业集团主要通过联合与兼并形成，很少有自我发展积累形成，所以投资在集团中的战略地位更体现在对集团成长的作用上。

2. 从母子公司角度分别评价投资项目

在大型企业集团尤其是跨国企业集团中，投资决策首先面临的一个问题是评价主体问题，也就是以国外的子公司或者投资项目本身为主体进行评价，还是以母公司为主体进行评价。评价的主体不一样，评价的结果就可能不一样。这是因为：①许可证费、专利权使用费等，对母公司来说是收益，但对投资项目的子公司来说是费用；②进行投资的子公司与集团母公司考虑的范围不一样，母公司要从企业集团全局对投资项目进行评价；③母子公司所在地的税率可能不一样；④如果是跨国投资，则要考虑到外汇价值也在不断变化、各国的通货膨胀率不完全一样、投资项目所在国的政府往往都会对税后利润汇回母公司进行限制，以及各国税率也会存在差异等。

关于如何确定投资项目的评价主体，理论界和实务界都存在不同观点。从理论上来看，主要有以下三种观点：第一种认为应以母公司为评价主体。这种观点认为，对投资的报酬和风险的考虑，归根结底是为了母公司股东的利益。因为母公司的现金流量最终是为了支付股利以及为实现集团目标的其他用途提供基础。第二种认为应以子公司或者投资项目本身为评价主体。这种观点认为，母公司的投资者越来越分散化，投资目标应该比以前更多地反映这一点。许多国际性的企业集团都制定了长期而非短期的投资目标，子公司创造的利润趋向用于本地投资，而不是汇回母公司。基于这种考虑，从子公司或投资项目本身的角度来进行评价也是适当的。强调当地项目的报酬也符合使整个集团合并的收益最大的目标。第三种认为应分别以子公司为主体和以母公司为主体进行评价。这种观点认为，企业集团财务管理的目标是多元的、复杂的，这取决于构成公司和公司环境的投资集团和非投资集团的不同意愿。在母公司所在地以外的地区或国家投资的情况下，当地政府是其中的集团之一。为了保证企业集团的整体利益和子公司的利益，应从两个方面进行评价：一是以子公司为评价主体；二是以母公司为评价主体。

3. 结合具体情况选择投资评价标准

由于企业集团是多元法人结构，并且具有多层次的组织结构，具有法人资格的集团成员在集团中的地位和作用各不相同，集团内部利益的矛盾比单体企业内部利益的矛盾要复杂得多。这些矛盾反映到集团的投资上，使无论是成员企业自身采用的投资评价标准还是集团母公司用于评价子公司投资业绩的标准，都不可能完全统一。在某些领域，为了保证企业集团的总体利益，集团总部要确定统一的投资评价标准；在另一些领域，集团总部可根据事业部和分公司所处的行业性质等来决定不同的投资评价标准。

例如，当使用一个固定的投资报酬率作为企业集团子公司的投资报酬率标准时，如果某个投资项目的投资报酬率高于这个子公司内设的投资报酬率而低于整个企业集团的投资报酬率，或低于这个子公司的投资报酬率而高于整个企业集团的投资报酬率，都容易导致该子公司只顾自身利益而忽视集团的整体利益。在前一种情况下，该子公司可能会投资该项目以提高自身的投资报酬率，但却降低了整个集团的投资报酬率；反之子公司可能放弃这个可以使集团整体投资报酬率提高的项目。在这种情况下，只有引入其他投资指标，如剩余收益，才能保证集团利益的整体性。

4. 从集团全局的角度为投资项目进行功能定位

与单体企业相比，企业集团为投资的配套条件和实施的可能性拓宽了空间。而同一个项目，在企业集团中可能会有不同的功能定位。在不同的功能要求下，同一项目建设的内容和要求是不一样的，如投资建造一个工厂，其产品是对外销售还是对集团内部销售，对投资方式、选址、设备选择等方面的影响都会有很大差异。子公司投资时确立的功能定位，可能与母公司的规划不一致，这是集团成员在投资时比单体企业更要深入考虑的问题，当发生矛盾时，必须从集团全局的角度为投资项目进行功能定位。

6.2.3 集团投资的现金流量计算

1. 关于初始现金流量

一个投资项目的初始投资额，通常是按投资在厂房、机器设备等项目上花费的实际支出加需要垫支的营运资金来确定，国内投资项目和国际投资项目都是如此。但对国际投资项目而言，在确定初始现金流量时，有时会遇到一些特殊问题。比如，A国X公司准备在B国建一投资项目Y，需投资100万元，但X公司原在B国有50万元的资金被冻结，不能换成自由外汇汇回母公司，现在因为投资于Y项目，使被冻结的资金可以利用，则这50万元应作为原始投资额的减项予以扣除，这样会使现金流出量减少。

2. 关于营业现金流量

在确定国外投资项目的营业现金流量时，要充分考虑东道国的政治、经济政策对企业营业现金流量的影响。比如，在东道国放松银根、通货膨胀率将要上升的情况下，就要充分考虑可能产生的通货膨胀对现金流量的影响。

3. 关于终结现金流量

从理论上讲，国外投资项目都会有一定的终结现金流量。确定终结现金流量的方法主要有两个：

(1) 清算价值法。主要适用于投资项目的寿命终了，不能再继续营业的项目。把有关的固定资产进行清理变卖，垫支的营运资金收回，就能确定终结现金流量。

(2) 收益现值法。主要适用于经营期限终了，但项目还能继续使用的投资项目。在采用这种方法时，应据尚可使用的年限、每年产生的净现金流量和适当的贴现率，把投资项目继续使用的收益转化为项目终了时的现值，以此现值作为终结现金流量。但在国际投资中，有的投资项目所在国的政策可能规定，投资项目经过一定年限后，即转为所在国所有，如果这样，项目的终结现金流量则为零。

4. 关于汇回母公司的现金流量

如果以母公司作为评价主体，所采用的现金流量必须是汇回母公司的现金流量。关于汇回母公司的现金流量，有如下一些问题需要说明：

(1) 投资项目现金流量中“可汇回额”的确定问题。国际投资项目在生产经营中形成的“净现金流量”，能否全部成为母公司的现金流量，要看投资项目所在国政府有无限制性条款。有些国家对汇回母公司的现金流量有各种限制，在这种情况下，国际投资项目产生的现金流量就不能全部视为母公司的现金流量，只能按可汇回的数额进行计算。

(2) 现金流量换算中的汇率选择问题。投资项目的现金流量是不断产生的，一般来说也是不断汇回母公司的。国际投资项目产生的现金流量按投资项目所在国的货币计量，汇回母公司时，必须按照母公司所在国的货币计量，就会有汇率进行折算的问题。一般而言，都选用汇回现金流量时的汇率进行折算。

(3) 关于纳税调整问题。一般而言，国际投资项目汇回的现金流量中，有一部分已经纳税，为了避免企业出现双重纳税的情况，一般在国外已纳税的现金流量汇回母公司后，都可享受一定的纳税减免，同时，即使在一国内部，不同地区的税率也是有差异的，如在经济特区或者高新技术开发区建立的子公司，享受的优惠税率往往与母公司的税率不一致。在确定母公司现金流量时，必须考虑这一问题。

(4) 关于母公司原出口调整问题。如果母公司在某国进行投资之前，对该国有一定的出口，可以赚取一定的利润，在该国设立新的投资项目后，原来母公司的出口就为新项目所取代。在这种情况下，要以投资项目汇回的现金流量扣除因丧失出口而减少的利润额后的净额作为母公司的现金流入。

6.2.4 企业集团投资多元化

1. 多元化经营概述

投资多元化也称为多元化经营，是指一个企业在两个或更多的行业从事经营活动，主要是同时向不同的行业市场提供产品或服务。按照多元化程度的差异，可以把实行多元化经营的企业分为四种类型：①单项业务型，是指企业一项产品销售收入占企业销售收入总额的95%以上。这种战略的风险性是显而易见的，目前世界上的大中型企业大多数已不采用这种战略，但相当数量的中小企业由于条件所限，仍然采用这种战略。②主导产品型，是指企业一项产品的销售收入占其销售收入总额的70%～95%，即企业集中大部分力量生产一种主导产品，同时生产一部分其他产品，在有限的市场上集中精力竞争。这大多数企业采取的战略。③相关联多元化型，是指多元化扩展到相关的领域，没有一个单项产品能占销售总额的70%。④无关联多元化型，是指企业进入与原来业务无关的领域。前两种战略其实不是多元化经营，充其量只是有多元化的一小部分业务。后两种战略都是多元化战略，即企业生产多种产品，进入多个市场竞争，这是目前大多数大型企业在发展过程中由于种种原因而开始实行的战略，也是企业集团发展的战略重点之一。

【例 6-4】　　国际电话电报公司

美国参议员布莱尔在一次参议院听证会上谈到国际电话电报公司的消费品生产和劳务的多元化时提到，“每个家庭都可以从国际电话电报公司获取所有的日用消费品，可以买到房屋，进行房屋保险，出外旅游可以住到该公司开的旅馆，乘坐它出租的汽车，吃到它生产的面包，看到它制造的彩色电视，可以从该公司生产的自动售货机里买到香烟和咖啡，还可以从该公司的金融机构取得贷款。”经济发达国家大型企业集团的多元化经营状况可见一斑。

2. 企业集团多元化经营的动机和内外影响因素

1）进攻型动机促成的多元化经营

在某一领域获得成功的企业，受到社会的广泛关注，会有很多其他领域的机会送到它们面前，同时，企业自己也往往认为运用相同的模式可以在其他领域同样取得成功。在多元化竞争战略中失败的企业往往是在资源配置能力较低、核心竞争力还未形成的情况下就仓促进入多元化经营阶段。

2）防御型动机促成的多元化经营

一般认为多元化经营可以分散经营风险，这成为多元化经营的一个主要动机。但是，这一看似常识性的看法在一些研究中被证明是不成立的——这些研究表明多元化经营与风险的降低没有直接关系。把鸡蛋放在多个篮子里造成的安全感所引起的心理疏忽，照样会使鸡蛋全部被打破，有时还不如全部放在一只篮子里再全力以赴看护篮子的效果好。

3）影响因素

以上两大类动机的产生，是企业集团内外部影响因素发生作用的结果。

第一，外部环境的影响，主要包括四个方面：①市场需求饱和。这时，再投资生产或扩大产量，必然导致供给过剩，产品积压，价格下降。尤其是在现代信息社会和科技高度发达的条件下，任何社会需求的信息都会造成一批企业或生产线上马，达到供求平衡的时间差越来越短。另外，产品都有寿命周期，现代科技的飞速发展使得这一周期越来越短。当企业利润开始下降甚至亏本时，就不得不转向新的市场领域，形成多元之势。②成本提高或销售价格降低到难以承受的程度。在这种情况下，产品市场并未饱和，但竞争过于激烈，庞大的广告费用支出以及愈演愈烈的降价促销风潮迫使企业开发新的产品或者寻求新的竞争相对缓和的领域。③政府的反垄断措施，遏制了大企业在某一领域的大规模发展，使其不得不进行多元化经营。④社会需求的多样化，是现代生活水准提高的标志，优秀的企业善于迎合这一趋势，主动开发相关的市场，引导需求的形成。

第二，内部条件的影响，也有四个方面：①企业潜在的剩余资源需要发挥。假如其他条件不变，则投资收益率、研究开发费用对销售额的比率以及广告宣传费用对销售额的比率越高，企业越能积极从事多元化经营。②管理者力图分散企业的经营风险。③在某些情况下，企业业绩与原先的战略目标有较大的差距，也是迫使企业进行多元化经营的原因之一。④企业集团在技术、资金、科研方面的联合作用和集团成员的独立法人地位，以及疏密有致的多层次组织结构，也使多元化易于实现。企业实行多元化而形成企业集团与企业集团自身实行多元化战略是统一的。

3. 多元化战略的一般分类

按照多元化与企业集团原有的技术与市场的关系，可以把多元化战略分为四类。

(1) 技术相关型。即某一主导产品销售额低于企业销售总额的70%，但其技术上相关的产品群的销售额大于企业销售总额的70%，虽然这些产品群的用途是各不相同的。例如，日本川崎重工业公司以造船和飞机制造技术为中心，把船舶、车辆、飞机、机械、钢铁、发动机联系起来；日本中央玻璃公司以化工技术把玻璃化学产品和化肥联系起来。

(2) 市场相关型。即某一主导产品销售额低于企业销售总额的70%，但其市场上相关的产品群的销售额大于企业销售总额的70%。如同时生产胶片、摄像机、影印机的企业集团；同时生产牙刷牙膏、清洁剂、化妆品的企业集团等。

(3) 市场技术相关型。即某一主导产品销售额低于企业销售总额的70%，但其技术和市场上相关的产品群的销售额大于企业销售总额的70%。日本的松下、索尼等许多大型的企业集团实行的都是这一战略。

(4) 非相关型。即无关联多元化。例如，美国的杜邦公司除了经营化学工业产品外，还经营制药、食品、化妆品、纺织、冶金、电子、运输、饭店等行业。

从战略的角度看，市场、技术与多元化的关系如图6-1所示。

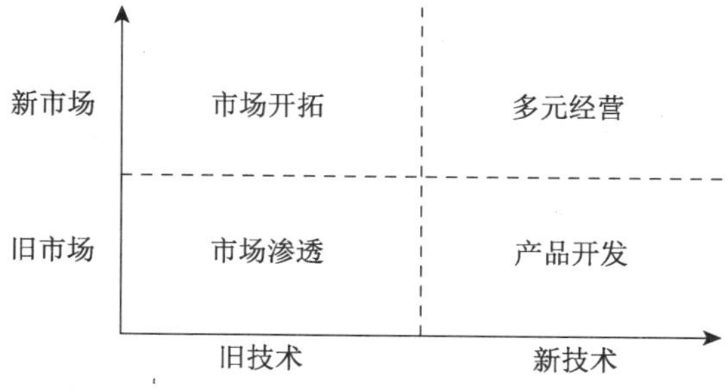

图6-1 市场、技术与多元化的关系图

特别提示6-2

企业多元化投资战略的分类方法有很多，还有一种比较主流的分类方法为：

(1) 同心多角化战略，也称为集中多角化战略或同心多样化战略。是指增加与企业现有产品或服务相类似的新产品或服务。当考虑实施集中多角化战略时，新增加的产品或服务必须位于企业现有的专门技能和技术经验、产品系列、分销渠道或者顾客基础之内。比如，杜邦公司，经营炸药、染料、抛光机具、色素、重化工产品、塑料、杀虫剂、其他农业化学产品、制冷剂、轻武器、摄影胶片、特种合成橡胶、磁带、照相器材、防冻剂以及各种新型塑料，成功实行集中多角化战略。

(2) 纵向一体化，也称为垂直多元化经营战略。它又分为前向一体化经营战略和后向一体化经营战略。前向一体化经营战略是指组织的业务向消费它的产品或服务的行业扩展，即原料工业向加工工业发展，制造工业向流通领域发展。而后向一体化战略是指企业向为它目前的产品提供原料的产品行业扩展，即加工工业向原料工业或零部件、元器件工业扩展。

(3) 复合多元化战略，也称混合式多元化经营战略，其是指企业向与原产品、技术、市场无关的经营范围拓展。

4. 多元化经营风险与障碍

虽然随着企业和企业集团的规模越来越大，多元化经营似乎是必然的趋势，但在国内外众多因施行了错误的多元化战略而倒闭的大企业、大企业集团的影响下，多元化经营的风险也越来越引起人们的关注。多元化经营的风险与障碍主要有以下几个方面：

(1) 资源配置过于分散。如前所述，任何一个企业或企业集团的资源都是有限的，经营资源的剩余是发展多元化的条件。多元化发展必然导致将有限的资源分散于每一个发展的产业领域。进入陌生的产业领域恰恰需要超常的运作费用(企业内部新的学习和磨合费用、投资于顾客认知的费用和使顾客偏好转向本企业产品的费用等)。资源的不足可能会使企业所发展的多元领域得不到足够的支持，甚至无法维持在某一产业领域的最低投资规模要求和最低维持竞争要求，结果在与相应的一元化经营的竞争对手较量中失去优势。从这种意义上来说，多元化经营不仅没能规避风险，反而加大了企业经营的风险。

(2) 产业选择误导。采用多元化战略的企业往往是受到某投资领域收益率比较高的诱惑而进入该领域的。实际上，选择投资领域更多的要考虑自身的实力与优势，看本企业能否在这一领域形成自己的核心能力。

以上两个风险集中表现在盲目和过分多元化上。多元化经营的企业必须具备三个条件：资金、技术和管理，三者缺一不可。而失败的企业均是在这三个条件不具备或不完全具备的情况下走上了多元化扩张之路，将原来健康的产业拖垮。

【例 6-5】

巨人集团电脑及软件业发展良好，但 1993 年集团总裁史玉柱决定同时涉足两个新的行业——房地产和保健品，以 2 亿元的资金兴建需要投资 12 亿元的巨人大厦，投资 4.8 亿元在黄山兴建旅游工程，投资 5 400万元购买并装修上海巨人集团总部，投资 5 亿元上保健品项目。其结果不但新产业没发展起来，反而使原来的产业病入膏肓。1995 年以服装业起家的湖北幸福集团凭 5 亿元资金上 15 亿元的“三大工程”——一座年产 6 万吨的铝厂、一座 5 万千瓦的火力发电站和一座 2 千伏的变电站。结果 1998 年幸福集团便陷入困境，1999 年宣布停业整顿。

(3) 技术性壁垒和人才性壁垒。现有企业持有的专利和专有技术可以保护其免受新进入者的威胁，即新进入者无法取得或掌握关键技术，这种壁垒多存在于高新技术、医药等产业。同时，企业的技术竞争和管理竞争最终都要落实到人才的竞争上面。然而每个人才都有自己的专长，所以企业在进行多元化经营时，往往资金是现成的，技术和设备是可采购的，却一时找不全所需的人才。没有所投资领域的专业和管理方面人才的支撑，多元化就很可能受阻。

(4) 成本性壁垒和顾客忠诚度壁垒。已存在的企业在原材料、能源、零部件供应商等方面使新加入者处于不利地位。已存在的企业在商标、服务、综合信誉上的前期投入必然产生相当程度的消费者偏好，因而具有超过新进入者的优势。据统计，美国顾客对电池、罐装蔬菜具有品牌忠诚度的用户在30%以下，而对牙膏、蛋黄酱和香烟的品牌忠诚度分别达到了61%、65%和71%。要消除顾客的品牌忠诚度，新进入者必须实施三种战略：细分市场的差异化战略、密集广告的压迫型战略和低价促销的让利型战略。在财务上，第一种战略依赖很高的研发费用和市场调研费用，第二种战略依赖大额投入的广告费，第三种战略则是依赖售价开辟市场，具有很高的边际敏感性。这三种战略常常是混合使用的，可以预见的是，新进入者通常会面临初始阶段的亏损，并要延续段时间。如果不能渡过这段难关，新进入者“血本无归”的可能性极大。

(5) 抵制性壁垒和政策性壁垒。大规模进入某一产业，原有企业会作出强烈反应，它们往往利用在该领域经营的优势发起竞争，有时甚至不惜代价地遏制新加入者。同时，国家法规禁止私人企业进入某些行业，或颁布各种产品标准、污染防治标准等提高进入的难度，地方保护主义政策损害市场统一的情况也时有发生。

5. 多元化战略与经营业绩

在多元化战略与经营业绩的关系中争议最大的是无关联多元化，国外研究表明，无关联多元化使企业集团所有者与高层管理者进入不熟悉的经营领域，决策的延误和失误概率大大增加。在兼并中，无关联的兼并与同行业兼并相比成功率要低，往往是在兼并后又重新剥离资产，出售那些达不到规模经济要求与高质量管理要求的部分(这也促成了新一轮的并购)。韩国学者对韩国1989年49家大集团与20世纪70年代日本的118家大企业和其他国家的100家大企业进行了多元化类型比较后发现，韩国企业集团的非关联型行业占行业总数的57%，而日本是6.8%，美国是19%，英国是6%，德国是18%，法国是10%。可见，欧美国家的企业集团和大公司的发展方向是专业化和相关行业的多元化。1994年韩国商工部根据“新经济政策”，要求各集团确定重点发展的行业和骨干企业名单，弱化非关联多元化，以集中优势提高国际竞争力。当然，实行无关联多元化并不是绝对不行，在企业的主业风险太大、资金充裕、行业前景不佳、准备主业转型或面临重大投资机遇等情况下，无关联多元化不仅要考虑，有时还是必需的。在企业集团纵向一体化的情况下，无关联多元化发生的可能性更大。因为在核心企业涉足原料采购、产品包装、市场营销等领域的纵向一体化中，投资的不相关性本来就很强。

国内外学者对多元化战略与经营业绩作了很多研究。陆梅尔特(Rumel，1974)在其著作《战略、结构与绩效》中指出，实行相关多元化发展战略的企业绩效会优于实施非相关多元化发展战略的企业，其原因是相关多元化带来的业务一体化、范围经济及核心技能的潜在可转移性形成的经济性等相关利益会超过非相关多元化的利益，非相关多元化的利益主要表现在外部资本市场和低破产概率所带来的经济性。格兰特(Grant，1988)等人指出，多元化经营可以帮助上市公司提高抵御外部风险的能力，化解竞争威胁并实现资源共享，同时还能利用内部资本市场优化资源配置，从而突破外部资本市场融资约束的瓶颈，为企业创造更多的价值，因此公司业绩与经营业务的多少呈正向关系。同时，他们还认为，这种关系只是在一定的相关范围内有效，在相关范围之外，随着经营业务越来越多，公司业绩呈下降趋势。福弗(Fauver，2004)的研究则认为，多元化作为一项经营战略和管理方式，本身没有优劣之分，如果上市公司具有成熟的内部条件和外部环境，多元化经营就能成功，否则就会失败。虽然多元化经营下的企业价值一直是学术界和实务界关注的热点，但是现有研究就此并未得出一致的结论。

财务管理方面的分析针对的是多元化经营带来的经营风险、融资便利和税收抵免利益等问题，并研究这些因素对股东利益的最终影响。阿米特和李纳特（Am-it and Livnat，1980）的研究考察了多元化发展战略对企业风险的影响。研究结果表明，尽管实施多元化发展战略的企业具有较低的获利能力，但是高水平的多元化发展战略也存在低风险的特征，即纯财务目的的多元化经营会减少现金流的波动，降低经营风险。伯格和奥弗克（Berger and Ofek，1995）揭示出多元化企业存在过度投资和交叉补贴问题，但是多元化经营带来的税收利益减少了损失。与单一经营企业相比，多元化企业内部的部门盈利能力较低，过度投资倾向更大。王峰娟等(2009)运用基于分部数据的多案例研究方法，研究了中国上市公司多元化对内部资本市场效率的影响。他们的研究发现，多元化程度对内部资本配置效率有直接影响。从专业化到多元化发展的初期，内部资本配置效率会得到提高；超过一定程度后，多元化程度上升会降低内部资本市场效率。

需要指出的是，一个企业的长期发展取决于是否拥有核心竞争力，而核心竞争力的形成需要付出极大的努力和长期的积累。一般来说，企业核心竞争力的形成同企业所从事的经营领域有密切的关系，所以，实行专业化经营将主要精力集中于最熟悉、最具实力的经营领域，是增强企业竞争力的最有效途径。如果一个企业缺乏长期坚持积累和培育核心竞争力的毅力，而被短期的利润所诱惑，盲目从事多元化经营，失败的可能性非常大。当然，专业化并不排斥多元化，国内外许多成功的大型企业集团都经历了由成功的专业化起家，然后扩张到多元化发展，最终在多个领域实现专业化的历程。可见，在专业化经营的基础上实行多元化，在多元化的基础上进一步增强专业化，争取在多个领域形成专业化经营的优势，并利用多领域发展的条件降低风险、形成更强的核心竞争力，是企业进行多元化战略的正确选择，也是企业集团成长的正确选择。

6.3 企业集团分配管理

6.3.1 企业集团分配管理的重点

由于企业集团组织结构的复杂性，对企业集团财务分配的研究不得不从单纯的成果分配层次拓宽到利益分配层次，其管理的重点并不是单体企业范围内的企业对所有者、债权人乃至经营者与职工的具体分配，而是一种“反向”的分配，即母公司（或集团核心企业）站在集团成员企业外部，对各事业部和子公司的利益协调。于是，企业集团的分配管理重心也就发生了变化，即分配管理从经营成果的分配问题转化为集团中利益协调与激励机制问题。

此外，企业集团的形成引起了分配关系的相应变化，部分地否定了按生产资料分配经济收益的形式，出现了新的利润分配格局。这主要是由于集团内部不同的所有制成员企业之间实行了资金、人力资源、技术和经营管理的联合。于是，便产生了按资本、生产技术、经营管理等要素投入的状况参与利润分配的新格局，分配的这种变化反过来也会成为企业集团内部所有制结构和组织形式变化的催化剂。所以说，企业集团的收益分配又是对集团股东和成员企业的资本投资、专业协作的评价与报答，是企业集团资金和其他联结纽带的必然延伸。

在这样的管理思想指导下，企业集团的分配内容是集团母公司对集团内部发生的合作和交易事项中，影响各成员最终利益的因素进行的控制和规划，如内部价格的确定、总部管理费用的分摊、子公司利润的“上缴”与母公司盈余的“发放”(其具体方式不同于总公司与分公司的直接上缴与发放)。

企业集团的收益分配，涉及比单体企业更多的利益主体和更复杂的利益关系，因此需要一套由全体集团成员遵照法律、规章和相关协议制定并共同实施的科学系统、公平合理的分配制度。企业集团分配管理的基本原则是，既要平等互利、协调发展，又要打破“大锅饭”，真正起到激励作用。

特别提示6-3

企业通过投资或资金营运活动取得收入并相应实现资金的增值，必须对各种收入依据现行法规及规章作出分配。随着分配的进行，资金或者退出企业，或者留存企业，必然影响企业的资金活动，这不仅表现在资金运动的规模上，而且表现在资金运动的结构上，所以收益分配是一项十分重要的工作。母公司作为企业集团的主体，其利润分配是企业集团利润分配的核心内容。对母公司而言，子公司所得利润要按一定的比例留在母公司，以便满足集团的长远发展需要，同时也要保证子公司和职工的利益得到逐步增长，这是集团凝聚力的动力源泉。

6.3.2 内部转移价格

1. 内部转移价格的概念与形式

内部转移价格又称调拨价格，是指集团内部各成员企业或部门之间，相互提供产品、半成品或劳务等时，由于结算需要而制定的价格标准。

企业集团内部有一个任何单一法人企业都不具备的特殊关系——内部市场。内部市场是一个集团成员企业之间资金、技术、产品等交换和衔接的场所。集团内部的市场，既有协作的关系，可以节约一次又一次搜索交易对象和决定交易条件的费用；又具有外部市场经济主体间的竞争效应。为了将市场竞争机制引入企业集团内部，合理考核企业集团内部生产经营部门的业绩，有必要对企业集团成员企业之间产品和劳务的交易制定内部转移价格。

内部价格主要有下面几种形式：

(1) 以实际成本为基础确定内部转移价格。可以按内部产品的实际生产成本，也可以以此为基础加上一定的利润比例，来确定内部转移价格。这种形式的内部转移价格具有客观性，而且资料容易取得，但主要弊端在于不可避免地会把产品提供方在成本控制上的业绩和不足转移到产品的接收方。这样既不便于业绩考评，也不利于促进集团成员对生产成本的控制。

(2) 以标准成本为基础确定内部转移价格。以标准价格为基础确定内部转移价格，避免下游子公司的采购成本随上游子公司生产效率变动的不科学性，消除了成绩相互共享或不足相互转嫁的可能性，而且具有稳定、使用方便的特点。但这种方法对标准成本制定的科学性要求较高，在此基础上同样可以加上一定的利润比例，以调动产品提供方的积极性。

(3) 以市场价格为基础确定内部转移价格。前述两种形式，都没有考虑产品市场本身的波动。如果还采用了利润加成，加成比例的确定也是一个容易引起产品提供方和接受方利益矛盾的问题。以市场价格为基础确定内部转移价格就比较公允，并且可以促使供方积极加强成本管理，参与市场竞争，以提高生产效率。采用这种形式的内部价格要注意的是：第一，必须有公开有效的产品市场存在，否则无法取得或者无法确定合理的市价；第二，在市价的基础上必须考虑内部产品与外部产品在运输、包装等方面的不同，制定内部转移价格时要消除这些因素的影响。在以分权体制为其组织结构基础的企业集团中，以市价为基础制定内部转移价格也是与其权利配置格局相符的。

以上各种内部转移价格的制定基础都有优缺点，需要根据企业集团具体特点作出选择。

2. 内部转移价格与企业集团的组织层次

制定企业集团内部转移价格应当考虑交易双方在企业集团组织层次中的具体位置。以母子公司体制为主体，企业集团核心层对成员企业分别建立控股、参股、协作关系，形成三个层次，第一层次为企业集团的核心层，之后依次为紧密层、半紧密层和松散层，最终组建成为企业集团。

企业集团的核心层负责整个集团的投资方向、重要人事任免、分配制度制定等重大决策，并对各成员企业实施监督，是集团的决策中心。企业集团整体与核心企业的关系，有两种情况：①集团总部与核心企业关系实际上是资产一体的经济关系，核心企业就是集团的母公司，既行使作为母公司的职能，又行使企业集团的职能。即核心企业（母公司）对内行使管理职能，对外代表企业集团整体。我国企业集团基本上都是在原有核心企业的基础上兴建的，往往是一套机构，两块牌子。②集团总部与核心企业实现资产的分离，集团就是母公司，核心企业是集团的一个子公司，基本上完成了公司的改制，这种情况的集团和核心企业的关系就是母子公司的关系，集团实行资产经营，子公司实行生产经营，二者实际上是股东和企业的关系。

紧密层由集团内的专业子集团或专业总公司构成，是经营主体，一般是集团的利润中心，集团总部对各行业子集团或专业总公司拥有控股关系；专业子集团或总公司下属的企业主要负责生产，以提高产品质量、增加产品品种、降低成本为主要目标，可归为集团的成本中心。企业集团的各层次依照与核心层的资本联结紧密关系和职能分配关系来分管业务、分担风险、分享收益。

企业集团的紧密层与非紧密层和松散层之间的中间产品价格的制定及执行情况，直接影响集团成员企业间的利益分配的合理性，若内部价格高于正常情况，则转出中间产品的成员企业将获得较高的利润，反之则遭受损失或丧失机会收益。在制定内部价格时，如果需要针对产品提供方和接受方在集团内所处地位不同而有所差异，还可以考虑以下三点：

(1) 核心企业对非紧密层企业销售产出产品时，若有市价可以市价为内部转移价格，无市价则以高于或等于企业目标成本的实际成本为基础，用实际成本加成法来制定内部结算价格。

(2) 核心企业对紧密层企业售出产品时，对有市价的产品应以略低于市价的协议价格为内部转移价格，对无市价的产品则以标准成本加成法制定内部价格。

(3) 核心企业从非紧密层和紧密层企业购入产品时，应采用市场价格和不高于市价的协议价格，无市场价格时应以核心企业制定的目标成本为基础，采用标准成本加成法制定内部转移价格。

以上几个方面侧重于对紧密层和非紧密层企业采用不同的计算基础，目的在于给紧密层以适当照顾，鼓励企业生产经营的积极性，增加集团的凝聚力，而且在有控制权的情况下可以在利润分配时再作利益调节。

3. 内部转移价格与企业集团的税收筹划

为减轻税负而设计的内部转移价格可以实现企业集团成员企业之间的利润转移，从而达到降低企业集团整体税负的目的。

企业集团成员企业之间往往通过以下业务制定内部转移价格，影响各成员企业的成本和利润：

（1）通过零部件、产成品的销售价格影响产品成本、利润。

（2）在关联企业之间收取较高或较低的运输费用、保险费、佣金等以转移利润。

（3）通过关联企业之间的固定资产购置价格和使用期限来影响产品成本和利润水平。

（4）通过提供咨询、特许权使用费、贷款的利息费用以及租金等来影响关联公司的产品和利润。

例如，企业集团有一个全资子公司为福利企业，暂免征收企业所得税，则企业集团的其他成员企业可以将产品以较低的价格出售给这个福利企业，让其以较高价格出售获取利润。

企业集团利用内部转移价格进行税收筹划一般有以下优势：

（1）集团内部各纳税企业税率可能存在差异，比如集团有两个全资子公司甲和乙，甲适用高税率，乙适用低税率或在免税期，甲企业销售产品给乙企业时，应低价销售；相反，乙企业销售产品给甲企业时，应当尽量以高价格销售。

（2）企业集团内部各纳税企业盈亏存在差异，比如集团有A，B两个企业，A企业处于高利润期，B企业处于亏损期，则A可以通过内部转移价格向B转移利润，以减少企业集团的整体税负。

值得注意的是，采用内部转移价格转移利润必须有度，税法明确规定，关联企业间的交易应当按照独立企业间的交易进行，否则税务机关将进行调整。因此，采用内部转移价格转移利润应当在商品价格波动的合理范围内进行，并且有充足的理由。

6.3.3 企业集团内部的利益分配方法

如前所述，企业集团分配管理的重心从经营成果的分配问题转化为集团中利益协调与激励机制问题。

从经营成果分配的角度来看，以母子公司体制为基础的股份制企业集团内部，以及企业集团中以股份联合的核心层、紧密层和半紧密层之间，应该按照相应的股份比例对经营成果进行股息形式的分配和红利形式的分成，即母公司按照在子公司股本中的比例享有子公司分配的现金股利和股票股利。这是现代企业集团利润分配的主要发展方向。要注意的是：①中间层级的公司收到的下级子公司的股利正是对子公司投资的回报，属于其经营成果的一部分，相应地要向上一层级的母公司进行分配；②很多情况下子公司的利润都以资本公积、未分配利润等形式留在公司中，作为以后发展的资金来源，但这往往是控股母公司在子公司董事会上的决策。这种情况下母公司仍可将这部分子公司的经营成果视为自己已经获得的投资收益，这与合并会计报表中对控股子公司采用权益法是一致的。

根据企业集团的规模与层次、成员企业的性质和地位，集团内部分配还可以有多种分配方法。

1. 完全内部价格法

完全内部价格法是指完全以内部价格进行集团内部的交易，盈亏自负，不进行各企业间的利润分割，通常适用于集团核心层或紧密层与其他层次间的利益分配，或是在某些特别需要按市场方式交易以激励成员企业降低成本、提高生产效率的领域。一般情况下，这种内部价格直接以市场价格为基础制定。

2. 一次分配法

企业集团以体现平均先进的劳动耗费的标准成本为基础，加上分解的目标利润，确定各成员企业配套零部件的内部协作价格。由于这种内部协作价格中包括了分解的目标利润，因而其利润是在成员企业出售零部件时一次实现的。

3. 二次分配法

首先，企业集团内部各成员企业共同协商确定主要产品的目标成本，并以此为基础分解确定零部件和半成品的目标成本，作为集团内部各成员企业之间的内部转移价格。各成员企业的实际成本与内部结算价格形成的盈亏差额由各成员企业自己承担，由此激励成员企业想方设法提高生产效率，降低生产成本。

其次，以最终产品的销售收入减去产品目标成本的余额或者盈利作为分配基金，然后按一定的标准在各成员企业之间进行二次分配。集团成员通过二次分配来获得集团整体盈利中自身相应的部分。

二次分配的标准是考虑集团成员差异化的关键之处，这一标准可以是：①各成员企业的目标成本占最终产品目标成本的比例；②各成员企业产品目标成本中劳动力成本占最终产品目标成本中劳动力成本的比例；③先按一定利率补偿各成员企业投入的资本（即①中所指的成本），然后按②的标准进行分配等。在集团内部，应根据生产流程、资金占用和人工投入等因素的不同，本着公平和互利的原则确定标准。

二次分配法可以在不同的紧密层与非紧密层企业上灵活使用，将内部转移价格与事后的利润分配较好地结合起来，是企业集团进行企业间利益分配的一种较好的选择。

4. 级差效益分配法

级差效益分配的基础是，将产品生产的技术难度、劳动强度等方面的差别和原材料、劳动力价格方面形成的差异归为级差效益Ⅰ，将经营管理水平、技术更新改造等方面形成的收入差异归为级差效益Ⅱ。

级差效益Ⅰ按内部转移价格进行调整，弥补短期内这些不可以人为改变的因素在集团内部成员企业间产生的收入差距；级差效益Ⅱ形成的利润则全部归各企业所有，激励成员企业改善经营管理，提高生产效率，降低消耗，提高产品质量。

一种较好的选择是，在紧密层企业建立以利润分割为中心，以内部转移价格和承担核心层部分费用为补充的利益分配体系；在非紧密层企业则建立以内部转移价格和承担核心层部分费用为中心，以利润分割为补充的利益分配体系。

以纯粹的控股公司模式运作的资产经营公司可以考虑将下属企业按照股本结构上缴的利润大部分留在下属企业，但这并不是说资产经营公司可以放松对利润分配的调控，在具体操作上仍需把握两点：第一，要行使“审查批准下属企业的利润分配方案”的法定权力；第二，按照利润上缴与以资本效益为核心的激励与约束机制要结合起来，以形成下属企业尽力向资产经营公司缴利的机制。

为加强股利分配中的财务控制,需按照以下程序进行操作:①确认利润分享者。企业的职工作为人力资源的提供者,他们的积极性、创造性、管理才能的发挥对企业的健康发展至关重要,在激烈的竞争环境中,来自人力资源的创新能力尤为重要,他们应当成为利润分享者。这里母子公司之间的利润分配,如果是全资子公司,则子公司的税后利润除公积金外,全部收回母公司,母公司可用再投入的手段留利给子公司。②确定利润分配的金额和方式,公司留利和应付利润应当与公司发展规划相协调,根据母子公司分别作出资金需要规划,并综合考虑市场风险和集团抵御风险的能力,确定税后留存收益水平和应付利润额。集团总部作为子公司的股东,可能为实现集团产业调整、战略调整等目标,将某些子公司的利润全部抽回,注入需要的产业或另一些子公司,增加对它们的投资力度,为其注入活力、动力,鼓励其发展。③对于掌握企业集团命运的重要管理人员,为避免其行为的短期效应,使其收入与企业命运相联系,可以在业绩评级的基础上实行年薪制,或给予股票期权。

6.4 企业集团资本经营

资本经营是指可以独立于生产经营存在的,以价值化、证券化的资本或可以按照价值化、证券化操作的物化资本为基础,通过收购、兼并、分立、剥离、拍卖、改制、上市、托管、清算等手段及其组合,对企业的股权、实物产权或无形资产的知识产权等优化配置来提高资本运营效率、谋求竞争优势的经济行为。

资本经营的核心是资本控制权的问题,即对出资者的控制权或产权的经营,典型的形式就是通过参股、控股等运用较少的资本实现对更大规模、更优资产的控制。资本经营的过程实际上就是一个不断获得或放弃控制权的过程,也就是所控制的资产不断优化的过程,通过这一过程,企业实现资本收益的最大化。

6.4.1 企业集团资本经营的作用

1. 突破规模不经济的临界点

规模经济不是无限地扩大规模。规模经济的基本含义是指在技术水平不变的情况下,X倍的投入产生大于X倍的产出。这种随生产规模的扩大导致的收益递增现象不是无限度的。当生产规模扩大到一定程度,如达到生产能力、管理成本(又可视为企业内部的交易成本)、技术进步的限度时,如果继续扩大生产规模,就会出现收益递减的情况,即从规模经济转化为"规模不经济"。

单体企业在发展到临近规模不经济时,如果要扩张,另建一个企业形成企业集团而不是继续扩大生产规模是一种较好的选择。企业集团不同于大型企业的一个特点,就是突破了单体企业的"结构性约束",在体制上为规模经济开辟了新的道路——当出现单体大企业不能克服的边际收益递减问题时,企业集团却可能靠组织和体制上的变革将其克服。组织管理形式的变动,如实行事业部制等,能够改变信息传递的速度和信息的质量,改善决策的效率和针对性,从而拉长规模经济存在的时间跨度和空间跨度。另外,如前所述,企业集团的边界是模糊和具有动态性的,因此其规模经济的弹性也更大,企业集团的资本经营就是要充分利用集团规模经济的优势,在对外投资和权益融资上产生更好的效益,如再兼并产生新的子公司,或者将母公司某一部分包装上市形成子公司的时候,不但注意该子公司本身的资产状况和资本结构，还要注意该子公司在集团中所处的层次和位置，以最大限度发挥资本的作用。

2. 适应经济、技术发展的新要求

随着科技的发展、知识经济的到来和人们消费观念的进步，建立在大批量生产方式基础上的“粗放型规模经济”将逐渐为满足个性化需求、小批量、多品种甚至顾客定制的“集约型规模经济”所替代。建立在细之又细的彻底专业化分工基础上的规模效益不应该是企业集团的主要追逐目标。企业集团内部企业联合的形式为实施差异化战略与大规模定制战略提供了很好的平台。集团生产、科研、财务资源的共享性和个体成员的相对独立性为产品差异和大规模定制提供了最好的组织体制。

新经济的兴起正在迅速地改变着企业竞争的环境和方式，企业的某一种产品凭借单一或少数几种式样、型号、功能与服务取得持续稳定的利润已经非常困难。大规模定制以及更广泛的定制生产模式正在逐步取代大规模的生产模式，引起众多企业的关注。由于定制生产集成了大规模生产和手工作坊的双重优点，能够为解决客户需求的多重矛盾作出贡献，有望实现客户对产品和服务的低成本、高质量、个性化、快速交货等多方面需求。面向客户的定制需求，企业往往采取联盟来实现客户需求的快速响应，企业集团则天生具有这种联盟的优势。对企业集团内部成员企业的生产经营实行合理的分工和资源配置，可以在实行规模经济、专业化生产与成本领先战略的前提下，以产品差异化打开、维持并不断深入同一种产品的市场，从而使它们在日益细分的市场中占有更大的优势。这对于企业集团资本经营时的对象选择(如在并购、剥离和分拆的时候)，无疑有很强的指导意义。

6.4.2　企业集团资本经营的原则

资本经营可以使企业集团进行快速的资本扩张和资本收缩。但资本经营是把双刃剑，不当的资本经营将使企业集团的效益滑坡加速。企业集团在资本经营时应当把握以下原则。

1. 企业集团资本经营必须与生产经营相结合

由于企业集团是企业的联合体，利用资本经营扩张时必然要求不但要看其速度，还要看其目的性，不是为追求资本经营而置生产经营于不顾、为扩张而扩张。资本经营最终要达到与生产经营相互协调、相互促进的目标。从总体上说，企业集团的扩张目标不外乎生产目标、原材料目标、市场目标等，利用资本经营进行扩张时要注意与这些目标的有效配合。

【例6-6】 山东菱花集团在3年之内兼并8家中型国有企业，一跃成为国家级大型集团。菱花集团利用资本经营进行扩张的目的性非常明显：租赁鄄城味精厂——使生产能力提高一倍；控股静海味精厂——利用这个厂靠近京津唐三大城市，大大降低运输成本，供货时间从原来的十几天缩短到24小时以内；购买济宁第二化肥厂——形成年产15 000吨合成氨的生产能力，缓解了液氨供应不足的矛盾；控股长春味精厂和呼和浩特市糖厂——除占领东北和山西的市场外，长春和内蒙古的玉米价格低，电价、水费、煤价均较菱花集团所在地济宁要低，仅此一项就可使每吨味精的生产成本降低1 200元；控股镇江味精厂——利用镇江地处长江口岸的市场优势，味精既可打入上海，又可沿江而上，占领长江腹地的广大市场。

2. 企业集团资本经营要充分考虑剩余资源

经营资源剩余是企业利用资本经营进行资本扩张的前提，从企业集团成长可利用的资源来看，可以分为内部资源和外部资源。内部资源包括企业现有的生产能力、资金、技术、管理等;外部资源包括银企关系、股票市场、债券市场与其他企业的合同协议等。由于资源的不可分割性,集团总会存在未利用和未完全利用的资源,未利用资源还可分为可用于现有产业的和可用于其他产业的资源,这些都为集团的扩张提供了可能。同时,经营资源剩余也是企业进行规模扩张的约束边界。由于企业集团具有复杂的多个法人主体和多重组织结构,更要求集团在利用并购等资本经营方式实现扩张时,充分了解自身冗余资源。

3. 企业集团资本经营要充分考虑企业联合的特点

企业集团的多企业联合特征使得集团的扩张可以以调整企业数量的形式进行,这是单体企业没有的,也是资本经营的一种主要形式。一般来说,企业集团的核心层与紧密层、半紧密层需要用股份制扩张来形成与约束,对于松散层和一般关联企业,则依靠契约与合同方式扩张,这样形成一个内紧外松、互相配合又相对稳定的企业群体组织。

4. 企业集团资本扩张要考虑核心企业的承受能力

核心企业的规模和资本实力直接制约着企业集团的状况。如果不注重核心企业的能力,盲目利用资本经营进行扩张,就会造成小马拉大车的情况,最终必然导致整个集团瘫痪。

【例 6-7】 马胜利是我国第一个将承包引入国有企业的人。在承包石家庄造纸厂成功之后,他推出了一个在短期内兼并省内外 100 家企业,组建“中国马胜利造纸企业集团”的宏伟计划,3 个月内就兼并了省内外 36 家企业。由于石家庄造纸厂的实力远没有达到能够在如此大的企业集团中起核心企业的作用,再加上要处理被兼并企业的种种难题,弄得马胜利力不从心。最终 36 家企业陷入经营惨淡的困境,马胜利当初的创业地石家庄造纸厂也因资不抵债而申请破产。

5. 企业集团资本经营应当注意资本控制的层次限制

从资本层次体系的角度来说,母公司与各类子公司、孙公司的体系是由母公司对子公司的投资控股和子公司对孙公司的投资控股形成的。在这样一个层次体系中,子公司采用各种方式的投入获得孙公司的股权后,可以通过进入孙公司董事会对孙公司进行控制,但这一层次的控制作为企业集团的母公司而言是间接的,控制力度必然大大减小。依此类推,母公司无法对各孙公司的总体股本结构加以考虑,也无法直接下达指令让孙公司董事会接受母公司要求的资本利润率和负债比例等控制指标。因此,母公司应该对其投资的资本层次进行控制,以避免管理的失控和资本的流失。

母公司对下属子公司发展各自的子公司应当进行限制。从资本控制的角度讲,限制的方式是规定子公司的投资额上限、投资最高比例等。这种限制的出发点是控制子公司过分发展所属孙公司的行为,以免失去有效控制,或者说资本失去约束力。母公司的资本层次控制好了,可以有效地减少管理幅度,提高控制的效率。为了进行资本层次控制,可以将某一层级以下的子公司的股本结构进行调整,使其变为同级或高一级的子公司,如将孙公司以下级别的公司都变为孙公司甚至子公司。国家经贸委发布的研究报告指出,我国相当多的企业集团各业务之间缺乏有机联系,不利于核心竞争力的形成。企业集团内部重组,要把突出主业与抓住市场机会有机结合起来,通过专业化分工和社会化协作,综合运用多种方式加快核心竞争力的形成和发展,要优化组织结构,使集团管理层次控制在三层以内。

6.4.3 企业集团资本经营的内容

企业集团资本经营的内容可以从资本经营的目的,即资本扩张和资本收缩两个方面来阐述。

1. 以资本扩张为目标的资本经营

资本扩张包括并购、股份制改制与上市。

并购是企业实现资本扩张的主要方式，美国经济学家乔治·斯蒂格利茨曾说过，“没有一个美国的大公司不是通过某种程度、某种方式的兼并而成长起来的”。由于并购在前面几章已有详细说明，本节不展开讨论。

股份制改制是将原有企业经过分立、合并等方式，对股权、资产和组织合理划分、重新组合与设置，改组为股份有限公司或有限责任公司。股份制改制是资本经营的重要方式，控股方只要取得了控制权，实际上就取得了对所有参股资本的支配权，从而在事实上以自己的控股资本占有了其他的参股资本，使自己的资本得到了扩张。股份制改制已经成为我国国有企业改革的重要内容。2006 年 12 月，国资委发布《关于推进国有资本调整和国有企业重组的指导意见》，明确指出：加快国有企业的股份制改革，除了涉及国家安全的企业必须由国家垄断经营的企业和专门从事国有资产经营管理的公司外，国有大型企业都要逐步改制成为多元股东的公司。

股份制改制有利于企业增加筹资渠道，有利于改善企业资本结构，降低企业财务风险；同时，股份制改制还有利于减少内部管理层次，优化内部劳动组合，提高运营效率。

国有企业改制上市主要有六种典型模式：①原整体续存改组模式。指将被改组企业的全部资产投入股份有限公司，以之为股本，再增资扩股，发行股票和上市的改组模式。②并列分解改组模式。指将被改组企业专业生产的经营和管理系统与原企业的其他部门分离，并分别以它们为基础成立两个或多个独立的法人，直属于原企业的所有者，再将他们改组为股份有限公司，原企业的法人地位不复存在。③串联分解改组模式。指将被改组企业纵向一分为二，构造出一对母子公司，实践中往往将主要行政管理力量、辅助工厂、社会负担等放在母公司，而以生产主体部分为主构造下边的子公司。④合并整体改组模式。指以投入被改组企业的全部资产并吸收其他权益作为共同发起人而设立股份有限公司，以此为股本，再增资扩股，发行股票和上市的改组模式。这种模式与第一种模式相比，只是在股份有限公司的发起人方面增加了其他权益人。⑤买壳上市改组模式。指非上市企业通过购买上市公司的股权并实现控股后，达到间接上市乃至直接上市的目的。⑥资产注入、资产置换改组模式。资产注入模式是指政府部门、行业协会、集团母公司将其所属的企业的资产或权益注入拟上市公司或已上市公司，使其资产质量、股本水平、收益能力等符合上市要求。资产置换是指两个企业为调整资产结构、突出各自的主营业务，或出于特定的目的而相互置换资产的重组方式。

在上述六种改制上市模式中，第二种和第三种模式一般会涉及复杂的关联交易设计，外部股东的利益往往无法得到保证；相比之下，其他四种模式往往更容易得到市场的认同。

2. 以资本收缩为目标的资本经营

资本收缩是指将所控制的资产转移给可以对其进行更有利管理的所有者，收缩对其原有资产的控制权，并不是资本规模的缩减。资本收缩一般包括资产剥离、公司分立、股权出售、股份回购四种形式。

资本收缩并非企业失败的标志；相反，与企业资本扩张战略一样，它也是一项重要的公司战略选择。一个公司通过剥离或分立不适合于公司长期战略、没有成长潜力或影响公司整体业务发展的子公司、部门或产品生产线可以使自己更集中于某些经营重点，从而更具竞争力，使公司所拥有的资产实现更为有效的配置，提高公司的资产质量和资本的市场价值。

【例6-8】 美国电话电报公司(AT&T)的分拆(分立)行动是上市公司运用收缩战略的典型案例。AT&T是美国第五大企业,也是美国最大的电信企业,按照股票市值计算的资产总值超过1 010亿美元,在全球20多个国家设有分公司。1995年9月,该公司推出了"战略性重组计划",公司自我分解成三家相互独立的全球性公司,公司的业务也作出了相应的调整:现有的AT&T主营长途电话、移动电话及信用卡业务,年营业额达490亿美元;电信设备公司主营电信网络交换机、光纤电缆和公用电话系统等通信设备,年营业额达到200亿美元;环球资讯公司的业务调整方向是停产个人电脑,改为专门负责电脑运算业务,重点是开发金融、零售和通信行业的科技产品。AT&T的分拆行动收到了三重效果:一是达到了公司"消肿"的目的,强化和协调了各部门、子公司之间的协作分工关系,提高了工作效率;二是实现了资产重组;三是有利于适应全球电话业联合作战的趋势,密切了与其他公司的合作。由于投资者对主业突出的上市公司的偏好,公司分拆一般会得到市场的普遍认同。AT&T宣布"一分为三"的消息后,其股价迅速上涨了11%。

6.5 案例分析:长江实业集团贷款风险的规避

6.5.1 案例背景

长江实业集团有限公司(以下简称长江实业)是由李嘉诚控股的集团公司,在香港联交所上市,是香港最具规模的投资控股公司之一。长江实业与其下属控股公司之间的股权结构关系如图6-2所示。

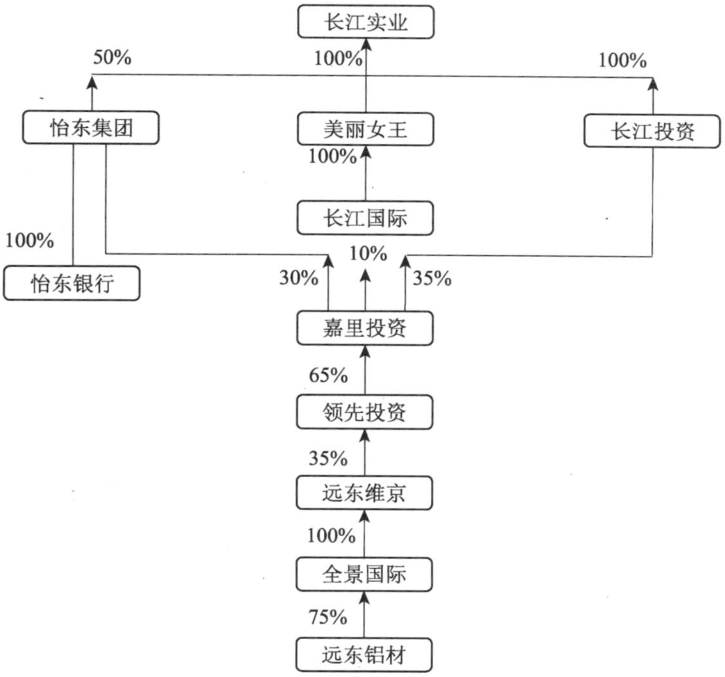

图6-2 长江实业集团的股权关系图

从股权结构分析来看,通过控股怡东银行,以房地产为发展主线的长江实业集团构造形成了产融一体化的金融财团,为集团内部资金的筹集、借贷创造了条件,从而使集团成员企业资金借贷的灵活性显著增强。

1995 年 1 月，长江实业旗下的全景国际有限公司(简称“全景国际”)从由长江实业控股 50%的怡东银行借得 2.8 亿港元，用来收购远东铝材(集团)有限公司(简称“远东铝材”) 75%的股权，共计 225 771 900 股。这笔贷款期限为 1 年，担保条件分为两部分：全景国际以兼并后手中持有的远东铝材的全部股票 225 771 900 股作为质押；全景国际的母公司——远东瓦格那维京群岛有限公司(以下简称“远东维京”)，向怡东银行开立担保文件，为这笔贷款提供全额还款担保。

然而贷款到期时，全景国际卖掉了 4 800 000 股质押的远东铝材股票，并且加入一些现金，只偿还了部分贷款。这样，全景国际手中持有的远东铝材的股票从 75%降至 60.14%，仍有 1.2 亿港元贷款无法如期归还。这期间由于远东维京进行了资产重组，重要的资产已经出售，所以其不足以偿还贷款余额。

6.5.2 长江实业集团贷款风险的规避

1. 贷款风险规避的策略

为了避免违约，长江实业集团需要借助集团的优势，提供融资帮助。集团公司采取的策略就是安排某一子公司履行担保还款义务，要求长江实业对该公司拥有绝对控制权，但同时只持有少数股份。这样不仅可以安排该公司不得不履行担保还款义务，而且通过较低的持股比例又可以降低长江实业的风险。

仔细研究图 6-2，领先投资有限公司(简称领先投资)是一个理想的选择对象。首先，长江实业持有嘉里投资 60%的股份，而嘉里投资又持有领先投资 65%的股权。所以，长江实业只间接拥有领先投资 39%的股份，却拥有 60%的绝对控制权。其次，由于领先投资持有远东维京 35%的股份，所以银行可以要求领先投资为这笔贷款提供全额还款保证。最后，尽管领先投资提供了担保，但其实际的资金是由母公司提供。领先投资的一大股东是长江实业，另一大股东是中航技术进出口总公司(简称中航技术)，这两大公司按照其在领先投资中的股权比例提供担保。这期间由于业务上的变动，长江实业在领先投资中的股份由 39%降为 31.9%，中航技术占有 69.1%的股份。

2. 还款设计

首先，怡东银行将质押在手中的 220 911 900 股远东铝材的股份以 0.23 港元/股的价格(当时质押作价)卖掉，获得现金 5 081 万港元，未清偿的贷款余额为 6 919 万港元。

其次，长江实业和中航技术按其权益比例向领先投资注入 6 919 万港元用来偿还剩余款项。经过这样的财务安排，1.2 亿港元的贷款终于得到了清偿。

最后，计算一下长江实业在这次还款计划中减少的损失：长江实业注入领先投资资金按比例为 2 207.16 万港元。如果不做这种还款安排，长江实业的损失将是 3 459.50 万港元[(1.2 亿－5 081 万)×50%](长江实业持有怡东银行 50%的股份)。在这样的还款安排下，长江实业减少的损失为 1 252.34 万港元。

3. 贷款风险得以规避的条件分析

从以上分析可以看出，当下属公司出现还贷危机时，通过集团内部其他公司互相担保，将部分风险转移至其他股东，可以将损失降至最小。本案例中涉及的交易各方，包括借款人、贷款人和担保人，都在长江实业的集团控制链之内，形成了单一法人企业所无法比拟的资本运营条件，主要体现在以下两方面：

首先，选择关联企业作为贷款担保人。领先投资是长江实业的下属企业，长江实业拥有领先投资的绝对控制权，股权比例却仅为39%。在这种控制权和股权比例下，由领先投资出面担保贷款，长江实业如果按权益比例分配担保金额，那么它所承担的就是一小部分，大部分的担保金额就转嫁给了领先投资的另一大股东中航技术。经过这样的贷款担保，虽然长江实业要向领先投资投入一部分资金，但是由于巨额贷款可以得到清偿，这笔投入是完全值得的。从中航技术的角度来看，因为领先投资是中航技术的一个控股子公司，且中航技术在领先投资中拥有大部分股份，所以它才会为其担保巨额贷款。

其次，较好地控制还款计划。由于长江实业直接拥有怡东银行50%的股权，所以制定和调整还款计划的权力较大。比如对贷款企业到期无法偿还时给予贷款展期，以及有权为贷款企业选择贷款担保人等。在还款计划上，长江实业充分利用了自身对领先投资的绝对控制权和相对较低的股权这一特点，联合中航技术按各自的持股比例向领先投资投入资金，帮助其偿还剩余款项，通过这样的安排，长江实业虽然付出了一定的投资，但是由于巨额贷款得以清偿而从中获得净收益。

6.5.3 案例启示

1. 发挥集团财务管理的整体优势

首先，长江实业调动其成员企业参与还款计划的基础就在于企业集团所具有的财务管理主体特征。作为多法人联合体的企业集团，财务管理主体具有一元中心下的多层级复合结构特征。尽管集团内部的母公司、子公司以及其他成员都是独立的法人，有独立的自主经营权，但是成员企业财务管理的主体地位及其权力行为决不能游离于总部统一的财务战略、财务政策及基本财务制度范畴之外。

其次，长江实业较好地利用了集团内部资金调剂融通的便利，顺利完成还款计划。该案例充分反映出，在总部的统一运筹和成员企业的协同配合下，企业集团整体的资金运动调剂弹性大大增加。

最后，本案例也充分说明企业集团财务管理的目标是集团利益最大化而不是个别公司利益最大化，同时也表明控制权在企业集团资本运营过程中发挥着巨大作用。本案例中，如果仅仅从领先投资的角度来看，为远东维京提供贷担保是有很大风险的，且从整个还款计划过程来看，领先投资也未曾从中获得任何好处，但是为了达到集团损失的最小或者说集团利益的最大，下属子公司往往需要牺牲局部利益，这正是企业集团财务管理的目标所决定的。

2. 企业集团总部设立统一的财务管控机构的重要作用

企业集团财务控制的核心在于资本，而资本控制的实现是通过权限控制、组织控制和人员控制来实现的。资本杠杆作用的发挥是形成企业集团的基础，也是企业集团经营的目的之一。正是凭借充裕的资金后盾，长江实业才得以灵活地进行贷款和还款的协调，这些资金也正是来源于其控股的子公司。集团总部设立统一的财务管控机构，有助于从集团整体利益的角度出发，进行资源的统一配置和协调，实现财务一体化的管理与控制。所以，企业集团要真正成为一个经济利益上的整体，就要有一条能和优势产业发展线依存互动的财务控制线。

3. 产融结合是企业集团未来发展的方向

资金在产业发展中的重要地位使以产业为主的产融结合成为今后集团发展的主流方向。充分利用银行资本和工业资本的相互渗透、相互融合，将产业资本和金融资本结合起来，实现产融一体化，构建金融财务公司。它在行政上隶属于集团公司，但同时，在业务上接受中央银行的指导和协调。财务公司的建立充分发挥了集团资金的调度能力，降低了集团内部的资金成本，同时通过统一管理，有效地控制集团的财务风险。

重 要 概 念

筹资管理　投资管理　分配管理　资本经营　多元化　内部转移价格　分拆上市

本 章 练 习

一、单项选择题

1. 从筹资的角度来讲，企业集团筹资管理的目标应立足于(　　)。

A. 创造财务优势　　B. 预防财务危机

C. 创造规模经济　　D. 增加资金来源

2. 企业就按在初创期强调筹资一体化管理的原因是(　　)。

A. 提高资本的杠杆效应　　B. 从财务上控制集团成员企业

C. 强化企业集团一体化概念　　D. 利用贷款规模优势来降低负债成本

3. 投资政策是企业集团财务战略与财务政策的重要组成部分，不包括(　　)基本内容。

A. 投资领域　　B. 投资行为　　C. 投资方式　　D. 投资质量标准

4. 按财务管理对象划分，不属于财务战略分类的是(　　)。

A. 筹资战略　　B. 资产战略　　C. 投资战略　　D. 分配战略

5. 按照多元化程度的差异，可以把实行多元化经营的企业分为(　　)类型。

A. 技术相关型　　B. 市场相关型

C. 相关联多元化型　　D. 技术市场相关型

二、多项选择题

1. 集团投资的现金流量计算包括(　　)。

A. 初始现金流量　　B. 营业现金流量

C. 终结现金流量　　D. 汇回母公司的现金流量

2. 以下关于企业集团运用内部转移价格进行纳税筹划的说法正确的是(　　)。

A. A,B两个子公司，A适用高税率，B适用低税率，A向B销售时，可以适当降低售价

B. A,B两个子公司，A适用高税率，B适用低税率，B向A销售时，可以适当提高售价

C. A,B两个子公司，A处于高利润期，B处于亏损期，A向B销售时，可以适当降低售价，B向A销售时，可以适当降低售价。

D. A,B两个子公司，A处于高利润期，B处于亏损期，B向A销售时，可以适当降低售价

3. 从利益协调与激励机制角度看，企业集团内部利益分配方法包括(　　)。

A. 完全内部价格法　　B. 一次分配法

C. 二次分配法　　D. 级差效益分配法

4. 企业集团筹资权集中化的优点主要有(　　)。
A. 减少债权人的风险，增大筹资的数额，增加筹资渠道
B. 符合规模经济，可以节约成本
C. 有利于集团掌握各子公司的筹资情况
D. 便于预算的编制
5. 企业集团在资本经营时应当把握以下原则(　　)。
A. 企业集团资本经营必须与生产经营相结合
B. 企业集团资本经营要充分考虑剩余资源
C. 企业集团资本经营要充分考虑企业联合的特点
D. 企业集团资本扩张要考虑核心企业的承受能力

三、判断题

1. 筹资权的集中化等于筹资的集中化，等于所有筹资都通过企业集团或集团母公司来进行。(　　)
2. 企业集团决策者在制定投资决策时，投资决策指标或者利润等财务指标是唯一的决策准则。(　　)
3. 多元化经营的动机可以分为两类，一是进攻型动机促成的多元化经营；二是防御型动机促成的多元化经营。(　　)
4. 资本收缩是企业失败的标志。(　　)

四、简答题

1. 比较分拆上市与公司分立的主要区别？
2. 简述多元化战略的一般分类？

五、案例分析题

同仁堂分拆上市

1. 公司介绍

北京同仁堂是中药行业闻名遐迩的老字号，创建于清康熙八年(公元1669年)，创始人乐显扬。清雍正元年(公元1723年)同仁堂开始供奉御药房用药，享受皇封特权，历经8代皇帝，长达188年。300多年来，同仁堂把“炮制虽繁必不敢省人工，品味虽贵必不敢减物力”作为永久的训规，始终坚持传统的制药特色，其产品以质量优良、疗效显著而闻名海内外。

北京同仁堂(集团)有限公司(以下简称同仁堂)经北京市政府批准成立于1992年8月17日，由原来的国有大型企业同仁堂制药厂改制设立，是一家国有独资公司，其注册资本为18 900万元。

2. 背景介绍

近年来，海外上市是许多企业的梦想和追逐的目标，而对于有300多年历史的中药第一品牌“同仁堂”来说，更有其独特的优势和意义。

在海外许多地区，“同仁堂”就是中药，中药就是“同仁堂”。同仁堂在海外就拥有多家大型药店的股份。国际中药市场每年有200亿美元的需求量，如果一个企业能在这个市场中占10%的份额，就相当于160多亿元人民币的销售额，但我国在这个市场上占有率不足5%。由于中医药独特的机理和西方的科学理论完全是两套不同的解释系统，难以用符合“国际规范”的“科学标准”来进行定量的阐述，中医药也就一直得不到西方主流社会的认同和接纳。而经过日本和韩国商人稍加改头换面的所谓“汉方药”却反客为主，占了85%以上的市场份额，在市场上规模也越来越大。我国中药在国际市场上要改变这种被动处境，利用海外的资本和科技优势，以现代化中药进军国际医药主流市场是一条被广泛认同的道路，而中国香港从历史上来看就是中药海外流通的集散地。

从同仁堂自身来讲，同仁堂有世界级的品牌和成为世界级企业的实力，但却不具备世界级企业的规模和现实资质，在很长时期里只是一家中型企业。如果不换一种思路，同仁堂无疑仍将继续维持缓慢的增长势头，即使是在国内市场恐怕也难有突破。而市场是不等人的，国内市场已经开始成为国内外医药公司寸土必争的主要角斗场。在海外中药市场上，中医药若能成功实现现代化、国际化和市场化，将带来相当可观的商业机会。面对激烈的市场竞争，同仁堂必须将优秀的传统中药打入国际医药主流市场。

根据同仁堂股份2000年年报，其全年主营业务收入是10.24亿元人民币，如果真能达到160多亿的收入，同仁堂的业绩将会增长16倍。不论是从企业自身发展还是迫于出口创汇的压力，同仁堂进军海外市场是企业的重要目标。

3. 同仁堂的国际化策略

1999年，同仁堂举起海外上市的大旗，抽调精兵强将成立了四个项目小组，分别负责海外上市、中药现代化、生物制药和生物电子商务，接触了许多家国内外知名投资银行等中介机构。在整个资本运作的过程中，各方中介机构以其各自的专业知识为同仁堂充当智囊团，对同仁堂最终选定方案和分拆上市成功起着决定性的作用。同仁堂几经筛选，最后选定了三种海外上市方案并进行了长达半年的反复比较和论证：①法国里昂证券提出的同仁堂在A股基础上增发H股方案；②中银国际提出的在同仁堂A股公司之上构筑一家控股公司去香港上市方案；③中证方融公司提出的同仁堂A股公司分拆部分高科技资产和业务设立同仁堂科技发展股份有限公司上香港创业板。

第一个被否决的是里昂证券提出的“由A股公司在香港直接增发H股”的方案，因为该方案虽然管理结构和协调成本都不变，，但在实际操作中可能会有很多问题。根据当时香港的市场情况，H股发行价预计为每股2～3港元，而同一种股票在沪市已经涨到了20多元。政府管理部门不一定能够同意，同样一种股票到香港卖这么低的价格，算不算国有资产流失？A股股东也会反对，为什么股权会稀释得如此厉害？

随后是主承销商中银国际提出的“控股公司方案”，即同仁堂集团公司成立一个全资的同仁堂控股公司，控股公司代表集团公司持有A股公司75%的股份，然后安排控股公司到香港上市。该方案的弊端在于会使管理结构更复杂，管理层次更多；而且当控股权被稀释到小于50%时，就有可能被国外公司收购，最后“同仁堂”这块价值连城的招牌会流落海外，该方案也最终被否决。

最后经过各方深入讨论，在进行了利弊权衡之后，确定了第三种方案为最终海外上市方案：即同仁堂A股公司分拆部分高科技资产和业务设立同仁堂科技发展股份有限公司在香港创业板上市。分拆上市一旦成功，首先，公司就能够获得一笔巨大的投资收益；其次，是开辟了一个新的融资窗口；再次，公司还可以通过发起人股、认股权等方式，为A股公司有关高管人员、核心技术人员建立一套有效的激励机制。

基于这种国内外的大环境的影响，同仁堂科技应运而生。

4. 分拆上市

为了保证分拆出去的资产与同仁堂A股公司剥离，同时不影响A股公司在国内股市的业绩，同仁堂精心设计了操作方案。

(1) 确定同仁堂科技的股权结构。A股公司中的制药二厂、提炼厂、科研中心和进出口分公司并入在香港上市的同仁堂科技，中国北京同仁堂集团公司以现金出资2 910 266元，折股290万股，占总股本的2.636%。

重组后，同仁堂科技的预计税后利润，不应高于原A股公司同期净利润的1/3，不应低于原A股公司同期净利润的1/5；以科技含量(科技贡献率)为标准，对A股公司及集团的所有产品或业务进行划分，将科技含量高的业务或产品收入同仁堂科技。同仁堂科技从科研、生产到销售尽可能自成体系。上述三项标准缺一不可，利润标准是第一位的。为满足利润标准，可以将产品或业务的科技含量标准人为地调高或调低，确定产品或业务后，再尽可能地使科研、生产及销售自成体系。

基于既要保证A股股东根本利益，又要对境外投资者有吸引力的原则，分拆重组还要使A股收益大幅提升，要确保同仁堂科技的成长性和企业管理的规范化。

(2) 引进高管持股方案。根据国际惯例，同仁堂科技在股权设置上安排了高层管理人员持股，董事长殷顺海，副董事长田大方、王兆奇，总经理梅群分别出资50余万元持股50万股。充分体现了高层管理人员对公司未来的信心。

(3) 确定海外合作者。2000年10月11日，香港最大的上市公司和记黄埔斥资约5 000万元，认购即将上市的同仁堂科技总发行股本的近10%的股份，成为最大的战略投资者。此举对股票发行后上市表现产生了重大影响。

经过了以上重大举措，同仁堂为其分拆的子公司同仁堂科技在香港创业板上市，以及其后企业发展并进军国际市场做了充分的准备。

(4) 同仁堂科技上市。2000年10月31日，同仁堂科技在香港联交所创业板挂牌交易，集资2亿多万元港币，获20多倍超额认购。交易首日以4.30港元报收，比其招股价高出近三成，升幅高达31%，这是一次非常成功的上市。

同仁堂科技设立时发起人认购的同仁堂科技的全部股份为11 000万股，公开发行(H股)前同仁堂A股持有同仁堂科技90.9%的股份，公开发行后同仁堂A股持有同仁堂科技54.7%的股份。

分析上市给A股公司带来了巨大的可以变现的投资收益。同仁堂A股当初仅仅投入同仁堂科技1亿元人民币的资产和业务，每股面值1元，折合1亿股。经过半年多的资本运营，按上市首日收盘价计算，同仁堂A股所持有的1亿股同仁堂科技股票已身价倍增至4.73亿元的市值。同仁堂A股所得到的并不仅仅是3.73亿元的财富，更重要的是相伴而来的同仁堂从中国走向世界所需要的经验、资源和渠道。

要求：结合案例分析同仁堂分拆上市的动因是什么？同仁堂分拆上市是如何规避风险的？

第 7 章　国际企业财务管理概述

内容提要

本章主要讲解了国际企业财务管理的相关基本理论,包括国际企业的概念、特点和发展历程,国际财务管理环境;外汇的概念以及国际企业外汇风险的种类;外汇风险的管理方法;国际企业的税收管理方法等,最后是本章案例。

重点难点

本章重点是国际财务管理特点、外汇概念、外汇风险管理、国际企业的税收管理,难点为国际企业外汇风险管理方法、国际企业税收管理方法。

学习目标

通过本章学习,学生应掌握国际企业、国际财务管理的概念和特点,掌握外汇的概念、外汇风险的种类、外汇风险管理的方法,掌握国际企业税收管理的方法;熟悉国际财务管理的环境;熟悉外汇风险管理的流程;了解国际企业财务管理的产生与发展。

知识框架

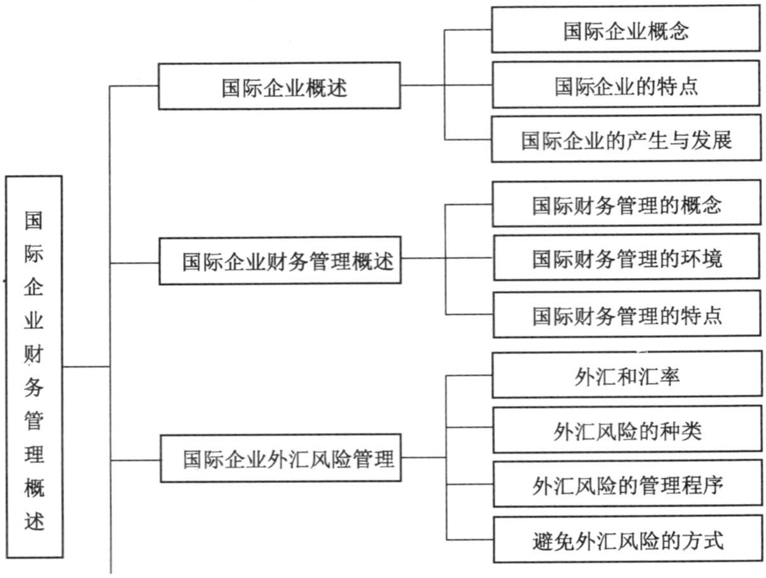

（续图）

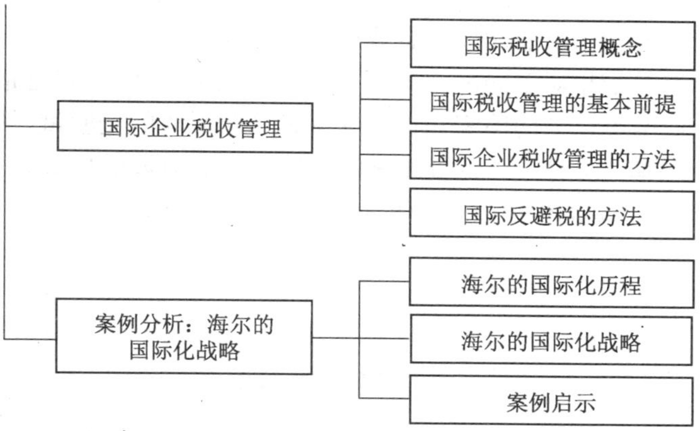

引入案例　跨国公司的外汇风险管理

卡特比勒公司是一家美国公司，主要产品是液压挖掘机、工程机械零部件、发动机等，年营业额超过200亿美元，是全球第一大机械制造公司，曾面临着两个主要问题：来自日本柯马公司的竞争和汇率浮动的美元。1989—1990年，美元对日元的汇率上浮了30%，这样日本商品在美国和第三国市场上价格下降，柯马公司也因此获得了充分的竞争优势。20世纪80年代初期，美元开始稳步升值，在美元升值期间，卡特比勒公司承受着巨大的竞争压力。该公司很大程度上依赖于美国生产的零部件和成品的对外出口，公司超过2/3的雇员在美国的工厂工作，并且81%的资产在美国。反观柯马公司，直到1980年，凭借着低于卡特比勒公司40%的价格优势，在美国市场上将其份额由15%提高到了25%。同时，由于石油价格的下降和第三世界债务的暴涨，卡特比勒公司的采矿设备及有关能源的项目所需机械的销售变得不景气，尤其在发展中国家，情况更是如此。

为了解决这些问题，卡特比勒公司开展了一个"三步走计划"。第一步，公开要求美元汇率下调。第二步，关闭工厂和解雇员工：雇员人数从53 000名缩减到35 000名，减少了40%；通过关闭9间工厂，工厂面积也减少了1/3。第三步，利用美元坚挺的优势，该公司开始进行国外生产。与此同时，许多独立的在美的分销商则以较低的价格购买卡特比勒公司的国外产品，再将其进口到美国市场，以抢占美国的市场份额。因此，卡特比勒公司决定让国外生产商制造卡特比勒品牌的产品，并且用国外供应商取代了美国供应商。通过这种改变，卡特比勒公司产品的国外生产从1982年的19%上升到了1987年的25%，来自国外的零部件也于同期增长了4倍。

由上面的例子可以看出，像卡特比勒这样的跨国公司由于进行外汇结算，其生产经营受到了汇率波动的影响。在跨国经营过程中，外汇风险是跨国公司不可避免的风险之一，因此，如果跨国公司能够有力的规避外汇风险，将会对公司财务起着非常积极的作用。

上述外汇风险属于何种外汇风险？企业在经营过程中应如何规避这种外汇风险？

7.1　国际企业概述

7.1.1　国际企业概念

国际企业(international enterprises 或 international business)至今并未有一个公认的统一的定义。由于分析角度与分析需要的不同，国际上对国际企业的概念都有其独特的界定方法。我们认为国际企业无法进行精确的定义，因为国际经营活动的种类、范围、性质和介入程度都难以区分清楚，从而对国际企业业务活动就难以界定。

因此，国际企业是相对于国内企业而言的一个笼统性概念，它泛指一切以国际市场需求为导向、在两个或两个以上的国家和地区间从事经营活动的企业，包括我们通常所说的跨国公司、多国企业和其他多种形式的处于不同国际化演进阶段的国际性公司。可以说，国际企业是从事国际经营活动的经济实体的总称，其经营宗旨就是满足国际市场的需求，而且经营活动已超越了国界。

知识拓展 7-1

跨国公司与多国企业

跨国公司（transnational corporation 或 transnational enterprise），一般是指一国公司以本国为基础，通过对外直接投资，在两个或两个以上的国家或地区设立分支机构或子公司，并在共同的管理战略和组织下从事国际化生产和经营活动的国际企业。跨国公司的定义也不统一，原因在于不同学者或不同国家对认定跨国公司的标准不一致，这里介绍狭义和广义两个最有影响的定义：狭义上，哈佛大学商学院雷蒙德·弗农（Reymond Vernon）教授的项目研究小组认为，跨国公司是那些在海外 6 个以上国家拥有生产制造子公司、并且拥有子公司 25%以上股权的国际企业。广义上，联合国跨国公司中心的小组认为，跨国公司是指“凡是在两个或更多国家拥有和控制工厂、矿山、销售机构以及其他资产的所有企业。”

多国企业（multinational enterprise 或 multinational corporation），又称多国公司。它有两个基本的含义：一是指在多个国家从事国际经营活动，并以一国为母国的国际企业。从这一点上说，多国企业实际上是跨国公司的同义词。二是指多个国家共同出资（或提供条件）、在某国或地区注册成立、从事国际经营活动的国际企业。这种形式的多国企业没有明确的母国。如南美洲安第斯条约的国家里，由两个或几个国家共同创办和经营的公司即属此类。1974 年联合国经社理事会在拉美国家代表的提议下通过决议，以“跨国公司”取代“多国企业”的说法，来称指第一种含义上的多国企业。

7.1.2 国际企业的特点

1. 经营观念国际化

经营观念国际化也称为经营导向国际化，是指国际企业生产经营活动是以满足国际顾客需求为宗旨的。故其决策视野是世界范围的，经营指导思想是国际化的。国外一些学者将国际企业发展不同阶段的经营观念划分为四种类型：

（1）民族中心主义。持民族中心主义态度的企业将国际经营放在次于其国内经营的位置，它们从事国际经营的动机是处理其国内产品的过剩部分。通常持这种观念的企业将其绝大多数的营销计划制订权集中于国内总公司，国外经营所采取的政策和程序常与国内相同。这种企业基本上是用国内市场营销方式在国际市场销售同样的产品。

（2）多中心主义。当一个公司认识到国外市场有重大差异以及国外业务对其组织的重要性后，就会对其经营采取多中心主义态度。处于这一阶段的企业允许其子公司独立经营、确立自己的营销目的和计划，以适应市场的具体情况。其市场营销活动是按不同国家的情况来组织的，在各个国家的机构有自己的政策和方案。

（3）地区中心主义。地区中心主义观念的出现，标志着国际经营观念的成熟。公司视某一国际地区为市场，力求制订综合性的地区市场计划，并针对这一地区确定营销战略，因此其国际营销战略往往是标准化和地方化的结合。

(4) 全球中心主义。这是一种最彻底的国际化经营观念。国际企业将以整个世界作为市场制订营销战略计划,以世界范围为基准开展营销活动,营销策略制订的国际标准化受到重视。

2. 经营资源国际化

经营资源国际化是企业经营国际化的实质性标志之一。在国际分工高度发展的当今世界,产品生产将不再由一个国家的企业独立地提供资本、管理者、劳动力、原材料和半成品等全部生产资源,而越来越是通过国际合作进行生产。举例来说,美国 IBM 公司生产的计算机,其芯片可能是由台湾生产的,外围设备则是日本生产的,总装可在欧洲进行,总设计可能由美国企业本身承担,最后计算机由 IBM 公司以 IBM 品牌在全世界销售。在这样的经营模式中,经营资源高度地实现了国际化。

3. 经营过程国际化

经营过程国际化是上述两点的必然结果,又是企业国际化经营的实际含义。在国际企业中,由于经营导向与资源是国际化的,因而企业制订战略计划,决定企业组织形式,制定生产、营销策略,进行经营协调和控制等一系列经营活动都必须在国际进行决策与安排,这样就实现了经营过程的国际化。

4. 经营成果国际化

作为经营成果的产品、工业产权和管理体系,在国际企业中会因进行交换而在国际流动或作为经营资源加入国际经营过程。如产品的国际营销,工业产权的国际贸易和管理体系的国际性输出与转化等。

7.1.3 国际企业的产生与发展

国际企业的产生可以上溯到 16 世纪臭名昭著的英国东印度公司(British East India Company),但真正迅速的发展则是 20 世纪尤其是第二次世界大战以后的事。大致说来,国际企业发展可以划分为以下的三个阶段。

1. 第一阶段,20 世纪以前的缓慢发展期

20 世纪以前的国际企业数量极少,发展缓慢且大多不是单纯的经济组织,它们是在对外贸易发展的基础上,作为帝国主义殖民侵略而存在的资本输出组织。这些企业的特点是:以开发国外天然资源,供应母国工业生产和市场需要为经营目的;对外投资大多集中于农、矿业和基础建设部门;具有浓厚的政治色彩,充当母国政府国际侵略政策的执行人。

2. 第二阶段,20 世纪初至二次世界大战前的平稳发展期

20 世纪初,国际企业虽然在资源开发及经济作物生产方面的投资仍占很大比例,但制造业的国际企业开始得到发展,而且国际企业已开始逐步脱去“政治使命”的外衣,以企业自身利益为其主要经营目标。对外投资的活跃地区集中在欧洲等老牌资本主义国家,美国企业忙于应付国内需求,很少顾及对外投资。1929 年,世界上第一家真正的国际股份公司——尤尼列弗公司(Unilever Company)正式宣告成立,这是由 1885 年在英国利物浦成立的一家公司和荷兰的一家公司合并而成的。该公司成立后,即在世界各地广设产销机构,从而生机勃勃,左右逢源。总的说来,这一阶段由于战争频繁,国际形势动荡,世界经济状况跌宕起伏,因此国际投资经营活动不是十分活跃,国际企业的发展相对较平稳,数量增加不多。

但在另一方面，国际投资的政治化色彩的逐步消除，使国际企业得以以企业这种经济组织的面目在世界范围内正常发展，为以后的繁荣奠定了基础。

3. 第三阶段，第二次世界大战后的迅速发展时期

这一时期国际企业的飞速发展以美国国际企业的急速成长为特征和代表。

第二次大战后最初几年，欧洲各国均致力于经济重建，企业无暇顾及其国际经营活动，而美国企业则在大发"战争财"的基础上逐渐超过欧洲国家。在美国，由于以"市场导向"为特征的现代营销观念的兴起，企业为满足国内顾客的欲望，不断地将产品推向市场，致使国内需求迅速达到饱和，市场竞争十分剧烈，企业利润因而降低，加上美国反托拉斯法律的严格限制，使企业在国内市场的营销举步维艰。而以欧洲为主的国际市场需求量极大，前景十分诱人。因此，许多美国企业纷纷转向国际市场，以其雄厚的资金、先进的科技、丰富的经营管理经验，通过直接投资在国际市场尤其是欧洲市场得以立足并发展。美国大型企业在国际市场的渗透除了自行投资建立海外分支机构外，还大量地兼并当地企业，以迅速扩大生产经营的能力。即使是中小企业也纷纷加入了国际经营的行列，从而形成了前所未有的跨国投资热潮，这就奠定了美国企业今天在国际市场上的霸主地位。

20 世纪六七十年代，被称为"国际企业的时代"。西欧各国和日本，在美国国际投资的示范效应面前，也开始积极地进行国际直接投资活动，投资范围和重点也不再局限于美国、加拿大、西欧和日本等发达国家，开始在发展中国家内大举投资，自 60 年代中期以来，全球每年平均有超过 1/4 的对外直接投资涌向发展中国家。一方面使国际企业的数量大幅度增加，成为世界经济发展的重要推动者，另一方面造就了新加坡、韩国、中国香港和中国台湾等一批因引进外资而走上经济起飞道路的新兴工业国或地区。据相关数据统计，国际企业每年的销售额相当于全球国民生产总值的 1/3。

进入 80 年代以来，国际企业发展还出现了一个新的趋势，即新兴工业国和其他发展中国家和地区也开始积极参与对外投资活动，出现了以发展中国家和地区为母国的国际企业。以我国为例，自 1978 年实行对外开放政策以来，一方面吸引外资，积极兴办外商投资企业；另一方面也加快了企业的国际化经营步伐，建立了各类海外企业，中国国际信托投资公司和上海投资信托公司等企业已被联合国跨国公司中心批准为跨国公司。

国际企业在国际经济发展和国际经济关系中已起到了举足轻重的作用。

7.2 国际企业财务管理概述

7.2.1 国际财务管理的概念

1. 国际财务管理的概念

作为一门新的学科，国际财务管理的目标、内容、方法体系尚不十分成熟，国内外财务学者关于国际财务管理概念的表述也存在不同的看法。一般来讲，财务管理按照其财务活动是否超越国界，可分为国内财务管理和国际财务管理。纯粹的国内财务管理，其财务活动局限于本国范围之内，资金的筹集、使用和分配等活动通常不跨越国界。而国际企业的财务活动跨越了国界，与其他国家和地区的有关企业、单位、个人发生财务关系，企业筹资、投资、分配等活动，均超越国界。

我们认为，国际财务管理就是对国际企业财务活动的管理，它是基于国际环境，按照国际惯例和国际相关法规，根据国际企业财务收支的特点，组织国际企业的财务活动、处理国际企业财务关系的一项经济管理工作。

2. 国际财务管理的理财主体

国际财务管理的理财主体就是国际企业。具体说来，包括(但不限于)以下类型：

(1) 从事进出口业务的外贸企业。

(2) 拥有国际许可协议的企业，主要包括：①国际特许加盟协议，如麦当劳等快餐店、希尔顿酒店等；②互惠营销协议，如默克和杜邦公司在互补性细分市场上都有畅销产品；③管理合同，如中国香港的迪士尼主题公园就是通过管理合同由迪士尼来经营的。

(3) 需要国际物流与供应链服务的企业。

(4) 从事国际工程承包、国际劳务输出的企业。

(5) 进行国际融资或拥有国际资本存量的企业，如新东方教育集团，联通公司等。

(6) 从事国际证券投资、国际金融衍生投资的企业，如中国投资公司。

(7) 国际战略联盟。

(8) 跨国公司，指拥有国外分公司或子公司的企业，如中石油集团，海尔集团等。

3. 国际财务管理的目标

企业价值最大化目标是现代企业财务管理目标的最好表达。由于国际财务管理是现代财务管理在国际业务领域的延伸和创新，国际财务管理的基本目标也应是企业价值最大化。但是，国际财务管理目标的实现有其特殊性：

(1) 多元性。国际财务管理目标不是单一的，而是适应多因素变化的综合目标群。在多元目标中，有一个处于支配地位、起主导作用的目标，称为主导目标；其他处于被支配地位、对主导目标的实现有配合作用的目标，称为辅助目标。

(2) 层次性。国际财务管理目标是一个由整体目标、分部目标和具体目标三个层次构成的目标体系。整体目标是国际企业进行国际财务管理所要实现的总目标，它决定着分部目标和具体目标。分部目标是指在整体目标的制约下，进行某一部分财务活动所要实现的目标，如筹资目标、投资目标等。具体目标是指在整体目标和分部目标的制约下，从事某项具体财务活动所要达到的目标，如某次借款要达到的目标，是财务目标层次体系中的基本环节，它是整体目标和分部目标的落脚点，对保证整体目标和分部目标的实现具有重要意义。

(3) 复杂性。国际企业的经营业务遍布多个国家，国际企业财务管理也涉及多种复杂的理财环境和多国财务管理惯例。这就使得国际企业对财务管理目标的选择变得更加复杂。

4. 国际财务管理的内容

国际财务管理站在国际企业的微观角度，研究以价值目标的资金运动过程中所涉及的管理决策问题，包括外汇市场与外汇风险管理、国际投资管理、国际融资管理、国际收支与营运资本管理、国际并购与控制权市场、国际税收与转移定价、国际业绩评价与财务治理、全球运营控制等问题。在这些问题中充分考虑汇率因素、利率因素、通货膨胀因素以及政治风险因素对上述各种管理决策的影响、并将这些影响整合到各管理方法与工具中。

7.2.2 国际财务管理的环境

与纯粹国内财务管理相比，国际财务管理的环境更加复杂。主要包括国际财务管理的经济环境、政治环境、法律环境以及文化环境。

1. 国际财务管理的经济环境

与其他因素相比，经济环境变化最快，对国际财务管理的影响也最为直接。比如，经济、税收制度等，都会对国际企业财务管理的资本成本、现金流量等产生直接的影响。

任何一个国家都会经历经济的波动，经济周期通常分为繁荣、衰退、萧条和复苏四个阶段，针对不同的国家及不同的时期，国际企业要作出不同的经营理财策略。比如，在经济复苏阶段，经济开始好转，这时国际企业就应加大投入，增加机器设备，开发新的产品等；在经济繁荣阶段，市场需求旺盛，国际企业应借机扩大生产，扩大投资，从而帮助企业提升销售额，进一步占领市场；在经济衰退阶段，国际企业应停止扩张，减少存货，产品的生产也要大幅缩减；在经济萧条阶段，国际企业同样应裁员、减少各种费用、节约成本等。因此，国际企业在进行决策的时候一定要根据本国或本地区的情况，同时考虑国际经济局势。衰退和萧条阶段对国际企业的影响是非常巨大的。

2. 国际财务管理的政治环境

政治环境是企业活动不可回避的环境因素，国际企业的财务管理不仅要考虑东道国的政治环境，还要考虑母国的政治环境。

(1) 政府的政策。各国政府对待在本国领域内经营的国外企业可能会采取不同的政策。有的国家政府认为，国外企业与国内企业的竞争会对国内经济产生促进作用，因此对国外企业与本国企业一视同仁；有的则认为国外企业会损害本国企业的利益或文化和价值观念，因此采取禁止或严厉限制的政策，比如进口管制、对利润汇出的限制、对投资领域的限制、对产品原料来源和产成品销售地点的限制等；有的则采取鼓励与限制和干预相结合的政策，在重点领域上规定限制条件的同时在其他领域提供税收优惠、外汇业务上的便利等。

(2) 政治稳定性。既包括母国政府的政治环境，也包括东道国政府的政治环境。母国政府对本国企业国际化能否给予政策扶持对他们能否加快国际化经营的进程和增强国际化经营的实力至关重要。东道国社会的稳定性对国际企业的财产安全和人员安全极为重要。比如暴乱、政治性罢工、仇视国际企业的行动、恐怖活动等。危害国际企业安全的社会动荡的诱因有许多，其中与国际企业的行为有关的主要有：国际企业的文化或产品与东道国民众的宗教信仰发生激烈冲突；国际企业的产品挤占了东道国的产品市场，导致东道国企业倒闭和民众的失业；国际企业从东道国获取资源和巨额利润的行为被当地民众视为对他们财富的剥夺；国际企业的母国与东道国发生激烈冲突等。国际企业在进入其他国家时，需要特别注意自身的行为对东道国可能造成的危害。在进入这些国家之前和之后，必须随时警惕这种社会动荡的发展趋势，根据形势及时作出保留投资还是撤出投资的决策。

政治稳定对国际企业的经营和财务管理的利弊不可一概而论。政治稳定并不一定意味着国际企业经营的经济利益就高，因为当前稳定的政府或政策并不一定是对国际企业有利的政府或政策。因此，对东道国政治变化的预测以及对政治变化会给企业带来何种影响的分析和判断是国际企业经营和财务管理的一项重要内容。东道国连续、稳定的政策使得国际企业在进行财务决策和决策实施时能够提高准确性和可控性。但是，这种连续、稳定的政策本身有可能是限制或阻挠国际企业经营活动的政策，因此并不一定对国际企业有利。

3. 国际财务管理的法律环境

国际企业的经营和财务管理活动涉及多个国家或地区，其面临的法律问题不仅局限于母国的有关规定，东道国、国际社会的法律也会对其活动产生效力。国际企业不仅需要熟悉不同国家的法律制度的类型及有关内容，还需要熟悉国际法规及其内容，以便在有关国家得到法律的认可和保护，使国际企业的财务管理能够顺利进行。

4. 国际财务管理的文化环境

除了经济、政治和法律环境会影响到国际企业的财务管理外，文化环境对其也有不可忽视的影响。一般而言，比较重要的影响因素包括文化状况、观念与信仰以及教育水平等方面。国际企业的财务管理者需要意识到不同文化的特点，只有这样才能在面对文化差异时顺利地跨越这种差异。一方面，对文化差异性的理解有助于理解所处环境中某些特殊的现象，比如同事或下属为什么会出现某种特定的行为；另一方面，对于文化差异性的理解还有助于采取必要的措施避免与其他的文化发生激烈的冲突，保证财务活动的顺利进行和财务目标的最终实现。

7.2.3 国际财务管理的特点

1. 国际企业的财务管理环境和内容更加复杂

国际企业的财务管理活动涉及多国，而各国的政治、经济、法律和文化环境都存在很多差异。国际企业在进行财务管理时，不仅要考虑本国的各方面环境因素，而且要密切注意国际形势和其他国家的具体情况。国际企业要综合考虑各国汇率变化、外汇管制程度、通货膨胀高低、税制情况、资本市场发育程度、政治风险等，所以理财环境更加复杂。因此，国际企业在财务管理的内容上比纯粹的国内企业财务管理的内容更为复杂。在国际企业的资金运动中，会涉及大量受汇率、利率、政策等因素影响的决策，例如国际投资管理、国际融资管理、国际税收与转移定价、外汇市场与外汇风险管理等决策，国际财务管理的内容更为复杂和特殊。

2. 国际企业的财务管理方法更加灵活多样

面对瞬息万变的外汇市场，国际企业在财务管理着重于运用远期合约、外汇期货、外汇期权等衍生金融工具，要运用多种方法与工具应对汇率、利率、税制等带来的影响，方法上更加多样，也更加灵活。例如，国际企业的筹资，既可以利用母公司本国的资金，也可以利用子公司东道国的资金，还可以向国际金融机构和金融市场筹资，国际企业可以利用这种多方融资的有利条件选择最优筹资方式，从而降低企业的资金成本。

3. 国际企业的财务管理具有整体性

国际企业的财务管理战略需要从全球范围内整体考虑企业战略的实现方式，系统考虑境内与境外业务在实现战略与配置资源方面的整体效应，而不可割裂开来。因此，国际财务管理战略具有境内外的整体性，必须把国际企业的整体业务纳入研究对象，从而充分发挥境内与境外业务的互补效应、协同效应与相机决策效应，切不可只关注境外业务。此外，国际财务管理必须强调国际业绩评价，完善国际财务治理，加强全球运营控制，以保证财务系统的资源控制能力与调动能力，有效保障企业战略目标的实现。

国际企业的价值源自其核心竞争力，为保持企业的成长和价值，国际企业必须有能力将其核心竞争力体现在企业的新产品和新技术上。核心竞争力并非来自个别产品或技术，而是来自管理这些产品和技术的团队。核心竞争力投资是企业的关键性战略投资。一旦企业的战略确定，企业的财务战略就需要根据企业战略配置财务资源、监控经营活动与财务活动，有效管理风险，评价经营成果，保证企业战略的实现。

4. 国际企业的资金投入具有较高的风险性

从某种意义上说，从事国际投资活动就是预测风险、避免风险的过程。国际企业除面临国内企业所具有的风险外，还面临国际政治、经济环境中的各种风险，这些风险可以概括为两大类十个方面。经济和经营方面的风险有五个方面：汇率变动风险；利率变动风险；通货膨胀风险；经营管理风险；其他风险。

上层建筑和政治变动的风险也包括五个方面：政府变动的风险；政策变动的风险；战争因素的风险；法律方面的风险；其他风险。一般而言，上层建筑或政治风险属于企业无法控制的风险，而经济和经营方面的风险，可以通过企业有效经营来加以避免和克服。这是因为，汇率、利率、通货膨胀对国际企业来说，既是遭受损失的原因，又是获得收益的条件。所以，企业财务人员应对这部分风险合理预测，以避免不利影响，获取有利条件，取得最大收益。

7.3 国际企业外汇风险管理

7.3.1 外汇和汇率

1. 外汇的概念

国际货币基金组织对外汇的说明为："外汇是货币行政当局（中央银行、货币管理机构、外汇平准基金组织及财政部）以银行存款、财政部国库券、长短期政府证券等形式以确保在国际收支逆差时可以使用的债权。"所以，外汇不仅指外国的钞票和硬币，以外币标示的债权债务证明都可以称为外汇。

在我国，根据现行的《中华人民共和国外汇管理条例》，外汇指：

(1) 外国货币：包括钞票、铸币等。

(2) 外币有价证券：包括政府公债、国库券、公司债券、股票、息票等。

(3) 外币支付凭证：包括票据、银行存款凭证、邮政储蓄凭证等。

(4) 其他外汇资金。

2. 汇率的概念

外汇汇率又称汇率、外汇行市、汇价，是指一国货币单位兑换另一国货币单位的比率或比价，是外汇买卖的折算标准。它是一种价格，是一种货币用另一种货币表示的价格。折算两个国家的货币，要先确定用哪一个国家的货币为标准，由于标准不同，外汇汇率就有两种标价方法。

1) 直接标价法

直接标价法(direct quotation)，又称应付标价法(giving quotation)。这种标价法是以一定单位的外国货币为标准，折合若干单位的本国货币。就相当于计算购买一定单位外币所应付多少本币，所以叫应付标价法。在直接标价法下，外国货币作为基准货币，本国货币作为标价货币；标价货币(本国货币)数额随着外国货币或本国货币币值的变化而变化。包括中国在内的世界上绝大多数国家目前都采用直接标价法。在国际外汇市场上，日元、瑞士法郎、加元等均为直接标价法，如日元 119.05 即 1 美元兑 119.05 日元。市场上大多数的汇率也是直接标价法下的汇率,如美元兑日元、美元兑港币、美元兑人民币等。

在直接标价法下,如果一定数额的外国货币比以前换得较多的本国货币,则说明外汇汇率升高,本国货币币值下降;反之,如果一定数额外币比以前兑换较少的本国货币,说明外汇汇率下降,本国货币币值上升。所以,在直接标价法下,外汇汇率与本国货币币值的升降呈反方向变化:汇率下降,本币升值,外币贬值;汇率上升,本币贬值,外币升值。

2) 间接标价法

间接标价法(indirect quotation)又称应收标价法(receiving quotation)。这种标价法是以一定单位的本国货币为标准,折合若干单位的外国货币。即以本国货币作为基准货币,其数额不变,而标价货币(外国货币)的数额则随本国货币或外国货币值的变化而改变。英国和美国都是采用间接标价法的国家。在国际外汇市场上,欧元、英镑、澳元等均为间接标价法。如欧元 0.970 5 即 1 欧元兑 0.970 5 美元。

在间接标价法下,外汇汇率与外币币值的升降呈反方向变化:汇率下降,外币升值,本币贬值;汇率上升,外币贬值,本币升值。

7.3.2 外汇风险的种类

外汇风险(foreign exchange exposure)是指一个企业的成本、利润、现金流或市场价值因外汇汇率波动而引起的潜在的上涨或下落的风险。外汇汇率波动,既可能给企业带来损失,也可能给企业带来机会。外汇风险的根源在于汇率的变动,由此引起国际企业资产的价值、现金流等发生变化。外汇风险一般可以分为三类:交易风险、折算风险、经济风险。

1. 交易风险

交易风险(foreign exchange risk)是指企业因进行跨国交易而取得外币债权或承担外币债务时,由于交易发生日的汇率与结算日的汇率不一致,收入或支出发生变动的风险。交易风险主要表现在以下几个方面:

(1) 以外币表示的借款或贷款。

(2) 以外币表示的商品及劳务的赊销业务。

(3) 尚未履行的期货外汇合约。

(4) 以其他方式所取得的外币债权或应承担的外币债务。

【例 7-1】

中国天衡高尔夫从欧洲外汇市场借入 300 万美元用于场馆建设,期限为 2 年。借入时汇率为 6.83 元人民币/美元,两年后偿还时汇率发生变化。要求:试分析偿还时本金时汇率分别 7.0 元人民币/美元和6.6 元人民币/美元的交易风险。

借入本金:3 000 000 美元×6.83 元人民币/美元=20 490 000(元)

当偿还时汇率为 7.0 元人民币/美元时:

偿还本金:3 000 000 美元×7.0 元人民币/美元=21 000 000(元)

本金损失:20 490 000− 21 000 000=−510 000(元)

当偿还时汇率为 6.6 元人民币/美元时:

偿还本金:3 000 000 美元×6.6 元人民币/美元=19 800 000(元)

本金损失:20 490 000−19 800 000=690 000(元)

当然,如果考虑利息,利息本身也将由于汇率变动发生交易风险

2. 折算风险

折算风险(conversion risk)又称会计风险、转换风险，是指企业把不同的外币余额按一定的汇率折算为本国货币的过程中，由于交易发生日的汇率与折算日的汇率不一致，会计账簿上的有关项目发生变动的风险。一般是指跨国企业在编制母公司同与境外子公司的合并财务报表所引致不同币种的相互折算中，因汇率变化，引起企业合并报表账面价值蒙受经济损失的可能性。折算风险根据财务报表的类别，一般分为损益表风险和资产负债表风险。企业的现金流量表是在以上两表的基础上编制而成，因而不需单独考虑其折算风险。

国际企业的外币资产和负债项目，在最初发生时是按发生日的汇率入账的，但在编制财务报表时，要对其中的某些项目用编表日的汇率进行换算。当发生日的汇率与编表日的汇率不一致时，经过换算后会给企业带来会计账表上的损益，它并不影响企业当期的现金流量，但在进行财务分析时，却会使各种财务比率发生变动。

3. 经济风险

经济风险(economic risk)是指由于汇率变动对企业的产销数量、价格、成本等产生影响，从而使企业的收入或支出发生变动的风险。经济风险是相当复杂的，涉及企业财务、销售、供应、生产等各个方面。一般来说，交易风险与折算风险的管理都由财务人员负责，而经济风险的管理是整个企业的责任。公司的经济风险主要取决于以下两个因素：一是公司原材料和劳动力的来源市场及产品销售市场的结构；二是公司通过调整市场结构、产品结构和资源来减轻汇率变化的影响的能力。

【例 7-2】 假设通用汽车公司在墨西哥的子公司从美国母公司进口汽车，在墨西哥市场上销售。如果美元对墨西哥比索升值，则通用汽车(墨西哥)公司以比索计价的成本会提高。而是否会给公司带来经济风险则取决于墨西哥的汽车市场结构。如果通用汽车主要面对的竞争对手是墨西哥当地的公司，由于它们以比索计量的成本不变，美元升值会使通用汽车(墨西哥)公司的利润减少，母公司因此面临经济风险。如果通用汽车在墨西哥的竞争对手全部来自其他美国厂商，如克莱斯勒等，通用的竞争地位没有发生变化，美元升值则会使公司利润增加。

7.3.3 外汇风险的管理程序

外汇风险管理是一项十分复杂的工作，必须按科学的程序进行。

1. 确定恰当的计划期

确定计划期的目的是为预测汇率变动、估计受险金额规定一个时间范围。一般而言，计划期应在一年以内，并按季度来划分，如果汇率变动幅度较大，则要适当缩短计划期。

2. 预测汇率变化情况

外汇风险产生的根本原因是汇率的变动，所以，预测汇率的变动情况是外汇风险管理工作中十分重要的步骤。汇率变化的预测包括三个方面：变动的方向、变动的时间和变动的幅度。需要综合考虑国际货币储备的变化、国际收支的变化、贸易差额的变化、通货膨胀程度、贸易政策等因素得出合理的预测结果。

3. 计算外汇风险的受险额

计算外汇风险受险额的目的是从数量上确定企业面临多大的外汇风险。以交易风险为例，交易风险的受险额等于结算期限相同的外币债权与外币债务之间的差额。应分别按不同的币种、不同的结算期来计算企业所有交易风险的受险额，在计算过程中，若外币债权大于外币债务，其差额为正受险额，反之则称为负受险额。

4. 确定是否对外汇风险受险额采取行动

一般而言，在以下几种情况下，企业可不采取任何行动：

(1) 受险额是正值，而该种外币预计会升值，汇率变动后，企业将获得收益。

(2) 受险额是负值，而该种外币预计会贬值，汇率变动后，企业会获得收益。

(3) 受险额为零，不管汇率如何变动，也不存在外汇风险。

在以下几种情况下，一般要采用适当的方式避险：

(1) 受险额是正值，而该种外币预计会贬值。

(2) 受险额是负值，而该种外币预计会升值。

(3) 受险额可能是正值也可能是负值，外币是升值还是贬值很难估计。

5. 选择适当的避险方法

20 世纪 70 年代以来，汇率和利率变动频繁，外汇风险增大，为了有效地避免外汇风险，财务人员要认真分析各种避险方法的优缺点，选择最适当的避险方法。

7.3.4 避免外汇风险的方式

1. 交易风险的避险方式

(1) 远期外汇交易保值。远期外汇又称期汇、期货外汇，是指按期汇合同买卖的外汇。在交易时，双方签订合同，约定买卖外汇的币种、数额、汇率和将来交割的时间。到交割日期，按合同的规定，买方付款后，由卖方向买方交付外汇。通过货币的远期合约对交易风险进行套期保值，当企业拥有外汇债权时，可以通过出售远期外汇保证将来的本币流入金额；当企业拥有外汇债务时，则可以通过购买远期外汇锁定支付的本币。由于在签订合同时就已经规定了买卖货币的汇率，因此，企业可以肯定地预知将来收到或支付的货币价值，从而避免了未来现金流不稳定的风险。

【例 7-3】 波音公司向英国公司出售一架价值 1 000 万英镑的波音 747 客机，1 年后才能收回货款，即期市场汇率为 1 英镑＝1.50 美元，远期汇率为 1 英镑＝1.46 美元。为了保值，波音公司可以与银行签订一份 1 年期远期外汇合约，1 年以后以 1 英镑＝1.46 美元的汇率卖出 1 000 万英镑，这样，无论 1 年以后即期汇率如何变化，波音公司都可以收到 1 460 万美元。

(2) 货币市场套期。货币市场套期是指通过在国内或国外货币市场上借入和贷出资金来套期保值，通过借(贷)外币对外币应收(应付)进行套期保值，使资产与负债用同种货币表示，从而避免交易风险。[例7-3]中，由于波音公司预期 1 年后收到 1 000 万英镑，所以它可以先借入英镑，将其兑换成美元进行投资，1 年后收到英国公司的货款 1 000 万英镑可以用来偿还借款，这样，汇率波动的风险就被控制了。需要注意的是，波音公司需要恰当决定英镑的借量，原则是英镑借款在还款日的金额正好等于将从英国公司收回的英镑金额。

(3) 外汇期权交易保值。期权是在一定时期内按一定汇价买进或卖出一定数量外国货币的权利。它买入的是购买或卖出某项货币的权利，但不承担相应的义务。外汇期权可分为买进期权和卖出期权。买进期权是指购买外汇期权的一方有权在合同期满时或在此以前按规定汇率购进一定数量的外币。卖出期权是指购买外汇期权的一方有权在合同期满时或在此以前按规定的汇率卖出一定数额的外币。外汇期权是一种很好的避险形式，一方面，对期权合同的购入方来说，外汇期权类似于保险。因为期权合同购入的是权利而不必承担义务。如果期权交易无利可图，则可放弃这种权利。例如，某国际企业在购入买进期权后，外币汇率一直下跌，即市场价格低于协定价格，则该企业可放弃此项合同；另一方面，对期权合同的购买方来说，使用外币期权可以使保值成本成为确定因素。不管汇率发生多大变动，期权持有者的保值成本都不会超过期权的购买价格即期权费。

【例 7-4】

华汇公司根据销售计划预测 6 个月后将有 2 000 万美元的外汇净流出，为了保值，该公司买入 6 个月的美元买进期权，执行价格为 1 美元＝6.775 元人民币，期权费为 1 美元 0.03 元人民币。6 个月到期时，如果美元贬值，即期汇率为 1 美元＝6.478 元人民币，低于期权的执行价格，则华汇公司放弃行权，在即期市场上购买所需美元，支付人民币 13 016 万元(6.478×2 000＋0.03×2 000)。但如果 6 个月后美元升值，即期汇率为 1 美元＝6.843 元人民币，则该公司应该行权，按执行价格购买美元，支付人民币 13 610 万元(6.775×2 000＋0.03×2 000)。

2. 折算风险的避险方式

因为汇率的变动会同时影响资产和负债，而资产和负债对损益的影响方向相反，所以对折算风险的规避需要首先计算净受险资产，即受险资产和受险负债的差额。

(1) 调整外汇净受险资产。国际企业可采用适当的方法来调整外汇的净受险资产，以达到避免外汇风险的目的。例如，国际企业的总公司与国外的各分公司之间在材料采购、产品销售、管理服务、资金筹措等方面都会产生资金往来，可以通过提前或延缓支付的方式来调整外汇受险额。基本原则是，当预计某种外币即将贬值时，应加速收款而延缓付款；当预计某种外币即将升值时，应推迟收款而加速付款。

(2) 平衡资产与负债的数额。平衡资产与负债数额是指采用特定的方法使企业资产负债表上受汇率变动影响的资产与负债数额相等，这样使汇率变动的影响同时出现在资产、负债两个方面，数额相等而方向相反，自动相互抵销。因此汇率变动的风险可以降到最低程度。

3. 经济风险的避险方式

经济风险是一种十分复杂的风险，汇率变化可能会长期影响现金流量。经济风险管理不是一个短期的决策问题，而是涉及公司的长期战略，需要综合考虑生产、销售、财务等相互联系、相互影响的各个领域。从总体上来说，通过多元化经营使各方面产生的不利影响相互抵消，是规避经济风险最有效的方式。具体来讲，有以下几种多元化经营策略。

(1) 多元化的生产。在生产安排上，产品的品种、规格、质量尽可能做到多样化，使之能更好地适应不同国家、不同类型、不同层次的消费者的需求。

(2) 多元化的销售。在销售上，力争使所生产的产品尽快打入不同国家的市场，尽量采用多种外币进行结算。

(3) 多元化的采购。在原材料、零配件的采购方面，尽可能到多个国家和地区进行采购，力争使用多种货币结算。

(4) 多元化的融资。企业融资时，要尽量到多个资本市场上筹集资金，用多种货币计算还本付息金额，如果有的外币贬值，有的升值，就可以使外汇风险相互抵消。

(5) 多元化的投资。尽可能向多个国家投资，创造多种外汇收入，这样可以避免单一投资带来的风险。

引例解析

跨国公司的外汇风险管理

引例中,面临的风险属于经济风险。在原材料、零配件的采购方面,尽可能能到多个国家和地区进行采购;在生产安排上,产品的品种、规格、质量尽可能做到多样化,使之能更好地适应不同国家、不同类型、不同层次的消费者的需求;在销售上,力争使所生产的产品尽快打入不同国家的市场,尽量采用多种外币进行结算。

7.4 国际企业税收管理

7.4.1 国际税收管理概念

国际企业在从事跨国经营时,把资本投向不同的国家,就会涉及多个国家的税法。当两个或两个以上国家的政府在对跨国纳税人行使各自的征税权力时,就会形成了国际税收。其实质是各国政府在对各自政权管辖范围内的跨国纳税人征税的基础上形成税收分配关系。这种关系是基于各国政府所拥有的税收管辖权。税收管辖权是国家主权在税收领域的体现。具体可以分为两类:居民收入管辖权和收入来源地税收管辖权。

居民税收管辖权是指一国政府对本国居民来自世界范围的全部所得行使的征税权力。居民管辖权的行使其关键是确定纳税人的居民身份。自然人居民身份的判定,各国主要以住所或居所为标准,其中居所标准又主要根据居住时间来鉴别。法人居民身份的判定,各国主要采用注册地标准、总机构标准和实际管理机构所在地标准。只要纳税人符合一国的居民身份判定标准,即被确认为具有本国居民身份。

收入来源地税收管辖权亦称地域管辖权,是指国家对来源于本国境内的所得征税,而对来源于国外的所得免予征税。一国采用何种税收管辖权,由该国根据其国家权益、国情、政策和在国际所处的经济地位等因素决定。大多数国家为维护本国权益,一般都同时行使两种税收管辖权。为避免双重征税,大多数国家对已经向东道国缴纳的公司所得税给予一定的税收抵免。各国计算国外抵免的方法各不相同。通常,如果跨国公司向母公司汇回的利息、股息、特许权使用费以及其他收入已经向东道国缴纳了预扣税,那么汇回的收入可以获得国外税收抵免。增值税和其他销售税不能获得国外税收抵免,但可以作为费用在税前扣除。

国际税收管理就是指国际企业利用国际税收协定、各国税法制度差异等在不违反税法规定的前提下,作出适当的财务安排和税收筹划,以尽量减轻国际企业的纳税义务的行为。其目标是合理降低国际企业的总税负。

7.4.2 国际税收管理的基本前提

1. 熟悉各国税种及税率

国际企业必须熟悉相关国家的税种及税率,才能够实施有效的国际税收管理。虽然不同国家的税种不尽相同,但按课税对象可以划分为两大类:一类是直接税,通常是按收益额和财产额课征的税种,主要包括所得税、资产利得税、财产税;另一类是间接税,即按流转额课征的税种，主要包括预扣税、周转税、增值税、过境税、财富转让税、消费税等。本书主要介绍几种与国际企业最为密切的税种。

（1）所得税。所得税是由纳税人直接支付的一种税，来源于企业或个人提供的产品或服务的所得，如公司所得税、个人所得税等。公司所得税和个人所得税是许多国家重要的财政收入来源。世界各国的所得税税率有很大差别，表7-1列示了部分国家和地区的企业所得税税率。

表 7-1　　部分国家和地区的企业所得税税率

国家（地区）	税率	国家（地区）	税率	国家（地区）	税率
阿联酋	55%	斯里兰卡	28%	马达加斯加	20%
波多黎各	39%	卢森堡	27.08%	俄罗斯	20%
苏里南	36%	加拿大	26.5%	沙特阿拉伯	20%
阿根廷	35%	中国	25%	泰国	20%
几内亚	35%	印尼	25%	波兰	19%
赞比亚	35%	西班牙	25%	英国	19%
印度	34.61%	以色列	24%	乌克兰	18%
比利时	34%	意大利	24%	瑞士	17.77%
巴西	34%	老挝	24%	新加坡	17%
哥伦比亚	34%	马来西亚	24%	中国台湾	17%
委内瑞拉	34%	挪威	24%	中国香港	16.5%
法国	33.3%	欧元区	23.3%	伊拉克	15%
喀麦隆	33%	埃及	22.5%	爱尔兰	12.5%
摩洛哥	31%	丹麦	22%	列支敦士登	12.5%
巴基斯坦	31%	厄瓜多尔	22%	澳门	12%
日本	30.86%	瑞典	22%	保加利亚	10%
澳大利亚	30%	土耳其	22%	科索沃	10%
哥斯达黎加	30%	欧洲联盟	21.3%	巴拉圭	10%
埃塞俄比亚	30%	葡萄牙	21%	匈牙利	9%
墨西哥	30%	美国	21%	乌兹别克斯坦	7.5%
菲律宾	30%	阿富汗	20%	巴哈马	0%
卢旺达	30%	柬埔寨	20%	巴林	0%
德国	29.79%	斐济	20%	百慕大	0%
秘鲁	29.5%	芬兰	20%	开曼群岛	0%
希腊	29%	冰岛	20%	马恩岛	0%
新西兰	28%	哈萨克斯坦	20%	马尔代夫	0%
南非	28%	利比亚	20%	瓦努阿图	0%

20世纪80年代以后，为了扩大本国企业在全球的竞争力，为跨国公司创造更具吸引力的投资环境，各国纷纷进行税制改革，大幅降低税率，各国间的税率差距逐步缩小。毕马威国际会计咨询公司公布的一项针对144个国家和地区的研究结果显示，降低企业所得税税率是全球趋势。某些国家或地区为吸引国际企业来设立子公司，规定的所得税税率非常低，甚至不征所得税，如中国香港的所得税税率为16.5%，巴哈马不征所得税；一些发展中国家为吸引投资而给予外国投资者一定的免税期，在免税期内，对外国投资企业免征所得税。

(2) 增值税。增值税是以商品生产和流通环节的新增价值或商品附加值为征税对象的一种流转税。它克服了传统流转税对已纳税销售额重复征税的弊端，具有征收范围广和收入及时、稳定的特点。增值税是国际公认的一种透明度比较高的中性税收，它不仅有利于增加财政收入，而且有利于鼓励企业按照经济效益原则选择最佳的生产经营组织形式，也有利于按国际惯例对出口产品实行彻底退税，增强本国产品在国际市场上的竞争力。

从增值税实施的范围来看，大致可以分为三种情况。第一，在农业、工业、批发、零售、服务等交易领域普遍征收增值税。采用这种方法征收增值税的主要为欧洲特别是经济合作与发展组织的成员，如法国、丹麦、德国、荷兰、卢森堡、比利时、英国、意大利、新西兰、加拿大等。第二，在整个制造业和批发业征收增值税，但不包括零售业。在这种情况下，存在一定程度的重复征税以及较为严重的增值税税款在零售环节损失的问题。目前，摩洛哥采用的增值税就属于这种征税范围。第三，在整个制造业征收增值税。征税范围仅仅覆盖全部制造业产品及进口产品，而对批发和零售环节以及农业与劳务不征增值税，目前主要为一些发展中国家所采用，如塞内加尔、科特迪瓦、哥伦比亚和蒙古国等。

(3) 其他税种。

第一，关税。关税是一个国家的中央政府对过境的应税货物所征收的税，主要是对进口货物征收，只在极少数情况下才对出口货物征收。征收关税一是为了筹措财政收入；二是为了保护本国工业。出于前者目的所征收的关税，税率一般比较适中；出于后者目的所征收的关税，税率一般较高。较高的税率必然导致外国商品的价格较高，不利于外国商品的竞争，从而可以保护本国民族工业的发展。

第二，预扣税。预扣税是由东道国政府对本国居民或经济法人向外国投资者和债权人支付的股息和利息所征的税。税款通常在对方收到这笔收入以前就已经扣除了。例如，如果某一公司向外国投资者支付10万美元的股利，预扣税税率为20%，则该公司只向外国投资者支付8万美元，另外2万美元由该公司代替该国政府以预扣税的形式预先扣除。

第三，资本利得税。资本利得税又称资本收益税，是对企业出售资本性资产所得利益所课征的税。资本性资产指那些不准备随时变卖的资产，如持有期间比较长的股票、债券。一般而言，资本利得税的税率要低于公司所得税税率。

2. 熟悉国际税收协定

税收协定是两个或两个以上的主权国家，为协调相互之间一系列税收分配关系，通过谈判而签订的一种书面税收协议或条约。现行的两个最重要的国际税收协定范本是《经合组织范本》和《联合国范本》。各国之间还签订有双边或多边的税收协定。熟悉税收协定的签约国、双重纳税免除方法等，是进行国际税收管理的基本前提之一。

3. 熟悉国外税收抵免

为避免双重征税，大多数国家对已经向东道国缴纳的公司所得税给予一定的税收抵免。

各国计算国外抵免的方法各不相同。通常，如果跨国公司向母公司汇回的利息、股息、特许权使用费以及其他收入已经向东道国缴纳了预扣税，那么汇回的收入可以获得国外税收抵免。增值税和其他销售税不能获得国外税收抵免，但可以作为费用在税前扣除。

4. 熟悉国际反避税措施

国际税收管理活动的存在对各国政府提出了反国际税收管理的要求。在近几十年的实践中一些国家已逐渐形成了一套反国际税收管理的办法与措施，其重点是运用法律，加强立法和执法的严格性和严肃性。与此同时，随着国际税务关系的发展，各国努力扩大和加强政府间的合作，以期通过国与国之间的税务配合来反避税。熟悉国际反避税措施，对于合理进行税收管理，避免遭遇反避税处罚，降低国际税收管理风险是非常重要的。

7.4.3 国际企业税收管理的方法

1. 利用避税港

1）避税港含义

国际避税港又称避税港、避税天堂，是20世纪50年代在巴哈马、开曼群岛和百慕大等地开始活跃起来的。但这一词的具体定义是什么，学术界并没有统一的定义，但被视为避税港的国家名单一直没有什么明显改变。

经济合作与发展组织(OECD)在1987年的报告书中对避税港的特征作了如下概括：对所得及全部资本或特定类型的资本完全不课税或只按低税率课税；保持严格的高标准的银行秘密和企业秘密；不存在外汇管理；银行业务在其活动中占有相当重要的地位；具有完备的现代通信设备；在通常情况下，避税港不缔结租税协定，即或缔结也有很多限制；法人的设立、经营、管理、改组，均根据自由商法等的规定办理，手续简便；政治和经济比较安定，出入境自由；可以得到有能力的专家(律师、会计师)的建议，英语也较普及。

根据国际财政文献局所编《国际税收辞汇》的解释，凡符合以下条件的国家或地区，就可以认定为避税港：

(1) 不征税或税率很低，特别是所得税和资本利得税。

(2) 实行严格的银行或商务保密法，为当事人保密，不得通融。

(3) 外汇开放，毫无限制，资金来去自由。

(4) 拒绝与外国税务当局进行任何合作。

(5) 一般不定税收协定或只有很少的税收协定。

(6) 是非常便利的金融、交通和信息中心。

由此可见，避税港主要是指向其他国家和地区的投资者提供无税、低税或其他特殊优惠条件的国家和地区。一般是小型岛国或缺乏天然资源的地区，成立避税港能有效吸引外国资本，从而发展本土基建和经济。

趣味阅读7-1

避税港的产生

英国的C·多加特在《避税港及其运用》一书中引证历史记载指出，12世纪的伦敦城已是一个避税港，当时对居住在该地的汉萨同盟贸易商们豁免了税收。他还认为，梵蒂冈城也是古代的一个避税港。另一种意见认为，避税港是资本主义发展到垄断时期的产物。资本主义国家资本过剩，需要输出资本；而一些经济落后的发展中国家需要资金，便制定特殊税收优惠措施，吸引外国资本流入本国，从而为避税港出现创造了条件。某些国家和地区建立避税港，旨在吸引外资，引进先进技术，扩大就业和发展经济。

2）避税港的种类

（1）无税型。在这种避税港范围内不征收个人所得税、公司所得税、资本利得税和财产税，主要有百慕大群岛、巴哈马和开曼群岛等。

（2）低税型。这种避税港虽然征税，但实行很低的税率，如巴巴多斯、塞浦路斯和直布罗陀等。

（3）半避税型。这种避税港只对来自当地的收益征税，而对来自海外的收益免税，如巴拿马、利比里亚和中国香港等。

（4）有限避税型。这种避税港在征税方面对特定企业或特定事业活动，如对金融业和持股公司给予特殊优惠，主要有卢森堡、列支敦士登、瑞士和荷兰等。

3）避税港的主要特征

避税港一般都存在着以下共性：税收上采取零税率或者低税率；国家政局稳定，法律制度完善，能够切实保障跨国公司的合法权益；商业、银行等保密性措施规定系统严谨；货币能够自由兑换；分布上普遍靠近高税率国家。

4）利用国际避税港避税的主要方式

主要方法有在避税港建立国外基地公司，将基地公司作为控股公司或中转公司。

（1）以基地公司作为控股公司，将利润转移至基地公司。跨国母公司为了达到避税的目的，在避税港设立基地公司，然后以基地公司的名义在其他国家或地区投资建立子公司。这样，基地公司就成为各地子公司的控股公司，而各地的子公司需要每年向基地公司分配股利。这样，可以使母公司投资利润都汇集到基地公司，从而起到了避税的作用。另外，基地公司不仅可以采用股权投资方式，而且也可以采用债权投资方式，只是债权投资的回报不是股利而是利息。

（2）把避税港的基地公司作为中转公司。其核心主要是将国际企业的收入转移到避税港的基地公司，主要有以下方式：

第一，将销售收入转移到避税港的基地公司。其核心是把基地公司作为虚设的中转销售公司，将营业利润转移至基地公司。用于避税的中转销售公司是虚设的，购销业务只是账面上的而实际上并未进行。这种虚设不能在账面上被识别，否则就不能实现避税的目的。实际上，这些参与者都被母公司控制。中转销售避税的关键在于相互间的转移价格，通过转移价格的制定将利润转移到基地公司账上，以减少总体的税负。

【例 7-5】 假定一个国际企业在甲、乙两国各有一子公司 A 和 B，在某避税港有一个子公司 C。甲国子公司 A 的产品实际上是直接供应给乙国子公司 B 的，但是为了避税，A 公司以低价把产品销售给避税港的 C 公司，C 公司再以高价卖给 B 公司。这样，收益大都留在了避税港的 C 公司，从而可以少纳税或不纳税。而实际上货物可能是直接由 A 公司发往 B 公司的。

第二，将投资收益转移到避税港的基地公司。国际企业将股票、债券等能带来收益的资产转移到避税港的基地公司，从而使这些投资收益可以不课税或少课税。

第三，将无形资产转移至避税港的基地公司。国际企业将能带来收益的无形资产转移到在避税港建立的基地公司，从而使这些资产带来的收益得以逃避国际企业在居住地国家应纳的税金。例如，甲国的母公司将在居住地国开发的特许权，以原价或低价卖给在乙国避税港设立的子公司，子公司将证书交付给丙国某公司，准其使用特许权并收取特许权使用费。而避税港子公司收取的特许权使用费收益不课税，由此便达到了避税目的。

(4) 向避税港的基地公司支付手续费。其核心是以支付手续费的形式，将收益转移到在避税港建立的基地公司。例如，甲国的母公司向第三国的客户销售商品，虽然设在避税港的基地公司并未参与此事，但为了避税，甲国母公司支付给基地公司一笔销售手续费，从而使得母公司的应税所得额减少。而避税港的基地公司收到的这笔手续费可不纳税或少纳税。

此外，还可以把基地公司作为信托公司、投资公司、保险公司、租赁公司、运输公司、专利公司等，以实现避税的目的。

2. 利用内部转移价格

内部转移价格避税是国际企业利用各国间税率和税法的差异通过调节内部转移价格来达到避税目的的一种手段。主要做法是，对低税国子公司向高税国子公司的出口业务采取高价，而对高税国子公司向低税国子公司的出口业务采取低价。这样就把实现利润的一部分由高税国子公司转入低税国子公司，使整个国际企业的纳税额减少。

(1) 实物交易定价。主要是原材料、半成品、产成品、固定资产等交易，这是目前使用率最高的交易形式。一般采取“高进低出”或者“低出高进”等手段，借以转移利润，少交税款。

(2) 劳务定价。主要存在于境内外关联企业之间相互提供的劳务或租赁服务中，采取高报或低报乃至不报劳务费用，有的甚至将境外企业发生的庞大管理费用摊销到境内公司，以此转移利润，规避税收。

(3) 利息定价。主要是指关联企业之间让渡资金使用权而收取的利息费用定价，一般通过自行提高或降低利率，从而实现在国际企业内重新分配利润的目的。例如，某国际企业向其香港的关联公司举借年利率高达18%的内部贷款，超过香港商业银行贷款利率一倍，贷款利息作为费用可以抵税，有时还可以享受“开始获利年度”的税收时间优惠待遇，推迟纳税时间。

(4) 无形资产所有权与使用权的转让费定价。主要指获得专有技术、注册商标、专利等无形资产过程中的转移定价。国际企业的关联企业间通过签订许可证合同或技术援助、咨询合同等，以提高约定的支付价格，转移利润。无形资产所有权与使用权的转让费定价由于其专有性，无可比市场价格，成为国际企业通过转移定价进行税收管理的重要形式。

3. 选择有利的组织形式

跨国公司可以选择海外分公司或子公司的形式设置海外机构，从事投资活动。从法律上讲，海外分公司隶属于母公司，本身不具有独立的法人地位，而海外子公司具有独立法人地位。从税收角度看，选择哪种投资组织形式要考虑以下三方面：

(1) 该海外机构在开业后几年内是否亏损。分公司的预计亏损可以包括在母公司的利润表里，可以部分抵销母公司的盈利，减少应纳税所得额；而子公司的预计亏损一般不能与母公司的利润合并，不能取得减税的效果。因此，如果该机构在开业后几年内亏损，选择分公司的组织形式较为适宜。

(2) 支付预扣税与延期纳税之间的权衡。大多数国家对外国子公司向母公司支付的股息征收预扣税。但是如果分支机构是分公司,就不必缴纳预扣税。同时,许多国家对本国公司海外子公司来源于国外的所得有延期纳税的优惠,但是海外分公司却得不到这种好处。因此,跨国公司必须在支付预扣税的不利因素和延期纳税的有利因素之间权衡。

(3) 是否为从事自然资源勘探和开发的跨国公司。一些国家允许勘探成本及部分资源开发成本作为经常性费用冲销企业当期利润,而不是在几年之内分摊。因此,许多从事石油和矿产开发的公司倾向于选择分公司的组织形式。这样可以用分公司的勘探和开发成本冲销母公司的利润,减少纳税额。

8.4.4 国际反避税的方法

由于国际避税的普遍性对各国的国民经济产生了很多不良后果,各国政府也针对跨国纳税人的避税活动采取了多种反避税措施。

1) 制定反避税法

反避税立法是国际反避税措施中最基本的手段。其主要内容包括:第一,从税务上制定具体措施。例如,在税法中规定纳税人有向政府提供情报的义务,即报告义务,以及纳税人进行某些交易需经过政府批准。第二,在税法中增加反避税的特殊税法条款。第三,加入具有全面影响力的综合性条款。第四,不断完善立法,取消延期纳税,控制子公司将国外经营利润长期滞留在避税港,防止关联企业之间利用内部转移价格避税。第五,强化税收征管,成立专门的反避税机构,加强对纳税人银行账目的审计。

知识拓展 7-2

各国反避税立法

反避税立法是反避税措施中的主要方面。各国反避税立法有以下几种形式:

(1) 针对一种或多种国际企业避税做法加入特殊税法条款,例如,美国《国内收入法典》第482条、法国《税收总法典》第57条、比利时《税法》第24条等对国际企业内部转移价格做了具体规定。又如,比利时《所得税法》第46条、法国《税收总法典》第283条对纳税收入的可抵扣项目做了具体规定。

(2) 加入具有全面影响力的综合性条款。有些国家制定了在原则上适用于全部税收法规的综合性避税条款,德国《税收通则》第42条、荷兰《税收总法典》第31条都属此类规定。

(3) 加入必须获得政府同意的有关条款。在税法中明文规定:某些交易活动必须事先征得税务当局的同意,否则便以违法论处。

2) 加强纳税管理

税法上规定的反避税措施应该不仅仅只限于纸上谈兵,还必须在纳税管理实践中加以落实。例如,向纳税人或第三方施加压力,要求他们提供详细的纳税资料;加强税务调查和税务审计;要求银行配合。

3) 积极开展国际合作

防止纳税人避税,如果仅仅依靠一国的单边措施,其效果是有限的。因此,必须加强有关国家政府之间在税务领域中的合作。例如,在订立双边税收协定的缔约国之间相互交换税收情况。必要时,缔约双方还可以对纳税人进行联合税务审计和税务调查。

7.5 案例分析:海尔集团的国际化战略

7.5.1 海尔集团的国际化历程

海尔集团诞生于1984年,由一个小小的“青岛电冰箱总厂”发展到如今在多国都投资办厂并实现本土化经营的国际性“海尔集团”,海尔集团的国际化经历了内向型发展、出口、海外投资和本土化四个阶段。

1. 1984—1990年:内向型发展阶段

海尔集团的国际化并非在企业建立之初就开始的,而是建立在海尔集团已经在国内处于领先地位的基础之上。

企业创立之初,海尔集团调研了国内消费者的需求,对产品进行创新,甚至为四川地区的农民改进发明了专门用于清洗地瓜的洗衣机。在这个阶段,海尔通过产品创新,在国内的家电行业占领了一席之地,塑造了海尔集团的品牌形象。

2. 1990—1996年:出口阶段

1990年起,海尔集团开启了海外业务,海尔集团冰箱出口的目标市场首先选中了德国与美国。为了进入德国这个在制造产品要求极其精细的市场,海尔集团将其冰箱撕掉商标与德国原产的冰箱一起供冰箱的经销商选择。

最终,海尔集团的冰箱以性价比取胜,首战即获得了2万台冰箱的订单,开始了国际化之路。经过多年的努力,海尔集团的国际化取得了巨大成果,产品逐渐开始销往欧洲、美国、日本、中东等地区。

3. 1996—1998年:海外投资阶段

1996年,海尔集团首次投资海外市场,在菲律宾成立了海尔CDLKG电器有限公司。之后,海尔集团又将其冰箱、洗衣机、空调的生产技术出口到印度尼西亚、马来西亚等发展中国家。随着海尔集团的不断发展,已经在美国、印度尼西亚、南斯拉夫等地先后投资设厂。

4. 1999年以后:本土化阶段

海尔集团在海外投资设厂之后,就开始了使海外海尔本土化的进程。1999年,海尔集团在美国建立了首个“三位一体”的本土化公司,设计中心在洛杉矶、营销中心在纽约、生产中心在南卡州。此后,海尔集团致力于推行本土化战略,根据各国不同的文化与需求,进行产品与技术的创新和团队管理的本土化。

7.5.2 海尔集团的国际化战略

1. 自主扩张与海外并购相结合

由上述海尔集团的国际化历程可以看出,海尔集团的自主扩张开始于1990年,早期自主扩张体现在其产品的海外营销。当海尔集团产品得到海外市场的广泛认可且出口额达到一定的水平之后,海尔集团便开始了海外投资设厂,逐渐建立本土化的海外生产管理中心,并形成了一套海外研发销售体系。海尔集团的扩张不仅定位在欧美等发达国家,亚洲和中东的部分发展中国家也是海尔集团的目标市场,而且海尔在这些市场均获得了很好的口碑与品牌知名度。

在自主扩张的同时，海尔集团还通过海外兼并实现国际化。2001年，海尔集团收购了意大利的一家电冰箱生产厂，作为海尔集团在欧洲的生产基地。在之后的几年中，海尔集团针对欧洲的市场需求，在该厂生产法式对开门和多开门电冰箱，销售量在欧洲取得了高额的业绩，可见海尔集团在欧洲的自主扩张取得了巨大的成功。

2. “先难后易”的进入市场战略

(1) 欧美市场。海尔集团的国际化道路，第一个目的地选择为当时全世界堪称冰箱水平最高的德国。在德国的权威质量检测机构，海尔的冰箱获得了8个“+”，成为了被抽查检验的冰箱中质量最高的。从此海尔集团打开了德国市场，不少家电的经销商都竞相代理销售海尔集团的电器。在进入美国市场时，海尔集团先是通过OEM的方式，然后开始打造自己的品牌，直到海尔集团在美国投资设厂并建立本土化营销中心，海尔集团已经完全成功的打开了高标准发达国家市场的大门并站稳了脚步。

(2) 中东市场。中东市场在1970—1990年之间相继被美国、日本、韩国的家电产品所占领，从1990年起，以海尔集团为代表的中国家电产品进入中东市场并逐渐成为主导品牌。2001年，海尔集团在约旦与南方电器公司等达成了合资协议，共同组成了海尔集团中东贸易有限公司。随后该公司的销售业绩逐年攀升，海尔集团在中东市场也占领了相当重要的地位。

3. “三位一体”的本土化战略

(1) 产品本土化。每个海外市场由于其在文化风俗等方面的不同特点，对产品就产生了不同的需求。海尔集团特别重视不同市场在需求上的差异，并针对不同的市场创新设计了个性化的家电产品。在美国，家庭居住面积宽阔、家庭平均人数多，于是海尔集团研发了超大空间的变温冰箱，便于美国消费者储存蛋糕和火鸡等食物。由此看出，产品个性化是实现产品本土化的核心，这要求企业对海外市场进行详细的调研，了解其风俗文化习惯，才能针对不同的需求设计产品，在竞争中获胜。

(2) 生产本土化。海尔集团在海外市场投资设厂，进行本土化生产。这节省了产品运输到各海外市场的经济与时间成本，还能够更好地利用当地的生产技术，从而生产出更加满足当地消费者需求的个性化产品。此外，在海外市场直接投资设厂，会促进当地的就业情况并为当地政府带来税收，更加受到当地政府的欢迎。

(3) 研发本土化。在国际化的道路上，海尔集团充分利用了海外市场当地的人才与技术进行生产研发，为企业的本土化取得了巨大的优势，这一点在美国市场体现最为充分。在海尔集团的营销中心所在地洛杉矶，不仅有著名的大学汇集了众多科研人才，更有处于技术创新前沿的硅谷，这种人才与技术优势，为海尔在美国市场占据一席之地增加了巨大的筹码。

(4) 管理本土化。不同国家在经济发展水平和社会文化的不同，导致了不同国家的企业文化与经营理念存在差异。为了避免这些差异为企业管理带来的不畅，海尔集团在海外市场采取了管理本土化的战略。海尔集团雇用当地的高管与员工进行企业的管理工作，在海尔集团原有的企业文化的基础之上，结合不同地区社会文化的差异再进行相关的调整，从而形成本土化的管理模式。

7.5.3 案例启示

1. 先立足国内市场，再开发国际市场

从海尔集团国际化的历程与战略选择中可以看出，海尔集团的国际化道路是建立在国内市场上早已处于领先地位的基础之上的。海尔集团充分认识到了无内不稳这一点，先在国内发展出完善的生产链与销售链，使“海尔，真诚到永远”的品牌形象铭刻在国内消费者心中，然后再开展海外业务，将企业做大做强。

2. 企业品牌的塑造与推广

海尔集团在进入海外市场时，也采用了 OEM 的方式，但这只是海尔集团进入海外市场的途径，海尔集团很快就开始建立了自己的自主品牌。然而，很多企业在走向世界时也选择 OEM 的方式，与海尔集团不同的是，有些企业不能建立自己的品牌，甚至在摘掉“洋品牌”的外套之后产品就滞销卖不出去。由此可见塑造企业自主品牌的重要性。海尔集团把加大品牌的推广力度，作为品牌国际化的重要手段，通过各种广告媒体的广泛宣传，同时运用娴熟的公关技巧，树立起了海尔集团品牌真诚到永远的形象。

3. 把握市场需求，打造差异化产品

海尔集团将“三位一体”的本土化战略作为整个国际化战略的核心，充分在产品中结合了当地市场的传统文化因素，从而很快占据了海外市场。可见，企业国际化之路要结合自身的优势并对竞争对手进行分析，制定符合自身条件的国际化目标市场与战略；还要对目标市场的资源状况、文化传统进行深入调查，生产满足当地消费者个性化需求的产品。

重 要 概 念

国际财务管理　外汇　交易风险　折算风险　经济风险　避税港　税收协定

本 章 练 习

一、单项选择题

1. 下列国际企业的经营观念中，最彻底的国际化经营观念是(　　)。

A. 民族中心主义　　B. 多中心主义

C. 地区中心主义　　D. 全球中心主义

2. 下列说法正确的是(　　)。

A. 在直接标价法下，外汇汇率与本国货币币值的升降呈反方向变化

B. 在直接标价法下，外汇汇率与本国货币币值的升降呈同方向变化

C. 在直接标价法下，汇率下降，本币贬值

D. 在直接标价法下，汇率下降，外币升值

3. 下列选项中，交易风险的避险方式是(　　)。

A. 远期外汇交易保值　　B. 调整外汇净受险资产

C. 平衡资产与负债的数额　　D. 多元化的生产

4. 国际企业税收管理的方法是(　　)。

A. 利用避税港　　B. 利用内部转移价格

C. 选择有利的组织形式　　D. 以上都是

二、多项选择题

1. 国际财务管理的理财主体就是国际企业，具体包括(　　)。
A. 从事进出口业务的外贸企业　　B. 拥有国际许可协议的企业
C. 跨国公司　　D. 从事国际证券投资的企业
2. 国际财务管理的目标有(　　)。
A. 多元性　　B. 层次性　　C. 复杂性　　D. 一致性
3. 国际财务管理的环境包括(　　)。
A. 国际财务管理的经济环境　　B. 国际财务管理的政治环境
C. 国际财务管理的法律环境　　D. 国际财务管理的文化环境

三、简答题

1. 国际企业的特点有哪些?
2. 国际财务管理的特点有哪些?

四、案例分析题

TCL、华为国际化路径比较分析

1. TCL国际化进程

1998年TCL集团(简称TCL)成立了海外业务部，先后在越南、印度、印尼、菲律宾设立了几家分公司，正式实施国际化战略。

2002年9月下旬，TCL与德国施耐德电器有限公司破产管理人达成资产收购协议，以820万欧元收购该破产企业，开始了TCL国际化的关键之旅。

2004年1月，TCL集团与汤姆逊公司签署双方彩电、DVD业务合并的正式合同，成立TCL-THOMSON电子公司的计划正式转入实质性操作阶段。自2004年TCL收购了阿尔卡特手机业务和汤姆逊彩电业务后，遇到了前所未有的挑战，到2005年底，这两项收购给TCL造成了巨额亏损，并拖累企业陷入了经营困境。

国际化战果不理想，TCL开始收缩，并逐渐回归本土。TCL学会了做减法，除了电脑业务和厂房，还以5亿美元的价格出售了低压电器业务。TCL在赔上几十个亿后，与汤姆逊的合资公司已进入破产程序，开始从欧洲收缩。TCL还减小了对小家电的投资，并紧缩在新兴市场的扩张。

2. 华为国际化路径分析

1996年，华为技术有限公司(简称“华为”)与香港和记电信合作，提供以窄带交换机为核心产品的“商业网”产品，这次合作中华为取得了国际市场运作的经验，也促使华为的产品和服务更加接近国际标准。

1997年，华为开始开拓发展中国家市场，重点是市场规模大的俄罗斯和南美地区。华为在俄罗斯建立了合资公司，以本地化模式开拓市场。2003年在独联体国家的销售额超过3亿美元，位居独联体市场国际大型设备供应商的前列。全面拓展其他地区，包括华国、新加坡、马来西亚等东南亚市场，以及中东、非洲等区域市场。

2001年开始，华为开始开拓发达国家市场，以进入德国为起点，通过与当地著名代理商合作，华为的产品成功进入德国、法国、西班牙、英国等发达地区和国家。

2008年，华为历史性地挺进了北美市场。

3. TCL与华为国际化路径的异同

1) 华为与TCL的相同之处

第一，国际化的经营目标。华为的目标是成为国际化大公司。TCL的目标是创建具有国际竞争力的世界级企业。二者均把成为世界著名企业作为目标。

第二，注重产品的质量。为了和国际上的大公司竞争，华为通过理解和快速响应客户的需求不断提高产品和服务质量，以己之长，来弥补品牌知名度不够带来的影响。TCL 先后通过 ISO9001 国际质量体系、欧盟 CE 等国际认证，并通过收购施耐德、汤姆逊与美国 Govedio 品牌来提高自己产品的质量。

第三，国际化战略都是先易后难的战略。TCL 和华为的国际化模式都是"渐进式"的，且都采用了先易后难战略。

2) 华为与 TCL 的不同之处

第一，国际化品牌策略不同。华为所有出口产品均为高科技产品，均为华为的自主品牌。TCL 在北美和欧洲两个重量级市场则主要使用"RCA"和"THOMSON"两个品牌，依靠这两个品牌的影响，以及 TCL 长期积累的低成本生产能力，合资公司业绩得到了较快增长。

第二，国际化的具体实现方式不同。TCL 国际化之初是在发展中国家建立分公司，但后来逐步转为以并购国外企业为主。华为并没有采取大量并购国外企业，而是利用自己的品牌逐步向目标市场推进。

第三，国际化效果不同。截至 2006 年年底，TCL 集团欧洲业务亏损已经超过 20 亿港元。特别是 TCL 对阿尔卡特的并购过于草率，导致其严重亏损。2008 年华为全球销售额达到 233 亿美元，国际市场收入所占比例超过 75%。

3) TCL 国际化失败的主要原因

第一，企业文化整合上的失败。由于忽视文化整合的流程，没有对两者文化的差异进行判断，极力推行以 TCL 主导的文化，让员工深感失落，这使双方在业务及组织上的整合都受到阻碍。

第二，人力资源整合上的失败。阿尔卡特并入 TCL 之后，原先的很多职位被调整，原阿尔卡特的一些中高级管理人员的职位被下调。此外，薪酬上的变动也让阿尔卡特的员工不能接受，TCL 采取的薪酬方式是"底薪加提成"。

第三，业务整合上的失败。市场调查不充分。施耐德在德国的社会形象是一个保守的、不断破产转卖的私人企业，产品还不如 TCL 先进，此种品牌战略对企业发展极为不利。

第四，缺乏盈利引擎，"国内外资金链"无法衔接，从 2003 年开始国内营业利润大幅度降低，但是，海外市场的巨额亏损仍需补。

要求：分析 TCL 和华为国际化经验的启示。

第 8 章　国际企业财务管理的主要内容

内容提要

本章主要讲解了国际企业的筹资管理、投资管理、营运资金管理的主要内容,包括国际筹资的特点、渠道、筹资方式;国际企业的资本成本与资本结构、国际筹资战略;国际投资的特点、种类、方式;国际投资的政治风险;国际企业营运资金的存量管理与流量管理等。

重点难点

本章重点为国际企业的筹资渠道与方式、国际投资的方式及政治风险、国际企业营运资金的管理;难点为国际企业的筹资、投资方式,国际企业营运资金的管理。

学习目标

通过本章学习,学生应掌握国际企业的筹资渠道与筹资方式、国际投资的方式及国际投资的政治风险、国际企业营运资金的存量管理与流量管理;了解国际筹资的特点、国际投资的特点。

知识框架

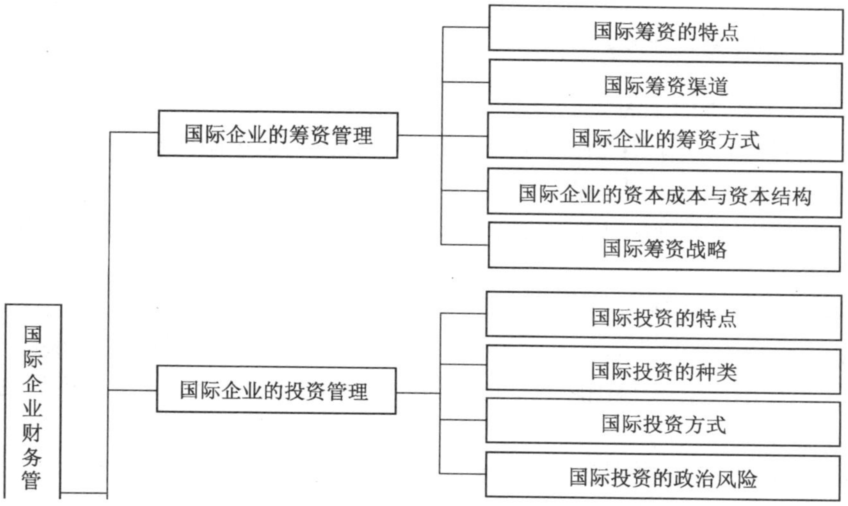

（续图）

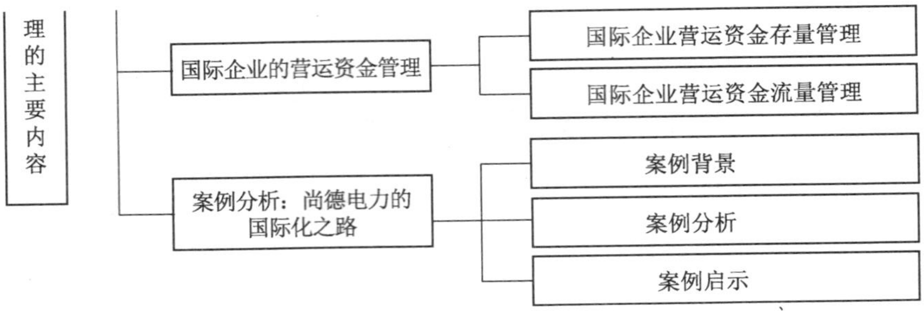

引入案例　新东方纽交所上市

美国东部时间2006年9月7日上午，新东方教育科技集团(简称“新东方”)成功地在纽交所挂牌上市，令持有公司31.18%股权的董事长俞敏洪的资产超过18亿元人民币。

新东方成功上市当天，新东方(EDU-US)采用集合竞价方式为新股定价，开盘20分钟后，报出每股存托凭证22美元的开盘价，高出发行价7美元，升幅达46.7%，开盘后股价曾一度大幅震荡，在被击至全日最低的20.60美元后，陡升至最高价23.20美元，后走势趋于平缓，盘终收于20.88美元，较发行价上涨39.20%，成交量633.2万股。

新东方上市首日的表现再次为华尔街上演了中国概念股的传奇，美国媒体评论称，当投资者尝试淘金中国的同时，来自全球人口最多的国家的企业已经向美国股票市场迈出坚实的一步。俞敏洪当天在纽交所表示，融资将部分用于开办更多学校、提高教学场所的硬件条件以及在教育领域展开并购。

新东方通过IPO共发售750万股美国存托凭证，相当于总股本的21%，承销商包括瑞士信贷、高盛和Piper Jaffray，根据协议，未来30天内，IPO承销团可以再次购入112.5万股新东方存托凭证。

新东方成功登陆纽交所，令公司董事长俞敏洪一跃成为亿万富翁无疑成为中国最富有的老师。据悉，新东方的员工也将因此成为新一批的富翁教师。

该案例中新东方采用了什么筹资方式?

8.1　国际企业的筹资管理

8.1.1　国际筹资的特点

1. 降低资本成本的空间大

国际企业在不同的国家或地区进行筹资，可以达到分散风险的目的；可以充分利用不同东道国的金融市场，比较并选择低成本的筹资渠道；可以利用国际贸易筹资、国际租赁筹资等高度发展且结构完善的专门筹资方式，降低资本成本；国际企业可以利用内部转移定价机制把资本从一个子公司转移到另一个子公司，从而获得成本较低的资本。

2. 筹资规模效应显著

国际企业可以在各国资本市场上发行股票、债券；通过国外子公司在东道国进行筹资等。增强了市场流动性，使得国际企业能与原先同样低的边际资本成本筹集到更多的资本，实现显著的筹资规模效应。

3. 综合资本成本是筹资决策的关键

每个子公司的财务结构在一定程度上会影响综合资本成本。因此，综合资本成本是国际企业进行筹资决策的关键因素，各子公司需要在企业整体筹资战略的安排下进行筹资。国际企业应从综合的视角出发，选择一个能使资本成本最小化的资本结构。

4. 筹资风险大

国际企业在筹资过程中不但面临着不同国家、不同地区的汇率、利率以及税率等因素的多重影响；而且还深受各国政治、法律环境，经济发展程度以及文化背景等更为复杂的影响，因此其筹资的不确定性较大。

5. 筹资管制与信息披露要求严格

在国际金融市场上筹资，一般都有严格的管制与信息披露要求，同时，成熟的投资者也要求国际企业在筹资时有充分准确的信息披露。如果信息披露违规，会受到严厉的惩罚。

8.1.2 国际筹资渠道

1. 来自国际企业内部的资金

国际企业的经营规模大、业务多，常常在其内部形成国际性的资金融通体系。一些著名的跨国公司有几十个甚至上百个分支机构。这些机构在日常经营活动中可能产生或获得大量的资金，从而构成了内部资金的广泛来源。国际企业内部的资金主要有两个渠道：一个是母公司或子公司本身的未分配利润和折旧基金；另一个是公司集团内部相互提供的资金。

2. 来自母公司本土国的资金

国际企业的母公司可以利用它与本土国经济发展的密切联系，从母公司本土国的金融机构和有关政府组织获取资金。

3. 来自子公司东道国的资金

国际企业也可以从子公司的东道国筹集资金，在当地金融机构借款既可弥补投资不足，又是预防和减少风险的有力措施。

4. 国际资金来源

除集团内部、母公司本国、子公司东道国以外的任何第三国或第三方提供的资金都可称为国际资金。国际资金主要包括以下三个方面：

(1) 向第三国银行借款或在第三国资本市场上出售证券。向第三国银行借款，一般仅限于国际企业的子公司；在第三国资本市场筹资，主要采取发行债券的方式。

(2) 在国际金融市场上出售证券。

(3) 从国际金融机构获取贷款。如向世界银行、亚洲开发银行等的借款。

8.1.3 国际企业的筹资方式

所谓筹资方式是指企业筹集资本所采取的具体形式和工具。筹资方式和筹资渠道是两个不同的概念。二者既有区别又有联系：同一筹资渠道可以采取不同的筹资方式；两种以上的渠道可以采取同一筹资方式。换言之，同一筹资方式可以适用于不同的筹资渠道。因此，企业在筹资时，应实现两者的合理配合。以下介绍几种具有国际特色的筹资方式。

1. 发行国际股票

国际股票是指一国企业在国际金融市场或国外金融市场上发行的股票，通常也称境外上市。比如，我国的股份有限公司在纽约证券市场上发行的股票，便属于国际股票。

与一般的企业相比，国际企业在国际金融市场上发行股票有以下有利条件：

(1) 国际企业规模大,信誉好,有利于股票发行。

(2) 国际企业业务散布在多国,对国际金融市场的情况比较了解。

(3) 国际企业通过国外的分支机构在当地发行股票,能节约发行费用。

境外上市给企业带来的优势包括以下几个方面:

(1) 企业通过扩展潜在的投资群,促使股价提升和资本成本下降。

(2) 境外上市为企业股票创造了第二市场,有利于国外市场的筹资。

(3) 境外上市能增强公司股票的流动性。

(4) 境外上市有利于提高企业及其产品在国际市场上的知名度。

(5) 境外上市有利于企业进行跨国并购的实施。

企业利用发行国际股票筹集资金,能迅速筹集外汇资金,提高企业信誉,有利于企业以更快的速度向国际化发展。但到国外去发行股票,必须遵守国际惯例,遵守有关国家的金融法规,因此,发行程序比较复杂,发行费用也比较高。

引例解析

新东方纽交所上市

引例中,新东方纽交所上市属于国际股票筹资。在美国,投资人若想购买外国股票,通常是通过美国存托凭证(ADR)的方式来购买。

2. 发行国际债券

一国政府、金融机构、工商企业为筹措资金而在国外市场发行的以外国货币为面值的债券,即为国际债券。其特点是发行人和投资者分属于不同的国家。国际债券可分为外国债券和欧洲债券两类。

外国债券是指一国政府、金融机构等在某一外国债券市场上发行的,以该外国的货币为面值的债券,该债券的担保和发售也是由市场所在国的金融机构组织的。例如,中国的政府或金融机构、工商企业在日本债券市场上发行的日元债券。目前,外国债券市场主要有美国、瑞士、德国和日本四大市场。

欧洲债券是指一国政府、金融机构、公司等在外国的债券市场上发行的,不是以该外国的货币为面值的债券。例如,中国在英国、德国和法国债券市场上发行美元债券。欧洲债券的特点是:发行人在一个国家,发行在另一个国家,债券面值使用的是第三国的货币或综合货币单位(如特别提款权)。

相对来说,到外国债券市场上发行债券受到的管制多些,而在欧洲债券市场上发行债券则比较宽松,因为欧洲债券不受当地法律的干预,受到的管制也较少,信息披露的标准比较宽松,税收上比较优惠,而且欧洲债券通常不记名,容易转让。目前发达国家的公司进入国际债券市场的很多,而发展中国家的公司相对较少。在债券市场的选择上,选择欧洲债券市场的较多。

国际债券筹资的优点:第一,债券筹资的成本较低。从投资者角度来讲,投资于债券风险较低,利息支出成本低于普通股票的股息支出成本;从筹资公司角度来讲,债券的利息是在所得税税前支付的,有抵税的好处;从发行费用的角度来讲,债券的发行费用一般也低于股票。债券投资在非破产情况下对公司的剩余索取权和剩余控制权影响不大,因而不会稀释公司的每股收益，不会削弱股东对公司的控制。第二，公司运用债券投资，不仅取得一笔营运资本，而且向债权人购得一项以公司总资产为基础资产的看跌期权。若公司的市场价值急剧下降，普通股股东具有将剩余所有权和剩余控制权转给债权人而自己承担有限责任的选择权。第三，债券投资具有杠杆作用。不论公司盈利多少，债券持有人只收回有限的固定收入，而更多的收益则可用于股利分配和留存公司，以扩大投资。

3. 利用国际银行信贷

国际银行信贷是一国借款人向外国银行借入资金的信贷行为。国际银行信贷按其借款期限可分为短期信贷和中长期信贷两类。短期信贷的借款期限一般不超过1年，国际企业借入短期资金，一般是为了满足流动资产需求。中长期信贷期限一般在1年以上，10年以内。中长期信贷金额大，时间长，银行风险较大，因此，借贷双方要签订贷款协议，对贷款的有关事项加以详细规定。另外，借入中长期信贷一般要提供财产担保。国际银行信贷按其贷款方式有独家银行信贷和银团信贷两种。独家银行信贷又称双边中期贷款，是一国贷款银行对另一国的银行、政府及企业提供的贷款。贷款期限一般为3～5年，贷款金额最多为1亿美元。银团贷款又称辛迪加贷款，是由一家贷款银行牵头，由该国的或几国的多家贷款银行参加，联合起来组成贷款银行集团，按照同一条件共同为另一国的政府、银行及企业提供长期巨额贷款。银团贷款期限一般为5～10年，贷款金额为1亿～5亿美元，有的甚至高达10亿美元。目前，国际的中长期巨额贷款一般都采用银团贷款方式，以便分散风险，共享利润。

4. 利用国际贸易信贷

国际贸易信贷是指由供应商、金融机构或其他官方机构为国际贸易提供资金的一种信用行为。当前，国际上巨额对外贸易合同的签订、大型成套设备的出口，几乎都与国际贸易信贷结合在一起。因此，国际贸易信贷是国际企业筹集资金的一种重要方式。

国际贸易信贷按贷款期限分为短期信贷和中长期信贷。短期信贷是指期限在1年以内的信贷；中长期信贷是指期限在1年以上的信贷。由于国际贸易中的中长期信贷的目的是扩大出口，故又称为出口信贷。出口信贷是发达国家为扩大本国产品出口，责成本国银行设立的一种利率优惠的贷款，其目的是向国外推销产品和吸引那些资金不足的进口商进口所需产品。

出口信贷主要包括以下两种：①卖方信贷。是指在大型机械或成套设备贸易中，为便于出口商以分期付款方式出售设备而由出口商所在地银行向出口商(卖方)提供信贷。这实际上是出口商从出口商银行取得中长期贷款后，再向进口商提供延期付款的商业信用，以便扩大产品出口。②买方信贷。是指在大型机械设备或成套设备贸易中，由出口商所在国的银行贷款给外国进口商或进口商所在地的银行的信贷。这种信贷有利于进口商迅速筹集资金，出口商扩大出口。

5. 利用国际租赁

国际租赁是指一国从事经济活动的某单位，以支付租金为条件，在一定时期内向外国某单位租借物品使用的经济行为。通过国际租赁，国际企业可以直接获得国外资产，较快地形成生产能力，充分利用外资。国际租赁作为利用外资的一种特殊形式，具有资金融通和贸易相结合的特点，可以发挥投资、融资和促销三重作用。

8.1.4 国际企业的资本成本与资本结构

1. 国际企业的资本成本

国际企业的资本成本是指国际企业筹集和使用资金必须支付的各种费用。国际企业的资本成本不同于国内企业的资本成本，具体表现在以下几个方面：

(1) 公司的规模。国际企业较易成长从而可使公司规模扩大，公司规模扩大有利于降低证券的单位发行成本。

(2) 进入国际资本市场。国际企业可经由国际资本市场获得资金，因为各市场间存在着不同的资金成本，国际企业可借此获得较低成本的资金。

(3) 国际业务的多元化。公司资本成本受公司可能破产的概率影响。如果一个公司的现金流入来自全世界各地，那么它的现金流量可能会更稳定。由于各国经济彼此独立，来自国际企业不同子公司的组合净现金流量会表现出较小的变化值，这样就会减少破产概率，降低国际企业的资本成本。

(4) 汇率风险高。受汇率波动风险影响较大的企业通常在未来各期有较大的现金流变化。因此汇率波动风险会导致资本成本升高。

(5) 承担国家个别风险。国际企业的国外子公司很可能被当地政府扣押、没收资产，而造成母公司的现金流量减少对资本成本产生不利影响。

从对以上五个因素的分析可以看出，总体上说，前三个因素(规模、进入国际资本市场和国际业务多元化)对国际企业资本成本会产生有利影响，而汇率风险和国家个别风险对国际企业资本成本的影响是不利的。因此，国际企业要选择合适的筹资方式、筹资地点、筹资币种来尽可能降低资本成本，实现资本结构优化。

2. 国际企业的资本结构

建立总体的最优资本结构是国际企业筹资最重要的战略目标。国际企业在确定最佳资本结构时，首先，要考虑公司自身的特点，包括：①国际企业现金流量的稳定性。现金流量较多且比较稳定的国际企业，可适当增加债务融资的比例。②国际企业的信用风险。有较低信用风险的国际企业更容易获得债务资本。③国际企业对收益的处理。如果国际企业倾向于保守的资本结构，可以将大量剩余收益留存于企业以弥补其资金的缺口。其次，要考虑各个东道国国家特征的影响。如：东道国对投资股票的限制(有些国家，政府规定只能投资于当地股票)、东道国利率水平的变化、东道国货币实力以及东道国税法规定等都会影响到国际企业的资本结构。此外，国际企业在确定最佳资本结构时，也要考虑到各个海外子公司的具体情况。

国际企业最佳资本结构的安排，是实现企业价值最大化的重要手段。在设计资本结构时，国际企业必须研究各种因素的制约，并据此设计公司整体和各个子公司的资本结构。

8.1.5 国际企业筹资战略

国际企业应从全球战略高度出发，权衡各类可利用的资金来源进行融资，以达到筹资成本最低、筹资风险最小、资本结构最优的目标。

1. 筹资成本最小

国际企业资金成本高低主要受各国利率及汇率的影响，不同市场上的资金，筹资成本各不相同；此外，国际资金借贷一般都采用浮动利率且汇率变动也较频繁，因此，国际企业应尽可能寻找资金成本最低的筹资方式。

2. 筹资风险最低

国际筹资风险一般包括国家风险和经济风险。国家风险主要受一国政治、社会、军事及管理制度等的变动的影响；经济风险则主要受国家宏观经济调控及政府经济政策的变动的影响。国际企业在进行筹资安排时，必须考虑这些风险，并努力避免或降低这些风险。

3. 总体资本结构最优

国际企业应以总体资本结构最优为目标合理安排各种筹资方式及资金比例，关注与债务筹资有关的违约或破产风险，关注子公司或投资项目的资本结构，要在考虑总体资本结构的前提下，结合子公司或投资项目的具体情况来确定最佳资本结构。

8.2 国际企业的投资管理

国际投资是指投资者跨越国界投入一定数量的资金或其他生产要素，以期获得比国内更高的利润。按投资的主体，可把国际投资分成政府进行的国际投资和企业进行的国际投资，政府进行的国际投资一般带有一定的援助性质，不属于国际财务管理所要研究的内容。

特别提示 7-1

本节所述的国际投资均指企业进行的国际投资。

8.2.1 国际投资的特点

与国内投资相比，国际投资表现出如下特点。

1. 国际投资已成为生产要素国际交流的重要形式

直接投资方式在第二次世界大战后的国际投资中已日趋占据重要的地位，其目的不仅是为了谋取利润，更重要的是实现生产要素的交流、市场的扩大、技术水平的提高、国际金融的渗透，以适应在生产国际化形势下国际竞争的需要。

2. 投资目的的多样性

国际投资的目的多种多样，有的在于促进资本保值增值，有的在于改善投资国与东道国的双边经济关系，有的则带有明显的政治目的等。

3. 国际投资的资本来源多渠道

资本来源既包括其自有股本、折旧基金、国外利润、应付款项、暂时闲置的库存现金等，也包含其遍布世界各地子公司所吸收的东道国政府和当地私人企业的投资和信贷资金，以及向当地市场和国际金融市场筹集的资本等。

4. 投资活动中货币单位的差异性

各国所使用的货币不同，货币本位的差别决定了资本的国际相对价格的差别，这种差别影响着国际投资的规模和形式。

5. 国际资本流动出现脱离商品劳务流转的趋势

当代国际资本流动和国际外汇市场交易活动在很大程度上脱离了国际商品劳务流转。国际资本流动和国际货币运动已日益成为谋取高额利润的手段，从而形成一种带有独立性的纯金融交易。

6. 国际投资具有更大的复杂性和风险性

国际投资的经营活动遍及多个国家，因而受到各国不同的政治、经济、金融体制和环境的制约。这给企业选择资本投放方向（即投资决策）带来了更多的不确定性。汇率变动、利率变动、通货膨胀以及政治风险等因素，都是企业进行国际投资时必须考虑的。

7. 国际投资具有更多的灵活性和套利机会

跨国公司可以通过全球范围的对外直接投资，使其产品的销售市场、主要原材料的供应来源及主要产品的生产地点多元化，能够有效地减少其盈利的波动性。可以充分利用东道国的优势（如人力资源、廉价的劳动力、节约运输成本等），还可以绕过关税壁垒和贸易限制，或者从国际市场中猎取信息和获取经验。

8.2.2 国际投资的种类

1. 按投资方式，可分成国际直接投资和国际间接投资

国际直接投资又称对外直接投资，是指投资者在其所投资的企业中拥有足够的所有权或控制权。直接投资一般指在国外开设独资企业，兴办合资企业、合作企业。如果股票投资达到了对某企业进行控制的程度，也属于直接投资。

国际间接投资又称对外间接投资，是指投资者不直接掌握投资对象的动产或不动产的所有权，或对投资对象没有足够的控制权。间接投资一般指各种证券投资。

区分直接投资和间接投资的标志是投资者是否能控制作为投资对象的外国企业。国际货币基金组织（IMF）编写的《国际收支手册》认为，一个紧密结合的组织在所投资的企业中拥有25%或更多的股份，可以作为控制所有权的合理标准。另外，各国政府都根据具体情况确定了直接投资与间接投资的划分标准。例如，美国商务部1956年规定，若某外国公司股权的50%由一群相互无关的美国人掌握，或25%由一个有组织的美国人集团拥有，或10%由一个美国人（法人）拥有，则对该公司的投资即可视为美国的国际直接投资。

2. 按投资时间长短，可分成长期投资和短期投资

长期投资一般是指1年以上的投资。在国外兴办合资企业、合作企业、独资企业或持有国外企业发行的证券1年以上，都属于长期投资。长期投资一般所需资金多，投资时间长，投资风险大，必须认真分析投资环境和投资效益，作出科学决策。

短期投资一般是指1年以内的投资。短期投资通常是指证券投资，如果进行合作经营，时间不超过1年，也属于短期投资。

3. 按资金来源，可分为公共投资和私人投资

公共投资一般是指一国政府或国际组织所进行的投资，如由政府出资兴建公共设施，由国际金融机构出资改善投资环境等都属于公共投资。

私人投资是指私人（包括法人和自然人）筹集资金，为谋求利润所进行的投资。国际财务管理中的投资主要是企业（法人）筹集资金到国外去投资，以谋求利润的行为，因此属于私人投资。

8.2.3 国际投资方式

国际投资方式是企业进行国际投资时所采用的具体形式，目前主要有国际合资投资、国际合作投资、国际独资投资、跨国并购、国际证券投资等。

1. 国际合资投资

国际合资投资是指某国投资者与另一国投资者通过组建合资经营企业的形式所进行的投资。这里的合资经营企业通常是指两个或两个以上的不同国家或地区的投资者按照共同投资、共同经营、共负盈亏、共担风险的原则所建立的企业，是一种股权式的经营形式。

国际合资投资是国际投资的一种主要方式，其优点有：

(1) 进行国际合资投资可减少企业的投资风险。进行合资经营，由于东道国投资者对自己国家的经济情况了解比较多，因而能减少经营上的风险。

(2) 由于与东道国投资者合资经营、共负盈亏，外国投资者除可享受特别优惠，还可获得东道国对本国企业的优惠政策。

(3) 进行合资投资，能迅速了解东道国的政治、社会、经济、文化等情况，学习当地投资者的先进管理经验，有利于加强企业管理，提高经济效益。

进行国际合资的缺点有：

(1) 进行国际合资投资所需时间较长。一般来说，进行合资投资必须寻找合适的投资伙伴，但这比较困难，需要较长时间。另外，在国外设立合资企业，审批手续比较复杂，需要的时间也比较长。

(2) 很多国家都规定，外资股权不能超过50%，所以，外国投资者往往不能对合资企业进行完全控制。

(3) 投资方的经营目标不同，在经营管理中容易产生分歧和冲突，影响企业的经营效率。

2. 国际合作投资

国际合作投资是指通过组建合作经营企业的形式所进行的投资。这里的合作经营企业又称契约式合营企业，是指外国投资者与东道国投资者通过签订合同、协议等形式来规定各方的责任、权利、义务而组建的企业。

合作投资的优点有：

(1) 进行合作投资所需时间比较短。兴办合作企业的申请、审批程序比较简便，合作经营的内容与方式没有固定要求，便于双方协商，达成协议。

(2) 进行合作投资比较灵活。合作企业的合作条件、管理形式、收益分配方法以及合作各方的责任、权利、义务，均可根据不同情况，在合作各方协商的合同中加以规定。

合作投资的缺点有：这种企业组织形式不像合资企业那样规范，合作者在合作过程中容易对合同中的条款发生争议，可能影响企业的正常发展。

3. 国际独资投资

国际独资投资是指通过在国外设立独资企业的形式所进行的投资。这里的独资企业是根据某国的法律，经过该国政府批准，在其境内兴办的全部为外国资本的企业。

国际独资投资的优点有：

(1) 投资者提供全部资本，独立经营管理，拥有自主权，不会受到其他干涉。

(2) 有利于学习所在国的先进技术和管理经验，投资者可以利用各国税率的不同，通过内部转移价格进行合理避税。

国际独资投资的缺点有：

(1) 独资经营企业的投资者要对企业的全部债务承担无限责任,调查投资环境比较困难,不容易获得详细的资料,风险较大。

(2) 在很多国家,独资企业设立的条件比合资企业严格。

4. 跨国并购

一国企业为了某种经营目的,通过一定的渠道和手段,将另一国企业的整个资产或足以行使经营控制权的股份收买下来,从而对另一国企业的经营管理实施实际的或完全的控制行为,即为跨国并购。跨国并购已经成为国际直接投资最主要的方式。

跨国并购的优点有:

(1) 可以迅速进入东道国市场。缩短项目的建设周期,从而实现快速进入市场的目的。

(2) 可以获得目标企业的市场份额,降低竞争压力。

(3) 利用适合当地的原有管理制度和管理人员,尽快适应当地市场环境。

(4) 可以获得企业发展所需要的技术、专利和商标等无形资产。

(5) 能够扩大产品种类和经营范围,实现多样化经营。

跨国并购存在的缺点有:

(1) 价值评估困难。不同的国家有不同的会计准则,一些被并购企业的财务报表中的错误和粉饰增加了并购时价值评估的难度;收集国外的有关信息较难,无法保证数据的完整性,这会增加对被并购的企业销售潜力和预期利润的估计难度。

(2) 政治风险大。东道国政府出于政治或战略考虑,会进行干涉从而导致并购失败。

5. 国际证券投资

国际证券投资是指一国投资者将其资金投资于其他国家的企业或经济组织发行的证券,以期在未来获得收益。国际证券投资是企业从事国际经营活动的起点之一。

国际证券投资的优点有:

(1) 投资灵活、方便。证券投资不像进行合资经营那样要经过谈判、协商和复杂的审批手续,只要有合适的证券就可以投资。

(2) 可以降低风险。证券发行时一般需要经过资信评级机构确认发行人的资信等级,有的还需要担保,因而风险比合资、合作、独资投资的风险低。

(3) 可增加企业资金的流动性和变现能力。企业持有国际证券,随时可转让出售变现,因而投资于证券比投资于实物资产更具有流动性。

证券投资的缺点有:证券投资只能作为一种获得股利或利息的手段,而不能达到学习国外先进的科学技术和管理经验的目的,也无法控制有关资源和市场。

8.2.4 国际投资的政治风险

1. 国际投资的政治风险概述

除了与国内企业一样面临投资风险,国际直接投资还要面临东道国可能存在的政治风险。对政治风险有不同的解释,此处主要是指投资所在国政策变化可能给国际企业带来的损失,比如没收国外资产、税法的变化、对贸易和货币的控制等都属于政治风险。

按照影响的范围不同,政治风险可以分为宏观风险和微观风险。宏观风险是指影响到所有外国公司的政治风险,如东道国政局的稳定性、对跨国公司的态度等。微观风险是指仅对国际业务的一部分或个别公司有影响的政治风险。

按照公司受影响的方式不同，政治风险可以分为转移风险、经营风险和控制风险。转移风险是指由资本、利润和专有技术等跨国转移的不确定性所引起的政治风险，比如对跨国公司将利润转回本土国的限制等。经营风险是指由东道国政策的不确定性而影响跨国公司在当地的运作，如突然的政策变化、最低工资法的实施等。控制风险是指东道国对当地经营的控制权或所有权方面的政策的不确定性所引起的政治风险，如对外国企业控股权的限定等。

对政治风险的度量并不容易，评价政治风险时通常首先考察东道国的政治稳定性以及不同政党之间的实力对比，如果一个国家有多个政党，那么频繁的换届极有可能导致政策的非连续性，而且不同的政党其政治纲领会有差别，管理经济的方法也不尽相同。其次，要关注东道国的一体化程度。如果一个国家的政治和经济与其他国家的关系紧密或者该国是几个主要世界组织的成员，如世界贸易组织、欧洲联盟等，那么该国的政治风险相对较小，因为它更有可能在经济事务中遵守规则。最后，要注意政治风险可能由经济情况引发，如持续的贸易逆差可能导致东道国建立贸易壁垒，严重时可能导致政治混乱。

【例 8-1】　美国的政治风险：加利福尼亚的单一税制

1977 年，加利福尼亚对在该州经营的公司实施了一种不同于往常的单一税制，按照单一税制，税收是按照公司在全球范围内取得的收入的百分比来征收，而不是根据公司在加利福尼亚州所取得收入的百分比来计算。在加利福尼亚州实施单一税制的同时，因为被要求进行额外财务披露以说明在全球范围内取得的收入情况，几家跨国公司推迟或取消了在加利福尼亚的计划投资项目。

这种特别税制给在美国的外国公司以及美国的本土公司都带来了一种政治风险。英国的巴克莱银行和美国的高露洁-棕榄公司就单一税制向美国法院提起了诉讼，理由是该税制对外国公司（巴克莱）和外州公司（高露洁-棕榄）有歧视之嫌。1994 年 6 月，美国最高法院判决加利福尼亚的单一税制符合宪法，并宣布单一税制并未侵害美国国会有关“在几个州内对与外国的商业活动进行管制”的法令。等到该诉讼获得法院裁决之时，该争议已失去了实际意义。鉴于一些公司已经终止或取消了在加利福尼亚的计划投资，加利福尼亚州政府已经同意由国外的跨国公司选择按单一税制纳税或按在美国所取得的收入来纳税。这一事例提醒人们即便在稳定的国家，政治风险依然存在。

2. 国际投资政治风险的防范

国际企业可以通过以下几种方法防范政治风险：

（1）资本预算时充分考虑政治风险。国际企业在编制投资预算时应当考虑政治风险这一因素，并据此调整项目的净现值。一般来说可以通过保守估计预期现金流和提高资本成本来进行，只有当调整后的净现值为正时，投资计划才是可行的。

（2）购买保险。对于一些规模较小的公司来说，购买保险是一种简便易行的方法。国家风险的保险范围包括资产征用、货币不能兑换、战争、暴动等事件引起的损失。

（3）利用当地资源避免政治风险。国际企业可以通过与当地企业建立一些关系来规避政治风险，如与当地企业合资，这样东道国政府就不太可能会没收该投资，因为这种行为也会损害当地企业的利益。筹资时尽量从东道国银行获得贷款这种情况下，东道国政府的政策变化会考虑银行资金的回收。

8.3 国际企业的营运资金管理

营运资金的定义有两种：一是毛营运资金，指企业的流动资产总额，包括现金、短期证券、应收账款、存货等项目；二是净营运资金，指流动资产减流动负债后的净额。本节以第一种定义为主，针对营运资金各项目，研究具有国际企业特点的各种管理原理与管理方法。

8.3.1 国际企业营运资金的存量管理

1. 国际企业的现金管理

这里的现金是指包含备用金、银行（活期）存款、各种存单（如银行本票、银行汇票）及有价证券（这里讨论的有价证券指被视为现金的替代品的有价证券，是“现金”的一部分）等在内的营运资金项目。其特点是流动性较强，但盈利性较差。

1）现金管理的特点

（1）管理涉及多个国家，企业面临多种环境，如一国政府对资金流入和流出所作出的各种限制、汇率变动、各国税制差异、某些东道国缺乏保障资金流动的便利条件等。

（2）机会与困难共存。国际企业可以从海外寻求更多的短期投资机会，也可以通过集中化管理，提高现金管理的效率和水平。

2）现金持有决策

现金持有决策包括确定最佳现金持有量、持有形式、持有时间与持有币种等：

（1）最佳现金持有量。具体地说，就是在满足企业全球发展战略的前提下使企业现金持有成本最低、风险最小的现金持有量。现金持有量超过企业的实际需要量，则会导致较高的机会成本，反之，则会导致企业发生信用风险。因此，国际企业必须根据经济业务的需要与企业战略，在充分预测汇率变动与资金管理成本的基础上，预测企业资金需求量。

（2）持有形式。持有形式是指现金余额在现钞、活期存款、存单及有价证券等持有形式之间如何分配的问题。持有的项目和数量会因各东道国的金融市场情况而异。

（3）持有时间。持有时间是指各种形式的现金持有多久的问题。持有时间不仅受企业的全球经营战略的影响，而且受利率、汇率以及税收征收制度的影响。因此需要根据企业战略以及现金预算情况，以及对未来理财环境变化情况的预测，决定现金的持有时间。

（4）持有币种。持有币种是指国际企业现金管理中持有何种货币的问题。正是因为国际企业的分支机构遍及全球，必须处理多种货币，而各种货币币值高低起伏，汇率波动很大，所以国际企业面临很大的风险。

3）现金转移决策

从国内企业的角度看，现金转移过程仅涉及转移成本和利息损失，但从国际企业的角度看，资金在转移过程中还面临汇率风险。因此，国际企业必须设计符合全球业务活动需要的现金转移网络，以便从企业整体利益出发，统一调度现金，使风险减至最小。

4）现金管理方法

国际企业现金管理的方法主要有：现金集中管理、多边净额结算、短期现金预算、多国性现金调度系统等。

（1）现金集中管理。国际企业在主要货币中心或避税地国家设立现金管理中心，要求它的每一个子公司所持有的当地货币现金余额仅以满足日常交易需要为限，超过此最低需要的现金余额，都必须汇往管理中心，它是国际企业中唯一有权决定现金持有形式和持有币种的现金管理机构。这就是现金的集中管理。

为了使现金的集中管理能够行之有效，各子公司需要对现金的需求进行预测，如编制短期现金预算，预测未来时点的现金流出流入量；根据所在国的支付习惯和金融状况预计现金溢余或短缺的时间和数量，同时各子公司还必须建立系统的收付款制度和现金转移的责任制度，这样才能有效地配合现金的集中管理，使之更加可行。

现金集中管理之所以被国际企业广泛应用，是因为这种方法具有以下优点。

第一，规模经济优势。现金集中管理以后，可以使整个国际企业的现金持有量达到最低。腾出来的资金就可以进行短期投资，获取利润。

第二，信息优势。由于现金管理中心专门从事现金的调度，所以有充足的时间进行信息的搜集，而且能够提供在各种货币市场上进行操作的经验。

第三，全局性优势。管理中心在现金管理上能从全局考虑问题，防止各子公司的次优化选择。当各地子公司发生资金短缺时，管理中心还可以给子公司提供紧急现金援助。

第四，分散风险，特别是外汇风险。现金的集中管理可以有效进行多元化组合，从而分散有关风险，特别是外汇风险。

(2) 多边净额结算。由于国际企业对遍及全球的子公司的现金进行集中管理，而母子公司及子公司之间购销商品和劳务的收付款项又很频繁，为了减少外汇暴露风险和资金转移成本，国际企业可以在全球范围内对子公司内部的收付款项进行综合调度，即进行多边净额结算。

多边净额结算是指有业务往来的多家公司参加的交易账款的抵销结算。由于涉及面广，收支渠道复杂，必须建立统一的控制系统。一般要求设立一个控制中心，即中央清算中心，由它统一清算企业内部各实体的收付款。

多边净额结算给国际企业带来许多好处，具体表现在：

第一，从数量上看，实际资金转移数量的减少可以大大减少各种费用的支出。首先，多边净额结算可以减少大量交叉现汇交易引起的外汇成本。其次，在途流动资金的减少，使汇率波动带来的外汇暴露风险降至最低，同时减少了在途资金的利息损失。

第二，由于多边净额结算一般是以固定的汇率在确定的日期统一进行的，所以，可以充分利用国际企业外汇风险管理和现金集中管理的优势，规避风险。

第三，多边净额结算还可以使国际企业建立起规范的支付渠道，使自身的业务进一步规范化、专业化，同时还能与银行建立起更稳定的合作关系。

值得注意的是，国际企业在进行多边净额结算时必须充分了解各子公司所在国的外汇管制条例，因为这种方法的运用在一些国家受到限制。例如，巴西不允许任何形式的净额支付；加拿大和美国没有任何限制；日本不允许多边净额支付；意大利则要求事先申请，经批准后才能实行多边净额支付。

(3) 短期现金预算。现金预算是预测和报告现金流出和流入状况的制度。现金管理中心必须逐日掌握各分支机构的信息，所以在大规模的跨国企业中，一般要求子公司编制短期现金预算，预算的期间可以是一周、半周甚至每天。事实上，这类报告一般以电话或电传的方式传送。

(4) 多国性现金调度系统。为了减少资金配置和资金转移的失误，充分发挥国际企业的全球战略优势，在多边净额结算的基础上还必须建立多国性现金调度系统。

多国性现金调度系统是现金管理中心根据事先核定的各子公司每日所需现金余额和子公司的现金日报及短期现金预算，统一调度子公司的现金，调剂余缺，使国际企业的资金能得到最充分合理的运用。

管理中心进行多国性现金调度的程序是：第一，核定各子公司每日所需的最低现金余额；第二，每日终了时，汇总各子公司的现金日报与短期现金预算；第三，比较各子公司当日现金余额与核定的最低现金余额，确定多余或不足；第四，由管理中心发出资金转移指令，现金溢余的子公司将多余现金或汇往管理中心，或直接汇往现金短缺的子公司，或积蓄在当地进行金融资产管理；而现金短缺的子公司将获得援助。

多国性现金调度系统通过控制和调度各子公司的现金持有数量，可以将现金转换造成的失误尽量减小，使国际企业的资源得到最佳配置。

2. 国际企业的应收账款管理

应收账款管理是营运资金管理的重要组成部分，国际企业应收账款数额巨大，受各种因素的影响，其发生坏账的可能性更大。因此，必须加强国际应收账款的管理。无论对于国内企业还是国际企业来说，应收账款的数量都取决于赊销额和平均收款期两个因素。这两个因素本身又与金融市场的信贷标准、信贷条件及企业本身的信用政策相关。在国际企业应收账款的管理中，还必须考虑企业的国际信誉、币值变动风险和政治风险。

国际企业的应收账款由两种类型的交易引起：一是向企业外部的独立顾客销售产品；二是企业集团内部交易。这两类应收账款同样面临外汇风险，但在影响因素方面却存在很大差别，应分别考察。

1）独立顾客的应收账款管理

第二次世界大战以后，国际经济行为完全进入信用导向时代，现金交易日趋减少，国际范围的赊销和分期付款被广泛接受。国际企业在确定销售方式之前，必须对客户的资信状况进行全面的调查，只有对资信状况好的企业才提供商业信用。一旦决定采取赊销的方式进行交易，就必须加强对应收账款的管理，将风险降至最低。其管理包括以下内容：

（1）交易币种的确定。一般来说，出口商愿意选择最坚挺的货币而进口商则愿意选择最疲软的货币。经过谈判协商，通常是在支付币种和付款条件之间双方各退一步，达成平衡。如出口商提供较长的付款期，而进口商同意以硬货币支付。

知识拓展 8-2

实践中交易币种确定的特殊情形

如果现行的市场对软通货的估价已包含了预计通货膨胀贴水和补偿币值不稳的保险费，那么采用何种货币付款差别并不大。如果对软通货估价过低而同时又对硬通货估价过高，那么以软通货标价对出口商更有利。如果出口商恰好有以软通货标价的负债，那么出口商也愿意对方以软通货付款，这样免去了外汇交易的麻烦，又无明显的损失。出口商所在国货币的坚挺程度影响交易币种的选择。因为这将影响结算货币的相对币值的状况。

（2）付款条件的确定。付款条件包括信用期间、信用标准和折扣政策。但是，影响国际应收账款付款条件的因素更多、更复杂，其中交易币种的强度最值得关注。一般而言，交易币种如果比较坚挺，那么付款条件可能相对宽松，反之，则比较严格，因为以软货币表示的应收账款应尽早收回，以最大限度地减少在销售期和收款期之间的外汇风险损失。

（3）应收账款的让售与贴现。应收账款的让售是指企业将应收账款出售给银行或其他有关单位，立即收到现款。虽然企业在让售中要付出一定的代价，但一方面免去了坏账损失的风险，另一方面企业可以采用当地商业习惯上使用的付款期，这有利于竞争的展开，销售时不必对客户提出更多的要求。

应收账款的贴现实质上是一种票据贴现，用应收账款作为抵押品，如果贴现人到期不兑现票据，银行以应收账款的回收额抵充。在国际企业急需资金时可以考虑这一途径。

2）国际企业内部的应收账款管理

国际企业内部的应收账款与独立顾客的应收账款的差别体现在：① 国际企业内部应收账款无须考虑资信问题；② 付款时间不完全取决于商业习惯，而主要取决于国际企业的全球战略。因此，国际企业内部的应收账款的币种、付款条件，是国际企业资金配置的政策性问题。

一般来说，在国际企业内部应收账款的管理上有两种技巧：提前或延迟付款；再开票中心的设置。

(1) 提前或延迟付款。提前或延迟付款，实质上是商业贷款期的改变。运用这种技巧的原因很多，如东道国政治不稳定、外汇管制、货币贬值、利率变动等。最主要的两个经济因素是汇率和利率。

如果跨国企业的一家子公司位于货币可能贬值的国家，那么母公司一般要求这家子公司尽早支付应付其他子公司的货款；反之，则要求延迟付款。

利率的差异也可能运用提前或延迟付款的技巧。因为，如果应收方资金充裕，收到的账款就可以存入银行，收取存款利息，如果资金短缺，收到的账款可以减少从银行的借款，减少利息费用；应付方如果当时资金短缺，则必须从银行借款来支付货款，增加利息费用，如果当时资金充裕，支付账款就等于减少银行存款，减少利息收入。而银行存款与银行借款的利率是不一致的，前者低，后者高，不同地区之间利率的整体水平也有差别。因此，跨国企业可以利用这些差异，有意识地提前或推迟付款，以达到节约利息费用、增加利息收入的目的。

(2) 再开票中心的设置。再开票中心是国际企业设立的贸易中介公司。当跨国企业成员从事贸易活动时，商品和劳务直接由子公司提供给买方，但有关收支的业务都通过这个中介机构进行。

再开票中心一般设立在低税管辖区，由于在当地不进行购销业务，因而可以取得非居民资格，不必在当地纳税。再开票中心不仅可以起到避税的作用，而且可以实现更多业务上和财务上的目标。

提前或延迟付款虽然可以在一定程度上回避风险，但两家子公司只有发生赊销赊购业务时才可能运用。而再开票中心，对原来没有业务联系的企业，也可以实现资金的融通。

3. 国际企业的存货管理

存货包括原材料、半成品、产成品与包装物等，主要为生产产品与销售产品提供供应。由于存货往往在企业流动资产中占有较大的比重，而且流动性很差，所以存货方面决策一旦失误，影响比较大。与国内企业相比，国际企业的存货管理要复杂得多。因为存货的周转、转移要跨越国界，一方面，不同国家的生产成本和储存成本有差别；另一方面，关税和其他壁垒限制存货的自由流动。

存货管理的目标在于存货规模的最优化，而存货规模取决于存货采购、生产耗用与产品销售状况。根据生产计划很容易获得生产耗用数据，因此，存货管理重点在于存货购置决策与销售决策。在财务上，销售决策的核心是定价决策而定价决策是经济学范畴，因此，下面重点研究存货购置决策。存货购置决策需考虑以下因素：

(1) 超前或延迟购置的成本。存货超前购置涉及的业务成本有：投资于存货的资金利息、保险费、储存费和存货损耗等。存货延迟购置涉及的业务成本有：由通货膨胀或货币贬值导致的较高成本、因运输等原因导致存货供应不及时造成的损失等。因此，存货购置决策首先取决于以上两种成本的对比关系。

(2) 存货类型。尽管从理论上说国际企业应使存货水平最优化，但许多在生产过程中依赖进口原材料或半成品的企业仍会经常保持较高的存货水平。主要原因在于担心通货膨胀、原材料短缺、种种国际限制以及战争和冲突的影响等。所以在进行存货购置决策时，必须考虑存货的类型，即是否依赖进口。①如果子公司存货主要依赖进口，在预期当地货币贬值的情况下，应提前购置存货并且尽可能多地购置。因为货币贬值后，进口成本会大大增加。②如果子公司主要从当地购置存货，在预期货币贬值时，应尽量降低原材料、半成品等的存货量。因为如果本地货币发生贬值，会大大减少以母公司本国货币表示的当地存货的价值。③如果子公司既从国外进货，又在东道国进货，在预期当地货币贬值的情况下，应努力减少当地存货的存量，同时超前购置进口存货。如果不能精确地预见货币贬值的幅度和时间，那么子公司应设法保持同量的进口存货和当地存货，以避免外汇风险。

8.3.2 国际企业营运资金流量管理

1. 国际企业资金流动的限制因素

国际企业的资金是跨国界流动的，国际经济环境中的许多因素限制着资金的转移，这些限制是国际企业合理配置资金所必须考虑的环境因素。

(1) 政治限制。当东道国政府缺少外汇，又不能向外借款或通过其他方式吸引外来投资时，往往公开或变相地阻止资金的转移。如果东道国政府实行外汇管制，使该国货币不可兑换，将资金转移完全封锁，这就是公开地阻止资金的国际流动。如果东道国政府采用其他政策，如对子公司价格政策和股息政策实行限制、对偿债率作出规定等，就是变相地阻止资金转移。

(2) 税收限制。税收是一国政府调节经济的重要杠杆，通过税收政策的制定同样可以起到限制资金流动的作用。一方面，东道国政府可以对资金流出课以重税；另一方面，税制结构的复杂性和相互作用的关系，使资金流出十分困难。

(3) 外汇限制。当资金从一种货币形态转化成另一种货币形态时，必然涉及外汇交易成本，这些成本包括交易费和外汇卖出价与买进价之间的差额。通常情况下，这种成本只占交易数额的一小部分，但如果资金转移数额很大或转移频繁时，国际企业必须对外汇交易成本予以重视。

(4) 流动性限制。营运资金各项目的流动性是有差异的，有些存货往往不能及时变现，当面临风险需要转移时，会因流动性差而无法妥善安置。

2. 国际企业资金转移计划

资金转移计划是资金转移政策的具体化，国际资金转移计划包括母公司对子公司的资金转移计划和子公司对母公司的汇款计划。前者在跨国公司初创或扩大规模的过程中显得比较重要，因为这一时期资金大量从母公司流向子公司。而在跨国公司的正常经营过程中，大量存在的则是子公司向母公司汇款，而且这种资金流动比较容易受到各种因素的影响和限制，因此，制定子公司的汇款计划是国际企业营运资金流量管理的重要环节。子公司汇款计划的制定需要重点考虑以下方面：

(1) 汇款的数量。一般来说，子公司对母公司的汇款比例在一定时期内是相对稳定的，应按这一比例如数汇回款项。在确定汇款比例时一般考虑以下因素：第一，子公司的资本结构。因为资本结构可能影响到本土国和东道国税收当局对子公司资金转移的态度，由此产生的预扣税在数量上存在差别。第二，子公司的负债情况，即欠母公司或其他子公司的债务。第三，子公司的预期收益及整个跨国企业其他子公司的预期收益状况。第四，母公司对风险的态度和对子公司的要求。第五，以往年度的历史数据。

(2) 汇款的形式。子公司向母公司汇款的主要形式有股利汇付、各种费用的支付、转移价格等。在确定汇款形式时一般应考虑以下因素：第一，税收因素。东道国政府对不同形式的汇款在税收上的规定是不一样的，为了规避风险，必须考虑税收因素。第二，东道国政府所允许和限制的汇款形式。第三，子公司的其他股东，即持有较大份额股权的股东一般也会限制子公司自由决定汇款的形式。第四，汇款数量。汇款金额的大小也决定着采取何种形式进行资金转移。

3. 国际企业营运资金转移的形式

国际企业营运资金转移的一般形式有如下几种。

1) 股利汇付。股利汇付是跨国企业的子公司向母公司转移资金最普遍的方式。跨国企业的股利汇付政策涉及多个利益主体，它们是：本国政府、外国政府、母公司、子公司和股东，必须在这些利益主体之间寻求一个平衡点。跨国企业制定股利汇付政策时必须考虑以下因素：

(1) 税收因素。东道国和母国的税法都影响着跨国企业的股利政策。有些国家对股利汇出的数量规定限额，超出这一限额的股利汇付要从重课税。有些国家对留存收益的征税远远高于对股利再投资的盈利的征税；有些国家对汇付出去的股利征收预扣税，如果规定预扣税由母公司负担，当母公司所在国税率高于国外时，会多支付税款，这时一般导致子公司进行股利的再投资。因此，税收因素是跨国企业选择股利分配政策考虑的首要因素。

(2) 外汇风险因素。当子公司所在国货币即将贬值时，增加股利汇付的数量可以减少在当地的货币资产；反之，当子公司所在国货币即将升值时，可采用减少股利汇付数量和推迟股利发放时间的策略。

(3) 政治因素。一般情况下，为了取得子公司所在国政府的信任，子公司的股利汇付率应该是相对稳定的，这样，该国政府才容易衡量企业有无逃汇以至于破坏其外汇储备的行为。但也有特殊情况出现的可能，如果一国发生政局变动或外汇危机，在高度政治风险下，母公司要求子公司尽快转移积余资金，这时一般通过增加股利汇付实现资金的转移。

(4) 资金的可获得性。在子公司急需扩大规模或追加投资时，如果所在国的资金比较容易获得，那么一般不会影响股利汇付的数量；但如果当地很难取得借款，一般会减少股利的分配比例。

2) 特许权费、服务费和管理费的支付

特许权费、服务费和管理费的支付也是跨国企业子公司向母公司或子公司之间转移资金的基本方式。从汇出的难易程度看，这种方式易于股利汇付，子公司所在国一般难以限制。

特许权费是指子公司为获取技术、专利或商标的使用权，而付给拥有技术、专利或商标的母公司或子公司的报酬。

服务费是用于补偿由母公司或其他子公司提供给该子公司的专门服务的支出。一般按服务的时间、类型和等级确定支付费用的标准。

管理费是跨国企业在进行国际业务时所发生的一般行政管理费用中应由该子公司摊付的部分。跨国企业的全部管理费用包括母公司的管理成本与必须由经营单位补偿的其他子公司的管理费用，如现金管理中心、研究开发新产品、公共关系、法律和会计咨询等方面发生的费用。这些费用的发生并不限于某个公司，所以一般采用按子公司销售额的大小进行分摊的方法。

3）转移价格

转移价格是国际企业进行内部贸易的一种价格。所谓内部贸易是指一个公司控制下的，位于不同主权国家的子公司之间或母公司与子公司之间的国际性商品与劳务交易。转移价格既不受市场供求关系的直接影响，也不完全取决于产品本身的价值，它是跨国企业进行资金转移以获得最大经济利益的一种工具。

4）公司内部信贷

对资金抽出限制比较严格的地区，一般可以采取公司内部信贷的方式转移资金，即以母公司或其他子公司向该地区贷款的方式供应资金，并按高利率收取利息，以便在短期内将资本调回本国。

通过内部信贷的方式转移资金有一个优点，就是可以利用不同地区间利率的差别，将低利率地区的资金调到高利率地区使用。一般来说，由地处利率较低地区的子公司在当地借款，然后将这笔资金贷给投资报酬率较高或利率较高地区的子公司使用。需要说明的是，在不存在货币自由汇兑关系的国家之间，这种方法仍然适用。因为跨国企业完全可以通过非兑换的方式将资金转移。例如，如果瑞士的利率低于加拿大的利率，那么驻瑞士的子公司可以向当地银行借款，然后用瑞士法郎在国际市场上采购原材料，再将这些原材料运往加拿大的子公司，供其使用或转卖，这中间并不存在汇兑的问题。

8.4 案例分析:尚德电力的国际化之路

8.4.1 案例背景

无锡尚德太阳能电力有限公司（简称尚德电力）是一家集研发、生产、销售为一体的外商独资高新技术光伏企业，主要从事晶体硅太阳电池、组件、光伏系统工程、光伏应用产品的研究、制造、销售和售后服务。

施正荣留学于澳大利亚新南威尔士大学，师从国际太阳能电池权威、2002 年诺贝尔环境奖得主马丁·格林教授。2001 年，澳大利亚籍的施正荣博士带着数十项专利技术和产业经验回国创业，得到了无锡市政府的支持。在当地政府的推动下，江苏小天鹅集团、无锡国联信托投资公司、无锡高新技术投资公司、无锡水星集团、无锡市创业投资公司、无锡山禾集团等国企共同出资 600 万美元，与施正荣共同组建了中澳合资企业——无锡尚德太阳能电力有限公司，并占75%的股权。施正荣以40万美元的现金和160万美元的技术入股，占有25%的股权，施正荣名下股份通过他个人全资拥有的澳大利亚公司PSS间接持有。根据“尚德控股”《招股说明书》的披露，2004年10月，PSS又从其他股东手中购买了6.39%的股份，施正荣控制的股份上升到31.39%。

由于股东资金不到位等原因，直到2002年5月，尚德第一条电池生产线在无锡新区投产，10兆瓦的电池产能相当于此前中国太阳能电池产量4年的总和，产品性能达到甚至超过国际先进水平。尚德产能逐年翻番，在不到3年的时间内，将光伏电池的生产能力增加了12倍。2004年，被评为全球前十大太阳电池制造商。2005年7月，在美国Red Herring杂志亚洲高科技领域最具前瞻性的百强企业排行榜上，尚德公司以其独特的创新能力和盈利能力跻身亚洲百强，成为我国规模最大、技术水平最高、品种最齐全的晶体硅太阳能电池研发、生产和销售企业。

尚德，2002年还在亏损，2003年盈利，2004年业绩翻了20倍，3年实现“三级跳”。但是，从业绩来看，2002年公司亏损89.7万美元，2003年利润仅92.5万美元，这样的业绩水平难以满足国内的上市标准，另外，海外资本市场对光伏产业具有很高的认同度，美国SunPower光伏企业在纳斯达克上市时受到的狂热追捧就是一个明显例证。所以，海外上市成为尚德现实可行且前途光明的选择。

8.4.2 案例分析

1. 海外上市的步骤

尚德虽然是一个成立仅4年的民营企业，但通过缜密的计划与股权置换，顺利地实现了既定目标。纵观这一过程，可以将其分解为五大步骤：

(1) 第一步：“百万电力”过桥贷款助力施正荣收购国有股权。

施正荣收购国有股权需要资金，而David Zhang等人同意为其提供过桥贷款，双方于2005年1月6日签订了一份《过桥贷款协议》。2005年1月11日，双方共同成立“尚德BVI”公司，该公司由施正荣持股60%，由“百万电力”持股40%，法定股本50 000美元，分为50 000股。由招股资料可知，“百万电力”由David Zhang拥有。

根据这份《过桥贷款协议》，施正荣以31.389%“无锡尚德”的股份做抵押担保，“尚德BVI”可以获得“百万电力”公司提供的6 700万港元贷款作为收购“无锡尚德”国有股的保证金。协议约定，“百万电力”对“尚德BVI”6 700万港元的债权可以转换成在“尚德BVI”的股权。转换过程分为两步：第一步，当“尚德BVI”收购“无锡尚德”全部国有股权后（当时国有股权占“无锡尚德”68.611%，PSS占31.389%），“百万电力”在“尚德BVI”的股权比例可以保持在40%不变，该贷款在会计处理上由“尚德BVI”对“百万电力”的负债改记为“百万电力”对“尚德BVI”的出资；第二步，当“尚德BVI”从施正荣所控制的PSS手中收购“无锡尚德”其余31.389%的股份，也就是“尚德BVI”100%控股“无锡尚德”后，“百万电力”持股“尚德BVI”25%，施正荣持股75%。

“百万电力”这项过桥资金是“无锡尚德”启动海外上市的第一笔关键资金，主要风险在于国有股能否顺利转让。《过桥贷款协议》规定贷款期限仅半年，到期后“尚德BVI”必须将贷款连本带息一起归还“百万电力”，否则每天按0.03%缴纳过期罚金，施正荣还用自己所持有的31.389%的“无锡尚德”股份为此提供抵押担保。

(2) 第二步:风险投资实现外资私有化。“尚德BVI”获得“百万电力”提供的过桥贷款作为保证金后,施正荣就可以与国有股东签订股权收购的意向协议了,而有了意向协议海外的风险投资机构也同意谈判向“尚德BVI”溢价入股。2005年5月,“尚德BVI”与海外风险投资机构签订了一份《股份购买协议》,拟以私募的方式向它们出售合计34 667 052股A系列优先股,每股2.307 7美元,合计8 000万美元,拟认购优先股的外资机构包括高盛、龙科、英联、法国Natexis、中国台湾Bestmanage和西班牙普凯。《股份购买协议》中说明,“尚德BVI”通过发行A系列优先股所得到的8 000万美元收入,将主要用于公司“重组”,而“重组”的完成也是外资机构认购优先股生效的前提。这里所说的“重组”,其实就是指将“无锡尚德”从一个国有控股的中外合资公司通过股权转让的方式转变为由“尚德BVI”100%拥有的子公司。对于“重组”的具体步骤,《股份购买协议》概括如下:①“尚德BVI”从江苏小天鹅集团、无锡山禾集团、无锡市创业投资公司和无锡Keda风险投资公司手中收购“无锡尚德”36.435%的股权;从无锡高新技术投资公司手中收购“无锡尚德”7.917%的股权;②由David Dong所控制的一家于BVI注册、于上海办公的公司——“欧肯资本”从无锡国联信托投资公司和无锡水星集团手中收购“无锡尚德”24.259%的股权;③“尚德BVI”从David Dong手中收购“欧肯资本”100%的股权;④“尚德BVI”从施正荣手中收购PSS的100%股权(PSS拥有“无锡尚德”31.389%的权益);⑤“百万电力”向一些自然人和机构转让一部分“尚德BVI”股份。

仔细分析这份“重组”计划,会产生一个很大的疑问:“尚德BVI”为什么不直接从无锡国联信托投资公司和无锡水星集团手中收购“无锡尚德”股权而要通过“欧肯资本”二次转让完成收购呢?一个解释是并非所有的国有股东都愿意放弃持有“无锡尚德”的股份,施正荣无法直接说服这两个国有股东转让股份,而借助于有能力说服国有股东的“欧肯资本”。2005年5月,通过一系列交易,“尚德BVI”基本完成了收购“无锡尚德”的全部国有股权。如果外资机构的8 000万美元全部由国有股东获得,则国有股东实际出资的600万美元获得了约13.3倍的回报率。据国内媒体报道,“重组”中退出“无锡尚德”的国有股东们分别获得了10～23倍的投资回报率不等。

(3) 第三步,“对赌设计”完成股权重构。“尚德BVI”成立之初的股权结构为:法定股本和已发行股本都是5万美元,分为5万股面值1美元的股份。为了方便海外风险投资机构的入股,在股份购买协议生效前,“尚德BVI”首先进行了一次拆股和一次送红股。拆股是现有股本由5万股、面值1美元拆分成500万股、面值0.01美元,送红股是普通股股东每1股获赠17股,这样,已发行股本就达到9 000万股。外资股发行以后,“尚德BVI”法定股本扩大到500万美元,拆分为面值0.01美元的5亿股,包括普通股465 332 948股和A系列优先股34 667 052股,已发行普通股9 000万股,优先股34 667 052股,其余股份未发行。

不仅如此,双方还签订了外资风险投资机构经常采用的“对赌协议”,即A系列优先股转换成普通股的转股比例将根据“尚德BVI”的业绩进行调整。双方约定,在“尚德BVI”截至2005年末、经“四大”会计师事务所审计的、按照一般公认会计原则(GAAP)进行编制的合并财务报表中,合并税后净利润不得低于4 500万美元。假如低于4 500万美元,则转股比例(每股A系列优先股/可转换成的普通股数量)需要乘以一个分数——公司的“新估值”与“原估值”之比,即“新估值”/2.87亿美元。根据协议,“新估值”的数值应当是2005年的实际净利润乘以6,也就是说,外资认为按照6倍市盈率投资“无锡尚德”是比较合理的。对赌协议无疑对外资规避风险非常有利，但施正荣也在协议中对自己的控制权设定了一个“万能”保障条款：无论换股比例如何调整，外资机构的股权比例都不能超过公司股本的40%。此外，他为公司的董事、员工和顾问争取到了约611万股的股票期权。虽然这会在一定程度上摊薄外资的权益，但强势的外资对此却并无异议，因为在海外风险投资商看来，只有能够留住人才的公司股权才有价值。

外资投资机构之所以愿意以6倍市盈率这样一个高溢价投资于未上市的公司，与原国有股东的完全退出和以施正荣为控股股东的“纯外资”股权结构的搭建完成有很大关系。国有股的退出大大降低了外资的法律风险。

(4) 第四步，“换股”打造上市主体“尚德控股”。2005年8月8日，在上市主承销商瑞士信贷第一波士顿和摩根斯坦利的安排下，由施正荣完全控股的壳公司D&M Technologies在开曼群岛注册成立“尚德控股”，发行1股，面值0.01美元。2005年8月16日，“尚德控股”和“尚德BVI”的全体股东共同签订了换股协议。根据协议，“尚德控股”向“尚德BVI”现有的16家股东发行股票作为代价，交换这些股东所持有的“尚德BVI”全部股份，这就是“换股”。“换股”后，“尚德控股”将持有“尚德BVI”100%股份，同时“尚德BVI”的16家股东将拥有“尚德控股”100%的股权。“尚德控股”将作为最终控股公司择机上市，“尚德控股”的股权结构与“尚德BVI”的股权结构完全一致。根据“尚德控股”的《公司章程》，A系列优先股与“尚德BVI”系列优先股享有同样的权利。章程特别规定“尚德控股”必须任命高盛和龙科的代表进入董事会，并任命他们进入“无锡尚德”的董事会，而公司重大的经营管理事项都必须经这两名投资者董事批准，可以看出，上市之前外资对公司具有非常大的控制权。双方也约定，一旦上市成功，“尚德控股”将启用第二套《公司章程》，外资的控制力将大大减弱，对赌协议也随之失效。

(5) 第五步：主板上市实现财富增值。

在寻求海外上市的过程中，“无锡尚德”曾先后计划在新加坡交易所、香港联交所和纳斯达克上市，但是由于2005年10月施正荣与纽交所CEO约翰·塞恩偶然结识，随后纽交所董事总经理马杜又到无锡亲自登门拜访，“无锡尚德”最终确定申请到纽约证券交易所上市。2005年12月14日，“尚德控股”向公众出售2 000万股新股，老股东向公众出售638万股旧股，在纽约证券交易所完成上市。发行价15美元，上市开盘价20.35美元，筹资总额达4亿美元，按发行价计算，外资机构2.307 7美元的购股成本在半年内增值了6.5倍，按公司上市首日收盘价计算，增值了近10倍。

2. 财务绩效

资本市场为“无锡尚德”提供了充沛的现金流，有力地支持了公司的研发投入和规模扩张。年报披露，2005年“无锡尚德”的研发费用达到335万美元，是2004年研发费用的7倍。公司总资产达到4.81亿美元，同比增长约6倍。在此带动下，太阳能电池制造能力从2004年的120兆瓦增加到2005年末的150兆瓦。无锡尚德2005年全年销售收入为2.26亿美元，与2004年的0.85亿美元相比增长了165%；净利润达到3 062万美元，同比增长55%；每股净收益达到0.31美元，同比增长41%。

上市后无锡尚德的营收规模迅速扩大，并在2006—2008年保持较高的增长幅度，这与国际资本的支持、国际化经营布局密不可分。“无锡尚德”全球分支机构遍及13个国家，在全球太阳能电池厂前10排名中由2008年的第三位跃居2009年的第二位。2008年营业收入 19.235 亿美元，利润总额 0.882 亿美元，毛利率 17.83%；2009 年营业收入 16.933 5 亿美元，利润总额 0.914 8 亿美元，毛利率 20.00%。2009 年营业收入下降主要是由于产品价格下降。利润增加主要是由于尚德电力技术创新降低了硅片成本，成本下降幅度大于产品价格下降的幅度。

2009 年年报披露，在尚德净收入中，德国占到 41%，其他欧洲国家占 33%，北美占 10%，亚洲占 12%。这种客户分布的情况直接导致尚德面临较大的外汇风险。

8.4.3 案例启示

1. 发行国际股票一举两得实现多赢

企业发行国际股票能迅速筹集外汇资金，提高企业信誉，有利于企业以更快的速度向国际化发展。尚德案例充分说明了这一点。发行国际股票为企业筹集到丰厚的资金，有了资金基础，企业可以扩大产能，投资新的项目，进一步巩固和扩大市场地位，拉大与竞争对手的差距。在资本市场发达的今天，谁抢得上市的先机，谁就占领了市场的制高点。

尚德的案例也说明，企业发行国际股票可以实现政府、投资机构和企业的多赢。本案例中，政府的前期投入对尚德后期的发展起着至关重要的作用，而适时地退出不仅成就了民营企业的海外上市，而且使其获得了 10～23 倍的高额投资回报。同样，海外投资机构也在很短的时间内获得数倍于投资额的回报。

2. 精妙设计顺利登陆纽约证券交易所

"无锡尚德"海外上市的一个亮点就在于其环环相扣的重组程序：成立"尚德 BVI"—获得过桥贷款作为保证金—私募 8 000 万美元收购资金—收购国有股权—换股—上市。公司在不到半年的时间里就通过了纽约证券交易所苛刻的审查，水到渠成地实现了海外上市。

为了实现海外上市，2005 年 1 月先是成立了"尚德 BVI"公司，BVI 是英属维尔京群岛的缩写。维尔京群岛的政治、经济与贸易环境十分稳定，加之有许多优惠政策，成为许多国内企业海外上市的途径之一。"无锡尚德"通过"尚德 BVI"公司得以私有化，在这个过程中又利用过桥贷款作为收购保证金，通过私募的方式获得外资投资机构的 8 000 万美元投入，不仅获得资金顺利完成对国有股权的收购，而且通过引入战略投资提升了公司整体形象，以高盛为代表的外资机构对于公众投资有很好的号召力，可以保证上市时股票的发行价格和融资效果。考虑到开曼群岛的法律环境最符合美国上市的要求，在"无锡尚德"实质上已成为外资公司以后，2005 年 8 月在上市承销商的安排下，在开曼群岛注册成立了"尚德控股"公司，然后立即与"尚德 BVI"公司进行换股，最终实现上市。

3. 产业与资本相得益彰

"无锡尚德"的上市过程为国内企业特别是民营企业海外上市提供了一个可以效仿的模板，但并非所有的民营企业都可以通过这条路实现海外上市。"无锡尚德"上市成功的最基本原因在于其依托的产业和自身具有的技术实力被国际资本市场所青睐，而尚德国际化的成功之处就在于它将产业优势与资本运营有机融合，两者相得益彰。

上市之前，尚德就以其高科技太阳能光电产品迎合了国外市场的大量需求。2004 年，德国开始大力推广的《新能源法》规定，以每千瓦时 0.5 欧元收购市民利用太阳能发的电，而市民用电的价格仅为每千瓦时 0.12 欧元，由此推动了 2004 年德国光伏发电市场增长 235%，超过日本成为世界最大的市场。正是看到这种商机，"无锡尚德"请德国人格雷厄姆·阿特斯(Graham Artes)担任首席运营官,负责营销。他为"无锡尚德"公司带来了不少订单,加之尚德的产品比国外产品便宜5%,可以说质优价廉,因此非常受德国人的欢迎。2004年,尚德公司在德国的销售收入占到总销售收入的70%,推动整体销售额以300%的超常速度增长。当年还有17%的收入来自欧洲其他国家,只有8%的收入来自中国国内。而2005年1~9月,来自德国的销售收入下降至54%,来自欧洲其他国家的销售收入上升至25%,来自国内的销售收入上升至17%。到2009年,来自德国的销售收入下降至41%,说明尚德对德国单一市场的依赖有所降低,而国内销售收入增长让投资者看到更为广阔的前景。

此外,"无锡尚德"的太阳能转换技术也在世界上名列前茅,而在光伏产业,转换率每提高一个百分点,就意味着成本要下降10%左右。"无锡尚德"在这一指标上所表现的强劲竞争力也是其受到投资者追捧的原因之一。

重要概念

国际银行信贷　国际贸易信贷　国际租赁　国际合资投资　国际合作投资　国际独资投资　跨国并购　国际证券投资

本章练习

一、单项选择题

1. 一国政府、金融机构等在某一外国债券市场上发行的,以该国的货币为面值的债券是(　　)。

A. 外国债券　B. 欧洲债券　C. 国内债券　D. 普通债券

2. 国际投资按资金来源分为(　　)。

A. 公共投资和私人投资　B. 直接投资和间接投资

C. 长期投资和短期投资　D. 实物投资和货币投资

3. 如果股票投资达到了对某企业进行控制的程度,则属于(　　)。

A. 短期投资　B. 直接投资　C. 对内投资　D. 间接投资

4. 某国投资者与另一国投资者通过组建合资经营企业的形式所进行的投资是(　　)。

A. 国际合作投资　B. 国际合资投资　C. 国际独资投资　D. 国际证券投资

5. 下列不属于国际企业现金管理方法的是(　　)。

A. 现金集中管理　B. 多边净额结算　C. 短期现金预算　D. 提前或延迟付款

二、多项选择题

1. 国际企业的筹资渠道主要有(　　)。

A. 公司集团内部的资金　B. 母公司本土国的资金

C. 子公司东道国的资金　D. 国际资金来源

E. 国际转移价格

2. 国际企业的筹资方式主要有(　　)。

A. 发行国际股票　B. 发行国际债券

C. 利用国际银行信贷　D. 利用国际贸易信贷和国际租赁

3. 可供选择的国际直接投资方式有(　　)。

A. 国际合资投资　B. 国际合作投资　C. 国际独资投资　D. 跨国并购

4. 按照公司受影响的方式不同，国际投资的政治风险可以分为(　　)。

A. 转移风险　　B. 宏观风险　　C. 经营风险　　D. 控制风险

5. 国际企业内部应收账款管理的方法有(　　)。

A. 提前或延迟付款　　B. 调整进出口计价货币　　C. 设置再开票中心　　D. 对外投资

三、判断题

1. 一国政府、金融机构、工商企业为筹措资金而在国外市场发行的以外国货币为面值的债券，即为国际债券。(　　)

2. 国际贸易信贷是指由供应商、金融机构或其他官方机构为国际贸易提供资金的一种信用行为。(　　)

3. 国际合资投资是指通过组建合作经营企业的形式所进行的投资。(　　)

4. 微观风险是指影响所有外国公司的政治风险，如东道国政局的稳定性、对跨国公司的态度等。(　　)

5. 提前或延迟付款，实质上是商业贷款期的改变。(　　)

四、简答题

1. 简述国际投资的种类？

2. 国际企业现金管理的方法主要有哪些？

五、案例分析题

八佰伴集团公司的国际融资战略

八佰伴集团是一家由日本企业发展起来的大型跨国集团，相继在美国、新加坡、中国香港做海外发展。它是最先与我国在零售业合资经营的日资企业。以地区来划分八佰伴事业，大致可以分为日本本土集团，中国内地和中国香港，美国、新加坡等其他海外国家。1990年5月，八佰伴集团把本部迁至香港，金融机构给八佰伴国际集团的事业资金是3亿美元的贷款(不限定用途的海外借款)，由此可见，日本八佰伴的信用力是不容怀疑的。八佰伴国际集团持有的八佰伴集团的股份(占已发行股票数的6.6%)是中国香港集团的重要资产。由美国、新加坡、中国内地、中国香港以外的企业所构成的海外集团，则是由日本八佰伴出资或以贷款的方式来支撑。

身为整个集团母体的日本八佰伴，从1982年以来，就利用股票市场灵活地筹集资金。但是资金调度的结果使日本八佰伴的有息负债大幅度膨胀。1993年3月，日本八佰伴的有息负债是769.84亿日元，比前一年增加了223.46亿日元，高达销售额的五成。有息负债中，WB、CB共占了54%，但因股价低迷，使得股票的转换迟缓，造成该公司在财务上的巨大负担。未转换的股WB、CB如换为股票，大约有2 460万股，这相当于日本八佰伴平均一天股票总成交额的230倍，约占已发行股票数的20%。这是该公司欲“出售”股票的预备军，其价值正居市面股价的首位。但金额庞大的CB、WB想重新在资本市场做伴随新股票发行的资金调度，并不是那么容易的事。1993年3月，日本八佰伴的销售额虽高达1 940亿日元，但整个八佰伴国际集团的现金流量只有18亿日元，其财力如此贫乏，原因在于海外集团的投资报酬率太低，只有2%～3%，在回收利益当中，店铺经营指导费、专利使用费大约是5亿日元，占了一大半。

日本八佰伴身为核心企业，却无力调度资金，海外集团必须利用自己的获利来调度资金。但现实情况下，泰国、美国、英国等许多子公司都已经是亏损累累，特别是在美国和英国，八佰伴所投下的资本想回收也需要相当的时日。为了消减高达2 500万坡币(约20亿日元)的亏损，1992年，八佰伴开始利用新加坡国际批发中心的不动产账外金。由于经济不景气时建筑成本很低，只要1.65亿坡币。经过当地评估公司的估算，目前大约值2.5亿坡币。利用这个再评估获利，就可以减少累损。虽然再评估获利或减少累损都只是账簿上的操作，但减少累损之后，增资就更容易了。新加坡国际批发中心预定从1996年末至1997年在新加坡上市，而且以预先取得新上市股票的方式，在1994年2月底发行6 000万坡币的优先股。上市的时候，就可以把债务完全偿还。这种以担保和无保证的方式筹资，利息只需支付每年分配额的5.75%。如果向银行借款，本金和利息必须一起偿还，而且利息高达7%～8%。所以今后还要再发行私募债5 000万坡币，这比向银行借款的清偿速度要快1年。

其他的海外集团企业也开始利用上市股票做资金调度。在美国发展零售业的美国八佰伴也考虑在美国NASDAQ市场发行股票。这样利用上市股票取得资金，既可以降低企业财务风险，缓解八佰伴集团总部的资金压力，还可以改善企业体制。

要求：请分析八佰伴出现资金压力的原因有哪些？八佰伴利用上市股票筹集资金有哪些好处？除了利用股票调度资金，还有没有更合适的方法？

第 9 章 企业破产、重整与清算

内容提要

本章主要讲解了破产的基本概念;分析了破产的原因;讲解了财务危机的防范与辨识以及财务危机预警模型;重点讲述了重整计划的制定与执行、和解与重整过程中出现的财务问题;破产清算程序和与之相关的财务管理。

重点难点

本章重点为确定破产财产、破产债权的范围和破产财产的分配与清偿;难点为财务危机的辨识。

学习目标

通过本章学习,学生应了解破产、重整与清算的基本概念及相关法律规定,掌握破产危机的辨识、应对与管理;熟悉重整计划的制定与执行;掌握破产财产、破产债权的范围与破产清偿的顺序。

知识框架

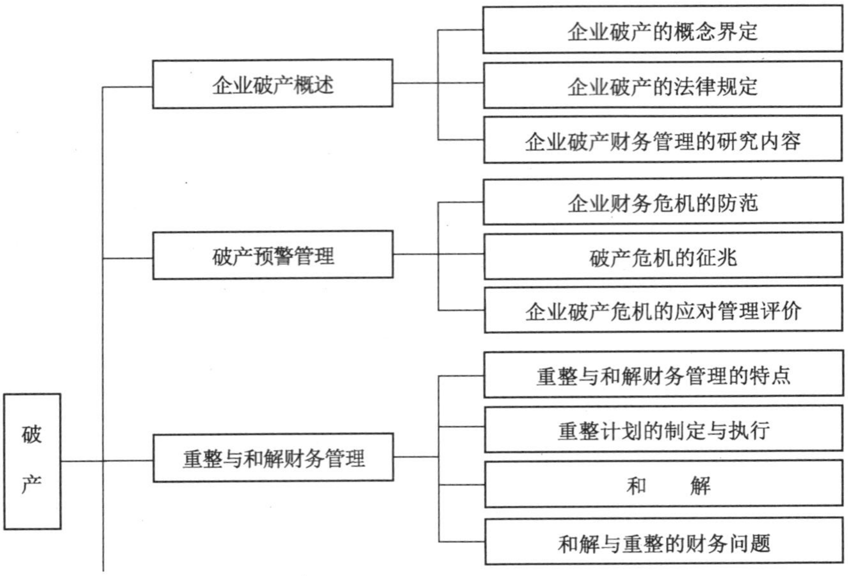

（续图）

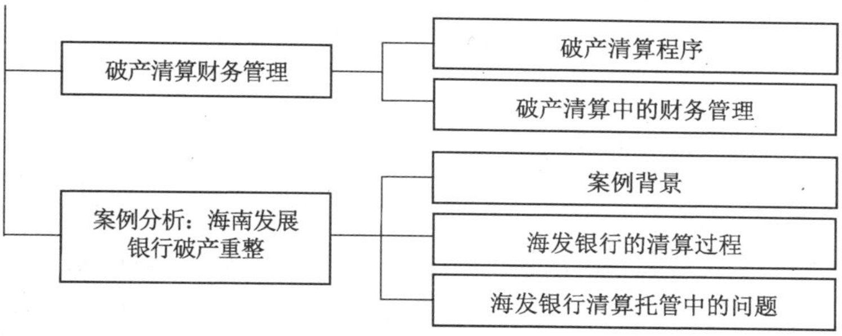

引入案例　安然公司破产案件

安然公司(ENRON)是美国能源业巨头，成立于1985年，总部设在得克萨斯州的休斯顿。该公司曾经不仅是全美最大的电力和天然气销售和交易商，而且也提供各种能源产品、宽频服务，以及金融和风险管理服务，经营据点遍布全世界。公司所属7家分公司分别负责运输与储存、国内天然气与电力服务、国际经营与市场开发、油气勘探与生产和再生能源开发利用等5个领域的经营业务。1996年公司总收入达到132.89亿美元，净收入达到5.84亿美元，总资产为162亿美元。

在2001年宣告破产之前，安然拥有约21 000名雇员，曾是世界上最大的电力、天然气以及电讯公司之一，2 000年披露的营业额达1 010亿美元。公司在全球拥有3 000多家子公司、名列《财富》杂志“美国500强”的第7名，且连续六年被评为“美国最具创新精神公司”，掌控着美国20%的电能和天然气交易，被誉为“华尔街宠儿”，然而真正使安然公司在全世界声名大噪的，却是这个拥有上千亿资产的公司2001年在几周内破产，被曝出持续多年精心策划，乃至制度化系统化的财务造假丑闻。

安然公司问题的暴露，是从一些以准确了解经营状况而不是靠股票交易本身获得收入的机构投资公司、基金管理公司证券分析人员和媒体对安然公司的利润产生怀疑开始的。

2001年3月5日《财富》杂志发表文章《安然股价是否高估》，对公司财务提出疑问。随后证券分析人员和媒体不断披露安然公司关联交易与财务方面的种种不正常作法，认为这些关联交易对安然的负债和股价会产生潜在的致命风险。

2001年8月美国证券交易委员会开始调查该公司的财务问题。

2001年10月16日股市收盘之后，安然公司发布了第三季度财务报告，虽然该季度的经营收入较上一年第三季度增长了59%，达到了476亿美元，但是令投资者大跌眼镜的是，安然公司居然一次性冲销了高达10.1亿美元的税后投资坏账，这笔巨额的坏账冲销不仅抵销了安然公司在该季度的所有经营盈利，而且造成了6.18亿美元的净损失(折合0.84美元/股)。

2001年10月下旬，这些情况对证券市场产生影响，安然公司的股价下跌至20美元左右。在各种压力下，安然公司不得不决定重审过去的财务。

2001年11月8日安然宣布在1997年至2000年间共虚报利润近6亿美元，并有巨额负债未列入资产负债表。

2001年11月28日，在安然公司有6亿美元的债务到期的情况下，原准备并购安然的昔日竞争对手德能公司(Dynergy Inc.)宣布无法按照并购条件向安然公司提供20亿美元现金，造成市场对安然公司的信心陡降。

同时，标准普尔公司和穆迪公司将安然公司的债信评级连降六级为“垃圾债”，安然股价立即大幅下挫，跌至每股0.2美元的最低点。股价严重下跌，又引发了由关联交易形成的高达34亿美元的债务清偿压力。

由于严重资不抵债，安然欧洲分公司于2001年11月30日申请破产，美国本部于12月2日正式申请破产保护。但在其破产前的资产规模为498亿美元，并有312亿的沉重债务。过度膨胀的快速发展使其无法应对经济环境的逆转，而导致经营运作状况的恶化，以破产结束企业。

分析该案例中安然公司破产的原因?

9.1 企业破产概述

9.1.1 企业破产的概念界定

经济学意义上的破产，是指由于管理无能、不明智的扩张、激烈的竞争、过高的负债等原因造成公司经营状况恶化，效益低下，在市场竞争中被淘汰。破产意味着企业经济实体的解体，它既是企业的终结，又是经济资源重新分配的开始，在财务管理上表现为原有理财主体的消亡或再建恢复。从法学角度来看，破产是债务人不能清偿到期债务时，由法院强制执行，公平清偿全体债权人，或者在法院监督下，由债务人与债权人达成和解协议，整顿复苏企业，清偿债务，避免倒闭清算的法律制度。破产意味着企业法律"人格"的丧失、法律主体的消亡。由此可见，经济学上的破产侧重于破产淘汰；法学上的破产侧重于破产还债。

"破产"一词有着广义与狭义之分，狭义的破产仅指破产清算，广义的破产则还包括和解与重整。世界各国法学理论和司法实践中对破产的处理不尽相同，如美国等大多数国家出于社会安定、保护债权人利益等方面的考虑，不主张采取"破产清算"这种极端形式。企业从申请破产到最终破产清算，破产法尽可能为企业创造避免解体、再建恢复的机会，该程序在法律上称为"和解与整顿"。破产和解制度与整顿制度可以使债务人摆脱债务诉讼或减轻债务负担，能给债务人一个"生还"的机会。只有当债务人已具备破产宣告条件，如和解、整顿失败，不执行和解协议，严重损害债权人利益等，才依法宣告破产。

特别提示 9-1

本章中的破产为广义破产概念，不仅包括破产清算，还包括和解与重整。

9.1.2 企业破产的法律规定

1. 破产原因

破产原因是申请债务人破产的事实根据，是对债务人进行破产清算和破产预防的法律事实，也是破产程序启动、变更和终结的法律依据。我国新的《破产法》对所有的法人企业适用统一的破产原因，即《破产法》第二条规定"企业法人不能清偿到期债务，并且资产不足以清偿全部债务或者明显缺乏清偿能力的"，在此种情况下，债务人可以向人民法院提出重整、和解或者破产清算申请，债权人也可以向人民法院提出对债务人进行重整或破产清算的申请。

以上所说的"不能清偿到期债务"是指债务人由于缺乏清偿能力，对于已到清偿期而受请求的债务无法全部进行清偿的一种客观经济状态。以上所说的"资产不足以清偿全部债务"，即资不抵债，是指债务人的全部资产不足以偿付其全部债务。以上所说的"明显缺乏清偿能力"，实质上就是不能清偿到期债务。

引例解析

安然公司破产案件

1. 引例中，安然破产的原因是债务人不能清偿到期债务，并且明显缺乏清偿能力。

2000年，安然公司的股票为每股85美元，2001年，却不到1美元，使该公司股票的持有者损失极其惨重。其实，财务合伙是虚报盈余，掩盖巨额债务。安然公司已负债至少160亿美元，公司试图重组资金，提出破产申请寻求信贷保护。根据美国《破产法》第11条款，如果公司和其债权人签订了重组资金计划，该公司仍可继续运作。据报道，安然公司是根据美国破产法第十一章规定，向纽约破产法院申请破产保护的，该案创下美国历史上最大宗的公司破产案纪录。此间有称本案改写了美国的投资文化。

2. 安然公司破产的具体原因：

(1) 以脆弱的泡沫化经营作为公司发展的基础。

(2) 隐瞒债务、人为操纵利润等手段难以为继。

(3) 公司监管机构形同虚设。

(4) 美国会计审计制度缺陷使安然公司有机可乘。

加上审计师 Woytek 与 Beard 发现公司的银行记录显示数百万美元的款项由安然的户头划入两名曾负责接待沙特与科威特国家元首，获取了欧佩克实施工程的内部消息的 Louis Borget 和 Thomas Mastroeni 的个人户头中。而安然公司首席执行官 Kenneth Lay 却没有立即对责任人展开追究。而是根据大量内部消息而进行的内部证券交易。

安然申请破产保护有效维护了债权人的利益：迫使债务人以其最大的偿债能力偿债；能保护各个债权人公平受偿；能够使不同性质的债权获得不同的清偿效果；将同一个债务人的所有债务合并到一起解决，从而终止了债务的拖延。

2. 重整与和解

1) 重整

重整是指不对无偿付能力的债务人的财产立即进行清算，而是在人民法院的主持下由债务人与债权人达成协议，制定重整计划，规定在一定的期限内，债务人按一定的方式全部或者部分清偿债务，同时债务人可以继续经营其业务。重整适用于所有类型的企业法人，是一个独立的破产预防程序。

按照我国《破产法》第七十条的规定，债权人和债务人都可以向人民法院申请对债务人进行重整。如果债权人提出破产清算，在人民法院受理破产申请后、宣告债务人破产前，债务人或者出资额占债务人注册资本1/10以上的出资人，可以向人民法院申请重整。由人民法院裁定债务人进行重整并予以公告。自人民法院裁定债务人重整之日起6个月内，债务人或者管理人应当向人民法院和债权人会议提交重整计划草案，包括以下内容：债务人的经营方案；债权分类；债权调整方案；债权受偿方案；重整计划的执行期限；重整计划执行的监督期限；有利于债务人重整的其他方案。人民法院将在收到重整计划草案30日内召开债权人会议，并按照债权是否有担保，是否为所欠税款等对债权进行分类，分组对重整计划草案进行表决。出席会议的同一表决组的债权人过半数同意重整计划草案，并且其所代表的债权额占该组债权总额的2/3以上的，即为该组通过重整计划草案。

按我国《破产法》第七十三条规定，在重整期间，经债务人申请人民法院批准，债务人可以在管理人的监督下自行管理财产和营业事务。第七十八条规定，在重整期间，有下列情形之一的，经管理人或者利害关系人请求，人民法院应当裁定终止重整程序，并宣告债务人破产：①债务人的经营状况和财产状况继续恶化，缺乏挽救的可能性。②债务人有欺诈、恶意减少债务人财产或者其他显著不利于债权人的行为。③由于债务人的行为致使管理人无法执行职务。

2) 和解

和解是破产程序开始后，债务人和债权人之间就债务人延期清偿债务、减少债务数额、进行整顿事项达成协议，以挽救企业、避免破产、中止破产程序的法律行为。债务人可以直接向人民法院申请和解，也可以在人民法院受理破产申请后、宣告债务人破产前，向人民法院申请和解。

申请和解时应提交和解协议草案。经人民法院审查认为和解申请符合我国《破产法》的规定，应裁定和解，予以公告，并召集债权人会议讨论和解协议草案。当出席会议的有表决权的债权人过半数同意，并且其所代表的债权额占无财产担保债权总额的 2/3 以上时，和解协议通过，经人民法院认可后，和解协议对债务人和全体债权人均有约束力。债务人按照和解协议的条款清偿债务。

我国《破产法》第九十九条明确规定：和解协议草案经债权人会议表决未获得通过，或者已经债权人会议通过的和解协议未获得人民法院认可的，人民法院应当裁定终止和解程序，并宣告债务人破产。同时我国《破产法》第一百零三条和第一百零四条对和解协议的终止也作出了规定，主要是因债务人欺诈或违法行为而成立的和解协议，以及债务人不能或不执行和解协议的，人民法院有权裁定终止和解协议，并宣告债务人破产。

3. 破产清算

《破产法》第一百零七条规定：人民法院依照本法规定宣告债务人破产的应当自裁定作出之日起 5 日内送达债务人和管理人，自裁定作出之日起 10 日内通知已知债权人，并予以公告。被宣告破产后，债务人称为破产人，债务人财产称为破产财产，人民法院受理申请时对破产人享有的债权称为破产债权。进入破产清算阶段后，管理人应当拟定破产财产变价方案，交由债权人会议讨论通过后，适时变价出售破产财产。

知识拓展 9-1

中美两国破产清算有关法规的比较

项目 国家	破产债权	破产财产清偿顺序
中国	《破产法》第九十三条：人民法院裁定终止重整计划执行的，债权人在重整计划中作出的债权调整的承诺失去效力。债权人因执行重整计划所受的清偿仍然有效，债权未受清偿的部分作为破产债权。第一百零四条：人民法院裁定终止和解协议执行的，和解债权人在和解协议中作出的债权调整的承诺失去效力。和解债权人因执行和解协议所受的清偿仍然有效，和解债权未受清偿的部分作为破产债权。第一百零七条：债务人被宣告破产后，债务人称为破产人，债务人财产称为破产财产，人民法院受理破产申请时对债务人享有的债权称为破产债权	《破产法》第一百一十三条：破产财产在优先清偿破产费用和共益债务后，依照下列顺序清偿： (1) 破产人所欠职工的工资和医疗、伤残补助、抚恤费用，所欠的应当划入职工个人账户的基本养老保险、基本医疗保险费用，以及法律、行政法规规定应当支付给职工的补偿金； (2) 破产人欠缴的除前项规定以外的社会保险费用和破产人所欠税款； (3) 普通破产债权。 破产财产不足以清偿同一顺序的清偿要求的，按照比例分配。 破产企业的董事、监事和高级管理人员的工资按照该企业职工的平均工资计算
美国	《破产法典》第 5 章 501(a)规定：破产程序开始时，普通法所确定的债务人权益为破产财团财产。即破产财团财产包括不动产和动产、有形的和无形的、债务人占有的以及他人持有的但债务人在该财产上有权益的财产	(1) 有财产担保的债权人； (2) 破产程序的支出； (3) 欠发工人的工资； (4) 欠税； (5) 无财产担保的债权人

9.2.3 企业破产财务管理的研究内容

企业一旦进入破产程序，其财务管理即进入了非常时期。企业财务必须遵守破产法有关法律规定，调整或了结与债权人的债权债务关系，正确处理企业与其他各方经济利益关系，避免直接破产，保护债权人的合法权益，实现公平受偿比例最大化的目标。

由于财务管理目标发生了变化，企业在破产程序实施期间财务管理与正常期间有所不同，主要表现在以下几个方面。

(1) 破产企业的财务管理是一种“例外”性质的管理，即危机管理。企业进入破产程序后，随时有可能被宣告破产。此时，财务管理的主要职能是防止财务状况进一步恶化，组织重整与和解计划的实施与完成，采取应急对策，纠错、治错，避免破产清算。

(2) 破产企业的财务管理内容具有相对性和变异性。企业破产是既定的理财环境下发生的，随着理财环境的改变，企业可能在瞬间由破产困境变异为盈利顺境。例如，政府有关部门给予资助或者采取其他措施帮助清偿债务取得担保；已核销应收账款的收回；外部资源改变；经济政策出台等。因此，破产企业的财务管理内容需要根据环境的变化作相应调整或改变。

(3) 破产企业的财务活动及破产财产受控于破产管理人，并处于法院的监督之下。企业提出重整与和解申请后，应当向债权人会议提交重整、和解协议草案，该草案经债权人会议通过并报请法院审查认可，自公告之日起具有法律效力。如果企业不执行协议或财务状况继续恶化或者严重损害债权人利益，债权人会议有权向法院申请，终结企业重整与和解，宣告其破产。法院自宣告之日起15日内成立清算组，清算组负责破产财产的保管、清理、估价、处理和分配，并接受法院监督。破产企业在财务预算、财务决策和财务控制诸环节的管理中必须重视破产管理人的意见。

因此，破产企业财务管理研究内容包括以下两个方面：一是破产企业财务管理理论，包括预警管理理论和破产管理理论。主要研究企业破产的早期监测与控制；企业破产的财务管理体制；企业破产的原因；破产债权及破产财产的分辨标志；破产财产的估价方法等。二是破产企业财务管理实务，包括重整与和解实务及破产清算实务。主要研究重整与和解协议草案的内容；债务清偿方式及顺序；剩余财产的分配等。

9.2 破产预警管理

9.2.1 企业财务危机的防范

企业破产的直接原因是发生财务危机，它是财务风险加剧的必然结果。财务危机的早期监测就是预知风险发生的可能性，能及时有效地采取应急对策，设法阻止危机进一步恶化。

1. 财务风险的辨识

财务风险是指全部资本中债务资本比率的变化带来的风险。在竞争激烈的市场经济条件下，财务风险是不可避免的。企业管理者应善于辨识财务风险，及时采取有效措施。财务风险的辨识是指对存在于企业内部和外部的各种风险进行分辨，弄清楚哪些属于企业的财务风险，哪些不属于企业的财务风险；哪些已形成现实的财务风险，哪些尚属于潜在的财务风险；哪些财务风险已威胁到企业生存与发展，哪些财务风险尚不构成威胁。

对财务风险的辨识可以从不同层次、不同角度进行。既可以运用预测分析法等方法从宏观层面分析；也可以运用财务状况分析法等方法从微观层面分析，或将两者结合。进行财务风险分析和判断的前提是找到财务风险生成、发展的证据材料，健全的财务资料有利于提高辨识的质量。财务风险的辨识可通过财务风险辨识问卷进行，如表 9-1 所示。可以根据问题设定不同的权重分值，通过得分高低来判断财务风险的大小。

表 9-1　　财务风险辨识问卷

问题	是	否	说明
财务风险源是否存在？			
财务风险是否已经生成？			
财务风险是否针对本企业？			
与财务风险相关的因素是否已显现？有何具体特征？			
财务风险在波及本企业之前是否会发生变异？			
已有财务风险资料是否充分？			
财务风险是否已对企业构成威胁？			
财务风险是否属于显现期？			
财务风险是否需要进行衡量？			
财务风险是否需要进行监测？			

2. 财务风险的衡量

财务风险的衡量是指对财务风险进行数量界定，它是针对某种财务风险形成、发展的概率以及可能造成的损失范围和强度等进行测算，分析该财务风险对企业的威胁程度、可能造成的影响及危害以及企业的承受能力。财务风险的衡量可通过财务风险衡量问卷进行，如表 9-2 所示。可以通过对每一问题设定权重分值从而对财务风险进行量化。

表 9-2　　财务风险衡量问卷

问题	是	否	说明
财务风险源是否已经显现？			
财务风险资料及规律是否已经把握？			
是否有可借鉴和参考的先例或经验？			
财务风险将在何时或何种情况下发生？			
财务风险的发生需要具备什么条件？			
在企业内外该条件是否已形成？			
财务风险造成损失的范围和强度如何？			
财务风险是否会产生“并发症”？			
财务风险是否超出预警线？			
是否需要采取行动？			

3. 财务风险的防范

从总体上来说，防范企业财务风险应做好以下几方面工作：

(1) 认真分析财务管理的宏观环境及其变化情况，提高企业对财务管理环境变化的适应能力和应变能力，制定多种应变措施，适时调整财务管理政策和改变财务管理方法，以此降低因环境变化给企业带来的财务风险。

(2) 建立和不断完善财务管理系统。面对不断变化的财务管理环境企业应设置高效的财务管理机构，配备高素质的财务管理人员，健全规章制度，强化各项基础工作，使企业财务管理系统有效运行，以防范因财务管理系统不适应环境变化而产生的财务风险。

(3) 不断提高财务管理人员的风险意识。财务风险存在于财务管理工作的各个环节，任何环节的工作失误都可能会给企业带来财务风险，财务管理人员必须将风险防范贯穿于财务管理工作的始终。

(4) 提高财务决策的科学化水平。财务决策的正确与否直接关系到财务管理工作的成败，经验决策和主观决策会使决策失误的可能性大大增加。为防范财务风险，企业必须采用科学的决策方法，充分考虑影响决策的各种因素，尽量采用定量分析方法并运用科学的决策模型进行决策。对各种可行方案要认真进行分析评价，从中选择最优的决策方案，切忌主观臆断。

(5) 理顺企业内部财务关系，做到权、责、利相统一，企业必须理顺内部的各种财务关系，明确各部门在企业财务管理中的地位、作用和应承担的责任，并赋予其相应的权力，真正做到权责分明。

趣味阅读9-1

寒号鸟的故事

传说有一种小鸟，叫寒号鸟。这种鸟与众鸟不同，它长着四只脚，两只光秃秃的肉翅膀，不会像一般的鸟那样飞行。

夏天的时候，寒号鸟全身长满了绚丽的羽毛，样子十分美丽。寒号鸟骄傲的不得了，觉得自己是天底下最漂亮的鸟了，连凤凰也不能同自己相比。于是它整天摇晃着羽毛，到处走来走去，还洋洋得意的唱着："凤凰不如我！凤凰不如我！"

夏天过去了，秋天到来，鸟们都各自忙碌，它们有的开始结伴飞到南边，准备在那里度过冬天；有的留下来，就整天辛勤忙碌，积聚食物，修理窝巢，做好过冬的准备工作。只有寒号鸟，既没有飞到南方去的本领，又不愿辛勤劳动，仍然是整日东游西荡的，炫耀自己身上漂亮的羽毛。

冬天终于来了，天气寒冷极了，鸟们都回到自己温暖的窝巢里。这时的寒号鸟，身上漂亮的羽毛都脱落光了。夜间，它躲在石缝里，冻得浑身直哆嗦，它不停地叫着："好冷啊，好冷啊，等到天亮了就造个窝啊！"等到天亮后，太阳出来了，温暖的阳光一照，寒号鸟又忘记了夜晚的寒冷，于是它又不停地唱着："得过且过！得过且过！太阳下面暖和！太阳下面暖和！"

寒号鸟就这样一天天地混着，过一天是一天，一直没能给自己造个窝。最后，它没能混过寒冷的冬天，终于冻死在岩石缝里了。

寒号鸟的故事可以用来警示那些只顾眼前，得过且过，不作长远打算，没有风险防范意识的企业。

从技术角度来说，防范财务风险的方法主要有以下三种：

(1) 分散法。即通过企业之间联营、多种经营及对外投资，将风险转移给合作伙伴。例如，企业可以采用投资多元化方式分散财务风险。对于风险较大的项目，企业可以采用与其他企业共同投资、收益共享、风险共担的方式分散投资风险。

(2) 降低法。即企业面对客观存在的财务风险，努力采取措施降低财务风险的方法。例如，当市场不可预测因素增多，股票价格出现剧烈波动时，企业应及时降低股票投资在全部对外投资中所占的比重，从而降低投资风险。

(3) 回避法。即企业在选择理财方案时，应综合评价各种方案对企业正常生产经营活动的影响，以及其财务风险，选择风险较小的方案，回避风险较大的方案。

9.2.2 破产危机的征兆

大多数情况下，企业破产危机表现为财务危机。管理无能、不明智的扩张、激烈的竞争、过高的负债等原因致使企业财务状况逐步恶化。在企业财务状况由顺境到逆境的演变过程中，通常可以从企业外在特征(如交易记录恶化、过度依赖借款及关联交易、领导班子更换频繁等)及财务特征两个方面察觉危机。以下对财务特征加以说明。

1. 财务指标

企业可以通过观察现金流量、销售额、财务比率等指标的变化，发现财务恶化的苗头。

(1) 现金流量。企业出现财务危机首先表现为缺乏支付到期债务的现金流。企业的现金流量与销售收入、利润密切相关，它们各自有可能上升，有可能持平，有可能下降，排列组合后呈现出联动的内在规律，用三维直角坐标系表示如图 9-1。

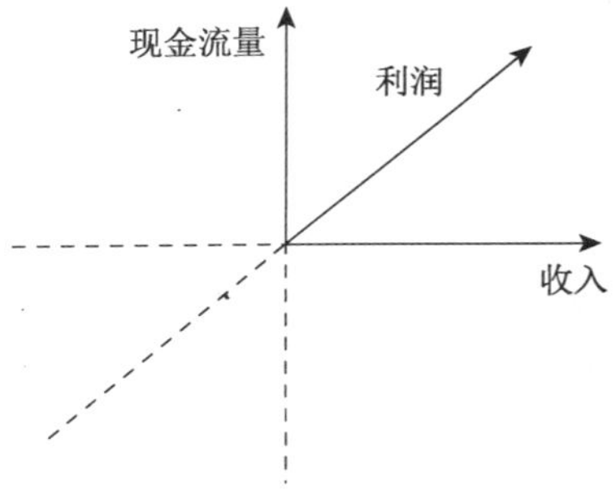

图 9-1 企业现金流量与销售收入、利润的关系

由图 9-1 可以看出，从坐标系区分的卦限来看，现金流量上升的同时，既存在收入、利润同时上升的现象(第Ⅰ卦限)，也存在收入、利润同时下降的现象(第Ⅲ卦限)，还存在收入下降、利润上升的现象(第Ⅱ卦限)及收入上升、利润下降的现象(第Ⅳ卦限)；同理，现金流量下降的同时，既存在收入利润同时上升的现象(第Ⅴ卦限)，也存在收入、利润同时下降的现象(第Ⅶ卦限)，还存在收入下降、利润上升的现象(第Ⅵ卦限)及收入上升、利润下降的现象(第Ⅷ卦限)。

就财务活动的客观结果而言，第Ⅰ卦限属正常情况，企业运作良好，现金流转顺畅。其余卦限均为病态，存在危机隐患。通常情况下，一个企业在收入上升时，如果没有利润与流量伴随，那么该企业财务方面便会呈现出病态，如成本失控，对外投资无法回收，流动资金短缺，企业不能按期还债付息等。根据病情症状最直接的外在表象及上面的演绎结果，将病情归并为七类三级，以"+"号多少表示病情的严重程度。表 9-3 为各病情的病因分析与诊断结果。

表 9-3 **各病情的病因分析与诊断结果**

类别	情况描述	原因分析	级别	诊断
第一类	收入下降、利润上升，而现金流量上升	企业产品销路不畅，主营业务收入下降，企业靠其他业务、对外投资、营业外收入增加利润和流量	+	企业资产配置不合理，影响其长期稳定发展。若举债进行证券投资，企业财务风险进一步加大。企业应尽快调整资产结构及产品结构，生产适销对路，才能使企业稳步健康发展

（续表）

类别	情况描述	原因分析	级别	诊断
第二类	收入下降、利润下降，而现金流量上升	企业产品销路不畅，成本上升，企业主营业务利润为负值，其他业务、投资活动等增加的利润有限，仍然扭转不了利润下降的局面。从短期看，当亏损额小于折旧额，在固定资产不需要更新之前，企业现金流转仍可维持。一旦亏损额大于折旧额，若外部筹资不能及时到位，企业将很快破产	++	短期内扭亏为盈或进行资产重组
第三类	收入上升、现金流量上升，而利润下降	成本费用上升幅度快于收入上升的幅度，或投资损失超过主营业务利润	+	加强成本控制及投资风险管理
第四类	收入上升、利润上升，而现金流量下降	企业放宽信用条件，增加了赊销量，但现金回笼状况差，现金流转不顺畅或长期投资占用资金过大，建设周期过长致使现金流量下降	+	加强应收账款管理及投资风险管理
第五类	收入下降、现金流量下降，而利润上升	产品市场占有率下降，现金回笼状况差，投资收益未形成现金流入	+ ++	开发新产品，尽早实现产品更新换代；立足主营业务，调整投资结构，加快货币回笼，增强外部筹资能力
第六类	收入下降、利润下降，同时现金流量下降	产品市场占有率下降，其他业务及投资收益欠佳，外部筹资困难	++	尽快进行资产重组
第七类	收入上升、利润下降，同时现金流量下降	企业采用赊销作为促销手段，信用标准降低而使收益质量下降。另外，成本上升或投资损失、营业外支出过大等均会导致利润下降	++	进行账龄分析，调整信用标准；加强成本控制及投资风险管理

（2）销售量的非预期下降。销售量的下降会引起企业管理层的高度关注，但是大多数人往往将销售量的下降仅看作营销问题，会采取调整价格，产品品种或加强促销等手段来解决，而不考虑财务问题。事实上，销售量的非预期下降会带来严重的财务问题。例如，当一个销售量正在下降的企业仍在扩大向其客户提供赊销时，管理人员就应该预见到其现金流量将面临困境。

（3）利润严重下滑。如果企业销售额上不去，成本却不断攀升，就会导致盈利空间逐步缩小，甚至出现亏损。几乎所有发生财务危机的企业都要历经3～5年的亏损，随着亏损额的增加，历年的积累被蚕食，而长期亏损的企业又很难从外部获得资金支持，长期下去企业必然陷入财务困境。

(4) 平均收账期延长。平均收账期延长，会增加企业在应收账款方面的投资，占用大量的资金。当企业的现金余额由于客户延迟付款而逐渐减少时，较长的平均收账期就会成为企业严重的财务问题。

(5) 偿债能力指标恶化。反映企业偿债能力的财务指标主要有资产负债率、利息保障倍数、流动比率、速动比率等，如果这些财务指标连续多个会计期间不断恶化，就是财务危机的明显征兆。

2. 报表

一般来说，财务报表能综合反映企业在特定时点的财务状况和一定时期内的经营成果。因此，观察报表的相关数据和平衡关系，可以判断企业是否存在危机隐患。

(1) 从利润表看。根据企业经营收益、经常收益和当期收益的亏损和盈利情况，可将企业财务状况分为 A～F 六种类型。不同类型财务状况对应的安全状态如表 9-4 所示。

表 9-4　**不同类型财务状况对应的安全状态**

<table>
<tr><th>类型
项目</th><th>A</th><th>B</th><th>C</th><th>D</th><th>E</th><th>F</th></tr>
<tr><td>经营收益</td><td>亏损</td><td>亏损</td><td>盈利</td><td>盈利</td><td>盈利</td><td>盈利</td></tr>
<tr><td>经常收益</td><td>亏损</td><td>亏损</td><td>亏损</td><td>亏损</td><td>盈利</td><td>盈利</td></tr>
<tr><td>当期收益</td><td>亏损</td><td>盈利</td><td>亏损</td><td>盈利</td><td>亏损</td><td>盈利</td></tr>
<tr><td>状态说明</td><td colspan="2">接近破产状态</td><td colspan="2">若此状态继续，
将会导致破产</td><td>根据亏损
情况而定</td><td>正常状态</td></tr>
</table>

说明：经营收益＝主营业务利润＋其他业务利润－销售费用－管理费用＋投资收益
经常收益＝经营收益－财务费用
当期收益＝经常收益＋补贴收入＋营业外收入－营业外支出

(2) 从资产负债表看。根据资产负债表平衡关系和分类排列顺序，可以将企业财务状况分为 X、Y、Z 三种类型。X 型表示正常；Y 型表示企业已亏损了一部分资本，财务危机有所显现；Z 型表示企业已亏损了全部资本和部分负债，临近破产。不同类型对应的安全状态如表 9-5、9-6、9-7 所示。

表 9-5　**X 型**

<table>
<tr><td rowspan="2">流动资产</td><td>流动负债</td></tr>
<tr><td rowspan="2">长期负债</td></tr>
<tr><td rowspan="2">非流动资产</td></tr>
<tr><td>资本</td></tr>
</table>

表 9-6　**Y 型**

<table>
<tr><td rowspan="2">流动资产</td><td>流动负债</td></tr>
<tr><td>长期负债</td></tr>
<tr><td rowspan="2">非流动资产</td><td>资本</td></tr>
<tr><td>损失</td></tr>
</table>

表 9-7 **Z型**

<table>
<tr><td>流动资产</td><td rowspan="2">流动负债</td></tr>
<tr><td rowspan="3">非流动资产</td></tr>
<tr><td>长期负债</td></tr>
<tr><td>损失</td></tr>
</table>

9.2.3 企业破产危机的应对与管理评价

1. 企业破产危机的应对

企业破产危机应对的关键是捕捉先机，即在危机到来之前，建立明确的、便于操作的危机应急预案，避免事前无计划、事后忙乱的现象。应急预案的内容可能会随着企业经营范围、理财环境的变化而变化，但一般应包括以下几个方面：

(1) 处理危机的目标(包括最高目标和最低目标)与原则。

(2) 与债权人的谈判策略。

(3) 专家与组织。

(4) 应急资金的来源。

(5) 削减现金支出和变卖资产的顺序。

(6) 资产结构和负债结构的调整和优化措施。

(7) 应急措施，如利用媒体与债权人进行传播和沟通，以此控制危机，设法使受危机影响大的债权人站到企业的一边，帮助企业解决有关问题，邀请公正、权威性机构及专家来帮助解决危机，以取得债权人与社会对企业的信任，设立危机控制中心等。

(8) 重组计划。

破产危机应急具体对策如表 9-8 所示。

表 9-8 **破产危机应急具体对策**

对策	举例	优缺点
规避	放弃风险大的投资项目	操作简便易行，安全可靠，效果有保障，但该方法易丧失盈利机遇，为竞争对手所利用
布控	企业建设项目投标的、与客户签订的购销合同的标的等重大财务决策采取加密措施	可有效控制财务风险的发生和发展，但该方法受到技术条件、成本费用、管理水平的限制
承受	变卖企业资产偿还到期债务	丢卒保车，但该方法会发生实际经济损失，并由企业内部资产进行补偿
转移	将已辨识的财务风险予以保险，或转让、转包、转租、联营、合资、抵押、预收、预提等	可减少或消除一时的风险损失，转移不慎，有可能产生新的风险因素
对抗	企业已资不抵债，再增加借款。股票投资已套牢，再注入一笔资金	高风险，可能带来高回报，但也可能遭受加倍损失

破产预警管理效果评价是指对破产预警管理结果的评价，目的在于总结经验教训，为以

后决策提供依据。破产预警管理效果评价可采取问卷的方式进行，如表 9-9 所示。

表 9-9　　破产预警管理效果评价问卷

问题	是	否	说明
破产预警管理结果是否实现了预期目标？如果存在差异其幅度有多大？			
破产预警管理对策是否易于分解落实？			
财务风险损失较预计有无增加？如有，原因何在？			
财务风险控制的力度如何？			
是否存在更佳的方案未被采用？			
破产预警管理过程中是否出现失控区间？失控原因及后果如何？			
破产预警管理是否为最佳费用成本选择？			
破产预警管理方案是否具有弹性？是否适应于可能发生的变异？			
该破产预警管理的经验教训。			

9.3 重整与和解财务管理

9.3.1 重整与和解财务管理的特点

重整是我国新《破产法》的主要创新之一。重整是在法院的主持和各利害关系人的参与下，对陷入困境、濒临破产而又具有挽救价值和重建可能的企业进行生产经营上的整顿和债权债务关系的清理，最终使企业重获生产经营能力，避免破产清算，摆脱困境的一种特殊法律形式。重整、和解与破产清算有机结合构成了破产程序体系。重整与和解期间，企业的生产经营活动会继续进行，但不同于正常财务管理活动，其特点主要体现为以下几个方面。

（1）重整期间，债务人要在管理人的监督下自行管理财产和营业事务。管理人可以由有关部门、机构的人员组成的清算组或者依法设立的律师事务所、会计师事务所、破产清算事务所等社会中介机构担任，由人民法院指定。

（2）重整计划与和解协议草案的制定是重整与和解阶段的首要任务。而且必须通过债权人会议并由人民法院裁定认可才能生效。如果企业未能履行重整计划与和解协议，法院将终止重整与和解，宣告其破产。

（3）在重整计划规定的监督期间内，债务企业需要向管理人报告重整计划的执行情况和财务状况。

相关思考 9-1

重整与重组是同一个概念吗？

重组与重整都是在公司企业出现经营困难时，进行救助的一种措施。由于两者称谓相似，措施相近，目的相同，因而易引起混淆。但两者存在本质差异，如法律依据、程序、参与主体、效率等各方面均有本质区别。

1. 重整与重组的相同之处

(1) 前提条件相似。公司企业面临重大财务危机，陷入生存困难，不能清偿到期债务或者明显缺乏清偿能力等情况，是二者的共同前提。

(2) 目的相同。通过清理债权债务关系，引入战略第三方，公司企业整体转让，易主经营等措施，挽救困境中的企业，以使企业获得新生，避免公司破产带来的消极后果。

2. 重整与重组的区别

(1) 定义不同。①重组，不是一个严谨的法律概念，而是一个约定俗成的称谓(通俗讲，法律从未针对重组作出任何规定)。资产重组一般包括收购兼并、股权转让、资产剥离、资产置换等形式。②重整，是一个严谨的法律概念，其法律依据在于《企业破产法》的明文规定，其内涵、程序、效率、后果均由法律明确规定。

(2) 自主性不同。①重组，由于没有法律框架约束，股东、债权人之间的协商都是自愿的，没有任何强制。比如，谈判的时间、债权人的清偿率等等，均是自由确定的，没有法定约束。②重整，由法院主导，属于法庭内的重整，受到法律框架的约束。比如债权人的清偿顺序，重整时间等必须按照法律规定。

(3) 司法保护程度不同。①重组，由于不是法律程序，不存在司法保护的情形，比如，无法有效阻止司法冻结和法院执行。②重整，法律提供了一定的司法保护。比如，阻止司法冻结和法院执行、阻止担保权人行使担保权、限制取回权人行使取回权，限制企业股东行使股权等等。

(4) 成本不同。①重组，由于不是法律程序，不存在法律成本。②重整，破产重整程序属于诉讼程序的一种，必然存在一定的法律诉讼成本。

(5) 对企业经营现状的影响不同。①重组，完全属于自愿，即使没有达成一致意见，对各方当事人的权利义务也没有任何影响。②重整，企业破产法赋予破产管理人对尚未履行完毕的合同享有解除权，管理人行使这种解除权不属于违约行为，企业无需承担违约责任。

(6) 计划方案的通过条件不同。①重组方案，完全属于自愿，必须取得所有债权人的同意，否则重组方案对不同意该方案的债权人无效。②重整方案，并不需要所有的权益人同意，根据企业破产法的规定，只需要"由出席会议的有表决权的债权人过半数同意，并且其所代表的债权额占无财产担保债权总额的2/3以上"即可。在某种情况下，即使重整方案未能取得2/3以上债权人同意的情况下，法院仍可以强行批准重整方案。

(7) 时间效率不同。①资产重组的期限，由各当事人的自由意志决定，没有实质的限制。②重整，企业破产法明确规定"法院裁定重整之日起六个月内提交重整计划草案，否则终止重整程序，并宣告债务人破产"。由于达不成一致重整方案就面临破产清算的后果，所以，各方当事人均会认真对待，加大谈判诚意，提高了效率。

9.3.2 重整计划的制定与执行

重整的程序可以分为四个步骤：

(1) 由债权人或债务人向人民法院申请重整。企业法人只要具备明显缺乏清偿能力的可能性就可以申请进入重整程序。

(2) 在人民法院裁定重整的6个月内，债务人或管理人需向债权人会议和人民法院同时提交重整计划草案。

(3) 人民法院在收到重整计划草案的30日内召开债权人会议，对重整计划进行表决，表决通过后10日内，债务人或管理人向人民法院申请批准重整计划，人民法院在收到申请的30日内裁定批准。

(4) 债务人负责重整计划的执行，并在监督期内接受管理人的监督。

如果其中的任何一步没有按要求完成，则重整程序终止，人民法院会宣告债务人破产。

可以看出，重整是否可以顺利完成，主要取决于重整计划的制定是否可以获得债权人会议的通过以及人民法院的裁定认可。重整计划草案应尽可能完整地勾勒出债务人对未来经营的设想与安排、可行性、对债权人的利益保护程度等，以获得债权人的认可。具体来说主要可以分为以下几个方面：

(1) 经营方案的描述与可行性分析，这是企业获得新生的动力所在，也是促成重整程序获得通过的重要基础。

(2) 理清企业所有的债权并进行分类，在此基础上提出债权调整与受偿方案。这一环节要注意维护债权人的利益，并做到公平对待不同类型的债权人。

(3) 明确界定重整计划的执行期限与监督期限。

债权人会议讨论重整计划草案时，需要按债权类型分类分组进行表决，如果涉及出资人变更权益事项，则应设出资人组对计划草案进行表决。各表决组均通过计划草案时，即为通过。否则，债务人或管理人应积极同未通过计划草案的表决组进行协商，协商后再次进行表决。如还未能通过，债务人还可以在重整计划符合公平、公正等条件下，申请人民法院批准计划草案。

重整计划获得批准后由债务人负责执行，并在监督期内接受管理人的监督，监督期满，管理人向人民法院提交监督报告，管理人的监督职责终止，重整计划的利害关系人有权查阅该监督报告。必要时，管理人可以申请人民法院批准延长监督期限。重整计划对所有债权人和债务人都有约束力，债权人未依照我国《破产法》规定申报债权的，在重整计划执行期间不得行使权利；在重整计划执行完毕后，可以按照重整计划规定的同类债权的清偿条件行使权利。如果债务人不能执行或不执行重整计划，管理人或其他利害关系人可以向人民法院申请裁定终止重整计划，终止重整计划执行后，债权人在重整计划中作出的债权调整的承诺失去效力。债权人因执行重整计划所受的清偿仍然有效，债权未受清偿的部分作为破产债权。

9.3.3 和解

和解制度着眼于债权债务关系的变动，通过债权、债务双方的协商，达成新的偿债协议，从而避免债务企业破产。不同于重整，和解申请一般由债务人提出，既可以直接提出，也可以在人民法院受理但尚未宣告债务企业破产前申请和解。和解程序可以分为五个步骤：

(1) 债务人不能及时清偿债务，可以向法院提出和解申请。债务人可以依照我国《破产法》规定，直接向人民法院申请和解，也可以在人民法院受理破产申请后、宣告债务人破产前，向人民法院申请和解。债务人申请和解，应当提出和解协议草案。

(2) 债权人会议讨论和解协议草案。人民法院经审查认为和解申请符合法律规定的，应当裁定和解，予以公告，并召集债权人会议讨论和解协议草案。债权人会议通过和解协议的决议，须由出席会议的有表决权的债权人过半数同意，并且其所代表的债权额占无财产担保债权总额的2/3以上。

(3) 债权人会议通过和解协议的，由人民法院裁定认可，终止和解程序，并予以公告；和解协议草案经债权人会议表决未获得通过，或者虽已经债权人会议通过但未获得人民法院认可的，人民法院应当裁定终止和解程序，并宣告债务人破产。经人民法院裁定认可的和解协议，对债务人和全体和解债权人均有约束力。和解债权人是指人民法院受理破产申请时对债务人享有无财产担保债权的人。

（4）债务人应当按照和解协议规定的条件清偿债务。

（5）如因债务人的欺诈或者其他违法行为而成立的和解协议，人民法院应当裁定无效，并宣告债务人破产；如债务人不能执行或者不执行和解协议的，人民法院经和解债权人请求，应当裁定终止和解协议的执行，并宣告债务人破产。

知识拓展 9-2

重整程序与和解程序的主要区别

（1）直接目的不同。破产和解是通过债权债务关系的调整来实现预防破产的目的；破产重整的目的则更深入一层，不仅在于消极地维持债务企业的法人资格，而且深入企业内部，采取有效对策，从而使债务企业重获健全的生产经营能力，收取治标与治本的双重功效，因而具有积极性和内在性的特点。

（2）适用对象不同。重整仅适用于企业法人；而和解则没有这种限制。

（3）前提不同。重整不仅适用于无力偿债的企业，也适用于那些因经营或财务困难将要成为无力偿债的企业；而和解仅适用于前一种情形。

（4）申请时机不同。申请重整仅可于破产宣告以前提出，而和解既可以在破产宣告以前提出，也可在破产宣告后提出。

（5）申请权人不同。和解一般只有债务人才能成为申请权人；而重整理论上除债务人之外，具备一定条件的股东和债权人均有申请权。

（6）利害关系不同。就维护的利益关系而言，和解程序是在债权人和债务人的对立状态下进行的，而以维护债权人利益为主；重整程序则是在债权人和债务人的同心协力状态下进行的，能够对债权人和债务人双方利益做到统筹兼顾。

（7）担保债权的实现方法不同。和解协议不影响有财产担保或者享有优先权的债权人实现其别除权；在重整程序中，所有的债权，无论其性质如何皆一律平等，别除权的行使均告停止，担保债权人或优先债权人若不参加重整程序则不得实现其权利。

（8）效力不同。重整的法律效力高于和解。和解程序开始后，可以转而开始重整程序；重整程序开始后，则不得转而开始和解程序，而且正在进行的和解程序亦宣告中止。

另外，还有一些细节不同，例如，重整计划草案在重整开始以后提出，和解协议草案在和解开始之前提出；重整计划草案可由管理人提出，而和解协议草案则由债务人提出；重整计划由重整执行人执行，而和解协议由债务人执行；重整程序于计划执行完毕时终结，和解程序于和解协议成立时终结。

9.3.4 和解与重整的财务问题

1. 和解的财务问题

（1）确定各项债务的偿还数额、日期和步骤。企业财务人员要对债权人和本企业的情况进行具体分析，合理确定债权减免的数额。除了债权减免外，还应提出延缓支付债务的要求。一般而言，对到期债务应实行分期分批偿还。

（2）提出改善财务状况的具体方案。主要包括：如何增加企业资金来源；怎样减少企业资金占用；如何扩大市场，增加销售收入；采取哪些降低成本的措施等等。

2. 重整的财务问题

破产企业一般都存在管理混乱、资产破坏严重、销售收入减少、成本居高不下、产品质次价高等问题。为使重整取得成效，在财务上必须做好以下工作：

(1) 必须筹集一定数量的资金对厂房和设备进行修理或更新，以利于正常进行生产和大幅度降低成本。

(2) 必须筹集一定数量的资金以购置生产经营所需要的流动资产。

(3) 筹集一定数量的资金开发新产品和占领新市场，以便增加销售收入。

(4) 筹集一定数量的资金偿还到期债务。

以上诸项工作都需要资金，可以这样说，重整能否取得成功，关键问题是企业能否筹集到重整过程中所需要的资金。在重整期间，企业的信誉低，难以取得贷款或发行债券、股票，可以考虑采取以下措施：

(1) 努力争取上级主管部门的资金支持。既然上级主管部门提出了和解申请，那么，就说明它愿意帮助企业渡过难关。因此，上级主管部门的资金可能成为重整期间企业资金的主要来源。

(2) 寻找信誉良好的企业作担保人，向银行获取担保贷款，调整资金结构。如果可能的话，最好把债权转化为股权。适当处理过时和损毁的流动资产，以减少资金占用。减少奖金发放，停止股息和红利的支付。

9.4 破产清算财务管理

9.4.1 破产清算的程序

破产清算由法院裁定，严格按法定程序进行，这一程序一般包括如下几个步骤：

(1) 法院依法宣告公司破产，由此企业正式进入破产清算程序。

(2) 管理人接管破产公司，负责破产财产的保管、清理、估价、处理和分配。

(3) 全面清查财产、债权、债务。清算组成立后，应对破产企业的财产、债权、债务做全面检查，编制出资产负债表和详细的财产目录。

(4) 制定破产财产分配方案，债权人会议讨论通过，法院裁定后执行。

(5) 管理人向法院提交破产财产分配报告，法院裁定终结破产程序。管理人持裁定公告办理企业注销登记。办理停业登记。自此，公司法人资格正式终止。

9.4.2 破产清算中的财务管理

1. 破产财产的界定与变卖

根据我国《破产法》，破产财产包括：受理破产申请时，公司经营管理的全部财产；公司宣告破产后至破产清算终结前所得财产，如收回应收账款等；应当由破产公司支配的其他财产。

破产财产被确定以后，一般都要变卖为货币资金，以便清偿债务。破产财产应采用公开拍卖的方式加以出卖。拍卖一般委托拍卖公司进行，也可由清算组聘请专人负责，谁出价高，就卖与谁。但破产财产中若有法律限制自由买卖的商品，如黄金、炸药等应由政府主管部门或指定部门收购，破产财产中的整套设备或生产线，应尽量整体出卖，确实无法整体出卖的，方可分散出卖。

2. 破产债权的界定和确认

所谓破产债权，是指在破产申请受理时，对于债务人享有的债权。在界定和确认破产债权时，包括破产宣告前成立的无财产担保的债权，以及放弃优先受偿权的有财产担保的债权。即使破产宣告前未到期的债权，也视为已到期债权，但应当减去未到期的利息。

特别提示9-2

债权和破产债权是有区别的。债权是当事人依照合同规定或法律规定所享有的权利，而破产债权是指只能通过破产程序而受到清偿的债权；债权不受债务人财产的限制，必须如数履行，而破产债权受债务人破产财产的限制，有可能不如数履行或根本不能履行。债权是取得破产债权的前提和条件，破产债权是由于破产宣告前的原因所产生的财产请求权。

债权人申报债权时，应当书面说明债权的数额和有无财产担保，并提交有关证据。如果申报的债权是连带债权的，也应当说明。管理人收到债权申报材料后，应当登记造册，对申报的债权进行审查，并编制债权表。

不作为破产债权的情况主要包括：破产宣告前成立的有财产担保的债权，债权人有就该担保品优先受偿的权利，这部分债权不能构成破产债权。但是，有财产担保的债权其数额超过担保品价款的，未受偿部分应作为破产债权；债权人对破产公司负有债务的其债权可在破产清算之前抵消，抵消部分不能算为破产债权；债权人未在法律规定的期限内向法院申报债权，视为自动放弃债权，被自动放弃的债权不能作为破产债权；债权人参加破产清算程序的费用，不能作为破产债权。

3. 破产费用的确认与管理

破产费用是指在破产案件中，为破产债权人的共同利益而支出的费用。破产费用包括：

(1) 破产案件的诉讼费用。

(2) 管理、变价和分配债务人财产的费用。

(3) 管理人执行职务的费用、报酬和聘用工作人员的费用。

所谓共益债务是指破产程序中为全体债权人的共同利益由债务人财产及其管理人行为而产生的债务。人民法院受理破产申请后发生的下列债务，为共益债务。例如，因管理人或者债务人请求对方当事人履行双方均未履行完毕的合同所产生的债务。为债务人继续营业而应支付的劳动报酬和社会保险费用以及由此产生的其他债务。

破产费用和共益债务由债务人财产随时清偿。如果债务人财产不足以清偿所有破产费用和共益债务，应该先行清偿破产费用；如果债务人财产不足以清偿所有破产费用或者共益债务，则按照比例清偿；如果债务人财产不足以清偿破产费用，管理人应当提请人民法院终结破产程序。

在破产案件清算过程中，应当尽量减少破产费用的支出。破产费用在破产财产中优先拨付，当破产财产不足以支付破产费用时，清算组要向法院及时申报，由法院宣告破产终结。

4. 破产财产的分配与的清偿

当破产财产全部被确认和拍卖，破产债权全部被界定和确认，破产费用总额核算（估算）出来以后，清算组便可提出分配方案。这一方案要由债权人会议通过，经法院裁定后执行。

破产财产不足以清偿同一顺序的清偿要求的，按照比例分配。破产财产清偿到某一顺序而全部用完时，破产程序就此终结。

案例讨论 9-1

破产清偿顺序

中国琴岛公司因经营管理不善，不能清偿到期债务，依法破产。经查，中国琴岛公司现有现金及实物共100万元，房地产500万元，其中有一处200万元的房地产抵押给A银行，贷款150万元，另有一处100万元的房地产抵押给B银行，贷款130万元。另有两企业分别欠了中国琴岛公司70万元、30万元，中国琴岛公司还分别欠了乙企业、丙企业、丁企业100万元、200万元、300万元。欠国家税款250万元，欠职工工资、劳动保险费用50万元，破产费用20万元。

该案例中中国琴岛公司如何清偿破产债务？

9.5 案例分析：海南发展银行破产重整

9.5.1 案例背景

海南发展银行，简称海发行，是总部设在中华人民共和国海南省海口市的一家股份银行，该银行已于1998年6月21日被中国人民银行宣布关闭。

海南发展银行于1995年8月18日开业，注册资本16.77亿元人民币(其中外币折合人民币3 000万元)。银行由海南省政府控股，一共有包括中国北方工业总公司、中国远洋运输集团公司、北京首都国际机场等在内的43个股东。曾于1996年在广州和1998年5月在深圳设立过两家分行。

海南发展银行起初经营情况不错。据1997年的《海南年鉴》记载，海发行收息率为90%，没有呆滞贷款，与中华人民共和国境外36家银行及共403家分支行建立了代理关系，外汇资产规模达1.7亿美元。虽然兼并了28家信用社、托管了5家信用社的债权债务，使得海发行账面上实力增强，但由于这些信用社大多是不良资产，海发行也背上了沉重的包袱，而且兼并后的海发行员工人数剧增为3 000多人，是原来的数倍。

海发行兼并信用社后，为了缓解压力，只保证给付原信用社储户本金及合法的利息。因此，许多在原信用社可以收取20%以上利息的储户在兼并后只能收取7%的利息。1998年春节过后，情况开始急转直下。不少定期存款到期的客户开始将本金及利息取出，转存其他银行，并表示因为利息降低，不再信任海发行。随后，未到期的储户也开始提前取走存款，海发行各营业网点前开始排队取钱，发生了大规模的挤提。后来海发行规定了每周取款的次数和限额，而且优先保证个人储户的兑付。但是由于挤提存款问题严重，次数和限额规定一变再变，使储户每次能取到的钱越来越少，而每月可以取款的次数也变得越来越少，加剧了个人储户的不满情绪，而公司储户几乎都难以从海发行提出款项。此时，海发行的其他业务已经基本无法正常进行，应对储户挤提存款几乎成了海发行这段时间里全部的活动。

有的营业部为了减少储户挤兑，同时吸引存款，又开出了18%的存款利率，但此时已没有人愿意再把存款存入海发行。海发行见在海南岛内无法缓解困境，想以岛外的力量帮助恢复，于1998年5月在深圳设立分行，然而并没有起明显作用。

1998年6月21日，中国人民银行发出公告：由于海南发展银行不能及时清偿到期债务，根据《中华人民共和国人民银行法》《中华人民共和国公司法》和《金融机构管理条例》，中国人民银行决定关闭海南发展银行，停止其一切业务活动，由中国人民银行依法组织成立清算组，对海南发展银行进行关闭清算；指定中国工商银行托管海南发展银行的债权债务，对其境外债务和境内居民储蓄存款本金及合法利息保证支付，其余债务待组织清算后偿付。海南发展银行的关闭，对海南的金融形象造成了破坏。此后，海南金融持续弱化，银行等金融机构对贷款审查等业务活动更加审慎。中国人民银行为了清偿居民储蓄及合法利息等债务，提供了40亿元人民币的再贷款。海南发展银行关闭的时候虽然符合破产的条件，但是由于中华人民共和国的有关规定，并没有称其为破产，并在之后的清算工作也与一般破产清算有所不同。

9.5.2 海发银行的清算过程

1998年6月21日，中国人民银行宣布关闭海发行，并指令中国工商银行托管海发行债权债务。

1. 海发行关闭的清算程序

对账务档案进行接收、储蓄存款审核兑付、对公债务登记、资产负债核对等工作；制定了《海发行资产负债清理核查与损失评定标准及清算、托管工作的各项管理办法》；拟订人员分流方案并开展了人员分流工作；积极开展清收、保全资产和处理固定资产等工作。

2. 海发行关闭的实施过程

(1) 成立关闭领导组织机构。1998年6月15日，成立了中国工商银行托管海发行工作领导小组、“关闭海发行海南省工作协调小组”、关闭海发行广州分行工作协调领导小组和中国人民银行总行关闭海发行清算组。1998年6月18日，中国人民银行总行发出《关于关闭海南发展银行的通知》，明确收缴该行的《金融机构法人许可证》《金融业务营业许可证》和《经营外汇业务许可证》，停止其一切业务经营活动，并指定工商银行托管海发行的全部资产负债。托管期间，海发行的行政领导权、业务管理权及财务收支审批权全部由工商银行接收行使。中国人民银行总行还要求各金融机构传达精神、统一思想、积极配合，不使用非正当手段拉存款，做好自身稳定工作，及时上报重大事件。

(2) 同时，由监管机构依法组织海发行关闭清算；指定工商银行托管海发行的债权债务，对境外债务和境内居民储蓄存款本金及合法利息保证支付，其余债务待组织清算后偿付。工商银行(公告)主要内容为：中国工商银行自1998年6月21日起托管海发行的债权债务。自6月30日起登记海发行的全部债务；对居民储蓄存款本金和合法利息，办理支付或转存工行。境外债务和境内居民储蓄存款之外债务的清偿办法待清算后另行公告。

(3) 6月27日，海南省政府召开关闭海发行工作协调会议，明确协调小组负责协调清算、托管和社会稳定各项工作。会后成立了关闭海发行协管小组；为发挥海发行党组织的作用，省直企业工委进驻海发行协助工作；为加大资产清收力度，省政法机关驻海发行清收督办小组协助催收资产，公安机关负责稳定社会治安方面的工作；封存收缴海发行用于安全保卫的116支枪。最高人民法院发文《关于对涉及海发行的经济纠纷案件终止审理和终止执行的通知》。人行海南分行要加强金融监管，搞好资金调度；海发行党委要稳定职工思想，正确把握舆论导向。

3. 债权债务的确认与兑付

(1) 储蓄存款的核对与兑付。为最大限度地维护存款人的合法利益，中国人民银行总行作出全额兑付海发行合法储蓄存款的决定。为做好储蓄存款的核对与确认工作，工商银行托管组制定了《中国工商银行海南分行托管海发行储蓄存款兑付业务流程》，完成了储蓄存款账务核对工作和兑付工作。截至 1999 年 10 月 31 日，兑付储蓄存款 30.21 亿元，15 446 户，占应兑付金额的 97.83%，占应兑付户数 14.27%，未兑付金额 0.67 亿元，94 387 户（主要是小额睡眠户）。

(2) 对公债务的登记与确认。1998 年 6 月 29 日，工行托管组先后刊登债务登记公告，要求海发行全体债权人在规定时间内到原海发行各营业机构办理登记手续。清算组、托管组制定了《关于海发行和五家关闭城市信用社境内对公债务审核确认工作实施方案》。截至 1999 年 10 月 31 日，登记对公债务 5 784 笔，占债务总户数的 24.1%；金额 1 583 830 万元，占债务总金额的 96.3%；确认 3 260 笔，金额 155 886 万元，占债务总额的 9.47%。

(3) 外汇债务的登记、审核与偿付。将账户余额全额调回海发行外汇托管专用账户。1998 年 11 月 2 日，中国人民银行总行和国家外汇管理局组成调查小组，核查海发行外债情况。查明对外借款情况清楚，基本合法合规；小笔信用证项下的外汇债务需要进一步调查其贸易背景的真实性。清算组开始偿付有真实贸易背景进口信用证项下的外债以及对外借款。海发行私设的海发国际（中国香港）财务有限公司，在关闭前就已出现管理经营混乱和失控的问题。1999 年 4 月 10 日，清算组派俩人赴香港专门处理公司的有关问题，初步控制了该公司的经营活动，并着手清理资产负债，追收债权，核查公司经营活动的有关情况，向公安部门提交了有关案情材料，制定了《海发行资产负债清理调查与损失评定标准》并委托中介机构进行贷款评估和账务审计。为指导被关闭海发行的资产评估工作，中国人民银行总行拟订出《金融机构资产评估暂行办法（草案）》。在此基础上，借鉴财政部《国有资本绩效评价规则》的核心内容与原则，中国人民银行总行、财政部、海南省财政厅有关人员起草了《海发行资产负债清理核查和损失评定标准》，清算组牵头与海南省财政厅共同对海发行 31 户 30.4 亿元贷款制定了样本标准。根据该标准进行资产评估测试工作。在测试的基础上，对该《标准》进行了修订。1999 年 6 月 3 日，清算组委托深圳鹏城会计师事务所进入海发行开展审计评估工作。评估结论为：截至关闭日，海发行账面资产总额 158.18 亿元，负债总额 179.92 亿元。截至 1999 年 5 月 31 日，资产损失 87.58 亿元，损失率 55.37%。

4. 清算

(1) 积极开展资产保全和清收及处理固定资产工作。清算组主要通过法律诉讼方式和资产清收和保全工作：截至 1999 年 12 月 31 日，清算组共起诉案件 809 件，标的 29.14 亿元，法院已判决 681 件，标的 22.4 亿元。清理、审查海发行关闭前已起诉，判决的几百件，标的金额达几十亿元的案件材料。同时采取各种非法律诉讼措施加大保全、清收资产的工作力度，以减少诉讼费用，降低收贷成本。结果，清算组共收回资产 16 421 万元，其中：现金 6 287万元，财产 10 134 万元（土地 303 332 万平方米，房产 43 562 万平方米）。为防止关闭后海发行固定资产流失，清算组、托管组开展了对海发行固定资产登记、核查、管理和处理工作。清算组成立资产经营小组，经营已收回的海发行资产。

(2) 降低清算成本。为使清算托管工作有序进行，降低清算、托管工作成本，清算组、托管组制定了规范清算托管的一系列管理办法。如《中国工商银行托管海发行管理办法》《关闭海发行清算费用管理暂行办法》。

(3) 制定了一系列对资产负债、财务、人员、营业网点等方面加强管理的文件。

9.5.3 海发银行清算托管中的问题

(1) 缺乏明确的法律依据,使清算托管工作遇到许多困难。虽然在《中国人民银行法》《公司法》和《金融机构管理规定》等法规中,赋予了人民银行关闭金融机构的权力,以及关闭后由监管机构依法进行清算的原则,但对具体的关闭清算工作,比如清算组的组成、职责、权限,与主管部门、债权人的关系,债务清偿原则等问题,并没有作出系统和明确的规定。而且在全面规范我国商业银行行为的《中华人民共和国商业银行法》中,只有金融机构退市比如解散、破产等制度原则规定条款,并没有关于关闭的有关内容。

(2) 海发行资产损失严重,严重资不抵债,影响了清算工作的顺利进行。据清算组委托的深圳鹏城会计师事务所评估,实际有效资产只有 70.6 亿元,损失率达 55.37%,在扣除工商银行已经为兑付储蓄存款和清算费用垫付的 31.37 亿元资金后,仅剩 39.23 亿元,但海发行还有大量单位债务尚未清偿,如靠剩余资金清偿,则清偿比例只有 26.32%,如全额清偿,可能引起单位债权人的不满,也会对中小金融机构的信誉及债权企业的生产经营造成不良影响,并且违反现有有关法律法规。如果保证单位债权人合法本金全额兑付,巨额资金缺口由谁承担就成为一个关键性问题。

(3) 资产清收难、变现难,损失严重。截至 1999 年 10 月底,共收回资产 1.64 亿元,仅占海发行总资产的 1.04%。收回的资产中现金类资产 6 287 万元,仅占总资产的 0.4%。

(4) 与地方政府有关部门协调工作难度较大。清算托管期间,省政府没有协调有关部门对海发行采取特殊政策,而是一律按照国务院关于处理积压房地产试点方案办理,造成海发行很大损失。据统计,海发行未开发的土地共有 61 138.903 亩,已支付购地款 47 492.1 万元。截至 1999 年 6 月 25 日,以上土地已被政府收回 20 291.82 亩。当地政府还准备无偿收回土地 5 209.951 亩。海发行关闭前所欠供电部门的电费、电信部门的电话费、基建款费用,根据海发行债务兑付政策应作债权申报,根据资产清收情况予以兑付。但这些部门常采取强制性手段(如供电部门切断电源等)要求支付,影响清算工作。

重要概念

破产　重整　和解　清算

本章练习

一、单项选择题

1. 按照破产法的有关规定,公司的破产财产应首先偿付(　　)。

A. 破产企业所欠的税款　　B. 已担保的债权

C. 破产企业所欠职工工资和劳动保险费　　D. 无担保的破产债权

2. 下列各项中,不属于破产费用的是(　　)。

A. 破产案件的诉讼费用　　B. 管理人执行职务的报酬

C. 管理人执行职务致人损害的费用　　D. 管理和分配债务人财产的费用

3. 下列属于共益债务的是(　　)。

A. 管理人对破产财产进行分配而发生的费用

B. 管理人为破产财产的估价聘请的资产评估专业人员而支付的劳动报酬

C. 债务人的财产在债务人自己的仓库保管时发生火灾，殃及近邻，造成他人的财产损失

D. 人民法院受理债务人的破产案件依照职权发生的由债务人负担的调查费用、公告费和文件送达费用

4. 下列有关重整制度的表述，说法不正确的是（　　）。

A. 在重整期间，对债务人的特定财产享有的担保权暂停行使

B. 担保物有损坏或者价值明显减少的可能，足以危害担保权利的，担保权人可以向人民法院请求恢复行使担保权

C. 在重整期间，债务人或者管理人为继续营业而借款的，可以为该借款设定担保

D. 在重整期间，债务人的出资人可以请求投资收益分配

5. 关于破产清偿顺序，下列说法正确的是（　　）。

A. 在清偿有担保的债权之前，要优先清偿破产费用和共益债务

B. 破产财产在优先清偿破产费用和共益债务后，要先清偿欠缴的税款

C. 破产财产在优先清偿破产费用和共益债务后，要先清偿普通债权

D. 破产财产不足以清偿同一顺序的清偿要求的按照比例分配

二、多项选择题

1. 下列债权属于破产债权的有（　　）。

A. 破产宣告前发生的虽有财产担保但是债权人放弃优先受偿的债权

B. 债权在破产宣告后产生的利息

C. 债务人的保证人代替债务人清偿债务后依法可以向债务人追偿的债权

D. 破产债权人参加破产程序所支付的费用

2. 下列不属于破产财产的有（　　）。

A. 已作为担保物的财产　　B. 破产企业工会所有的财产

C. 破产企业内属于他人的财产　　D. 担保物价款超过所担保债务额的部分

3. 人民法院受理破产申请前1年内，涉及债务人的财产的行为，管理人有权请求人民法院予以撤销，这些行为包括（　　）。

A. 有偿转让财产　　B. 以明显不合理的价格进行交易

C. 放弃债权　　D. 对没有财产担保的债务提供财产担保

4. 根据《中华人民共和国破产法》的规定，对破产企业尚未履行的合同管理人可以选择的处理方式有（　　）。

A. 予以解除　　B. 中止合同履行

C. 宣告无效　　D. 继续履行

5. 关于和解的申请，下列说法正确的有（　　）。

A. 债务人不能直接向法院申请和解

B. 债务人可以直接向法院申请和解

C. 债务人可以在人民法院受理破产申请后、宣告债务人破产前向法院申请和解

D. 债务人在人民法院受理破产申请后不能向法院申请和解

三、判断题

1. 根据《破产法》的规定，债权人和债务人企业均可向人民法院提出破产清算申请。（　　）

2. 企业法人已解散但未清算完毕，资产不足以清偿债务，对债务人负有清算责任的人可以向人民法院申请破产清算。（　　）

3. 对债务人的特定财产享有担保权的债权人，未放弃优先受偿权利的，对于破产财产的分配方案的决议有表决权。 （ ）

4. 破产费用是在破产程序中为债权人共同利益而发生的费用。 （ ）

5. 债权人申请和解，应当提出和解协议草案。 （ ）

四、简答题

1. 比较重整程序和和解程序的主要区别。

2. 简要介绍破产财产的分配顺序。

五、案例分析题

长航凤凰股份有限公司（以下简称“长航凤凰”）系上市公司，是长江及沿海干散货航运主要企业之一。自2008年全球金融危机以来，受财务费用负担沉重、航运运价长期低迷等因素影响，长航凤凰经营逐步陷入困境。截至2013年6月30日，长航凤凰合并报表项下的负债总额合计达58.6亿元，净资产为9.2亿元，已严重资不抵债。经债权人申请，湖北省武汉市中级人民法院（以下简称武汉中院）于2013年11月26日依法裁定受理长航凤凰重整一案，并指定破产管理人。因连续3年亏损，长航凤凰股票于2014年5月16日起暂停上市。

请问长航凤凰以市场化的重组方式为基础，如何制定重整计划？

第 10 章　财务预警与风险管理

内容提要

本章主要讲解了企业财务预警与风险管理的基本知识,包括财务风险的概念和类型,财务预警的方法,财务风险的管理以及财务风险的应对,最后是本章案例。

重点难点

本章重点为财务风险的概念、财务风险的类型以及财务预警的方法、财务风险的管理以及财务风险的应对措施;难点为财务预警的方法、财务风险的管理及应对措施。

学习目标

通过本章学习,学生应掌握企业财务预警的方法;掌握定性预警分析方法、定量预警分析方法;掌握企业财务风险的应对;熟悉企业风险管理制度的安排;熟悉公司财务风险管理的原则;熟悉财务战略储备、财务弹性与资金链,了解企业财务风险的概念与内容。

知识框架

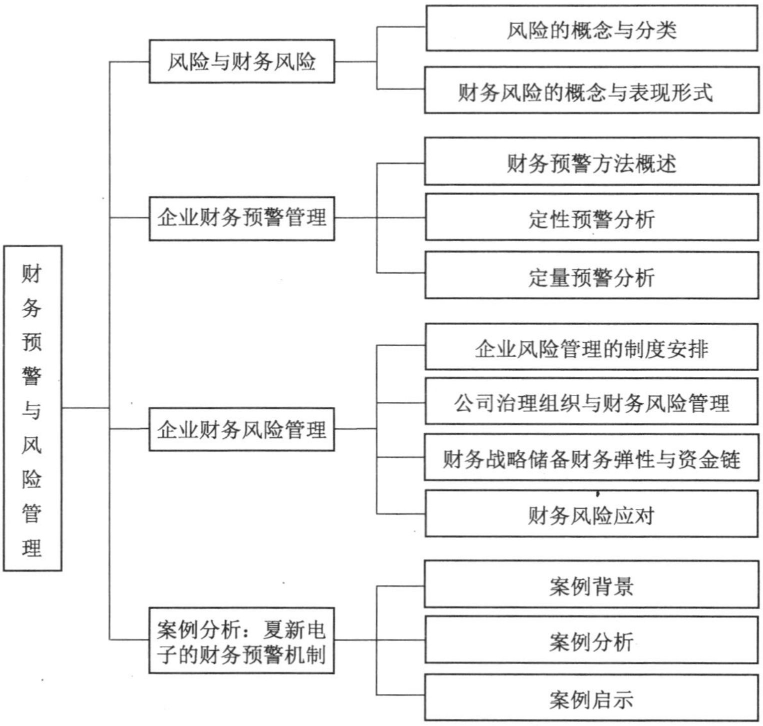

引入案例　美国通用汽车破产纯属财务风险

金融危机之后，美国通用汽车公司(简称GM)迫于近年连续亏损、市场需求萎缩、债务负担沉重等多方压力，于2009年6月1日，正式按照《美国破产法》第11章的有关规定向美国曼哈顿破产法院申请破产保护。CEO瓦格纳被换掉了，公司的业务将会萎缩，其中一些品牌(悍马、霍顿、欧宝)将会出售，至于这些车的售后服务就只有让其他公司代理了。这样优化公司的资源，整合力量。GM破产保护阶段业务照样进行，而且将会在两个月之内成立一家新GM，这家新公司继承旧GM的一些主要品牌(凯迪拉克、别克、雪弗兰)，而其余的工厂都卖了用来抵偿一些债务，而且新GM重新经营时把主要精力转向小排量汽车环保汽车。

请分析美国通用汽车破产的原因？此案例给予我们怎样的启示？

10.1 风险与财务风险

10.1.1 风险的概念与分类

1. 风险的概念

风险是指一定条件下和一定时期内未来结果的不确定性。企业风险是指企业在生产经营过程中，由于企业内外各种不确定性或不可控因素的影响，从而使企业生产经营的未来实际结果与企业预期基本目标之间产生差异的可能性。

风险并不等同于危险，危险的结果只能是绝对的损失或伤害，而风险则既可能带来损失也可能带来收益。这恰恰是风险让人畏惧但又不甘放弃的根本原因。那么企业的风险又是从何而来呢？任何会对企业的未来财务状况和经营结果产生影响的因素都有可能成为风险推手，大到国际经济环境动荡，小到财务人员的录入错误，可以说风险缘由无处不在。

知识拓展 10-1

对风险的理解国内外学术界有不同的观点

观点1：根据《韦氏新国际大辞典》(第三版)的解释，风险(risk)有两层含义：其一，易变化的特性或状态，缺乏肯定性，即不确定性(uncertainy)；其二，具有无常的、含糊的或未知性质的事物。

观点2：《辞海》(上海辞书出版社1989年版)对风险的解释，人们在生产建设和日常生活中遭遇可能导致人身伤亡、财产受损及其他经济损失的自然灾害、意外事故和其他不测事件的可能性。

观点3：小阿瑟·威廉姆斯、理在德·M·汉斯将风险定义为，在给定情况下和特定时间内，那些可能发生的结果间的差异。这种差异越大，风险就越大。

观点4，风险指特定客观情况下，特定期间内，某一结果(outcome)发生之可能差异程度而言，亦即指实际结果与预期结果之变动程度而言，变动程度越大，风险却越大；反之，则越小。

观点5：风险是指某一不利事件将会发生的概率。

观点6：风险是引起损失的不确定性。

观点7：风险是指人们在事先能够肯定采取某种行动所有可能的后果，以及每种后果出现的可能性的状况。

不同的看法，都基于不同的理解，在不同程度上对风险的含义作了阐述。其共性在于它们都将风险与事件的结果及其发生的可能性联系起来。

2. 企业风险的分类

1）企业风险按风险能否分散将风险划分为系统性风险和非系统性风险

（1）系统性风险。系统性风险亦称不可分散风险，是指由于外部因素的变化给一定时期一定区域内所有企业都带来经济损失的可能性，这些因素包括政策变更、通货膨胀、汇率调整、经济周期等。在一定时期和一个较广的范围内，这种风险影响所有企业。对于投资者和公司来说，这种风险是无法通过多元化投资消除的。

（2）非系统性风险。非系统性风险亦称可分散风险，是指某些因素对个别公司造成经济损失的可能性，这些因素既可以包括行业地域等企业外部因素，也可以包括公司重大经营决策、日常生产组织等企业内部因素。这种风险可通过产业、区域投资多元化来抵消。

2）按风险成因可以将企业的风险划分为经营风险和财务风险

（1）经营风险。经营风险也称商业风险，是指由于生产经营上的原因带来的收益不确定性。造成经营风险的原因有两大类：一类是企业外部因素，如自然灾害、经济不景气、通货膨胀等不可控因素；另一类是市场需求和成本等因素的不确定性，尤其是固定成本因素决定的经营杠杆的客观存在，当产销量变动时，利润将以经营杠杆系数的幅度上升或下降。经营杠杆系数越大，利润的波动幅度就越大，这意味着企业经营风险也就越大。降低风险的基本方针就是要降低经营杠杆系数。

（2）财务风险。财务风险是指企业在生产经营中的财务活动（包括投资、融资等活动）与财务治理财务制度中所面临的风险。这是本章讨论的主题内容。

10.1.2 财务风险的概念与表现形式

1. 财务风险的概念

关于财务风险的定义有狭义和广义之分。

狭义的财务风险纯粹是由于使用财务杠杆造成的。西方财务教科书通常认为，财务风险是由于使用负债融资而带来的风险。

广义的财务风险是企业由于受经营环境及各种难以预计或无法控制的因素影响，在一定时期内实际的财务收益与预期财务收益发生偏离，从而蒙受损失的可能性。它是从企业财务管理活动全过程，从财务管理的整体观念透视财务本质来界定的。广义的财务风险贯穿于企业各个财务环节，是各种风险因素在财务上的集中体现。

知识拓展 10-2

在低迷的市场中扩张

瓦伦堡家族的一贯策略是：利用市场的低迷扩张他们在持股公司中的控制地位。家族生意的创始人安德烈在19世纪末留下的忠告——“好生意总是由坏运道做成的”，如今时常为家族的新一代掌门人引用。

瓦伦堡兄弟（ABB）在过去的几年中继续增持了爱立信和伊莱克斯的股份，并且不断寻找其他欧美的亏损企业股票买入，2003年11月，当因过度扩张、并购后整合失败而导致债务缠身的ABB股价跌进谷底，瓦伦堡兄弟执掌的InvestorAB决定以每股18瑞典克朗买进ABB全都股份的5%（约1.3亿美元），使家族在ABB中的持股翻番至10%。

InvestorAB增持ABB股票之后，ABB的股价在一周内涨至24克朗。随着经营有所改善，ABB的股价一路回升，2003年以来已经上涨了70%。而爱立信似乎也在悬崖边上勒住了缰绳，在2003年的第三个财季结束了长达3年的亏损,转为盈利,股价涨幅也达到85%。

现在,奉行先辈教诲的瓦伦堡兄弟正在高科技领域进行新一轮投注。新的投资流向了宽带网络电话服务和3G业务,以及斯堪的纳维亚国家许多从事生物技术的新兴公司。2000年9月以来,InvestorAB在与和记黄埔合资成立的Hi3G公司(InvestorAB占股40%)中已经投入了14亿瑞典克朗,并计划在2008年前继续投资35亿克朗。雅各布.瓦伦堡承认,Hi3G是一项高风险的投资。"我们的确不知道这项投资会带来什么。冒险是我们每天都在做的事。但就个人而言,我相信3G。"雅各布对记者说,目前Hi3G在瑞典已经有10万用户,包括他本人,他觉得3G给他带来许多"愉快的体验"。

2. 财务风险的表现形式

应该说企业风险不仅仅局限于财务方面,但是都最终表现在财务报表和财务运行上。

1) 按内容划分,财务风险包括负债(杠杆)风险、支付能力风险、投资风险、信用风险、利率风险与外汇风险等主要形式

(1) 负债(杠杆)风险。对于公司来说,不能偿还到期债务是负债经营隐含的最大风险。这种风险既包括不能偿还到期债务本金的风险,也包括公司因偏离最佳资本结构而导致资本成本上升的风险。

(2) 支付能力风险,是指公司现金流不足以满足必要经营支出和投资支出项目的风险,这类风险也叫现金流风险。

(3) 投资风险,是指投资决策失误和投资过程控制失灵招致的投资失败。这是现代企业最大的财务风险之一。

(4) 信用风险,是指企业不能按期足额收回应收款项的风险。

(5) 利率风险,是指由于利率的波动性导致公司收或支的利息高(低)于预期值。

(6) 外汇风险也称货币风险,是指汇率变化而产生的资金回收与盈利方面的不利影响。

【例10-1】 中央电视台广告标王秦池酒厂的失败

1995年"秦池"以6 666万元的价格第一次在中央电视台夺取"标王"。广告的轰动效应使"秦池"一夜成名,并获取了产品的市场份额。"秦池"巧妙地获取和延续广告效果,并享受到了经营杠杆的积极作用。但当秦池以3.2亿元的天价再次成为1997年中央电视台的"标王"后,为了在短时间内满足客户订单需求,收购散酒来勾兑并被新闻媒体披露,产品质量、信用在全国遭遇普遍质疑。1997年"秦池"销售收入未达到预期的15亿元,仅为6.5亿元,3.2亿元的广告费使其陷入财务危机。经营杠杆的效应使曾经辉煌一时的秦池模式成为转瞬即逝的泡沫。

【例10-2】 韩国大宇集团的解散——财务杠杆负面效应的结果

大宇集团在政府政策和银行信贷的支持下,走的是典型的负债经营之路。大宇集团试图通过大规模举债达到扩张的目的,最后实现"市场占有率至上"的目标。当1997年亚洲金融危机爆发后,大宇集团的危机就已经显现出来,但大宇集团为了增加销售额和出口,继续推行高负债的策略。最终由于其经营管理不善和资金周转困难,被韩国政府责令证券银行接管,大宇集团解散。

【例10-3】 三九集团的危机

以生命健康产业为主业、以医药业为中心、以中药现代化为重点的三九集团(简称"三九"),曾是国务院国有资产监督管理委员会直接管理的国有大中型中央企业。其早在20世纪90年代中期,便开始了多元化之旅。1994—1998年三九完成了以"低成本"为主题的第一轮扩张,1995—1997年,三九收购企业近50家,其中负债式收购几乎占了一半。1999年,依托有利政策,三九开始大规模的兼并收购活动。一般来说,企

业的并购目标主要是与主业关联或互补的行业。然而，三九的多元化并购更多的是与医药业无关的产业。非医药行业项目的纷纷亏损，导致三九在非医药行业的扩张几乎无一成功。非医药行业的投入牵制了三九大量的人力、物力和财力。药厂只是众多子公司中的一个，有着90%的利润贡献却要支付其他子公司带来的债务和亏损成本。盲目无节制的大规模的兼并活动，使三九的负债率长期处于高位。在扩张之初，企业的负债率为19%，但到了1998年，负债率高达80%，到2002年年底，更是创纪录的达到了92%，债务总额191亿元，资产回报率仅为0.1%，多元化所消耗的资金给三九带来了越来越大的银行贷款缺口。从2002年开始，三九制药的母公司三九集团深陷债务泥潭。截至2003年年底，三九集团及其下属公司共欠银行98亿元。过度兼并和多元化经营使得三九集团规模急剧膨胀，并使之陷入困境，由于所欠银行贷款数额巨大，三九不得不在国资委的介入下寻求战略重组。

一个公司的快速增长很容易超过其管理能力，规模过大、增长过快很有可能成为企业的一大弱点。过度扩张很容易使企业很快走向衰败。三九集团为了做大做强，不计成本、不择手段的融资，不顾风险追求高速扩张，最终将自己陷入了困境。

2）从管理角度，财务风险包括财务制度风险，财务业绩风险、财务流动性风险与财务信息风险等

（1）财务制度风险，表现为制度实际执行偏离法律制度规范要求的程度。制度的主要功能是控制风险。“上有政策、下有对策”是制度失灵的标志，是风险的导火线。

（2）财务业绩风险，表现为实际业绩偏离目标、预算等标杆值的程度。如果目标值与实际状况长时间发生很大偏差或重大波动，这是企业危机的征兆。

（3）财务流动性风险，表现为企业的偿债能力或支付能力不足时，其现金流无法偿还到期债务或无法维持当前的运营水平所需的必要支出所导致的一种风险。

（4）财务信息风险，表现为信息不对称、信息失真、信息迟缓等导致决策上、控制过程和业绩评价方面的种种问题。

【例10-4】　　PT中浩的退市

PT中浩在1992年发行A、B股及1993年配股后，快马加鞭的进入家具、化妆品、超纯水、房地产、通信等领域。尽管投资了众多企业，但它一直没有形成自己的优势企业或龙头企业，到2000年连续4年亏损，资不抵债，已于2001年4月23日宣布退市，成为中国证券市场上第一家退市公司。

PT中浩退市的案例说明，盲目多元化经营的直接后果就是新项目挤占优势主业的资金，使企业原有的竞争优势逐步丧失。属于经营管理上的缺陷，导致了主营业务萎缩。

引例解析

美国通用汽车破产纯属财务风险

美国通用汽车公司破产的原因分析：

(1) 福利成本。高出对手70%的劳务成本以及庞大的退休员工包袱日益不堪重负，让其财务丧失灵活性。

(2) 次贷冲击。美国次贷危机给美国汽车工业带来了沉重的打击，汽车行业成为了次贷风暴的重灾区，2009年4月底以来通用的市场规模急剧缩小了56%，从原本的130多亿美元降至不到60亿美元。同时，通用公司的股价已降至54年来最低水平。始料不及的金融海啸，让押宝华尔街，从资本市场获得投资以渡过难关的期望成为泡影。

此案例给予我们的启示如下：

(1) 适应经济运行周期。财务战略要顺应经济周期。当经济处于复苏阶段时，企业应采取扩张型财务

战略，经济繁荣后期，则采取稳健型财务战略，而在经济低谷期，相应采取防御型财务战略。

(2) 适应产品生命周期。按照企业发展的规律，通常有初创期、成长期、稳定期和衰退期各个阶段。制定财务战略时，必须正确把握本企业所处的发展阶段及其特色。在初创期，其财务特征主要表现为资金短缺，缺乏竞争力，重点应放在如何筹措资金上。在成长和稳定期，企业资金较为充裕，规模较大和核心竞争力较强，应考虑通过并购，实现其对外部发展的扩张型财务战略和稳健型财务战略。在企业衰退期，往往销售额，利润率大幅下滑，流动性不足，应考虑通过重组，改制来实现企业的蜕变和重生，采取防御型财务战略。

10.2 企业财务预警管理

10.2.1 财务预警方法概述

企业经营无时无刻不处于包括财务风险、市场风险、法律风险等在内的各种风险之中，因此必须建立预警制度，在面临复杂多变的市场环境和内部不可控因素的条件下，尽可能的预先察觉经营中的危机，并采取有效应变措施，化解风险消除危机。

针对财务风险展开的预警就构成了企业财务预警分析，即通过对企业财务报表及相关经营资料的分析，利用及时的财务数据和相应数据化管理方式，将企业已面临的危险情况预先告知企业经营者和其他利益相关者，并分析企业发生财务危机的原因和企业财务运营体系隐藏的问题，以提早做好防范措施的财务分析系统。

财务预警方法根据不同的标准可以分成不同类别。

1. 按分析时利用指标或因素的多少不同划分

按分析时利用指标或因素的多少，可分为单变量预警分析和多变量预警分析。

(1) 单变量分析。单变量分析是指通过对每个因素或指标进行分析判断，与标准值进行比较，然后决定是否发出警报以及警报的程度。

(2) 多变量分析。多变量分析则是根据不同指标、因素的综合分析的结果进行判断。

2. 按分析判断时采取的主要依据不同划分

按分析判断时采取的主要依据，可分为指标判断和因素判断。

(1) 指标判断。指标判断是指建立风险评价指标或指标体系，划定指标预警标准以及警报区域，然后根据指标值落入警报区域的状况来确定是否发出报警以及警报的程度。

(2) 因素判断。因素判断则是以风险因素是否出现或出现的概率作为报警准则。在实际中，可将风险因素按一定方式进行重要度排序，以重点因素作为主要的报警因素，或通过某种方法得到风险因素的出现概率，然后与报警概率进行比较，作出判断。

3. 按预警分析所采用的分析方法不同划分

按预警分析所采用的分析方法，分为定性分析和定量分析。

(1) 定性分析。定性分析是根据分析者对财务运行状况、组织管理的综合评判得出预警结论。

(2) 定量分析。定量分析主要通过财务指标和各种模型的计算与分析得出预警结论。

10.2.2 定性预警分析

1. 标准化调查法

标准化调查法又称风险分析调查法，即通过专业人员、咨询公司、协会等，就企业可能遇到的问题加以详细调查与分析(见表10-1),形成报告文件供企业经营者使用的方法。

表10-1 **标准化调查表**

项目	调查内容
业绩	1. 现状:好、一般、不好
	2. 前景:增长、下降、稳定、不明
	3. 交易对象、行业前景:增长、下降、稳定、不明
	4. 对外资信:高、一般、低、不明
同行业对比	1. 规模、地位:大、中、小、独立
	2. 同行业间的竞争:激烈、一般、无
	3. 销售实力的基础:销路、客户、商标、商品组织、广告、特殊销售法
	4. 生产实力的基础:特殊技术、特殊设备、特殊材料、特殊产品、特殊生产组织
经营上的问题与原因	1. 问题:销售不振、收益率差、成本差、生产率低、人力不足
	2. 销售不振的原因:不景气、竞争激烈、行业衰退、销售力弱、产品开发慢、生产率低
	3. 收益率低的原因:价格低、成本高、高利率
	4. 生产率低的原因:效率低、人力不足、管理不善、现代化程度低、多品种少量化
	5. 成本高的原因:材料费高、开工不足、工资等费用高
前景	1. 方针:扩大、维持现状、转换、不明确
	2. 扩大方向:整体规模、新增范围、人员
	3. 具体方法:多样化、新产品、新销路、专业化
	4. 重点基础:产品开发、设计、设备、技术、增强销售力、劳务人事、成本、质量

2. “四阶段症状”分析法

企业财务运营情况不佳甚至出现危机,肯定有其特定的症状,及早发现各个阶段的症状,对症下药。可以认为企业财务运营病症大体分为四个阶段,各阶段危机症状如表10-2所示。如企业有相应情况发生,一定要尽快弄清病因,采取有效措施,摆脱财务困境。

表10-2 **企业财务营运症状与危机的四个阶段**

Ⅰ财务危机潜伏期	Ⅱ财务危机发作期	Ⅲ财务危机恶化期	Ⅳ财务危机实现期
1. 盲目扩张	1. 自有资本不足	1. 经营者无心经营业务,专心于财务周转	1. 负债超过资产,丧失偿付能力
2. 无效市场营销	2. 过分依赖外部资金,利息负担重	2. 资金周转困难	2. 宣布倒闭
3. 疏于风险管理	3. 缺乏会计的预警作用	3. 债务到期违约不支付	
4. 缺乏有效管理制度,企业资源分配不当	4. 债务拖延偿付		
5. 无视环境重大变化			

3. “3个月资金周转表”分析法

“3个月资金周转表”分析法关注企业是否经常检查结转下月余额对总收入的比率、销售额对付款票据兑现额的比率等。这种方法的理论思路是当销售额逐月上升时，兑现付款票据极其容易。可是反过来，如果销售额每月下降，已经开出的付款票据也就难以支付。

这种方法的判断标准是：

（1）如果制定不出3个月的资金周转表，这本身就已经是个问题了。

（2）倘若已经制好了表，就要查明转入下一个月的结转额是否占总收入的20%以上，付款票据的支付额是否在销售额的60%以下(批发商)或40%以下(制造业)。

4. 流程图分析法

企业流程图分析是一种动态分析。运用流程图分析可以暴露潜在的风险，在企业整个生产经营流程中，即使仅一两处发生意外，都有可能造成损失，使企业难以达到既定目标，而如果在关键点上出现堵塞和发生损失，将会导致企业全部经营活动终止或资金运动中止。

5. 风险指数法

世界著名征信公司邓白氏国际信息公司根据调查对象的信用风险指数确定信用等级的方法，称为客户风险指数法。邓白氏国际信息公司将企业的风险级别分成6级，各级的标准和风险程度如表10-3所示。

表10-3 **邓白氏的企业风险指数等级表**

风险指数	等级	风险程度	建议控制方法
付款能力	RS1	最小	进行信用交易，放宽付款条件
资金流动能力	RS2	低	进行信用交易
债务权益比率	RS3	中等	进行信用交易，但要监控
主要负责人简历	RS4	高于平均值	进行信用交易，但要严格监控
法律诉讼	RS5	明显	寻求担保
合法结构	RS6	高	现金交易

风险指数计算时选择的关键要素(特征指标)为12个，每个指标按10分制评分，指标越好，评分越高。各指标的得分乘以相应权重，然后加总，就得出该客户的风险指数，对比表10-3，就可以确定其风险等级。风险指数法所选择的12个关键要素如表10-4所示。

表10-4 **邓白氏的企业风险指数计算表**

关键要素	分数	权重	权重分
付款能力			
资金流动能力			
债务权益比率			
主要负责人简历			
法律诉讼			
合法结构			

（续表）

关键要素	分数	权重	权重分
运作时间			
销售能力			
盈利能力			
财务增长区域			
厂房所有权			
雇员人数			
总计			
平均信用风险指数			
调整			
最终风险指数			

10.2.3 定量预警分析

1. 单变量分析方法

1）财务比率法

财务比率法是 William Beaver 在比较研究了 79 个失败企业和相同数量、相同资产规模的成功企业后提出的，他在计算了各财务报表项目的平均值之后，对流动资产项目中的重要项目作了如下说明：

（1）失败企业有较少的现金而有较多的应收账款。

（2）当把现金和应收账款加在一起列在速动资产和流动资产之中时，失败企业与成功企业之间的不同就被掩盖住了，因为现金和应收账款不同，它们是向相反的方向起作用的。

（3）失败企业的存货一般较少。

William Beaver 的这些结果说明，在预测企业的财务危机时，应特别关注现金、应收账款和存货三个流动资产项目，对于现金和应收账款较少，而存货较多的企业，分析时应特别警觉。此外，财务比率法也可以根据企业所处的阶段、行业及其特点，选用其他的财务指标，包括速动比率、流动比率、资本结构比率、存货周转率、收入结构比率、资本回报率、利润边际率、资产周转率等，并且在静态指标的基础上，还可引入动态指标，如销售变动率(应收账款变动率/销售变动率)等。目前通常用来作为企业发生财务危机征兆的指标有债务保障率、资产收益率、资产负债率等。

企业的现金流量、净收益和债务状况不能改变，并且表现为企业长期的状况，而非短期因素。根据这一方法，跟踪考察企业时，应对上述比率的变化趋势予以特别注意。

2）“利息及票据贴现费用”判别分析法

“利息及票据贴现费”判别分析法，即用企业贷款利息、票据贴现费占其销售额的百分比来判断企业正常(健康)与否。制造业中，如果这种百分比的数值为 3%，则属情况一般；如果是5%，就表明资金周转较困难；到了7%，就会发生拖欠职工工资的现象；而这个百分比的数值上升到10%时，则企业势必要倒闭了(见表10-5)。

表10-5　利息及票据贴现费用判别法的标准值

企业状况	健康型	维持现状型	缩小均衡型	倒闭型
制造业	3%	5%	7%	10%
批发商	1%	3%	5%	7%

3) 企业股市跟踪法

这种方法适用于上市公司。一般而言，企业的外部相关利益主体无法像企业内部经营者那样熟知企业的全部真实情况，仅通过企业对外报送的财务报告或临时公告等方式来了解企业的变化。由于很可能发生会计信息失真，相关利益主体更愿意以企业发行的股票价格为分析因素，简单地认为企业股票价格的持续下降是企业经营失败的前兆。

虽然这种方法具有简单易行的优点，其缺点也是显而易见的，首先，它只适用于上市公司，不具普遍性；其次，股票价格波动的影响因素太多，经营状况的好坏只是其中的一个主导因素，如果市场有效性较弱，股票价格就更加不能反映企业的真实财务状况和经营成果。

2. 多变量分析方法

1) 企业安全率模式

企业安全率是由两个因素交集而成：一是经营安全率；二是资金安全率。

(1) 经营安全率，经营安全率用安全边际率表示：

$$\text{安全边际率}=\text{安全边际额}\div\text{现有(预计)销售额}$$
$$=\left(\text{现有或预计销售额}-\text{保本销售额}\right)\div\text{现有(预计)销售额}$$

【例10-5】 ABC公司明年预计销售2 500万元，变动成本率60%，固定成本800万元，则保本销售额和安全边际分别是多少？

保本销售额＝800÷(1－60%)＝2 000万元

安全边际率＝(2 500－2 000)÷2 500＝20%

(2) 资金安全率。资金安全率的计算方法是：

资金安全率＝资产变现率－资产负债率

资产变现率＝资产变现金额÷资产账面金额

资产负债率＝负债总额÷资产总额

这样可以得到公式：

资金安全率＝(资产变现金额－负债总额)÷资产账面总额

“资产变现金额”，就是企业立即处置其所有资产后可以变成现金的总数。

【例10-6】 仍以ABC公司为例，公司资产账面价值为1 000万元，其中，他人资本600万元，自有资本400万元，经仔细核定确认将变现价值估算约为900万元，则：

资产变现率＝900÷1 000＝90％

资产负债率＝600÷1 000＝60％

资金安全率＝90％－60％＝10％

（3）两比率结合的预警分析。企业进行财务预警分析时，可将资金安全率与安全边际率结合起来判断企业的经营情况和财务状况是否良好（见图10-1）。

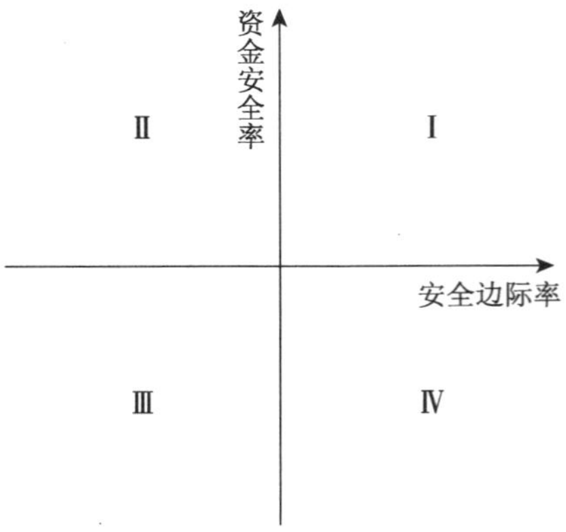

图10-1　企业安全率分析模式

当两个指标共同确定的经营安全率落在第Ⅰ象限时，表示企业经营状况良好，应该采取有计划经营扩张策略。经营安全率落在第Ⅱ象限时，表示企业经营财务状况尚好，但是市场销售能力明显不足，应全盘研究对策，以加强企业总体销售实力，创造企业应有利润。经营安全率落在第Ⅲ象限时，表示企业经营已陷入经营不善的境地，随时有关门的危机，经营者应下决心立即采取措施，进行有效的重整。经营安全率落在第Ⅳ象限时，表示企业财务状况已露出险兆，经营者应将改善财务结构列为首要任务，要求企业全员有总体现金观念、自有资金比例提高，并积极进行开源节流。此时对市场营销应采用适度的成长策略，并且要求营销部门对顾客做必要的筛选，提高信用政策的标准，以防止不良销售损失加速企业财务状况的恶化。

2）多元线型函数模式

此方式是从总体宏观角度检查企业财务状况有无呈现不稳定的现象。

（1）Z计分模型。该模型是运用五种财务比率，进行加权汇总产生的总判别分（称为Z值）来预测财务危机的模型。1968年，Altman发表了一篇使用Z计分模型来预测财务危机的模型，此后该模型也被作为一种方便的综合经营业绩的评价方法普遍使用，其计算公式为：

$$Z = 0.717X_1 + 0.847X_2 + 3.11X_3 + 0.420X_4 + 0.998X_5$$

其中，Z值为判别分；X_1为营运资金÷资产总额，用于衡量企业流动资产净额相对于资产总额的比例；X_2为留存收益÷资产总额，用于衡量企业一段时间内的累计获利能力，其中“留存收益”数字来自资产负债表；X_3为息税前收益÷资产总额，该比率剔除了税收和杠杆因素影响，用于衡量企业资产的生产能力；X_4为股东的权益资产÷负债总额，用于衡量企业在负债超过资产，企业无偿债能力之前其资产可能的跌价的程度；X_5为销售额÷资产总额，用于衡量企业资产取得销售收入的能力。

Z计分模型中的财务比率X_1、X_2、X_3、X_4和X_5以绝对百分率表示，比如，当“营运资金÷资产总额”为30％时，X_1则表示为30。按照这一模式，Z值越低，企业就越可能破产。通过计算某个企业连续若干年的Z就能发现企业发生财务危机的先兆。回归分析结果表明：当$Z<1.20$时，企业属于破产之列；当$Z>2.90$时，企业属于不会破产之列；当$1.20<Z<2.90$时，企业属于“灰色区域”或“未知域”之列，也就是说难以简单地得出是否肯定破产的结论。

下面给出蒙牛、伊利两家公司20××年度相关财务数据，如表10-6所示。

表10-6　**蒙牛、伊利两家公司某年度相关财务数据及X值计算表**　单位：万元

	蒙牛	伊利
流动资产	16 321.14	16 467.20
流动负债	18 063.33	15 517.01
营运资金	−1 742.19	950.19
资产总额	40 339.39	32 877.40
X_1	−0.04	0.03
留存收益	4 940.42	6 575.48
资产总额	40 339.39	32 877.40
X_2	0.12	0.20
息税前利润	2 228.70	3 027.29
资产总额	40 339.39	32 877.40
X_3	0.06	0.09
股东权益市价	15 360.91	20 127.80
负债总额	24 978.48	16 564.40
X_4	0.61	1.22
营业收入	43 399.99	47 778.90
资产总额	40 339.39	32 877.40
X_5	1.08	1.45

（2）日本开发银行的“利用经营指标进行企业风险评价的新尝试”。日本开发银行调查部发表的“利用经营指标进行企业风险评价的新尝试——利用多变量分析的探索”虽然没有Alman的名字，但分析方法却与他的思路如出一辙，所不同的只是构成Z的各独立变量的选择有明显的差异。他们选择了东京证券交易所310家上市公司作为研究对象，分成优良企业和不良企业两组，进行了财务困境预测，建立了破产模型计算公式为：

$$Z = 2.1X_1 + 1.6X_2 - 1.7X_3 - X_4 + 2.3X_5 + 2.5X_6$$

其中，X_1为销售额增长率；X_2为总资本利润率；X_3为利息率；X_4为资产负债率；X_5为流动比率；X_6为粗附加值生产率（为折旧费、人工成本、利息与利税之和与销售额之比）。

模型中X_3和X_4的系数是负数，表明他人资本分配率和资产负债率越小，风险越小。判别函数的Z值越大，企业越是“优秀”，相反，则是“不良”的象征，并认为Z处在0～10的数值里，定为可疑地带即是灰色区域。

（3）模糊综合评判法。从上面的各种分析法可以看到，财务风险的分析预测是一个多因素的过程，其反映本质特性的指标很多，除了有直接可以量化的指标外，也有大量的难以用数值确切表达的指标。如信用风险“很大”，领导者“有才能”，员工的素质“较高”，规章制度“比较”完善等模糊概念。同时在指标体系或变量模型中，还存在特征、口径不一致的问

题，缺乏可比性。因而我们利用模糊数学的方法来解决这个问题。但是，使用该方法的计算量较大，为了快捷处理数据信息，需利用计算机来完成该项预测过程。

我们从模糊矩阵评判中得到结果，取其最大值所对应的风险等级状态，各种风险状态发出不同程度的警报来报警。警报的发出可采取计算机“亮灯”的方式，例如，当企业的财务状况发生变化，计算机自动进行模糊运算，当最大值对应的风险状态为正常状态时亮“绿灯”，低度风险状态时亮“蓝灯”，高度风险状态时亮“黄灯”，处于危机状态时亮“红灯”。这样财务预警系统与计算机结合，可以随时警示风险状态，促使管理者及时调整策略，减少损失或危机发生的可能性。

10.3 企业财务风险管理

10.3.1 企业风险管理的制度安排

1. COSO的全面风险管理框架

美国反虚假财务报告委员会下属的发起人委员会（COSO）提出全面风险管理框架（Enterprise Risk Management，ERM）。它表明“全面风险管理是一个过程。这个过程受董事会、管理层和其他人员的影响。这个过程从企业战略制定一直贯穿到企业的各项活动中，用于识别那些可能影响企业的潜在事件并管理风险，使之在企业的风险偏好之内，从而合理确保企业取得既定的目标”。ERM框架有三个维度：第一维是企业的目标；第二维是全面风险管理要素；第三维是企业的各个层级。第一维企业的目标有四个，即战略目标（与整体目标一致）、经营目标（资源的使用效率）、报告目标（报告的可靠性）和合规目标（满足法律法规的要求）。第二维全面风险管理要素有八个，即内部环境、目标设定、事件识别、风险评估、风险对策、控制活动、信息和交流、监控。第三个维度是企业的层级，包括整个企业、各职能部门、各条业务线及下属各子公司。ERM三个维度的关系是，全面风险管理的八个要素都是为企业的四个目标服务的；企业各个层级都要坚持同样的四个目标；每个层次都必须从以上八个方面进行风险管理。

ERM对风险的治理、财务、运营的多维视角分析，融战略于风控之中，充分体现了“全面”的含义。

2. 中央企业全面风险管理指引

2006年国务院国有资产监督管理委员会（简称“国资委”）印发《中央企业全面风险管理指引》（以下简称《指引》），要求中央企业遵照执行。《指引》中对全面风险管理的定义是：企业围绕总体经营目标，通过在企业管理的各个环节和经营过程中执行风险管理的基本流程，培育良好的风险管理文化，建立健全全面风险管理体系（包括风险管理策略、风险理财措施、风险管理的组织职能体系、风险管理信息系统和内部控制系统），从而为实现风险管理的总体目标提供合理保证的过程和方法。企业开展全面风险管理工作，既应注重防范和控制风险可能给企业造成损失和危害，也应把机会风险视为企业的特殊资源，通过对其管理，为企业创造价值，促进经营目标的实现。

根据《指引》对全面风险管理的界定，中央企业需要通过全面风险管理实现以下目标：确保将风险控制在与总体目标相适应并可承受的范围内；确保内外部，尤其是企业与股东之间实现真实、可靠的信息沟通，包括编制和提供真实、可靠的财务报告；确保遵守有关法律法规；确保企业有关规章制度和为实现经营目标而采取重大措施的贯彻执行，保障经营管理的有效性，提高经营活动的效率和效果，降低实现经营目标的不确定性；确保企业建立针对各项重大风险发生后的危机处理计划，保护企业不因灾害性风险或人为失误而遭受重大损失。

为了实现全面风险管理目标，需要采用以下风险管理的基本流程：收集风险管理初始信息；进行风险评估；制定风险管理策略；提出和实施风险管理解决方案；风险管理的监督与改进。《指引》还说明，企业开展全面风险管理工作应与其他管理工作紧密结合，把风险管理的各项要求融入企业管理和业务流程中。具备条件的企业可建立风险管理三道防线，即各有关职能部门和业务单位为第一道防线；风险管理职能部门和董事会下设的风险管理委员会为第二道防线；内部审计部门和董事会下设的审计委员会为第三道防线。

根据《指引》的要求，各中央企业需要每年编制年度全面风险管理报告，由国资委相关部门汇总分析后向有关领导报送《中央企业全面风险管理年度汇总分析报告》。随着近年来中央企业全面风险管理工作的推动，报送全面风险管理报告的中央企业已经由2008年的50%左右达到了100%。

3. 内部控制基本规范

为了加强和规范企业内部控制，提高企业经营管理水平和风险防范能力，促进企业可持续发展，维护社会主义市场经济秩序和社会公众利益，根据国家有关法律法规，2008年财政部会同证监会、审计署、银监会、保监会制定了《企业内部控制基本规范》（以下简称《基本规范》）。

根据《基本规范》的定义，内部控制是由企业董事会、监事会、经理层和全体员工实施的、旨在实现控制目标的过程。内部控制的目标是合理保证企业经营管理合法合规、资产安全、财务报告及相关信息真实完整，提高经营效率和效果，促进企业实现发展战略。企业建立与实施有效的内部控制，应当包括内部环境、风险评估、控制活动、信息与沟通和内部监督五大要素。

2010年4月26日，财政部、证监会、审计署、银监会、保监会五部委又联合发布了《企业内部控制配套指引》，该配套指引包括《企业内部控制应用指引》《企业内部控制评价指引》和《企业内部控制审计指引》，连同此前发布的《基本规范》，标志着适应我国企业实际情况、融合国际先进经验的中国企业内部控制规范体系基本建成。《基本规范》自2009年7月1日起先在上市公司范围内施行；鼓励非上市的其他大中型企业执行。2011年1月1日起包括《基本规范》和配套指引在内的内部控制规范体系首先在境内外同时上市的公司施行，自2012年1月1日起扩大到在上海证券交易所、深圳证券交易所主板上市的公司施行；在此基础上，择机在中小板和创业板上市公司施行；同时，鼓励非上市大中型企业提前执行。

10.3.2 公司治理、组织管理与财务风险管理

1. 公司财务风险管理的原则

（1）全面风险管理原则。全面风险管理是针对公司各层次的业务单位、各类风险的全面控制和管理，管理上不能留有任何“死角”。这种管理原则要求把公司所有经营活动及责任人都纳入风险控制范围之内。

（2）全员风险管理原则。这是指公司每个岗位都是风险管理岗位，每位员工都应该具

有风险管理义务和责任，自觉在业务和管理活动中执行公司的制度。

（3）全程风险管理原则。全程风险管理原则要求对风险的管理不仅仅是事后的查漏补缺，而是要求对风险的管理贯穿于所有业务的每一个过程。

2. 公司风险管理系统

行之有效的风险管理系统主要有以下三个方面。

1）培植成熟的风险管理理念

培植成熟的风险管理理念，要充分认识到现代企业经营实际上也是风险经营，风险管理是公司核心竞争力之一。应该把风险管理理念融入企业经营战略目标，谋求发展速度、盈利水平与风险控制的动态平衡，形成协调的企业风险管理文化。

2）架构健全的风险管理组织体系

公司必须有完整的、独立于业务之外的风险管理组织，独立开展风险预警和控制工作。如成立风险管理委员会、独立的风险控制和稽核部门，以及由业务人员分级组成的风险控制小组。

3）采用先进的风险预警模型或风险分析工具

采用先进的风险预警模型或风险分析工具，现在一批国内外公司都有适合自己组织结构、业务特征的风险监视和质量模型与分析工具。

4）采用闭环型的、权变式的风险管理流程

风险管理应该经过风险预警辨别、评估、防控与处置等环节，在这些过程中根据风险的影响因素和影响程度分别采用不同的管理方式。

10.3.3 财务战略储备、财务弹性与资金链

1. 财务战略储备

财务战略必须稳健，而且唯有足够的现金储备公司才能面对复杂多变的市场环境和内部不可控因素，才能及时应对各类风险与危机。从投资战略和经营战略分析，财务战略储备是必备的防火墙与应对突发危机必备装置。

1）财务战略储备应该具备的特点

（1）剩余现金和迅速获取现金的能力。

（2）长期处于预留状态，具有非特定目的。具有明确特定用途的现金储备不能列作“战略存储”。

（3）因其战略特征，这部分储备必须由公司决策层和高管直接掌控。

（4）具有很高的流动性和机会成本。正因其极强的流动性，安排财务战略储备是以较高的机会成本为代价的，甚至要放弃一些眼前的现实收益。

2）企业财务战略储备的具体项目

（1）多余的现金。

（2）未动用的股权融资能力。

（3）多余且极易变现的资产或股权，如储备的土地、流动性强的但是无须战略增持的子公司股权或股票。

（4）保守的财务杠杆。财务杠杆是资本结构的显示器。企业维持较低的负债率的财务策略，既是最可靠的风险管理策略，也是始终保持再融资能力的一种战略储备。

(5) 能够迅速转为现金的表外融资能力。

2. 财务弹性

与财务战略储备特别相近的另一个财务战略性命题是“财务弹性”,或称财务灵活性(financial mobility),这是指财务上资产和资本的可调整余地、资本结构的灵活性。比如,长期债务在时间上可以展期或提前偿还,反映在债务的时间安排上的灵活性;可转换债券可以由债券转为股票,这是融资方式上的弹性。确保财务弹性也是稳健经营理念的体现。

10.3.4 财务风险的应对

1. 风险规避

风险规避是指企业回避、停止或退出蕴含某风险的商业活动或商业环境,避免成为风险的所有人。财务风险也可以通过避免涉及可能产生风险的环境和业务而实现风险规避。例如,为了规避应收账款无法收回的风险,公司可以通过5C评估法等对客户进行评估,即使会牺牲部分销售收入,也要放弃与信用不好的客户进行交易。又如,为了避免金融衍生品交易潜在的巨大损失,公司可以通过制度约束回避衍生品交易,只进行必要的套期保值,以免出现类似中航油新加坡公司航油衍生品交易的巨大损失。

【例10-7】 雄安有限责任公司的风险管理——风险规避

雄安有限责任公司是一家房地产开发企业。近年来,其业务不断扩大,范围已涉足北上广。2016年,公司取得了辉煌的成绩。在取得成就的同时,公司管理层没有忘记企业经营过程中时刻存在的风险,因此,专门设立了风险管理职能部门。

公司在开发房地产的过程中,要与建筑商进行合作。与公司正常合作的建筑商共有10家,经查,有两家管理较松懈,对建筑工人的操作规范要求不达标;同时,存在偷工减料的现象。公司对这两家建筑商也进行过反复沟通,但效果不明显。因此,公司决定拒绝与其合作。

2. 风险转移

风险转移是指将风险性资产或风险性活动,通过某种方式转移给其他经济实体或个人,从而消除或减少财务风险。转移财务风险的方式一般有以下几种:

(1) 通过风险性资产或活动本身向他人转移,以达到转移风险的目的。

(2) 转移风险本身。例如,购买财产保险,从而将该资产的风险转移给保险公司。

(3) 财务风险也可以通过合同转移给第三方,不过这种转移不会降低风险,只是将之转移给其他主体承担。比如,并购业务较多的公司,为了避免并购失败给公司带来重大损失,可以选择:事先并购建立基金;参加相关的社会保险;与被并购方签订业绩承诺,规定被并购方无法实现承诺时需提供的补偿。

实务中常见的风险转移方法有:保险、国际信贷工具、远期外汇交易、货币和利率转换、协议转移等。

【例10-8】

接[例10-7],雄安有限责任公司在房地产开发过程中,由于工作人员需要时刻到施工现场,偶然会有重大事故的发生,仅2016年,就有5名管理人员在施工现场受到不同程度的人身伤害。因此,该公司决定为公司所有员工购买人身意外伤害险。

3. 风险转换

风险转换是指企业通过战略调整等手段将企业面临的风险转换成另一个风险。对于财务风险来说,风险转换不会直接降低风险,而是在减少某一风险的同时,增加另一风险。例如,公司如果当前受到的业绩压力较大,需要尽快增加销售收入,那么就可以选择放松客户的信用标准,通过应收账款的形式增加销售收入。此时销售收入过低的风险得以缓解,但是应收账款无法回收的风险随之增大。

4. 风险对冲

风险对冲是指采取各种手段,引入多个风险因素或承担多个风险,使这些风险能够互相对冲,也就是使这些风险的影响互相抵消。资产组合就是风险对冲的典型做法。具体到财务风险,最常见的风险对冲就是使用金融衍生品,如套期保值。

5. 风险补偿

风险补偿是指事前(损失发生以前)对风险承担的价格补偿。对于财务风险,同样可以采用风险补偿的方式加以规避。例如,商业银行在贷款定价中,需要对客户进行评估,对不同客户的贷款利率进行区别对待,优质客户可以获得一定利率优惠,而信用等级较低的客户,商业银行可以不予合作或在基准利率的基础上调高利率。又如,当需要采用现金流折现评估某项资产价值时,评估主体可以通过调整折现率的方式体现出对风险的预先估计,从而为将来可能发生的风险做好准备。

10.4 案例分析:夏新电子的财务预警机制

10.4.1 案例背景

1. 背景介绍

夏新电子成立于1981年,1996年夏新进入新兴的VCD市场,并一举进入行业前三名,《中国证券报》公布的1998年上市公司业绩排名中,夏新电子排名榜首。1999年,由于VCD市场竞争加剧,影碟机出现全行业衰退,夏新电子2000年和2001年业绩大幅下滑,并最终带上了“ST”的帽子。

2000年5月,李晓忠走马上任夏新电子总经理,开始转战手机市场。2001年,夏新电子推出了当时热销的A8手机,奇迹般地将夏新电子拉出了亏损的泥潭,2002年夏新电子实现净利润6.1亿元,每股收益高达1.69元,在所有上市公司中名列榜首,一举成为中国A股市场上最赚钱的公司。

随后,李晓忠便开始实施多元化战略,不仅大力投入3G手机的研发,还涉足液晶电视、笔记本计算机等领域。然而,最赚钱的手机业务与其他国产手机厂家一样,在2004年集体遭遇“滑铁卢”后,夏新电子开始走上下坡路。

超前的研发和巨额的费用迅速榨干了夏新电子的现金流,而手机业务的收入也不能完全承担起“供血”功能,最终导致夏新电子业绩一路下滑。2008年3月26日夏新电子宣布停牌,又带上了“ST”帽子。

2. 问题出现的原因

夏新电子陷入财务困境的原因主要有以下两方面:

一是公司治理问题,夏新电子公司治理极其混乱,由于会计账目不规范、财务信息披露有误,内部控制执行不力、董事会和监事会运作不规范等问题,2005—2008年,公司三次收到证监会厦门监管局的整改通知书,两次被证监会点名整改。

二是企业战略问题,公司治理混乱之下的经营战略的失败,直接导致了夏新电子步步落败。"时髦产业的追逐主义者""战略的善变者",这是业界给予夏新电子的评价。从早期主营VCD到后来生产手机、液晶电视等,夏新电子几乎没有放弃追逐任何一个市场机会。然而,市场的变幻莫测,使夏新电子一路走向巨额亏损的泥潭。

10.4.2 案例分析

1. 公司采取的措施

(1) 建立财务预警组织机构。公司治理结构的不明晰,角色定位的不准确,内部控制人的个人决策代替群体决策,对财务风险缺乏必要的关注,是引发财务风险的根本原因。为保证财务预警工作能够持久有效地开展,企业应在完善公司治理结构的基础上,根据新的经营环境与发展的实际需要,完善财务管控模式,建立财务预警组织机构,预警组织机构的成员由企业经营管理者和财务管理人员等组成,同时企业还聘请一定数量的外部管理咨询专家参与。预警组织机构相对独立于企业组织的整体控制,但不直接干涉企业的生产经营过程,只对企业最高管理层负责。

(2) 构建财务信息搜集分析机制。真实、全面和及时的财务信息是建立有效可行的财务预警机制的基础,这就要求企业要能提供及时、真实、完整、可比的财务会计信息,企业相关经营信息搜集与分析系统则要能提供同行业、国家宏观甚至全球的相关外部信息。在建立财务预警指标分析体系时,要把会计类指标、现金流量类指标与非财务类指标相结合。

由于同样的财务指标在对发生危机的不同企业进行预测判断的结果不同,因此在对企业进行预警分析时,要根据企业自身的情况进行创新,建立与企业制度相符的财务预警系统,这样才能更好地发挥财务预警功能,使企业更好地避免危机。

(3) 构建财务风险处理机制。财务风险处理机制主要包括剖析原因、补救措施和改进方案。其中,剖析原因主要指将超过企业财务危机警戒线的指标提炼出来,深刻剖析危机原因;补救措施主要是采取有效措施,将损失控制在一定的范围内;改进方案主要是改进企业经营管理中的薄弱之处,提出整改方案,并加以实施,控制危机的全面爆发,避免类似财务风险的再次发生。

2. 发现的问题

通过以上各阶段工作落实,夏新电子财务专业线通过自查,发现目前公司的有关规避财务风险、建立财务预警系统的机制和内部控制方面还不完善,尚待加强。财务危机早已出现,主要问题表现在以下几个方面:

(1) 主营业务收入增长下降。主营业务收入下降一般是由销售减少造成的,销售减少会引起企业各部门的关注,但是它往往只是被视为销售问题而少联系到财务问题上,事实上销售下降会引起严重的财务问题,只是不会马上反映出来。2001年,夏新电子推出了当时热销的A8手机,将夏新电子拉出了亏损的泥潭。2003年营业收入高达68亿元,在2004年手机行业集体遭遇"滑铁卢"后,营业收入开始下滑,2005年为4.8亿元,如果管理层早点重视并积极应对,也不至于2009年的营业收入只有3.06亿元。

(2) 资产负债管理能力下降。夏新电子2003—2006年的资产负债率分别为64.05%、67.3%、83.41%和82.99%,在2005年已出现高资产负债率,给财务风险的形成埋下了隐患。但企业管理层听之任之,以至于在2009年夏新电子资产负债率为142%,债务高达26亿元,银行账户均被查封,已无偿债能力。

(3) 现金流量安全性下降。2001年夏新电子决定向多元化战略进军,不仅耗巨资投入3G技术的研发,还涉足液晶电视、笔记本计算机等领域。2004年国产手机在集体遭遇国外品牌手机的袭击后,夏新电子手机业务盈利能力一路下滑。在吸干了夏新电子的现金流后却没有给公司带来多少利润。2005年夏新电子亏损6.58亿元,随后的3年,夏新电子一直在巨额亏损中苦苦挣扎。

(4) 利用Z—Score模型判别财务危机。在Z-Score模型中Altman提出了判断企业财务失败或破产临界值为2.765。如果企业的Z-Score大于2.765,表明企业财务状况良好,发生财务失败或破产的可能性比较小;如果企业的Z-Score小于2.765,则表明企业存在财务失败的危机。根据2005年夏新电子的相关财务数据计算其Z-Score为1.126 4,该值小于Altman提出的临界值2.765,说明夏新在今后几年内发生财务危机的可能性极大。

10.4.3 案例启示

夏新电子在公司治理、战略和管理方面早就出了问题,导致公司财务状况严重危机。如果该企业能够建立一套可行的企业财务预警机制,企业管理当局就可以及早发现企业的财务危机信号,在财务危机出现的萌芽阶段采取措施来改善经营管理,从而有效防范和化解财务危机。

作为中国民营企业龙头之一的新希望掌门人刘永好曾经说过:"产业架构是飞机,财务预警是雷达。"也就是说,财务在企业这架"飞机"上充当了雷达的作用,对风险作出早期的预测和预警。随着我国市场经济体制改革的深化和资本市场的快速发展,经济领域中的复杂性、不确定性日益凸显,企业发生财务危机乃至破产倒闭的情形越来越多,因此建立财务预警机制十分必要。但这些工作不是财务一个部门所能完成的,必须召集相关部门对各个环节超越警戒线可能产生的原因进行集中分析,找出症结所在。绝不能闭门造车,仅仅将指标分析停留在纸面上。当然,财务预警系统构建之后,还要进行维护,在财务预警系统运行的过程中,有效的系统维护是保证有效的财务预警的基础,这本身也是财务预警系统设计时应当考虑的问题,也会引发财务预警系统运行过程中的改进设计。

重要概念

财务风险　财务预警　财务风险管理　转移风险　转换风险

本章练习

一、单项选择题

1. 企业财务风险预警的方法包括定量预警分析法和(　　)。

A. 定性预警分析法　　B. 流程图法

C. 风向指数法　　D. 单变量分析法

2. 下列财务预警分析方法属于单变量分析法的是(　　)。

A. 经营安全率　　B. 资金安全率

C. Z计分模型　　D. 财务比率法

3. 下列财务预警分析方法不属于多变量分析法的是(　　)

A. 经营安全率　　B. 资金安全率

C. "利息及票据贴现费用"判别分析法　　D. 模糊综合评判法

4. 企业股市跟踪法属于(　　)

A. 单变量分析法　　B. 多变量分析法

C. 风险指数法　　D. 标准化调查法

二、多项选择题

1. 按风险成因可以将企业的风险划分为(　　)。

A. 系统风险　　B. 非系统风险

C. 经营风险　　D. 财务风险

2. 财务预警按预警分析所采用的分析方法分为(　　)。

A. 定性分析　　B. 定量分析

C. 单变量分析　　D. 多变量分析

3. 下列属于定性预警分析方法的是(　　)。

A. 标准化调查法　　B. "四阶段症状"分析法

C. 流程图分析法　　D. 风险指数法

4. 财务风险的应对策略有(　　)。

A. 风险规避　　B. 风险转移

C. 风险对冲　　D. 风险转换

三、判断题

1. 风险是指一定条件下和一定时期内未来结果的不确定性,因此风险等同于危险。(　　)

2. 企业的经营风险即为企业的财务风险。(　　)

3. 企业风险不仅仅局限于财务方面,但是企业的所有风险都最终表现在财务报表和财务运行上。(　　)

4. "三个月资金周转表"分析法属于定量预警分析法。(　　)

四、简答题

1. 简述定性预警分析方法有哪些?

2. 简述财务风险的应对方法有哪些?

五、案例分析题

中国网通财务风险分析

中国网络通信集团公司(简称"中国网通")是我们国家为了打破行业垄断,实施电信行业市场化经营,于2002年5月16日,根据国务院《电信体制改革方案》,将原有全国独家垄断的巨无霸企业中国电信集团公司按地域一分为二,将北方10省(区、市)电信公司分离出去,和中国网络通信(控股)有限公司、吉通通信有限责任公司三家基础上合并组建而成。该公司合并后,形成的局面是北强南弱,南方21省区基本是重新组建公司，因此南方各公司网络基础、管理基础都比较薄弱。因此存在的经营风险、财务风险都比较大。

新组建的中国网络通信集团公司是中国特大型电信企业，由中央直接管理，在国家财政及相关计划中实行单列。中国网通注册资本为600亿元人民币，资产总额近3 000亿元，是国内外知名的电信运营商，是北京2008年奥运会固定通信服务合作伙伴。2004年11月，中国网通在纽约、香港成功上市。2007年以来，集团业务收入增幅连续下降，在国内四家主要运营企业当中收入增幅最低。2016年，中国移动所占市场份额是46.68%，中国电信24.69%，中国联通13.39%，中国网通为12.87%，市场占有率比2015年下降了1.11%，下降速度高于主要竞争对手中国电信。

中国网通作为中央企业的重要一员，担负着国有资产保值增值的重任，必须充分认识风险管理的重要意义，开展全面风险管理，贯彻落实国资委《中央企业全面风险管理指引》，确保国有资产保值增值的要求。特别是要借鉴中航油事件，短期内亏损超过5亿美元，国有资产损失惨重，其集中暴露出内部控制体系不健全，财务风险防控失效给国家及企业造成严重后果。而网通现在所面临的风险一方面来自企业内部战略风险、投融资决策风险、财务风险和运营风险。另一方面是外部市场需求变化，政策法规改变，宏观经济调整，资本市场波动等风险。

要求：试分析中国网通可以采取哪些风险评估和内部控制的措施？中国网通的问题可能出现在哪几个方面？中国网通给我们哪些启示？

第 11 章　企业财务制度设计

内容提要

本章主要讲解了企业财务制度设计的内涵;企业财务的制度设计,包括企业财务制度设计的构架和分类、目标、原则;企业财务制度设计的方法与内容,企业财务制度设计的种类、方法、内容;最后是企业的财务制度案例分析。

重点难点

本章重点为企业财务制度设计的内涵、企业财务制度设计的目标与原则;难点为企业财务制度设计的方法与内容。

学习目标

通过本章学习,学生应掌握财务与会计的关系、财务制度、会计制度、企业财务制度设计的内涵;掌握企业财务制度设计的构架和分类、企业财务制度设计的目标与原则;熟悉企业财务制度设计的种类、方法和内容;了解实务中企业的财务制度设计。

知识框架

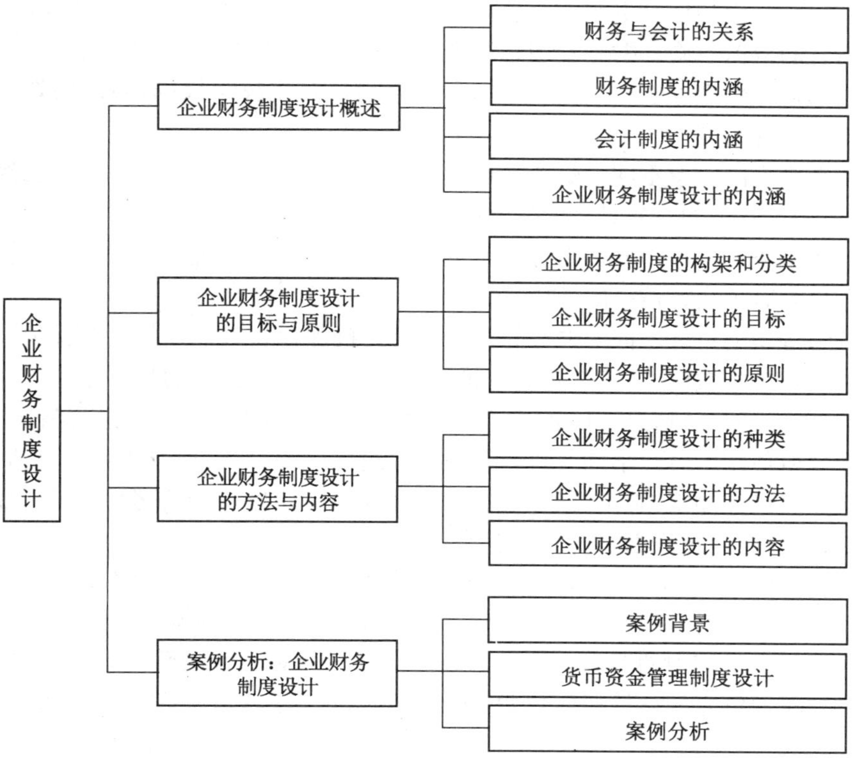

引入案例　新意股份有限公司年终决算会议关于财务制度设计的讨论

2017年12月30日，新意股份有限公司召开年终决算会议。企业部分领导人到会并发言。现把部分发言摘录如下：

董事长张新：我们设计企业财务制度主要是为了满足国家宏观经济改革的需要。会计准则的实施使我国会计管理模式由计划导向模式向市场导向模式转变。在市场导向会计模式条件中，国家颁布了《企业会计准则》，我们企业要按照《企业会计准则》的要求，进行会计工作。因此，我们企业制定企业会计制度是为了满足国家宏观的需要，而不是企业的内在需求。

财务总监王平：企业财务制度在设计过程中要把会计工作质量放在首位，但同时也要符合成本效益原则，使设计工作中的自身耗费量少，并使设计出的制度所产生的效益最大。财务制度各项规定的实施，应有利于加强经营管理，降低成本费用，增加企业盈利。如果财务制度过于繁琐，在实施时消耗的制度成本大于其运行所能得到的财务制度效应，则说明财务制度设计存在缺陷。因此，企业财务制度设计必考虑制度成本与效益的关系，以尽量少的制度成本获得尽可能多的财务制度效应，达到成本效益的最优组合。

请你根据企业财务制度设计的知识，判断以上管理人员的发言是否准确，并说明理由。

11.1　企业财务制度设计概述

11.1.1　财务与会计的关系

财务与会计的关系是：理论上相互独立，实务中相互兼容。

1. 财务与会计的相互独立性

（1）两者职能作用不同。财务的基本职能是预测、决策、计划和控制，侧重于对资金的组织、运用和管理；而会计基本职能是核算和监督，侧重于对资金运动的反映和监督。

（2）两者的依据不同。财务管理是在国家政策法律允许范围内，根据管理当局的意图，企业制定内部财务管理办法，享有独立的理财自主权、自主决策权；而会计核算的依据是国家颁布的统一会计制度。

（3）两者管理的对象不同。财务管理的对象是企业的筹资活动、投资活动、经营活动和分配活动；而会计管理的对象是企业资金运动所形成的信息流。

（4）两者服务的对象不同。财务管理服务的对象主要是企业当局；而会计服务的对象主要是企业内外有关会计信息的使用者。

（5）两者管理的目标不同。财务管理的目标是确保投资者投入的资金保值、增值，避免在激烈的市场竞争中被淘汰，实现企业的价值最大化；而会计管理的目标是通过对经济活动的反映和监督，向各会计信息使用者及时提供客观、公正、全面的会计信息资料。

（6）两者所使用的方法不同。财务管理受的约束比较少，管理方法可以灵活多样；而会计的方法比较严谨和固定，它主要通过设置账户、编制会计分录、填制会计凭证、登记账簿进行核算，以及提供会计报表来实现其职能。

（7）两者的任务不同。财务管理的任务是保障企业经营活动的正常高效运行，努力提高经济效益；而会计的任务是做好会计信息处理工作，提供真实可靠的信息。

（8）两者对人员能力的要求不同。财务人员要求具备较强的管理能力和决策能力；而会计人员则要求熟练掌握会计业务技能，熟悉会计法规和具有良好的职业道德。

2. 财务与会计的相互兼容性

（1）两者都属于价值管理。不管是财务的筹资活动、投资活动、经营活动和分配活动，还是会计的记账、算账、报账和会计监督，两者都是通过或利用“价值”发挥作用，因而它们都具有一种“综合能力”，这也是两者相互兼容的基础和根本原因。

（2）两者内容相互兼容。财务管理包括成本管理、筹资管理、投资管理、营运资金管理、企业盈余分配管理等；而财务管理的这些内容也正是会计所要核算与监督的内容。

（3）两者信息相互兼容。会计信息是根据会计准则、会计政策和会计方法所提供的会计业务数据和有关资料；财务信息是在会计信息的基础上，对会计信息进行进一步加工而形成的经济信息。

（4）两者相辅相成，贯穿于企业经营全过程。会计的本质是反映价值运动，如果会计工作薄弱，财务管理必将缺乏坚实的基础和可靠的依据。财务管理只有利用会计所提供的真实可靠的信息，才能对企业的经营状况进行准确的把握，制定出合理的计划和决策，才能进行有效地管理和控制，会计所提供的信息从内容和质量上都必须满足财务管理的需要。否则，会计就失去了其存在的价值。

（5）两者从业人员相互兼容。财务人员只有懂会计，才能熟练分析和运用相关会计信息；而会计人员必须掌握财务知识及内部财务规定，才能正确地进行会计信息的处理。

（6）两者在实务上相互兼容。我国中小企业的个数占企业总量的绝大多数以上，在财务会计机构和岗位的设置上往往相互交叉和兼容，财务总监或总会计师往往既是企业的财务负责人，又是企业的会计负责人。

总之，财务主要通过管理制度，利用预测、决策、计划、控制、考核等管理方法来规范各利益主体的责、权、利关系，对企业财务活动进行管理；而会计则主要对企业资金运动的全过程进行反映、监督。财务与会计作为价值管理的两种主要形式密不可分：如果没有会计核算所提供的真实可靠的资料和数据，财务管理也就无从谈起；没有财务制度的规范，会计核算就失去了据以生成信息资料可靠性的前提。

11.1.2 财务制度的内涵

制度是要求大家共同遵守的规则或行动标准。制度是人为制定的，而不是自然形成的，它要与特定环境相适应，制度与集体行动联系紧密具有强制性和约束性。财务制度是一套规范和约束财务主体的及财务关系的一系列规则和程序，包括财务治理结构与财务法规、准则、办法等。

财务制度按制定主体不同可分为广义财务制度和狭义财务制度。

广义的财务制度是由国家权力机构和有关政府部门以及企业内部制定的用来规范企业同各方面经济关系的法律、法规、准则、办法及其企业内部财务规范的总称。

狭义的财务制度又称为企业财务制度，是由企业管理当局制定的用来组织企业财务活动，规范企业内部财务行为，处理和协调企业内外财务关系的具体规范。

1. 财务制度体系

我国在从计划经济体制向市场经济体制过渡的过程中，财政部颁布了《企业会计准则》和分行业的《企业财务制度》，构建了以《企业会计准则》为主导、以行业财务制度为主体、以企业财务制度为基础的三个层次的财务制度体系，一直沿用至今。

（1）企业会计准则。《企业会计准则》由我国财政部制定、国务院批准，以财政部部长令形式颁布，属于部门规章的范畴。企业会计准则是设立在中华人民共和国境内各类企业财务活动必须遵循的基本原则和规范，是财务制度体系中最基本的财务法规，在财务法规制度体系中起着主导作用。企业会计准则是财务法规的一个重要组成部分，是企业财务工作的统一依据。企业会计准则对全国的财务工作、全范围内的财务行为具有行政或法律上的约束力，是联结国家财经法观、财务政策与企业财务活动的中介。

企业会计准则是制定行业财务制度和企业财务制度的根据。各行业财务制度和企业内部财务制度都要在企业会计准则确定的共同原则与规范的基础上，结合行业与企业特点，制定出行业财务制度和企业内部财务制度，从而保证财务制度的系统性、科学性、完整性和逻辑性。

（2）行业财务制度。行业财务制度是根据企业会计准则的规定和要求，结合各行各业的特点及特定的行业管理要求制定的财务制度，其基本原则与《企业会计准则》一致，其内容则是《企业会计准则》的进一步具体化。

目前，我国的分行业财务制度包括工业、商品流通、运输、邮电、金融、旅游和饮食服务、农业、对外经济合作、施工和房地产开发、电影和新闻出版等行业的财务制度。行业财务制度在整个财务制度体系中起补充作用，是各企业进行财务活动时应遵循的具体规定。我国目前的行业财务制度也由财政部制定，这有利于保持与企业会计准则的一致性。

（3）企业财务制度。企业财务制度是由企业管理当局依据《企业会计准则》和行业财务制度的规定，结合企业生产经营特点和管理需要自行制定的具体规范，是企业进行财务活动的依据，规范财务行为、处理财务关系的具体规章，在整个财务制度体系中起着基础作用。

相关思考 11-1

我国会计规范体系按照强制力排列可分为几个层次？

我国会计规范体系按照强制力排列可分为四个层次：

（1）会计法律，是由全国人民代表大会及其常务委员会制定，如《会计法》《公司法》。

（2）行政法规，是由国务院颁布实施，如《企业财务报告条例》《总会计师条例》。

（3）部门规章，是由财政部发布实施，如《企业会计制度》《企业会计准则》。

（4）企业内部财务会计制度，是由各企业依据上述有关法律法规，结合自身实际情况制定，只对本单位有效。

2. 财务制度的特点

（1）实行财务制度可分为正式财务制度和非正式财务制度。正式财务制度是人们有意识创造的财务行为法则，如《企业会计准则》以及有关的财务法规就是一种正式的财务制度。而非正式财务制度是人们在长期交往中无意识地形成的，具有持久的生命力，如财务人员在处理财务活动和协调财务关系中所形成的职业道德等。

（2）财务制度与人的行为、动机有着内在的联系。任何一项制度都是人的利益及其选择的结果，所有的人都是在现实制度所赋予的制度条件下进行各种活动的，任何社会经济活动都离不开制度，财务活动也是如此，不管是融资活动，投资活动，还是资金运营活动，分配活动都必须在一定的制度约束下开展。

（3）财务制度反映的是一种合约关系，不管这种关系是正式的，还是非正式的，是显性的还是隐性的，是自愿履行的还是强制履行的。财务制度的合约关系规定每个人在财务行为中的权利与义务，规定了人们在财务行为中能做什么与不能做什么，违反制度将受到什么样的惩罚，遵守了可以得到什么样的补偿，以及怎样衡量人们是否违反了这些规则的标准。

(4) 财务制度的本质是财务管理者意志的体现，反映了财务主体在财务管理上的能动性，是组织财务活动、处理财务关系的基本原则与规范。

(5) 财务制度总是与特定的条件和时间相联系，因此，它只能在一定的时间和空间的范围内发挥作用。

(6) 财务制度随理财环境的变化而发展，因此，面对复杂多变的理财环境，财务制度的设计和选择理财主体具有决定性的意义。

11.1.3 会计制度的内涵

1. 会计制度的内涵

会计制度有广义和狭义之分。广义会计制度是指由国家权力机构、政府部门以及机关、企业(单位)制定的，用来规范机关、企业(单位)会计核算、会计监督、会计机构、会计人员及其他会计行为的法律、法规、准则、规章和办法的总称。

狭义会计制度又称为企业内部会计制度，是指由企业管理当局制定的用来进行企业会计工作的具体操作规范。

2. 会计制度体系

建国以来，适应高度集权的财政、经济体制的需要，我国的会计制度体系已初步形成了以《会计法》为导向，以《企业会计准则》《企业会计制度》《金融企业会计制度》和《小企业会计制度》为主体，以企业内部会计制度为补充的企业会计制度体系。

(1)《会计法》是我国会计制度体系中最高层次的法律规范，是制定会计准则及其他会计法规的依据，也是进行会计核算和会计监督以及对会计机构和会计人员进行管理的最高准则。

(2)《企业会计准则——基本准则》是由国务院制定颁布或者由国务院有关部门拟订经国务院批准颁布的规范性规定，是根据《会计法》制定的，是会计实践的高度概括和总结，是企业进行会计工作必须遵守的指导性规范。

(3)《企业会计准则——具体准则》和《企业会计制度》是由国务院主管会计工作的行政部门财政部就会计工作的某些内容制定的规范性文件。

具体准则是以特定的经济业务(交易或事项)或特定的报表项目为对象，详细分析各项业务或项目的特点，规定所引用概念的定义，然后以确认与计量为中心并兼顾披露，对围绕该业务或项目有可能发生的各种会计问题作出处理的规范。《企业会计制度》则以某一特定部门、特定行业的企业或所有的企业为对象，着重对会计科目的设置、使用说明和会计报表的格式及其编制加以详细规范。

具体准则和《企业会计制度》都是依据《会计法》和基本准则制定的，均对会计要素的确认、计量、披露或报告等作出规定，都是企业进行会计工作的标准，均由财政部制定并公布，属于同一层次的部门行政法规，具有同等的法律效力。

具体准则与《企业会计制度》的差别主要有两个：①规范的对象不同：具体准则以经济业务或项目为规范对象，《企业会计制度》则以一个企业为规范对象。②规范的重点不同：具体准则侧重于确认和计量，会计制度则侧重于记录和报告，确认和计量的内容有机地体现在会计科目及使用说明中；即会计准则重点规范会计决策的过程，而企业会计制度则重点规范会计的行为与结果。

（4）企业内部会计制度，是由企业管理当局依据《会计法》《企业会计准则》和《企业会计制度》的规定，结合企业生产经营特点和会计工作需要自行制定的会计工作具体操作规范，是企业进行会计工作的依据，在整个会计制度体系中起着补充作用。

会计职业道德 11-1

会计职业道德规范

会计法律法规中，规定会计人员必须遵守的会计职业道德规范有《企业会计准则》《会计法》《会计基础工作规范》。

11.1.4 企业财务制度设计的内涵

1. 企业财务制度设计的概念

企业财务制度设计是指企业为了规范财务行为、保证财务目标的实现，而运用一定的财务管理理论和方法，据国家有关财经法规，结合企业具体情况和管理需要，采用文字、图示、表格等形式，对企业组织财务活动、处理财务关系所应遵循的原则与政策、采用的程序与方法、提供的数据与资料以及达到的目标与要求，进行系统规划、明确规定并使之规范化、文本化的管理活动。

2. 企业财务制度设计主体

我国企业财务制度体系的基本格局：

（1）国家权力机构是财务法律设计主体，制定《公司法》《会计法》《税法》等法律法规作为企业财务制度的主导；

（2）国家财政部门是宏观财务制度设计主体，制定《企业会计准则》作为企业财务制度设计的依据和规范；

（3）国有资产监督管理委员会具有国有企业出资人的身份，是国有企业财务制度设计主体，在法律，法规允许的范围内，制定面向国有企业的出资人财务管理制度；

（4）各企业是微观财务制度设计主体，在法律、法规允许的范围内，自主制定本企业的财务目标、财务战略、财务政策和财务方法并设计制定适合本企业的财务制度。

11.2 企业财务制度设计的目标与原则

11.2.1 企业财务制度的构架和分类

1. 企业财务制度的架构

基于公司所有权、决策权、执行权三权分离的法人治理结构和监督权、决策权、执行权三权分治的财务管理模式，在企业财务制度上形成了以下三个层次的架构体系。

1）出资者的财务制度规范

出资者作为所有者以股东大会和董事会决议的方式，依法行使公司重大财务事项决策权和监督权。在现代企业制度下，企业出资者与企业经营者出现分离，而经营者作为独立的理财主体，排斥包括所有者在内的任何干扰。因而，所有者有必要对经营者的财务行为进行约束，以保证资本的安全与增值。这就形成了出资者的财务制度规范，主要明确股东会在何时、何种状态下，对何种财务事项进行何种决策。从财务决策的角度来看，出资者的权利有三项：选择经营者、重大决策和资本收益。具体又可细化为多个决策事项，如资本投入，财务预算、利润分配，重大投融资、并购、分立、清算等。

2）经营者的财务制度规范

经营者以董事会和经理层为代表的高管层，依据公司章程和授权条款，行使对公司重大财务事项的决策权。因此，经营者的财务制度规范主要包括董事会和总经理两个层面：

（1）董事会的财务制度规范。主要规范两个方面的问题：一是董事会的财务权限；二是董事会对总经理的财务约束与激励机制。

（2）总经理的财务制度规范。总经理既是公司重大决策的执行主体，又是日常经营管理事项的决策主体，应在财务制度中明确总经理在财务预算、财务决策，财务审批、签订合同、提供对外担保等日常经营管理活动中的财务权限和财务责任。

3）财务经理的财务制度规范

财务经理的职责定位于公司财务决策的日常执行上，他行使日常财务管理权，对公司的日常财务运作进行管理和协调，主要包括以下事项和内容：

（1）建立适应企业发展和管理需要的财务管理模式。

（2）明确公司各部门及各利益主体在财务管理方面的权限和职责。

（3）做好财务管理的各项基础工作。

（4）建立企业财务管理的各项管理制度。

2. 企业财务制度的分类

（1）按照管理的内容可分为财产物资和货币资金收支管理及清查盘点制度，岗位责任制度、财务管理基本业务程序制度。

财产物资和货币资金收支的管理及清查盘点制度，规定各项财产物资的购入、收发、销售、盘盈、盘亏、毁损、报废的有关手续与管理制度，固定资产、低值易耗品及包装物的使用、维护、修理制度，货币资金的收付手续和牵制制度，定期和不定期的财产盘存制度。

岗位责任制度，通过《公司章程》和内部岗位责任制，明确划分公司中股东大会、董事会、厂长经理，财务部门和各职能、营业部门的财务管理职权，建立既能确保各部门自主工作，又能相互约束，步调一致的岗位责任制度，实现财务管理的高效、有序运转。

财务管理基本业务程序制度，包括：①明确财务计划（预算）的编制、调整办法和程序；②资金、成本费用、销售、利润预测的操作、结果反馈程序；③资本金管理办法；④负债的审批、登记、归还、计息的处理办法；⑤应收账款的登记、核对、清理，应收票据的保管制度；⑥投资方案、投资项目的可行性分析程序、立项审批、管理考核；⑦成本费用计算与分摊办法，费用开支审批程序；⑧销售价格管理、货款结算程序，销售退回、折扣、折让的管理权限；⑨目标利润的制定与管理办法，营业外收支的管理制度和利润分配办法；⑩财务分析的内部指标体系、分析方法、分析结果与组织报告程序。

（2）按照财务管理环节可分为预算与计划制度、控制与分析制度、考核与评价制度和监督与检查制度。

这类制度主要用来确定企业财务活动的目标和方向，规范企业的财务行为，明确企业各部门的责、权、利关系，选择理财手段，对理财结果进行分析评价，确定奖惩的具体规则，提高企业财务活动的预见性、计划性和科学性。

（3）按照财务管理的职能可分为内部委托制度与受托责任制度、内部决策制度，内部控制制度和内部结算制度。

（4）按照财务制度的性质和功能可分为基本制度、工作制度和责任制度。

① 基本制度是具有普遍性和根本性的财务制度，如"企业基本财务制度""成本管理制度""企业全面预算管理制度"等。

② 工作制度是有关财务管理的任务、程序、方法的制度，如"现金管理制度""材料管理及核算制度""财务会计报告制度"等。

③ 责任制度是公司有关机构、人员工作范围、工作目标、职责、权利和工作程序等方面的制度，如"财务机构设置与职责范围""财会岗位职责范围与工作标准""业务审批与报销管理制度"等。

特别提示 11-1

责任制度遵循几个基本原则：与企业的组织机构相适应；能够划清责任，单独核算；使责、权、利紧密结合。

（5）按照财务管理的对象可分为资本金管理制度、资产管理制度、成本费用制度、收入利润制度、财务报告与评价制度。

表 11-1　**五种制度主要规范对比表**

制度种类	规范内容
1. 资本金管理制度	企业资本构成、筹资来源与方式、审批程序、责任归属、权利义务以及资本保值、增值，使用、核算等事项
2. 资产管理制度	企业货币资金及往来款项、存货、对外投资以及固定资产、在建工程、无形资产及其他资产的管理方法、程序、权限要求和责任等
3. 成本费用制度	企业内部各支出项目、范围、标准、审批程序、权限与责任等
4. 收入利润制度	企业收入利润的预算、控制、货款结算与收回，利润分配的方法、程序、比例以及内部分配的使用范围、标准、审批程序及责任等
5. 财务报告与评价制度	企业财务报告的种类、格式、内容，报送程序、报送时间，以及财务评价指标体系的建立、财务分析方法的确定、财务指标计算的口径和评价方法等

11.2.2　企业财务制度设计的目标

企业财务制度是现代财务管理的重要工具，是规范企业财务活动的行为准则。因此，在设计企业财务制度时，一方面必须以国家的法律、法规和财经纪律为依据；另一方面必须充分考虑企业自身的特点和要求。一般来说。企业财务制度的设计应符合如下目标：

1. 以企业的财务目标为设计目标

企业制定财务制度的目的是为了加强财务管理、规范财务行为、正确处理各种财务关系，以保证财务管理目标的实现，进而实现企业的总目标，企业财务管理目标是企业价值最大化；建立企业财务制度的重要目的就是使企业的财务活动沿着既定的方针进行，以达到最终实现企业价值最大化的目标。

2. 能够正确处理和规范企业的各种财务关系

正确处理和规范各种财务关系是企业财务制度设计的重要任务。企业财务制度涉及企业的各个利益主体，各利益主体之间的冲突时有发生。但是，无论企业各利益主体之间发生何种利益冲突，维护出资者的合法权益总是合理的。设计企业财务制度就是要通过一种规定，将企业各个利益主体的一系列既矛盾，又统一的财务关系进行权衡和规范，使企业财务制度成为处理各方面财务关系的基本规范。

3. 应与企业的内外环境及内部管理需要相适应

设计企业财务制度要符合现代企业的发展需要，要实事求是。既要与市场经济和国际惯例接轨，又要符合企业的经营特点和管理需要，要重视财务制度的可操作性和适用性。企业财务制度设计的各个方面应当相互协调，具有合力，并保证财务制度能够服从企业整体发展战略和发展规划；制定财务的具体目标时，如筹资目标、投资目标、营运目标时，要努力把目标数量化，以尽量消除主观随意性，使制度设计建立在可靠的基础之上。

4. 建立完善的财务管理组织体系

财务管理组织体系主要包括设置管理机构与配备财务人员。大型企业应设置独立的财务机构；小型企业要设置专职财务管理岗位。要明确财务部门与董事会、经理层的领导关系，特别是明确与会计部门的业务关系。要制定财务人员的任职资格和上岗条件，明确每一个财务管理岗位的职责范围与工作标准。建立完善的财务管理织体系是实现财务目标的组织保证，必须引起各企业的高度重视。

5. 建立科学的财务指标体系

企业在设计财务制度时，要设计一套科学、完整的财务指标体系。科学的财务指标体系应包括以下四个方面：

（1）为国家宏观调控提供服务的综合财务指标，以满足国家宏观调控的需要。

（2）为特定主体，如投资者、债权人等提供的财务指标。

（3）为企业决策层提供的财务指标，以利于管理者正确把握财务状况和发展趋势，提高企业经营决策水平。

（4）为加强内部管理而设计的财务指标，特别是在市场经济条件下，企业应建立以企业偿债能力指标为主、营运能力和盈利能力指标为辅的财务风险控制指标体系，并建立企业财务风险的预警体系。

11.2.3 企业财务制度设计的原则

1. 合法性原则

合法性是财务制度设计的最根本原则。它要求企业的财务制度设计必须符合国家的法律、法规和政策，把国家的法律、法规和政策体现到企业的财务制度中去。

合法性原则在企业财务制度设计时，主要体现在以下两个方面：

（1）所设计的企业财务制度，必须符合《公司法》《会计法》的要求。

（2）所设计的企业财务制度，必须与国家有关法规相协调。进行企业财务制度设计时，要以国家法律、法规和政策作为设计依据；必须使特定主体所采用的财务政策、财务方法符合经济、财务、税收等国家法规。如进行货币资金管理制度设计时，必须遵守国家有关现金管理和结算制度方面的金融法规。

2. 实用性原则

实用性原则也称针对性原则，是指企业在设计财务制度时，必须针对本单位的特点充分考虑企业自身的生产经营特点和管理要求等方面的具体情况设计出切合本单位实际情况的财务制度。

3. 适应性原则

适应性原则是指企业财务制度的设计不是一成不变的，应与企业内外环境相适应，应根据企业内外发展变化的情况及财务管理的需要及时加以补充和完善。

企业财务制度既要适应国家宏观经济、政策、产业发展和竞争对手的发展变化，又要适应企业本身的战略规划、发展规模和企业的现状。

4. 应用性原则

应用性原则是指进行企业财务制度设计要以具体应用为目的，使其具有可操作性。企业财务制度在表达方式上应该尽量浅显，并与企业日常财务活动的实务紧密联系；内容上要更为全面、更加具体。国家财务法规中可由企业自主选择的财务政策，应结合企业自身的实际情况作出明确规定；对未作规定的有关内容、程序、权限等问题也要作出明确规定，从而使企业财务制度成为指导企业进行财务活动、处理财务关系的操作指南。

5. 成本效益原则

企业财务制度设计的目的是规范财务行为，保证财务目标的实现。但不能因规范财务行为就不讲究运行质量和工作效率，而应在满足财务管理要求的前提下使财务制度设计更加简洁明了，更具有操作性。

企业财务制度在设计过程中要把财务工作质量放在首位，但同时也要符合成本效益原则，使设计工作中的自身耗费量少，而使设计出的制度所产生的效益最大。财务制度各项规定的实施，应有利于加强经营管理，降低成本费用，增加企业盈利。如果财务制度过于繁琐，在实施时消耗的制度成本大于其运行所能得到的财务制度效应，则说明财务制度设计存在缺陷。因此，企业财务制度设计必考虑制度成本与效益的关系，以尽量少的制度成本获得尽可能多的财务制度效应，达到成本效益的最优组合。

引例解析

××股份有限公司年终决算会议关于财务制度设计的讨论

引例中，董事长张新的发言是不准确的，因为违背了企业财务制度设计的实用性原则。企业财务制度的设计应从企业会计主体出发，本着明确产权关系的基本思想，为企业参与市场竞争、传递管理信息等提供基本的财务环境，以满足企业内部经营管理的需要。

财务总监王平的发言是准确的，符合企业财务制度设计的成本效益原则。

6. 利益协调原则

利益协调原则是指设计企业财务制度时，应正确处理企业内外各种利益主体之间的财务关系，以使财务活动能够顺利进行，财务目标能够顺利实现。

协调好各种财务关系的关键是处理好各利益主体的责、权、利关系，贯彻以责任为中心、权力为保证、利益为手段的企业内部经济责任制。在体现利益协调原则上，首先应落实承担责任，然后赋予责任人相应的管理权限，并按照履行责任的情况给予应有的物质利益。

7. 统一性原则

统一性原则是指进行企业财务制度设计要充分考虑企业的财务管理体制，要正确处理母公司与子公司、分公司的财务关系，应将财务制度的设计权、管理权、审批权集中于母公司，以利于财务政策的一致性。子公司和分支机构则拥有制定具体实施细则的权利，但必须将实施细则报母公司审批和备案。

8. 稳定性原则

稳定性原则是指设计的企业财务制度必须具有一定的连续性和一致性。任何制度都不可能是一成不变的，应随着市场经济的发展变化和企业的不断发展而作出适应性改进。但是，如果制度变更过于频繁，就会造成严重混乱，并影响制度的严肃性。因此，企业财务制度一定要保持相对稳定性，绝不能朝令夕改，摇摆不定，让人无所适从。制度是否变化应由实践来检验：凡是经过一定时期实施后证明是正确的，就坚持下去；凡经过实践检验后证明是不可行的，就必须及时修订甚至摒弃。同时，设计企业财务制度时应注意提高其预见性和前瞻性，这是保持制度稳定性的重要条件。

9. 全面性原则

全面性是指设计的财务制度应覆盖全部财务活动和财务关系，使每个财务行为、财务事项都有相应的制度条款予以规范，企业的财务活动贯穿于生产经营活动的始终，财务管理也必须是对其全过程的管理，使企业财务活动的各个方面、各个环节都有章可循，有法可依，形成一个完整的互相补充、互相制约的财务制度体系。坚持全面性原则，可以确保企业财务活动有序进行，为正确处理各方面的财务关系，全面做好财务管理工作提供客观依据。

10. 统筹兼顾原则

统筹兼顾原则是指进行企业财务制度的设计要全面平衡、综合考虑，既要符合财务管理理论，又要有利于企业的财务实务；既要有利于内部控制，又要有利于调动各方面的积极性；既要有绝对的原则性，又要有相对的灵活性；既要满足上层管理需要，又要考虑基层具体需求；既要规范严谨、又要简便易行；既要满足企业财务活动的当前需要，又要适应企业财务活动的发展需要。要根据企业的具体目标、具体任务、具体的理财环境和人员素质高低等因素，设计出适合企业具体应用的财务制度。

11.3 企业财务制度设计的方法与内容

11.3.1 企业财务制度设计的种类

1. 全面性财务制度设计

全面性财务制度设计是对企业财务工作所应遵守的一切规范行为制度的设计。通过设计，构成企业财务制度的基本框架，并产生一套完整的企业财务制度体系。由于全面性的企业财务制度设计内容复杂，涉及面广，设计难度大，设计质量要求高，头绪比较多，因此设计时应由总体设计到具体设计。总体设计是对所设计的企业财务制度内容和范围及其设计工作进行的全面规划。具体设计是在总体设计的基础之上，采用具体的程序和方法来完成总体设计的要求，用文字表格等形式作出详细具体的规定。

2. 局部性财务制度设计

企业财务制度局部性设计是对财务工作的部分规范进行的制度设计，设计内容一般是原有财务制度中不具有的。其原因多是由于经营规模的扩大，经营范围的拓宽，经营方式的转变和管理要求的提高等。

3. 修订性财务制度设计

企业财务制度修订性设计是对原有的财务制度加以修改而进行的设计，如固定资产的直线折旧法改为加速折旧法、坏账损失的直接核销法改为备抵法、发出材料计价由加权平均法改为后进先出法等。通过制定，可以更新财务制度的部分内容。

局部性设计和修订性设计，一般涉及面较小，设计内容比较简单，因此，主要是做具体设计。但在设计时，必须与原有财务制度设计的内容协调配套，以便使财务制度更好地运行。

知识拓展 11-1

企业财务制度设计的方式

企业财务制度设计是一项复杂的系统工程。从本质上讲，一个科学、合理、有效实用的企业财务制度是理论与实践活动相结合的产物，是管理方法与操作经验的结晶，设计的字里行间无不凝聚着设计者的智慧和汗水。企业应根据本企业财务人员的业务素质、理论知识水平等客观情况决定选择恰当的制度设计方式。一般而言，企业财务制度的设计方式主要有自行设计、委托设计和联合设计三种方式。

11.3.2 企业财务制度设计的方法

财务制度设计的方法，就是制定制度的机构和人员所采用的应对或解决面临的制度问题的途径和方式，其基本方法包括以下几种。

1. 社会实验法

社会实验法是指运用实验或运行的手段，在取得经验后，再全面推广的财务制度设计的方法。在明确设计的制度内容是什么，应达到什么样的目的及有何要求的基础上，进行财务制度设计的社会实验，其基本要求和基本特征表现在：

(1) 要通过系统而周密的调查，确立制度实验的对象，选择制度实验的模式，制订制度实验的方案和措施，并预测其发展和变化。

(2) 在整个制度的实验过程中都要始终进行目标管理，紧紧围绕财务制度的总目标，及时总结经验，捕捉信息，发现问题，及时修正，以求得制度的有效性和可靠性。

(3) 由于财务制度所要解决的问题具有不同的性质和范围，进行制度设计的具体要求、条件、形式、方法各有不同，因此在设计时应当根据生产经营特点和管理要求认真进行研究，充分吸收已有的经验，采用先进的办法，使所设计的制度更加完善，更有利于达到财务管理的目标。

2. 系统分析法

系统分析法是指把系统论、信息论和控制论的现代理论、技术、手段，运用于财务制度设计的一种方法。财务制度设计的系统分析的基本要求和基本特征表现在：

(1) 要把财务管理作为一个"控制中心",充分发挥财务管理的计划、控制和决策职能,其活动的最终目的就是保证企业经济效益的提高,达到提高目的的主要机制就是发挥财务管理的主导作用。

(2) 财务管理系统的结构,由母系统和各子(分)系统所组成(通过划分责任确立)。各子系统之间与母系统之间都是相互联系、相互作用的,但又各有相对的独立性。因而,财务制度的设计就必须体现出总制度与各项具体制度的区别与联系,必须从整体的、长远的目标出发制定总制度,又需要从全局出发制定各项具体制度,并正确处理它们之间的各项关系。

(3) 财务管理系统所包含的多个子系统,既表现为横向的结构性,又表现为纵向的层次性,这就是企业与企业、企业与国家、企业与内部各部门和职工个人之间的关系。

制度设计必须从这些客观实际出发,注重上下左右协调,达到制度设计和执行的科学性、可行性和协调稳定性。

3. 定性分析和定量分析相结合的方法

财务制度设计的定性分析是指根据财务管理对象的不同性质及其发展变化,决定不同的制度及其发展变化的方法。它主要是以已有的实践经验为基础,研究新的任务和条件,判断制度的正确性、可行性和有效性,以调动财务管理人员的积极性。定性分析在我国普遍采用,但往往主观随意性大。

财务制度设计的定量分析法是指在收集、整理、分析大量的资料和信息的基础之上,就制度的目标选择、方案制订,效果预测、标准确定和模型建立提出意见,并进行计算机模拟,然后选择出最优的制度的方法。定量分析可以为制度设计提供可靠的数据,提高制度设计的科学性和操作性,但工作繁琐,且有的影响因素不能量化。

因此,在财务制度设计时,应将定性分析和定量分析恰当地结合起来以定性分析为基础,进行定量分析,使定量分析服务于定性分析。

4. 比较分析法

比较分析法的基本要求在于:对不同国家和地区的财务制度进行比较,对不同时代和时期的财务制度进行比较,通过对财务制度的比较研究,探索制度的本质和发展规律,并在此基础上进行财务制度的设计的一种方法。其优点是:可以做到洋为中用、古为今用,取长补短,并有利于提高制度的实用性。

知识拓展 11-2

财务制度设计的程序

企业财务制度设计无论采用何种设计方式,一般都按以下程序进行设计:

(1) 提出设计项目,确定设计人员。

(2) 访谈查阅,了解企业情况。

(3) 调查了解,熟悉业务流程。

(4) 分析研究,设计制度纲要。

(5) 分工负责,实施分项设计。

(6) 制度讲解,征求修改意见。

(7) 讨论评审,批准制度实施。

(8) 贯彻执行,不断完善修订。

11.3.3 企业财务制度设计的内容

1. 企业财务制度设计的广泛内容

一般企业财务制度设计的内容大致包括会计工作组织制度设计、会计核算制度设计、企业内部控制制度设计、会计规章制度设计等四个方面。

(1) 会计工作组织制度设计。会计工作组织制度设计包括会计机构的设置,会计人员的配备、任免和岗位责任制设计,会计工作交接制度设计,会计档案管理和会计公共关系设计等方面。合理地设置会计机构,配备高素质的会计人员,是提高会计工作效率,确保会计信息质量的组织保证;设计严密的工作交接制度和档案管理办法能够有效地防止会计工作中舞弊现象的发生,有助于经济责任的合理划分。

(2) 会计核算制度的设计。会计核算制度设计是在会计政策选择的基础之上进行的,包括会计科目、会计核算形式、会计凭证、会计账簿、会计报表、经济业务的会计处理程序以及成本核算制度的设计。

企业财务会计制度是各企业进行会计工作的准则,因此,它必须保持相对的稳定性,不能朝令夕改,这就要求企业在选定会计政策,设计核算政策等问题时,既要立足当前,又要顾及长远,既要考虑企业目前的利益,又要满足企业长期发展的需要。当然,企业内部会计制度作为上层建筑,也必须随着社会经济的发展和会计实践经验的积累,不断地进行改革和完善。

(3) 企业内部控制制度的设计。企业内部控制制度是指企业内部为了保护资产、核算会计数据的准确可靠、提高经营效率而采用的组织方案,以及相互协调的全部方法与措施,分为内部会计控制和内部管理控制两部分。其中内部会计控制制度主要包括分权控制、授权审批控制、业务处理程序标准化控制、会计资料可靠性控制、实物控制等。

在进行会计制度设计时,要按照内部控制的要求,把进行控制的方法分别规定在会计制度和有关业务处理过程中。属于会计部门的工作内容都应纳入会计制度之内,属于其他部门但与会计工作有紧密联系的,要提出措施,作为企业各管理部门共同遵守的规章制度。

(4) 会计规章制度的设计。会计规章制度的设计包括会计管理办法、会计检查、监督和内部稽核办法的设计,以及内部经济责任制等制度的设计。

2. 企业财务制度设计的部分细则内容

根据企业财务活动的过程、性质及其相对应的财务关系,可以将企业财务制度设计的内容细分为财务管理体制、财务基础工作、资金筹集管理、流动资产管理、内部财务控制等。

1) 货币资金管理制度

(1) 制定货币资金日常管理制度。主要包括:确定企业货币资金收支的管理权限;建立货币资金收支信息反馈制度等。

(2) 制定现金管理制度。主要包括:规定现金的使用范围和库存现金限额;建立现金的内部控制制度;规定备用金的管理办法等。

(3) 制定银行存款的管理制度。主要包括:明确各项结算纪律,保证银行结算业务的正常进行;建立健全银行存款日记账,明确定期与银行面对面对账和与银行对账单对账的核对制度,保证账实相符;健全银行存款内部控制系统,明确支票登记、领用、签发、报账、核对、清查等具体管理办法;严格各环节及有关人员的责任等。

(4) 制定其他货币资金的管理制度。主要包括:对外埠存款、银行汇票存款、在途货币资金、信用证存款等要设立台账,对其使用情况建立经常性清理制度;对企业单位信用卡的开设明确审批权限,并严格规定持卡人的责任及对使用情况的监督办法等。

2) 内部财务控制

(1) 制定内部稽核制度。主要包括:明确内部稽核工作的职责分工;明确稽核工作的内容和要求;明确审核凭证、复核账簿、报表的方法等。

(2) 货币资金控制制度。主要包括:岗位分工和授权批准;货币资金的管理;银行账户的管理;票据和印章管理;监督检查等。

(3) 销售业务控制制度。主要包括:岗位分工与授权;销售与发货控制;货款回收与账目核对;监督检查等。

(4) 采购业务控制制度。主要包括:岗位分工与授权批准;计划与审批控制;采购价格控制;采购与验收控制、货款支付与账目核对;采购业务的监督检查等。

(5) 成本费用控制制度。主要包括:岗位分工与授权批准;成本费用控制的基本模式;采购成本的控制;制造成本的控制;期间费用的控制;成本费用的核算;成本费用的监督控制等。

(6) 其他控制制度。

11.4 案例分析:企业财务制度设计

11.4.1 案例背景

中国电信股份有限公司于2002年9月10日在北京市工商行政管理局登记成立。公司经营范围包括基础电信业务:在全国范围内经营800MHzCDMA第二代数字蜂窝移动通信业务、CDMA2000第三代数字蜂窝移动通信业务和LTE/第四代数字蜂窝移动通信业务(TD-LTE/LTE FDD);在北京、上海、江苏、浙江、安徽、福建、江西、湖北、湖南、广东、广西、海南、重庆、四川、贵州、云南、陕西、甘肃、青海、宁夏、新疆21省(自治区、直辖市)经营固定网本地电话业务(含本地无线环路业务)、固定网国内长途电话业务、固定网国际长途电话业务、IP电话业务(限Phone-Phone的电话业务)、卫星国际专线业务、因特网数据传送业务、国际数据通信业务等。

电信业务中的互联网数据中心业务、国内互联网虚拟专用网业务、互联网接入服务业务;电信业务中的在线数据处理与交易处理业务、存储转发类业务、国内呼叫中心业务和信息服务业务以及无线数据传送业务。

电信业务的资金收入渠道和收入内容有自身的特点,随着新信息技术的日益丰富、银行业务品种的增加,面对市场竞争压力,为方便电信业务用户的缴费,目前电信运营商正在逐步拓展缴费渠道,给货币资金的管理带来了新的挑战,总体来讲电信企业资金收入的渠道和相应的收入内容包括:

(1) 营业厅收取。营业厅为实体渠道收取,主要分为自有营业厅和合作营业厅。收取的主要方式为现金,辅助方式为自助缴费机、银行卡刷卡,并零星收取一定量的支票。

(2) 金融机构直接收取。收取资金的方式主要有银行网点代收费、电话银行收费、网上银行收费、委托银行收费。

(3) 省级或市级财务机构直接收取。运营商之间的网点结算采用净额结算,当收大于支时产生的净额收入资金、电路租赁、设备租赁收入资金等一般均由省级或市级财务机构直接收取,并采用以支票、电汇为主的收取方式。

由于电信业务资金业务流程的特殊性,网上银行业务、收支管理、现金、银行存款和票据的日常管理以及对外付款业务的日常管理尤为重要。公司制定合理有效的财务制度,加强货币资金的管理,可以提高资金使用效率,为资金的风险控制提供了操作依据和制度保障。

11.4.2 货币资金管理制度设计

中国电信股份有限公司货币资金管理制度(摘录)

第一章 总 则

第一条 为了加强对公司货币资金和票据的内部控制和管理。保证货币资金的安全和使用效率,规范票据的使用,传递和保管,根据《会计法》《现金管理暂行条例》《企业内部控制基本规范》《公司会计工作基础规范》和《公司会计制度》,公司的业务特点和管理要求,制定本制度。

第二条 本制度所称货币资金是指公司所拥有的现金、银行存款和其他货币资金;本制度所称票据指公司日常经营中与货币资金相关的各种票据。

第三条 公司办理有关货币资金的调度、收入、支付、保管事宜,处理有关票据事务时,应遵循本制度的规定。

第二章 货币资金管理

第一节 岗位分工及授权批准

第四条 公司通过建立货币资金业务的岗位责任制,明确相关部门和岗位的职责权限,确保办理货币资金业务的不相容岗位相互分离、制约和监督。

(一) 会计不得兼任出纳,会计人员管理总账、明细账,但不能经管货币资金收支;出纳负责现金、银行存款的收付业务,除登记和保管库存现金、银行存款日记账外,不得保管凭证和其他账目。

(二) 出纳人员不得兼任稽核、会计档案保管和收入、支出、费用、债权债务账目的登记工作。

(三) 实行重要印鉴与重要票据分权管理原则:出纳员保管现金支票、转账支票,财务经理或由其指定会计人员保管印鉴章。出纳员开具支票,经保管印鉴章人员审核无误后,加盖印鉴章。

第五条 公司对货币资金业务建立严格的授权批准制度,明确审批人对货币资金业务的授权批准方式、权限、程序、责任和相关控制措施,规定经办人办理货币资金业务的职责范围和工作要求。

第六条 经办人在职责范围内,按照审批人的批准意见办理货币资金业务。

对于审批人超越授权范围审批的货币资金业务,财务人员有权拒绝办理,并及时向审批人的上级授权部门报告。

第七条 公司货币资金业务由合格的财务人员办理,并根据公司具体情况在一定时间和范围内进行岗位轮换。严禁未经授权的部门或人员办理货币资金业务。

第八条 公司按照以下规定的程序办理货币资金收入业务。

(一) 支票转账或现金收款:由各经办人或经办部门根据收款合同或协议等有效收款凭证,经财务部开具收款发票(发票存根联须有经办人签名),并在财务部收到该项业务的转账支票或现金,确认到款无误后,加盖收款收讫章,方可办理收款入账。

(二) 委托银行收款:公司客户服务部门根据有线电视用户资料和公司的收费标准,按季度或月度委托银行办理扣款,财务部凭客户服务部提供的银行扣款托收明细表和银行进账凭证,经核对无误后,办理收款入账。

（三）营业厅交费收款：各营业厅根据交费情况在财务部领取一定数量的发票，在规定时间内，交回已使用完发票的同时将收到的现金交回财务部或直接存入规定的公司银行账号，财务部核对到款和发票无误后，办理收款入账。如有POS机扣款，单独将该类发票的财务联交财务部，经同银行POS机扣费进账凭证核对后，办理收款入账。

（四）市场拓展人员现场收款：公司授权部门由于现场拓展业务和稽查私接业务等的需要，按照一定程序在财务部领取一定数量的有效票据后，应及时（一般3个工作日，特殊情况除外）将现场收到的现金交回财务部，经财务部核查无误后，收款入账，并办理有效票据核销手续。除有特别规定外，公司其他部门无权办理现场收款业务。

（五）公司有线宽频用户上网使用费及其他新增业务的收费入账程序比照以上流程办理收款结算。

第九条 公司按照以下规定的程序办理货币资金支付业务。

（一）支付申请。有关部门或个人用款时，应当提前向审批人提交货币资金支付申请。注明款项用途、金额、预算、支付方式等内容，并附有效经济合同或相关证明，经财务部对经济业务的合法性、合规性审核后转至经授权的审批人处。

（二）支付的审批。审批人根据其职责，权限和相应程序对支付申请进行审核。对于不符合规定的货币资金支付申请，审批人应当拒绝批准。

（三）支付的复核。财务部对审批后的货币资金支付申请进行复核，复核货币资金支付申请的批准内容，批准范围、权限、程序是否正确，手续及相关单证是否齐备，金额计算是否准确，支付方式、支付单位是否妥当等。

（四）办理支付。出纳人员根据审批复核无误的支付申请，按规定办理货币资金支付手续，及时登记库存现金和银行存款日记账。

第十条 公司对重要货币资金支付业务实行集体决策，并建立责任追究制度，防范贪污、侵占、挪用货币资金等行为。重要货币资金是指金额超出规定范围或者有理由认为该资金的投向将会为公司带来重大影响。

第十一条 严禁未经授权的机构或人员办理货币资金业务或直接接触货币资金。

第二节 现金管理

第十二条 公司办理有关现金收支业务时，应严格遵守国务院发布的《现金管理暂行条例》及其实施细则。

第十三条 财务部是公司进行会计核算，实施会计监督和财务管理的职能管理部门，负责公司的现金收支和保管业务。除按制度规定保留和使用的备用金外，其他部门未经批准严禁受理现金收支业务。

第十四条 现金收款须由会计人员开出票据，出纳清点现金后，在凭证上加盖"现金收讫"章后方可入账。现金付款业务必须有原始凭证，由经办人签字和部门负责人审核批准，并经会计审核，财务部负责人和授权公司领导审批。会计人员填制付款凭证后，出纳才能付款并在付款凭证上加"现金付讫"章后入账，报账时，原始凭证后面必须由经办人签字，写明报账内容和原因。

第十五条 现金的使用范围：

（一）职工工资、奖金、津贴、个人劳务报酬。

（二）各种福利劳保支出、差旅费。

（三）备用金及结算起点以下的零星支出。

（四）中国人民银行确定需要支付现金的其他支出。

第十六条 为满足公司各部门、各业务对现金的正常需求，同时保证对现金合理有效的使用，一次借款或报销在3万元以上的，应提前一天告知财务部出纳人员，以便备付。

第十七条 公司按不同的币种，设置库存现金日记账，出纳根据收付款凭证，按业务发生顺序逐笔登记现金日记账，做到日清月结，保证账款相符。

第十八条 现金出纳人员必须在每日营业终了结出库存现金日记账余额并实地盘点现金，将库存现金日记账余额与实地盘点结果相核对。如发现账实不符应立即报告财务部负责人，以便及时查明原因并采取措施妥善处理。除了日常盘点外，公司还应对现金进行定期和不定期盘点，由担任财产清查的人员进行。盘点结果填列在"库存现金清查盘点报告"上，并由清查人员和现金出纳签字盖章，以确保其效力。

第十九条 在营业厅不向财务部上交现金的情况下，财务部现金余额不应超过10万元；在节假日、公休日期间，严禁财务部存放大量现金，出纳人员应作好保险柜的安全管理工作。

第二十条 为保证现金存取的安全，在存取5万元以上的现金时，应有两人以上同往，并使用本公司车辆；存取现金在10万元以上时，应有保卫部门派人员同往。

第二十一条 本制度禁止下列行为：

（一）超出规定范围、限额使用现金。

（二）用不符合财务会计制度规定的凭证顶替库存现金。

（三）不得坐支现金。

（四）不得以白条抵库。

（五）其他禁止的行为。

第三节 银行存款管理

第二十二条 公司除了在本制度规定的范围内直接使用现金结算外，其他收付业务，都必须通过银行办理结算。

第二十三条 必须加强银行账户的管理。公司总经理对银行账户管理负间接领导责任，财务负责人对银行账户管理负直接领导责任，出纳员对公司银行账户管理负直接工作责任。

（一）银行账户必须按国家规定开设和使用，只供本公司经营业务收支结算使用，严禁出借账户供外单位或个人使用，严禁为外单位或个人转账套现。

（二）银行账户的账号必须保密，非因业务需要不准外泄。

（三）财务印鉴的使用实行二章分管并用制，即财务专用章由会计保管，个人名章由财务负责人保管或财务负责人委托他人保管，不准一人统一保管使用。印鉴保管人临时出差时经财务负责人同意可委托他人代管。

第二十四条 出纳人员应该逐笔序时登记银行存款日记账，每日终了结出余额。定期核对银行账户，每月至少核对一次，编制银行存款余额调节表，使银行存款账面余额与银行对账单调节相符。如调节不符，应查明原因，并报财务部负责人处理。

第二十五条 银行存款发生收支业务时，需附各项原始凭证，如发票、合同、协议和其他结算凭证等，须由经办人签字，并须有关负责人审核批准，财会人员复核填制收付款凭证，方可进行收付结算。

第二十六条 公司应当严格遵守银行结算纪律，不准签发没有资金保证的票据或远期支票，不准签发、取得和转让没有真实交易和债权债务的票据。

11.4.3 案例分析

在案例体现了流动资产管理的企业财务制度设计中的货币资金管理制度设计及内部财务控制设计。案例中包含了货币资金管理制度设计及内部财务控制的主要内容有：

(1) 制定货币资金日常管理制度。主要包括确定企业货币资金收支的管理权限；建立货币资金收支信息反馈制度等。

(2) 制定现金管理制度。主要包括规定现金的使用范围和库存现金限额；建立现金的内部控制制度；规定备用金的管理办法等。

(3) 制定银行存款的管理制度。主要包括明确各项结算纪律，保证银行结算业务的正常进行；建立健全银行存款日记账，明确定期与银行面对面对账和与银行对账单对账的核对制度，保证账实相符；健全银行存款内部控制系统，明确支票登记、领用、签发、报账、核对、清查等具体管理办法；严格各环节及有关人员的责任等。

（4）内部财务控制设计中的货币资金控制制度。主要包括岗位分工和授权批准；货币资金的管理；银行账户的管理；票据和印章管理；监督检查等。

案例中的电信企业，根据自身的特点，设计合理的企业财务制度资金，加强了对货币资金的管理，对整个企业的财务管理、规范会计行为、提高资金使用效率、促进生产经营活动的顺利运行都具有重要的作用，实现了货币资金的合理有效使用和资源的有效配置，从而为企业的发展提供更有力的资金保证。

重要概念

财务制度　会计制度　会计财务制度设计　企业内部控制制度

本章练习

一、单项选择题

1. 企业财务制度构架中三权分离不包括（　　）。

A. 所有权　B. 决策权　C. 管理权　D. 执行权

2. 以下属于行政法规的是（　　）。

A.《会计法》　B.《总会计师条例》　C.《公司法》　D.《企业会计制度》

3. 财产物资和货币资金收支的管理及清查盘点制度不包括（　　）。

A. 财产物资的盘盈　B. 财产物资的盘亏
C. 财产物资的毁损　D. 应收票据的保管

4. 财务管理基本业务程序制度不包括（　　）。

A. 低值易耗品的管理权限　B. 销售折让的管理权限
C. 销售折扣的管理权限　D. 销售退回的管理权限

5. 以下不属于企业会计核算制度设计的是（　　）。

A. 会计科目　B. 会计核算形式
C. 会计凭证　D. 会计规章制度

二、多项选择题

1. 企业会计具体准则与企业会计制度的差别主要有（　　）。

A. 规范的对象不同　B. 规范的时间不同
C. 规范的重点不同　D. 规范的范围不同

2. 企业财务制度的架构包括（　　）。

A. 出资者的财务制度规范　B. 财务经理的财务制度规范
C. 经营者的财务制度规范　D. 会计人员的财务制度规范

3. 我国的会计法律有（　　）。

A.《企业会计制度》　B.《会计法》
C.《公司法》　D.《企业会计准则》

4. 企业财务制度设计的原则有（　　）。

A. 实用性原则　　B. 成本效益性原则

C. 统一性原则　　D. 稳定性原则

5. 企业财务制度设计的种类有（　　）。

A. 全面性财务制度设计　　B. 局部性财务制度设计

C. 修订性财务制度设计　　D. 合理性财务制度设计

三、判断题

1. 财务与会计的关系是:理论上相互独立,实务中相互兼容。（　　）

2. 《会计法》是会计制度体系中最高层次的法律规范。（　　）

3. 财政部发布实施的《企业会计准则》不属于部门规章。（　　）

4. 合法性是财务制度设计的最根本原则。它要求企业的财务制度设计必须符合国家的法律、法规和政策,把国家的法律、法规和政策体现到企业的财务制度中去。（　　）

5. 会计规章制度的设计包括会计管理办法、会计检查、监督和内部稽核办法的设计,以及内部经济责任制等制度的设计。（　　）

四、简答题

1. 企业财务制度设计的原则有哪些?

2. 企业财务制度设计的种类有哪些?

3. 企业财务制度设计的方法是什么?

五、案例分析题

××股份有限公司财务审批制度(摘录)

第四章　业务、办公和其他费用

第一节　业务招待费、办公费

第二十六条　公司各部门业务招待费原则上在事前须征求分管领导同意后,才能进行与业务相关的接待工作。报账时先由分管领导审核签字后送交财务部。公司财务部在总额上对业务费进行控制,业务招待费总额不得超过营业收入的5‰。

第二十七条　办公用具、劳保用品原则上由行政部统一购买,设备零配件、耗材等低值易耗品原则上由企管部统一购买。各部门向上述部门领用,并按购买价计入各部门成本。

第二十八条　文印成本费用核算主要包括纸张、碳粉、纸、油墨等耗材的成本以及设备维修、保养的费用等,不包括人员费用和设备购置费折旧费。对内文印价格根据耗材的市场价格和其他各项成本费用的变动情况由办公室核定。

第二节　差旅费、会议费

第二十九条　对差旅费、会议费,公司实行一事一报,按管理权限报批。

第三十条　职工出差(包括参加会议)凭请示报告,到财务部办理借款,并及时办理报销手续。

第三十一条　因公出差的差旅费用分为交通费、住宿费和出差补助等。对交通费、住宿费实行限额、限等级的办法。交通费实行限等级控制,按下列标准报销:

职位	飞机	火车	轮船	汽车
公司领导	商务舱	软卧	一等舱	据实报销
部门负责人	经济舱	软卧	二等舱	据实报销
其他人员	经济舱	硬卧	三等舱	据实报销

住宿费实行限额控制，最高限额原则上规定：省级市（含经济特区）部门负责人为450元/天、普通员工为350元/天；其他城市部门负责人为350元/天、普通员工为300元/天，限额内可据实报销。出差地市内交通费可据实报销。出差补助发放标准为：省级市（含经济特区）150元/天、地级市100元/天、其他80元/天，但出差有单位安排接待或者参加会议交纳的会务费、学习培训费包括各项住宿接待费的除外。

第三十二条 因紧急情况出差，在没有相应等级舱位的情况下，经公司领导批准，可以享受高一等级舱位；出差日该班（航）次无相应等级舱位而乘坐下级别舱位的，不享受差额补助。

第三十三条 出差人员因公需要的礼品费、交际应酬费等，应报公司总经理或董事长审批。

第三十四条 出差人员在计划以外的行程，应报公司总经理或董事长审批。

第三十五条 出差期间不论是否加班或遇法定节假日，一律不计加班费。

要求：分析上述案例属于哪种企业财务制度？案例中体现了企业财务制度设计中内部控制设计的哪些内容？

高级财务管理模拟试题

模拟试题(一)

得分	

一、单项选择题(本大题共 10 小题,每小题 1 分,共 10 分)

1	2	3	4	5	6	7	8	9	10

1. 下列属于高度集权的组织结构的是(　　)。

A. 直线制　　B. 事业部制　　C. 控股制　　D. 直线职能制

2. 企业因进行跨国交易而取得外币债权或承担外币债务时,由于交易发生日的汇率与结算日的汇率不一致,可能使收入或支出发生变动的风险称为(　　)。

A. 交易风险　　B. 折算风险　　C. 经济风险　　D. 经营风险

3. 新设合并可以表现为以下(　　)形式。

A. A+B=A+B　　B. A+B=C　　C. A+B=A　　D. A+B=B

4. 下列理论中,认为并购可以给企业提供成本较低的内部融资的是(　　)。

A. 财务协同效应理论　　B. 战略调整理论

C. 效率效应理论　　D. 信息理论

5. 下列并购类型中,能够实现规模经济的是(　　)。

A. 纵向并购　　B. 横向并购　　C. 混合并购　　D. 多元化并购

6. 企业与在生产经营过程中与其密切联系的供应商或客户的合并称为(　　)。

A. 横向并购　　B. 混合并购　　C. 纵向并购　　D. 善意并购

7. 下列理论中,认为无论并购本身最后是否成功,目标企业的股票价格往往会经历一个上升的过程的是(　　)。

A. 效率效应理论　　B. 战略调整理论

C. 财务协同效应理论　　D. 信息理论

8. 两个或两个以上国家的企业基于合同进行合作,并依合同的约定分享权益和分担风险的国际投资方式为(　　)。

A. 合资经营　　B. 独资经营　　C. 合作经营　　D. 证券投资

9. 责任人对责任区域内的成本和收入均负责的责任中心是(　　)。

A. 成本中心　　B. 费用中心　　C. 投资中心　　D. 利润中心

10. 下列假设中,说明了企业财务管理工作不是漫无边际的,而是应限制在每一个经济上和经营上具有独立性的组织之内的是(　　)。

A. 持续经营假设　　B. 理性理财假设

C. 理财主体假设　　D. 资金增值假设

得分	

二、多项选择题(本大题共 5 小题,每小题 2 分,共 10 分)

1	2	3	4	5

1. 对目标公司进行价值评估的方法主要有(　　)。

A. 贴现现金流量法　　B. 成本法

C. 换股估价法　　D. 资产重估法

2. 下列选项中,属于通过提高并购成本来防止敌意并购的战略有(　　)。

A. 资产重估　　B. 股份回购

C. 降落伞计划　　D. 出售“皇冠上的珍珠”

3. 并购资金需要量的预测包括的主要内容有(　　)。

A. 并购支付的对价　　B. 并购交易费用

C. 表外负债和或有负债　　D. 整合与运营成本

4. 下列选项中,属于以资本收缩为目标的资本经营有(　　)。

A. 企业并购　　B. 公司分立　　C. 股份改制　　D. 资产剥离

5. 评估企业整体价值需要计算的指标有(　　)。

A. 股权自由现金流量　　B. 公司自由现金流量

C. 股权资本成本　　D. 加权平均资本成本

得分	

三、名词解释(本大题共 4 小题,每小题 5 分,共 20 分)

1. 杠杆并购
2. 管理层收购
3. 分拆上市
4. 内部转移价格

得分	

四、简答题(本大题共 2 小题,每小题 5 分,共 10 分)

1. 简述企业集团的基本特征。
2. 简述企业并购的防御战略。

得分	

五、计算题(本大题共 1 小题,共 12 分)

假设 A 公司要并购 B 公司,两公司的有关资料如下:并购前 A 公司的盈余 $Y_a=1\ 400$

万元，B公司的盈余 Y_b＝1 200 万元，A公司股数 S_a＝1 500 万股，B公司股数 S_b＝1 000 万股，A公司股价 P_a＝24 元，B公司股价 P_b＝15 元，并购后产生的协同盈余 ΔY＝500 万元，并购后的市盈率 β＝19。

要求：

(1) 计算A公司、B公司各自可接受的确定换股比例区间(保留4位小数)。(6分)

(2) 计算在换股比例区间内最低和最高的股价 P_ab(保留2位小数)。(6分)

得分	

六、案例分析题(本大题共1小题，共38分)

太平洋联合并购好孩子集团

1. 案例背景介绍

2006年1月底，私募投资基金太平洋联合(PAG)以1.225亿美元的总价值购得原来由香港第一上海、日本软银集团(SB)和美国国际集团(AIG)持有的67.4%好孩子集团股份。PAG借助外资银行贷款完成了此次杠杆收购交易，交易所需部分资金来自台北富邦商业银行的贷款，贷款金额5 500万美元。

好孩子公司创立于1 989年，是中国最大的童车生产商。在被收购前的5年内，好孩子集团的年利润增长率达到20%～30%。2005年，好孩子集团的销售额达到25亿元，纯利润1亿多元，净利润率约5%，位居世界同行业前几名，其中国际与国内市场的比例为7∶3。作为国内最知名的童车及儿童用品生产企业，好孩子集团已经成功占领了消费市场。好孩子集团的销售额有将近80%来自海外市场，部分产品在海外市场占有率近50%。好孩子集团是中国最知名的童车及儿童用品生产制造商。其生产的童车占领了70%的国内市场，稳坐国内市场的头把交椅；部分产品在海外市场占有率近50%，在美国的市场占有率也达1/3。强大的市场份额成为私人基金眼中的宠儿。区别于其他单纯的供应商，好孩子集团在中国迅速发展的巨大商业市场背景下，拥有1 100多家销售专柜，也拥有了让资本青睐的本钱。在最终选定PAG前，好孩子集团已与多家潜在投资人进行了深入的接触，说明好孩子集团对于资本的注入和业务拓展具有强烈的需求。

PAG是一家在香港注册、专门从事控股型收购的私募基金。据资料显示，PAG旗下管理着大约4亿美元基金，投资好孩子集团是其在中国的第五宗交易。在过去的12个月，PAG在中国累计投资约2亿美元，其中包括收购好孩子集团。

由于好孩子所在的消费品行业基本不存在产业周期，因此能够创造稳定的现金流。因为只有消费品行业企业才具有持续的业绩增长能力，而持续的业绩增长能力是可以给予市场溢价的，这正是PAG投资信心的来源。

2. 并购过程

PAG事先对好孩子集团做了严密的估价。按照市盈率计算，好孩子集团当时的市场价值在20亿元人民币以上，折算成PAG67.5%的持股比例，该部分股权的市场价值超过1.7亿美元，而双方协商的收购价格为1.225亿美元，说明此项收购具有投资价值。PAG借助外资银行贷款完成了此次杠杆收购交易，PAG确定用自有资金支付的金额不超过1 200万美元。交易所需部分资金来自台北富邦商业银行的贷款，贷款金额5 500万美元。经过精心的测算和设计，通过资产证券化及间接融资等手段，在确定收购意向后，PAG先通过好孩子集团管理层组成的集团筹集收购价 10%的资金，然后以好孩子集团的资产为抵押，向银行借入过渡性贷款，相当于整个收购价 50%的资金，并向 PAG 的股东们发行债券，约为收购价的 40%。

PAG 进入好孩子集团后，对其法人治理结构进行改造，实行了一系列整合措施，进一步提高了这家企业的发展速度，成就了好孩子集团的绝对市场霸主地位。在该案例中，PAG 只以 1 200 万美元的自有资金，撬动 1.225 亿美元的并购交易，相当于 10 倍杠杆，其余的均以负债的方式筹集。PAG 所筹集的资金是以好孩子集团的资产为抵押的，是一个标准的杠杆收购，与国内"先交货后付款"的变相模式有明显区别。

在支付方式上又将现金支付与股权支付相结合，成功完成了对好孩子集团善意的杠杆收购。首先，好孩子集团是中国最大的童车制造商，有着良好的销售渠道和强大的市场份额，在占有美国学步车和童车 1/3 的市场后，好孩子集团在国内同样占有超过 70%的市场份额。其次，区别于其他单纯的供应商，好孩子集团拥有良好的销售渠道，企业长期负债少，市场占有率高，流动资金充足稳定。最后，作为消费品行业，好孩子集团具有持续的业绩增长能力，因此可以给以市场溢价，企业的实际价值超过账面价值。

综上，PAG 正是考虑到好孩子集团良好的成长性才决定收购的。在获得好孩子集团控股权之后，PAG 将通过对公司的经营以及最终包装上市，获得投资回报和退出通道。收购完成后，吉奥比公司原股东第一上海获得 4.49 亿港币的现金，交易所获的收益达 8 170 万港币，软银的卖出价格也是买入时的两倍。

3. 并购后效果分析。

此次并购是一笔几方得益的交易。原股东得到丰厚的投资回报，香港第一上海现金入账 4.49 亿港元，整个项目收益 8 170 万港元。软银中国集团卖出的价格是收购时的 2 倍。被外资收购后，好孩子集团不仅品牌保存下来了，而且企业创业团队还保留了相当大的股份，双方共同成长壮大。香港第一上海、软银中国集团和美国国际集团获利后退出，好孩子集团的股东减少到两个。PAG 进入好孩子集团后，对其法人治理结构进行了改造，董事会由 9 人减为 5 人，其中 PAG 方面 3 人，好孩子集团管理层 2 人，董事长由好孩子集团创始人宋郑还担任，PAG 没有派出参与管理层的执行董事。PAG 对好孩子集团采取的是杠杆收购方式，并通过对好孩子集团的经营及最终包装上市来获得投资回报和退出通道。

要求：

1. 结合案例，分别从并购双方所处的行业、并购程序、并购支付方式等多角度分析此次并购的类型。

2. 结合案例，分析本次并购的动因。

3. 结合案例，分析本次并购的效应。

4. 结合案例，分析杠杆并购成功的条件。

模拟试题(二)

得分	

一、单项选择题(本大题共10题、每题1分、共10分)

1	2	3	4	5	6	7	8	9	10

1. 持续经营假设的派生假设是(　　)。

A. 理财分期假设　　B. 理财主体假设

C. 市场公平假设　　D. 风险与报酬同增假设

2. 某化工企业并购一家房地产公司,这种并购方式属于(　　)。

A. 横向并购　　B. 纵向并购　　C. 混合并购　　D. 善意并购

3. 下列具有独立法人地位的财务机构是(　　)。

A. 母公司财务部　　B. 事业部财务部

C. 财务公司　　D. 结算中心

4. 1982年威蒂克公司提出收购波罗斯威克公司49%的股份,但在波罗斯威克公司把他经营最好的公司——舍伍德医药工业公司以4.25亿英镑的价格卖给美国家庭用品公司后,威蒂克公司随即打消了收购的企图。波罗斯威克公司采取的并购防御战略为(　　)。

A. 降落伞计划　　B. 出售"皇冠上的珍珠"

C. 毒丸计划　　D. 焦土战术

5. 华汇公司根据销售计划预测6个月后有2 000万美元的外汇净流出,为了保值,该公司买入6个月的美元买入期权,执行价格为1美元=6.233 2元人民币,期权费为1美元0.03元人民币。6个月到期时,如果美元贬值,即期汇率为1美元=6.10元人民币,低于期权的执行价格,则华汇公司放弃行权,在即期市场上购买所需美元,支付人民币(　　)万元。

A. 12 260　　B. 12 526.40　　C. 12 426　　D. 12 466.40

6. 中国有关法律规定,收购者持有目标公司股份达到或超过(　　)法定比例时,要依法向目标公司的全体股东发出公开要约。

A. 20%　　B. 40%　　C. 30%　　D. 50%

7. 远期外汇交易保值是(　　)风险的避险方式。

A. 经济风险　　B. 交易风险　　C. 折算风险　　D. 政治风险

8. 采用平衡积分卡方法对企业业绩进行评价属于(　　)。

A. 财务模式　　B. 价值模式

C. 平衡模式　　D. 以上都不正确

9. 某部门投资额为100 000元,取得收益25 000元,该企业要求的平均报酬率为15%,则该部门的剩余收益为(　　)元。

A. 10 000　　B. 8 000　　C. 6 500　　D. 5 300

10. 以下关于企业集团运用内部转移价格进行纳税筹划的说法，正确的是（　　）。

A. 甲、乙两个子公司，甲适用高税率，乙适用低税率，甲向乙销售时，可以适当提高售价

B. 甲、乙两个子公司，甲适用高税率，乙适用低税率，乙向甲销售时，可以适当提高售价

C. 甲、乙两个子公司，甲处于高利润期，乙处于亏损期，甲向乙销售时，可以适当提高售价

D. 甲、乙两个子公司，甲处于高利润期，乙处于亏损期，乙向甲销售时，可以适当降低售价

得分	

二、多项选择题（本大题共 5 小题、每小题 2 分、共 10 分）

1	2	3	4	5

1. 以下（　　）理论属于并购产生正效应的理论。

A. 财务协同效应理论　　B. 战略调整理论

C. 管理主义　　D. 自由现金流量假说

2. 现代企业财务控制的重点有（　　）。

A. 预算控制　　B. 业绩评价　　C. 利益　　D. 激励机制

3. 集团投资的现金流量计算包括（　　）。

A. 初始现金流量　　B. 营业现金流量

C. 终结现金流量　　D. 汇回母公司的现金流量

4. 下列（　　）属于企业集团资本收缩经营的内容。

A. 公司分立　　B. 资产剥离　　C. 股权出售　　D. 企业并购

5. 内部转移价格得表现形式主要包括（　　）。

A. 以实际成本为基础确定内部转移价格

B. 以标准成本为基础确定内部转移价格

C. 以市场价格为基础确定内部转移价格

D. 以市场价格为内部转移价格

得分	

三、判断题（本大题共 5 小题，每小题 1 分，共 5 分）

1. 母公司的收益率比子公司收益率有更大的弹性。一旦子公司收益率有所变动，会在母公司层面产生若干倍的放大效应。（　　）

2. 筹资权的集中化是指所有筹资的决策权集中在公司总部。（　　）

3. 一般来说，交易风险和折算风险的管理都是由财务人员承担，而经济风险则是整个企业管理承担的责任。（　　）

4. 核心企业对非紧密层企业售出产品时，若有市价，则按市价，若无市价，则内部价格＝标准成本＋合理利润。（　　）

5. 在直接标价法下，汇率上升，外币贬值、本币升值；汇率下降，外币升值、本币贬值。 ( )

得分	

四、简答题(本大题共 3 小题，每小题 5 分，共 15 分)

1. 对于初步选定的并购目标公司，还需进一步的分析评估和实质性审查，那么一般从哪几个方面对目标公司重点审查？

2. 企业集团财务管理有什么特点？

3. 并购防御主要有哪些经济手段？

得分	

五、计算题(本大题共 3 小题，第 1 小题 10 分，第 2 小题 19 分，第 3 小题 6 分，共 35 分)

1. 假设 A 公司要并购 B 公司，两公司的有关资料如下：

	A 公司	B 公司
并购前总盈余 Y(万元)	1 200	1 000
普通股流通数量 S(万股)	1 100	900
并购前股票市场价格 P(元)	22	15
并购后的协调盈余 ΔY(万元)	300	
并购后的市盈率 β	16	

要求：

(1) 确定换股比例区间(保留 4 位小数)。

(2) 计算在换股比例区间内最低和最高的股价 P_ab(保留两位小数)。

2. 卡特公司是一家电子产业的跨国公司，准备在 B 国建立一家独资公司，为了对该子公司的生产项目进行评估，便委托怀仁先生进行这项工作。怀仁是国际上一家著名的咨询公司的项目经理，他搜集到了以下资料并进行了初步评价：

(1) A 国卡特公司准备在 B 国建立一独资企业，以便生产和销售 B 国市场上急需的电子设备。该项目的固定资产需投资 5 600 万 B 元，另需垫支营运资金 700 万 B 元。采用直线折旧法计算折旧，项目使用寿命为 5 年，5 年后固定资产残值预计 600 万 B 元。5 年中每年的销售收入为 7 000 万 B 元，付现成本第 1 年为 700 万 B 元，以后随设备陈旧，逐年将增加修理费 300 万 B 元。

(2) B 国企业所得税税率为 25%，A 国企业的所得税税率为 30%。如果 B 国子公司把税后利润汇回 A 国，则在 B 国缴纳的所得税可以抵减 A 国的所得税。

(3) B 国投资项目产生的税后净利可全部汇回 A 国，但折旧不能汇回，只能留在 B 国补充有关的资金需求。但 A 国母公司每年可从 B 国子公司获得 400 万 B 元的专利权使用费。

(4) A 国母公司和 B 国子公司的资本成本均为 10%。

(5) 投资项目在第 5 年底时出售给当地投资者继续经营，估计售价为 4 200 万 B 元。

(6) 在投资项目开始时，汇率为 700B 元/A 元。预计 B 元相对 A 元将以 3%的速度贬值。

(7) 怀仁从 A 国母公司的角度计算的项目净现值为−1.56 万 A 元。

(8) 现值系数：$PVIF_{10\%,1}=0.909$；$PVIF_{10\%,2}=0.826$；$PVIF_{10\%,3}=0.751$；$PVIF_{10\%,4}=0.683$；$PVIF_{10\%,5}=0.621$

要求：

(1) 从子公司角度计算：初始现金流量、营业现金流量、终结现金流量以及收回垫支的营运资金。

(2) 利用贴现现金流量法从子公司角度计算该项目实现的价值，并评价该项目是否可行。

(3) 从母公司角度评价该项目的可行性并作出最终的评价结论。

3. 某公司某部门的有关数据如下：部门销售收入为 1 500 万元，已销售产品的变动成本、变动销售费用及变动管理费用为 600 万元，部门可控固定间接费用 100 万元，部门不可控固定间接费用为 150 万元，分配的公司管理费用为 120 万元。

要求：

(1) 计算贡献毛益。

(2) 计算可控贡献毛益。

(3) 计算部门贡献毛益。

(4) 计算部门税前利润。

(5) 说明如果评价部门经理，以上计算的指标哪个最合适？

得分	

六、案例分析题(本大题共 1 小题，每小题 25 分，共 25 分)

2009 年 5 月 21 日，广州汽车集团股份有限公司(简称“广汽集团”)与长丰有限责任公司(简称“长丰集团”)隆重举行了股份转让协议签字仪式。根据协议，广汽集团斥资 12 亿元购买长丰汽车制造股份公司(简称“长丰汽车”)29%的股份，本次股份转让完成后，广汽集团将成为该公司第一大股东；合并后，长丰汽车仍具有独立法人地位，自主经营。

广汽集团主要业务涵盖乘用车、商用车、零部件、服务贸易、投资和研发等六大板块，在中国汽车行业内占有重要的地位。广汽集团秉承“人为本，信为道，创为先”的企业理念，以卓越的国际化企业为目标，铸造社会信赖的公众公司。2 008 年，广汽集团销售收入连续两年双超 1 000 亿元，利税各超 100 亿元。

长丰集团是湖南省国有大型企业集团，已经拥有长沙、永州、安徽滁州三大整车生产基地，是我国最大的 SUV 生产企业，在国内中高档 SUV 市场一直位居前列。长丰集团多年来坚持自主创新，开放合作的发展战略，猎豹汽车是军队指挥车的主力车型，长丰猎豹 CS6SUV 被福布斯杂志评为外国人最看好的中国 SUV 汽车。目前，集团控股和参股的有 11 家子公司。其控股的长丰汽车于 2004 年在上海证券交易所上市。截至 2008 年年底，公司拥有总资产 87 亿元，员工 7 000 多人。

本次广汽集团与长丰汽车联姻，各方各取所需，各得所愿，政府的背后推力也异常强大。只专注于 SUV 业务，缺少主流产品轿车车型生产，一直是长丰汽车的短板。单一的产品路线，使长丰汽车很难取得突破。近3年，长丰主营收入增长率分别为－1.98%、8.67%、3.23%。这样低速的增长率，表明单靠生产SUV、皮卡的长丰确实遇到了发展瓶颈。2008年，长丰汽车净利润同比下降23.44%，销售整车仅仅为2.68万台，产能利用率较低。而广汽集团接手后，长丰汽车将如愿获得新车型，并丰富自己的产品线，从而打开盈利空间。长丰汽车总经理陈正初曾表示，自我发展是永恒的话题，公司要联大、联强发展轿车，找一个强手来加速自我发展，这是一个很好的事情。

而对于广汽集团而言，收购长丰汽车不仅仅是丰富了自身的产品线，拥有了SUV优势，而且可以借力长丰集团打开自主品牌的知名度，广汽集团的自主品牌尚未面世，但与长丰汽车搭配，广汽集团的自主品牌打开市场的难度会减少很多。

中国汽车工业发展是大势所趋，并且有国家产业政策的驱动。两个企业在产业政策出台后第一个响应，是比较有利的政策先发优势，将来对他们推广自己的品牌或者是产品，都有益处。

更重要的是在A股市场获得了一个资本运作的平台。由于广汽集团多年寻求IPO未果，为增强资金实力，公司已发了两期中期票据，而这并不能满足于公司的发展要求。根据《广汽集团“十一五”发展规划纲要》，2 010年，公司乘用车板块的整车年产能力规划达到120万辆，发动机年产能力达到100万辆；商用车方面，公司将通过外部合作和内部资源整合两种手段，力争至2 010年使公司商用车板块年产能达到约6万辆，这都需要资金支持。而收购长丰后，公司获得了A股融资的途径，能及时获得发展资金，从而在与上汽、一汽等的竞争中增添了砝码。

要求：根据案例资料回答以下问题。

(1) 结合案例说明与分析，按照并购双方所处的行业分类，广汽集团并购长丰汽车属于什么类型？按照并购程序来划分该次并购属于什么类型？

(2) 结合案例说明与分析本次的并购形式。

(3) 结合案例说明与分析本次并购的支付方式，简单说明这种并购方式的特点及优缺点。

(4) 分析广汽集团并购长丰汽车的动因。

(5) 分析广汽集团并购长丰汽车的效应。

高级财务管理模拟试题参考答案

模拟试题(一)参考答案

一、单项选择题(本大题共 10 小题,每小题 1 分,共 10 分)

1	2	3	4	5	6	7	8	9	10
A	B	A	B	A	C	D	C	D	C

二、多项选择题(本大题共 5 小题,每小题 1 分,共 5 分)

1	2	3	4	5
ABC	ABC	ABCD	BD	BD

三、名词解释(本大题共 4 小题,每小题 5 分,共 20 分)

1. 杠杆并购:是指并购方以目标公司的资产作为抵押,向银行或投资者融资借款来对目标公司进行收购,收购成功后再以目标公司的收益或是出售其资产来偿本付息。

2. 管理层收购:是指目标公司的管理层利用外部融资购买本公司的股份,从而改变本公司所有者结构、控制权结构和资产结构,进而达到重组本公司的目的并获得预期收益的一种收购行为。

3. 分拆上市:是指一家公司(母公司)以所控制权益的一部分注册成一个独立的子公司,再将子公司在本地或境外资本市场上市。

4. 内部转移价格:是指企业集团内部各成员企业之间相互提供产品或劳务时,由于结算需要而选定的价格标准。

四、简答题(本大题共 2 小题,每小题 5 分,共 10 分)

1. 答:

(1) 企业集团由多个企业法人组成。

(2) 企业集团的组织结构具有多样性与开放性。

(3) 企业集团的规模巨大。

(4) 企业集团的生产经营具有连锁性和多元性。

2. 答:

(1) 提高并购成本。

(2) 降低并购收益。

(3) 收购并购者。

(4) 建立合理的持股结构。

(5) 修改公司章程。

五、计算题(本大题共 1 小题,共 12 分)

(1) $$ER_a=\frac{\beta(Y_a+Y_b+\Delta Y)-P_a\cdot S_a}{P_a\cdot S_b}=\frac{19(1\,400+1\,200+500)-24\times 1\,500}{24\times 1\,000}=0.954\,2$$

$$ER_b=\frac{P_b\cdot S_a}{(Y_a+Y_b+\Delta Y)\beta-P_b\cdot S_b}=\frac{15\times 1\,500}{(1\,400+1\,200+500)19-15\times 1\,000}=0.512\,5$$

(2) 当 ER=0.954 2 时,

$$P_{ab}=\beta(Y_a+Y_b+\Delta Y)\times\frac{1}{S_a+ER+S_b}$$

$$=19\times(1\,400+1\,200+500)\times\frac{1}{1\,500+0.954\,2\times1\,000}=24$$

当 ER=0.5 时,

$$P_{ab}=\beta(Y_a+Y_b+\Delta Y)\times\frac{1}{S_a+ER+S_b}$$

$$=19\times(1\,400+1\,200+500)\times\frac{1}{1\,500+0.512\,5\times1\,000}=29.3$$

六、案例分析题(本大题共 1 小题,共 38 分)

1. 答:

(1) 按照并购双方所处的行业分类,太平洋联合并购好孩子集团属于混合并购,太平洋联合是金融业,好孩子是儿童用品经营商,两者处于不同行业,也不是上下游关系。

(2) 按照并购程序来分该次并购属于善意并购,因为双方是友好协商完成的并购。

(3) 按照并购支付方式来看,属于混合支付。因本次并购的支付方式既有股票又有现金支付。

(4) 从并购实施过程来看属于杠杆并购,只用了少量自由资金。

2.

并购动因:

(1) 好孩子集团是中国最大的童车制造商,有着良好的销售渠道和强大的市场份额。

(2) 区别于其他单纯的供应商,好孩子集团拥有良好的销售渠道,企业长期负债少,市场占有率高,流动资金充足稳定。

(3) 作为消费品行业,好孩子集团具有持续的业绩增长能力,因此可以给以市场溢价,企业的实际价值超过账面价值。

(4) 好孩子集团需要资本投入扩大市场。

3. 答:

并购产生正效应:

理由:根据管理效率效应、经营协调效应、财务协同效应等正效应的理论解释以及并购的实际收益来看,并购产生了正效应。

结合案例:这是一笔几方得益的交易。原股东得到丰厚的投资回报,第一上海现金入账 4.49 亿港元,整个项目收益 8 170 万港元。软银中国卖出的价格是收购时的 2 倍。被外资收购后,好孩子不仅品牌保存下来了,而且企业创业团队还保留了相当大的股份,双方共同成长壮大。

4. 答:

(1) 杠杆并购成功需要具备的条件有:具有稳定连续的现金流量,拥有人员稳定、责任感强的管理,被并购前的资产负债率较低,拥有易于出售的非核心资产。

(2) 好孩子集团拥有良好的销售渠道,企业长期负债少,市场占有率高,流动资金充足稳定,具备好孩子具有持续的业绩增长能力。

(本题答案为参考答案,考生可不拘泥于上述回答,只要能够运用所学知识及相关理论阐述自己观点就可。)

模拟试题(二)参考答案

一、单项选择题(本大题共 10 小题、每小题 1 分、共 10 分)

1	2	3	4	5	6	7	8	9	10
A	C	C	B	A	C	B	C	A	B

二、多项选择题(本大题共 5 小题、每小题 2 分、共 10 分)

1	2	3	4	5
AB	AB	ABCD	ABC	ABC

三、判断题(本大题共 10 小题、每小题 1 分、共 5 分)

1	2	3	4	5
√	×	√	×	×

四、简答题(本大题共 3 小题,每小题 5 分,共 15 分)

1. 答:对目标公司出售动机的审查;对目标公司法律文件方面的审查;对目标公司业务方面的审查;对目标公司财务方面的审查;对并购风险的审查。

2. 答:集团财务管理主体的复杂化;集团财务管理的基础是控制;企业集团母子公司之间往往以资本为联系纽带;集团财务管理更加突出战略性。

3. 答:提高并购成本;降低并购收益;收购并购者;建立合理的持股结构;修改公司章程。

五、计算题(本大题共 3 小题,第 1 小题 10 分,第 2 小题 19 分,第 3 小题 6 分,共 35 分)

1. (1)

$$P_{ab}=16\times\frac{1\,200+1\,000+300}{1\,100+900ER}$$

$$P_{ab}=16\times\frac{1\,200+1\,000+300}{1\,100+900ER}\geqslant 22$$

$$ER\leqslant 0.798\,0$$

$$P_{ab}\cdot ER=16\times\frac{1\,200+1\,000+300}{1\,100+900ER}\cdot ER\geqslant 15$$

$$ER\geqslant 0.622\,6$$

(2) 当 $ER=0.798\,0$ 时,$P_{ab}=22$

当 $ER=0.622\,6$ 时,$P_{ab}=24.09$

即最高的股价为 22 元/股,最低的股价为 24.09 元/股。

2. (1)初始现金流量=5 600+700=6 300(万元)

营业现金流量:

每年计提的折旧=(5 600−600)÷5=1 000(万元)

第 1 年营业现金流量=(7 000−1 000−700)×(1−25%)+1 000=4 975(万元)

第 2 年营业现金流量=(7 000−1 000−1 000)×(1−25%)+1 000=4 750(万元)

第 3 年营业现金流量=(7 000−1 000−1 300)×(1−25%)+1 000=4 525(万元)

第 4 年营业现金流量=(7 000−1 000−1 600)×(1−25%)+1 000=4 300(万元)

第 5 年营业现金流量=(7 000−1 000−1 900)×(1−25%)+1 000=4 075(万元)

终结现金流量=4 200(万元)

营运资金收回=700(万元)

(2) 各年现金流量净现值＝－6 300＋4 975×0.909＋4 750×0.826＋4 525×0.751＋4 300×0.683＋(4 075＋4 200＋700)×0.621＝14 054.425(万元)

结论：由于14 054.425万元＞0，所以从B国子公司的角度，投资是可行的。

(3) A国母公司的角度计算的项目净现值为－1.56万A元＜0，所以投资不可行。

3. 贡献毛益＝1 500－600＝900(万元)

可控贡献毛益＝900－100＝800(万元)

部门贡献毛益＝800－150＝650(万元)

部门税前利润＝650－120＝530(万元)

如果评价部门经理，采用可控贡献毛益这个指标最合适。

六、案例分析题(本大题共1小题，每小题25分，共25分)

1. 答：

(1) 按照并购双方所处的行业分类，广汽集团并购长丰汽车属于横向并购，因广汽集团与长丰汽车，同属于汽车行业，具有竞争关系。

(2) 按照并购程序来划分该次并购属于善意并购，广汽集团与长丰汽车的并购，各方各取所需，各得所愿。

2. 答：

广汽集团与长丰汽车的并购形式为控股合并，因为并购后，广汽集团与长丰汽车法人资格仍然存在，广汽集团占长丰汽车29%的股权，长丰汽车成为广汽集团旗下一个子公司。

3. 答：

(1) 本次并购的支付方式为现金支付，因为广汽集团斥资12亿元购买长丰汽车29%的股份。

(2) 现金支付特点：是最先被采用的支付方式，使用频率最高的支付方式；多被用于敌意并购。

(3) 优缺点分析：对于被并购企业而言，现金支付可以使他们得到确定的利益；但是会即时形成纳税义务；对于并购企业而言，可以迅速完成并购；不会影响主并企业现有股权结构，不会稀释主并企业现有股东控制权；但是会给主并企业造成沉重的现金负担。

4. 答：

广汽集团与长丰汽车的并购可获得规模经济效益。

广汽集团与长丰汽车均为汽车行业，并购后，广汽集团的规模扩大，可以比较快速地将各种生产资源和要素集中起来，充分利用各自的优势，降低费用和成本，获得规模经济效益。

5. 答：

第一，战略调整理论：长丰汽车只专注于SUV业务，缺少主流产品轿车车型生产。单一的产品路线，使长丰很难取得突破。广汽集团接手后，长丰汽车将如愿获得新车型，并丰富自己的产品线，从而打开盈利空间。长丰汽车由单一的SUV业务发展更多的业务，在战略上有一定的调整。

第二，财务协同效应：广汽集团而言，收购长丰汽车不仅仅是丰富了自身的产品线，更重要的是在A股市场获得了一个资本运作的平台，广汽集团收购长丰后，获得了A股融资的途径，能及时获得发展资金，从而在与上汽、一汽等的竞争中增添了砝码。

第三，经营协同效应：广汽集团与长丰汽车并购后，广汽集团的规模有所扩大，降低了生产成本，产生经营协同效应。

(本题答案为参考答案，考生可不拘泥于上述回答，只要能够运用所学知识及相关理论阐述自己观点就可。)

参考文献

[1] 王化成.高级财务管理学[M].4版.北京:中国人民大学出版社,2017.
[2] 曾蔚.高级财务管理[M].北京:清华大学出版社,2016.
[3] 陆正飞,朱凯,童盼.高级财务管理[M].北京:北京大学出版社,2016.
[4] 注册会计师全国统一考试精编教材编委会.注册会计师全国统一考试精编教材,财务成本管理[M].北京:企业管理出版社,2018.
[5] 胡元木,姜洪丽.高级财务管理[M].北京:中国经济出版社,2013.
[6] 颉茂华.企业财务制度设计:理论、实务、案例[M].北京:北京大学出版社,2014.
[7] 张长胜,朱晓红.企业财务制度设计与案例大全[M].北京:北京大学出版社,2006.
[8] 崔学刚.国际财务管理[M].北京:机械工业出版社,2014.
[9] 梁碧明,卢相君.国际财务管理[M].大连:东北财经大学出版社,2014.
[10] 刘淑莲.高级财务管理理论与实务[M].3版.大连:东北财经大学出版社,2017.
[11] 宋宝宪.公司并购与重组[M].北京:清华大学出版社,2015.
[12] 赵春明.跨国公司与国际直接投资[M].2版.北京:机械工业出版社,2013.
[13] 陈文浩.高级财务管理[M].3版.北京:高等教育出版社,2013.
[14] 裘益政,竺素娥.高级财务管理[M].2版.上海:立信会计出版社,2013.
[15] 徐鹿,邱玉兴.高级财务管理[M].2版.北京:科学出版社,2017.
[16] 易发久,白沙.财务解码[M].北京:电子工业出版社,2009.
[17] 邱洪生,陈龙波.并购决胜之战:整合创造价值[M].北京:中国计划出版社,2006.
[18] 田宝法.企业并购解决之道:70个实务要点深度释解[M].北京:法律出版社,2015.
[19] 张剑.中国平安收购深圳发展银行案例研究[J].中国知网,2011,(10).
[20] 陈伟.中国平安保险收购深圳发展银行估值及整合成本问题研究[D].东北财经大学,2010.
[21] 深圳发展银行股份有限公司2011年年报.
[22] 罗蕾.中国平安收购深发展案例研究[D].华中科技大学,2014.
[23] 王善平.我的国际会计观[J].财务与会计,2001(5).
[24] 吕爱斌,段鸿.TCL的国际化战略评析[J].时代金融,2007(10).
[25] 李新向阳.海尔的国际化战略及其启示[J].北方经贸,2015(6).
[26] 张瑞敏.海尔的国际化战略[J].中国经贸导刊,2001(10).
[27] 姚友兰.企业国际化路径比较——TCL、华为国际化路径比较分析[J].东方企业文化,2010(11).